来自历史的人生报告

中国古代名人七十二讲

王深根 著

中国商业出版社

图书在版编目（CIP）数据

来自历史的人生报告：中国古代名人七十二讲 / 王深根著 . -- 北京：中国商业出版社，2022.11
ISBN 978-7-5208-2402-6

Ⅰ . ①来… Ⅱ . ①王… Ⅲ . ①名人—生平事迹—中国—古代 Ⅳ . ① K820.2

中国版本图书馆 CIP 数据核字 (2022) 第 245791 号

责任编辑：聂立芳
策划编辑：张　盈

中国商业出版社出版发行
（www.zgsycb.com　100053　北京广安门内报国寺 1 号）
总编室：010-63180647　编辑室：010- 63033100
发行部：010-83120835/8286
新华书店经销
北京虎彩文化传播有限公司印刷
*
710 毫米 ×1000 毫米　16 开　23 印张　374 千字
2022 年 11 月第 1 版　2022 年 11 月第 1 次印刷
定价：78.00 元
****
（如有印装质量问题可更换）

代 序

给读者朋友们的话

读者朋友们：

  这本《来自历史的人生报告——中国古代名人七十二讲》概括、客观地向大家介绍了中国古代七十二位突出名人的人生故事。这些名人中有帝王、将帅、名臣、文豪、科学巨匠、济世神医、艺术大师等。介绍的内容包括每位名人的生卒年、籍贯、家庭情况、生平经历、主要功绩、世人评价、归葬地、陵冢情况等。如此全面、系统地介绍这些名人，主要是为了让大家能对他们，尤其是其中那些中华民族历史上的英雄人物，有更清晰、更完整的了解。

  习近平总书记在中国文学艺术界联合会第十次全国代表大会、中国作家协会第九次全国代表大会开幕式上曾指出，对中华民族的英雄，要心怀崇敬，浓墨重彩记录英雄、塑造英雄，让英雄在文艺作品中得到传扬，引导人民树立正确的历史观、民族观、国家观、文化观。有学者在学习习近平总书记相关讲话的文章中也说道："我们要坚持唯物史观，在中华民族共同体的视野中，正确评价中华民族历史上的英雄人物，使其成为激励各族人民共同团结奋斗的榜样。"的确，中华民族历史上的英雄人物，是我们民族的脊梁、灵魂和骄傲。他们犹如灿烂的星辰，荣耀着我们中华民族几千年的悠久历史。了解他们的人生与功绩，传扬他们的精神、品质，是中华民族精神文明世代传承的应有之义。就此而言，本书的出版，无疑具有相当积极的现实意义。但需要说明的是，笔者是从事教育工作的，不是专业研究历史的学者，所以，书中对历史人物的一些认识、观点和对某些史事的评判，仅是一

来自历史的人生报告
　　中国古代名人七十二讲

个普通中国人个人的见解，而不是权威的历史结论。此外，由于本人掌握的资料所限，有些历史名人的陵墓这些年又在不断地改建，所以，部分有关介绍可能与实际、与现状会有所出入，诚请读者理解。再者，本书的有些内容，参考了网络上的资料，在此特向原作者致谢。

　　从总体上说，本书既是中国古代七十二位名人的人生报告，亦可以说是中国古代整个封建社会2000多年历史的缩影。阅读本书，当能既增知识，又长见识，是甚有意义的。

王深根

2022年9月12日

目 录

第一讲　千秋思想巨人，先秦哲学家老子
　　　　——道可道，非常道；名可名，非常名 …………… 01

第二讲　世界文化名人，大成至圣先师孔子
　　　　——知者乐水，仁者乐山 …………………………… 06

第三讲　扬名世界的旷世兵圣孙武
　　　　——食者国之宝也，兵者国之爪也 ………………… 11

第四讲　为雪耻，不惜卧薪尝胆的越王勾践
　　　　——十年勾践亡吴计，七日包胥哭楚心 …………… 16

第五讲　惨遭车裂之刑的先秦改革家商鞅
　　　　——治世不一道，便国不法古 ……………………… 21

第六讲　敢称"民为贵，君为轻"的亚圣孟子
　　　　——民为贵，社稷次之，君为轻 …………………… 25

第七讲　一生崇尚人生逍遥的道学家庄子
　　　　——天地与我并存，万物与我为一 ………………… 29

第八讲　自沉汨罗江的爱国诗人屈原
　　　　——路漫漫其修远兮，吾将上下而求索 …………… 33

第九讲　统一中国的千古一帝秦始皇
　　　　——朕统六国，天下归一 …………………………… 38

第十讲　凭借力统一天下的汉高祖刘邦
　　　　——大风起兮云飞扬，威加海内兮归故乡 ………… 43

第十一讲　失败的英雄好汉西楚霸王项羽
　　——力拔山兮气盖世，时不利兮骓不逝 …………………… 49

第十二讲　风光了儒学的汉代大儒董仲舒
　　——正其义不谋其利，明其道不计其功 …………………… 54

第十三讲　开辟"丝绸之路"的功臣博望侯张骞
　　——闻道寻源使，从此天路回 ………………………………… 59

第十四讲　被誉有"雄才大略"的汉武帝刘彻
　　——犯强汉者，虽远必诛 ……………………………………… 64

第十五讲　尊为中国历史学之父的司马迁
　　——人固有一死，或重于泰山，或轻于鸿毛 ……………… 69

第十六讲　被曹操杀害的建安神医华佗
　　——人体欲得劳动，但不当使极耳 ………………………… 74

第十七讲　坚守独立思考的东汉无神论者王充
　　——曲妙人不能尽和，言是人不能皆信 …………………… 79

第十八讲　誉有全能之才的东汉科学家张衡
　　——不患位之不尊，而患德之不崇 ………………………… 84

第十九讲　被称为"群方之祖""医中之圣"的张仲景
　　——不能为良相，亦当为良医 ……………………………… 88

第二十讲　"治世之能臣，乱世之奸雄"的魏武帝曹操
　　——龙乘时而变，人乘势而起 ……………………………… 93

第二十一讲　人生百折不挠的蜀汉帝刘备
　　——宁可天下人负我，不可我负天下人 …………………… 98

第二十二讲　坎坷一生的绝代才女蔡文姬
　　——雁飞高兮邈难寻，空断肠兮思愔愔 …………………… 103

第二十三讲　鞠躬尽瘁、死而后已的人臣楷模诸葛亮
　　——非淡泊无以明志，非宁静无以致远 …………………… 108

目 录

第二十四讲　书《兰亭集序》的东晋书圣王羲之
　　——一咏一觞情以足，由然乐矣盛时今 …………………………… 114

第二十五讲　心高气傲的田园诗鼻祖陶渊明
　　——采菊东篱下，悠然见南山 …………………………………………… 119

第二十六讲　铁骨铮铮的地理学家郦道元
　　——巴东三峡巫峡长，猿鸣三声泪沾裳 ………………………………… 124

第二十七讲　一夫一妻的隋朝开国皇帝杨坚
　　——坏我法者，必在子孙乎？ …………………………………………… 128

第二十八讲　文治武功非凡的唐太宗李世民
　　——慨然抚长剑，济世岂邀名 …………………………………………… 132

第二十九讲　为佛教奉献一生的三藏法师玄奘
　　——一花一世界，一叶一如来 …………………………………………… 139

第三十讲　华夏旷世传奇女皇武则天
　　——资栋梁而成大厦，凭舟楫而济巨川 ………………………………… 144

第三十一讲　出身农家的百代画圣吴道子
　　——臣无粉末，并记在心 ………………………………………………… 149

第三十二讲　浪漫主义的顶峰诗人李白
　　——大鹏一日同风起，扶摇直上九万里 ………………………………… 153

第三十三讲　虔诚礼佛的状元诗人王维
　　——独在异乡为异客，每逢佳节倍思亲 ………………………………… 158

第三十四讲　自创"颜体"的书法宗师颜真卿
　　——三更灯火五更鸡，正是男儿读书时 ………………………………… 162

第三十五讲　伟大的现实主义诗人杜甫
　　——为人性僻耽佳句，语不惊人死不休 ………………………………… 167

第三十六讲　"文章巨公""百代文宗"韩愈
　　——书山有路勤为径，学海无涯苦作舟 ………………………………… 172

第三十七讲　最有人情味的唐代诗人白居易
　　——同是天涯沦落人，相逢何必曾相识 …………………… 176

第三十八讲　积极入世的唐代散文家柳宗元
　　——孤舟蓑笠翁，独钓寒江雪 ………………………………… 181

第三十九讲　苏、杭天堂的奠基人钱镠
　　——传语龙王并水府，钱塘借与筑钱城 …………………… 186

第四十讲　"最不坏的皇帝"宋太祖赵匡胤
　　——将相无种我自强，紫龙帝气应天命 …………………… 190

第四十一讲　无力回天的千古词帝李煜
　　——问君能有几多愁？恰似一江春水向东流 ……………… 195

第四十二讲　"宁鸣而死，不默而生"的范仲淹
　　——先天下之忧而忧，后天下之乐而乐 …………………… 200

第四十三讲　铁面无私的"包青天"包拯
　　——清心为治本，直道是身谋 ………………………………… 205

第四十四讲　谥号"文忠"的醉翁欧阳修
　　——醉翁之意不在酒，在乎山水之间也 …………………… 210

第四十五讲　竖《资治通鉴》丰碑的司马光
　　——天地之功不可仓卒，艰难之业当累日月 ……………… 215

第四十六讲　北宋政治家、改革家王安石
　　——自古驱民在信诚，一言为重百金轻 …………………… 220

第四十七讲　著《梦溪笔谈》的大科学家沈括
　　——别把机会当诱惑，别把诱惑当机会 …………………… 225

第四十八讲　一生磕磕绊绊的大文豪苏轼
　　——退笔如山未足珍，读书万卷始通神 …………………… 230

第四十九讲　大宋第一才女词人李清照
　　——生怕离怀别苦，多少事、欲说还休 …………………… 235

目 录

第五十讲　屈死于"莫须有"的抗金名将岳飞
　　——壮志饥餐胡虏肉，笑谈渴饮匈奴血 ………………… 240

第五十一讲　亘古男儿一放翁之爱国诗人陆游
　　——位卑未敢忘忧国，事定犹须待阖棺 ………………… 245

第五十二讲　亦誉亦被谤的南宋理学大师朱熹
　　——立身以立学为先，立学以读书为本 ………………… 250

第五十三讲　"人中之杰，词中之龙"辛弃疾
　　——想当年，金戈铁马，气吞万里如虎 ………………… 255

第五十四讲　纵横天下的一代天骄成吉思汗
　　——尔要战，便战！ ……………………………………… 260

第五十五讲　缔造大元帝国的元始祖忽必烈
　　——国以民为本，民以衣食为本，衣食以农桑为本 …… 265

第五十六讲　中国戏剧之鼻祖关汉卿
　　——天若是知我情由，怕不待和天瘦 …………………… 270

第五十七讲　忠义节烈的抗元名将文天祥
　　——人生自古谁无死，留取丹心照汗青 ………………… 275

第五十八讲　助一统江山的大明军师刘伯温
　　——智而能愚，则天下之智莫加焉 ……………………… 280

第五十九讲　从"乞丐"做成皇帝的朱元璋
　　——杀尽江南百万兵，腰间宝剑血犹腥 ………………… 285

第六十讲　被误说的风流才子唐伯虎
　　——满腹尽是沧凉事，颓笔难填婉约词 ………………… 291

第六十一讲　文武双全的心学大师王守仁
　　——心狭为祸之根，心旷为福之门 ……………………… 296

第六十二讲　被誉为"药圣"的李时珍
　　——饮食者，人之命脉也 ………………………………… 301

第六十三讲　晚年凄凉的抗倭民族英雄戚继光
　　——封侯非我意，但愿海波平 ………………………… 306

第六十四讲　寄情于山水的东方游圣徐霞客
　　——大丈夫当朝游碧海而暮苍梧 ………………………… 311

第六十五讲　挺直脊梁的思想家王夫之
　　——清风有意难留我，明月无心自照人 ………………… 316

第六十六讲　有大胆识、大智慧的康熙帝
　　——万里晴云任舒卷，凭高但见碧天长 ………………… 321

第六十七讲　清朝第一词人纳兰性德
　　——我是人间惆怅客，知君何事泪纵横 ………………… 326

第六十八讲　睿智、自信的高寿皇帝乾隆
　　——兵可千日而不用，不可一日而不备 ………………… 331

第六十九讲　现实主义文学家曹雪芹
　　——势败休云贵，家亡莫论亲 …………………………… 336

第七十讲　虎门销烟的民族英雄林则徐
　　——苟利国家生死以，岂因祸福避趋之 ………………… 341

第七十一讲　晚清第一名臣曾国藩
　　——有福不可享尽，有势不可使尽 ……………………… 346

第七十二讲　善玩权谋、工于心计的慈禧
　　——殚竭心力终为子，可怜天下父母心 ………………… 351

第一讲　千秋思想巨人，先秦哲学家老子
——道可道，非常道；名可名，非常名

老子的一辈子

老子（约前571—前471？），姓李名耳，字聃，一字伯阳（一说老氏，名聃），春秋末年陈国（后入楚国）苦县厉乡曲仁里（今河南鹿邑县大清宫镇）人。中国古代思想家、哲学家，道家学派创始人和主要代表，与庄子并称"老庄"。被道教尊为道祖、道德天尊。唐武后封其为"太上老君"。

老子画像

传说老子10岁进私塾读书。13岁跟周都洛邑（今河南洛阳）的太学博士学习3年，学问大进。前551年（一说前552年），经周都太学博士举荐，老子到东周京都洛邑担任王室守藏史。后受权贵排挤被免去职务，出游鲁国。在一次主持友人的葬礼时，老子第一次遇见17岁的孔子。几年后，老子被周景王召回，改任柱下史（一说仍任守藏史之职）。前516年，因周王室图书典籍被王子朝私自运走，56岁的老子再次被免职，去往秦国。在此期间，老子曾回故里住过很多年。前501年，孔子带弟子赴洛邑向老子问礼。临辞前，老子对孔子说："吾闻富贵者送人以财，仁人者送人以言。吾不能富贵，窃仁人之号，送子以言。曰：'聪明深察而近于死者，好议人者也；博辩广大危其身者，发人之恶者也。为人子者毋以有己，为人臣者毋以有己。'"孔子深以为然。前485年，86岁的老子欲出函谷关（今河南灵宝市境内）西去，由于未带出关通

牒，被好学的关令尹喜留下，请其著书留下指教。老子感其心诚，因而在函谷关著《道德经》（原名《老子》，《道德经》是后人所名）一书，总5000余言。司马迁《史记》中载："于是老子乃著书上下篇，言道德之意五千余言而去，莫知其所终。"据民间传说，老子离开函谷关后，一路向西。行至鳌屋（今西安市周至县），见该地依山傍水，山峦叠翠，甚喜，于是留下来结草为楼，在此说经修行，直至101岁去世。而传尹喜当年也随老子弃绝浊世，隐居鳌屋一带，习经传道，后也成了道家的重要人物。老子当年的说经台（也叫楼观台）及尹喜夜观天象的草楼观遗址均尚在。老子的《道德经》是古代一部伟大的思想、哲学著作，内容极为丰富，涉及政治、思想、哲学、自然、治国理政、个人修养等方方面面。核心思想是道，包含天道、地道、人道等。

　　老子认为"道"是宇宙的本源与主宰。他用"道"来诠释宇宙的形成及世间万物的发展变化，思想深邃，体现了朴素的辩证法思想。毛主席曾引用过老子的哲学观点。毛主席在《关于正确处理人民内部矛盾的问题》一文中说："我们必须学会全面地看问题，不但要看到事物的正面，也要看到它的反面。在一定的条件下，坏的东西可以引出好的结果，好的东西也可以引出坏的结果。老子在2000多年前就说过：'祸兮福所倚，福兮祸所伏。'"老子在政治上主张无为而治；在修身上主张性命双修，不与人争；在万事万物的关系上，认为物极必反。他的思想，他的哲学，虽也有局限，但无不体现出高度的智慧。据联合国教科文组织最新数据统计，《道德经》的销量，已荣登世界书籍发行排行榜首位。《道德经》的外文译文总数近500种，研究老子思想的专著也有700多种。

老子的归宿

　　老子墓位于陕西终南山的楼观台景区，东距西安70千米，西距周至县城15千米。楼观台是当年老子修行说经的圣地，也称说经台，位居道家72福地之首。具体来说，楼观台又分东台、中台、西台。东台亦称元始台（今仰天池），中台为道德台（即说经台），西台为灵宝台（今西楼观）。东台、中台全称东楼观，灵宝台称为西楼观。老子墓即在西楼观以西300米处的大陵山山脚。北魏郦道元《水经注》云："就水出南山就谷，北经大陵西，世谓老

第一讲　千秋思想巨人，先秦哲学家老子

子墓。"这里的"大陵"就是大陵山。大陵山海拔730米，相传老子就在此羽化升天，唐玄宗，大诗人苏轼、岑参等都曾到此拜谒。老子墓为圆形，冢墓高2.8米，周围15.9米。墓前立有一块清朝陕西巡抚毕沅书写的"周老子墓"石碑。大陵山山顶有个吾老洞，洞高2.18米，宽1.40米，深不可测。明代《重建吾老初殿宇》碑载："洞内有石函。葬老子头盖骨。"洞口有一副对联，相传为老子所写。吾老洞乃天然溶洞，洞中有暗河，地形复杂，藏有老子头盖骨的石函迄今尚未找到。而现在周至县的楼观台景区已是全国重点文物保护单位、国家4A级旅游景区。

综合信息

△小知识

①道祖：道家的始祖、祖师，即道家学说的创始人。

②太学博士：太学是中国古代最高学府。太学博士是指从事传授经学的官名，也指精通某一门学问的专门学者。

③守藏史：周朝设立的官名，也叫藏室史、征藏史。执掌国家图书秘籍。

④柱下史：周朝所设官名。因朝会时侍立在殿柱下，故名。职责是执掌、管理国家图书典籍（一说亦负责记录朝政议论）。

⑤问礼：询问礼法，学礼，也就是询问、求教有关"礼"的问题。"礼"在这里主要指"礼制""礼治"，指国家规范人们行为规范的典章制度。

⑥问道：询问，请教有关"道"的问题。这里的"道"，指的是万物的本体，宇宙的本体，生命的本源。

⑦关令：周朝设立的官名，即关卡长官，亦称关令尹或关尹。

△你问我答

1.老子的家庭情况是怎样的？

相传老子的祖父老佐，春秋时期宋国人，曾为司马。父亲李乾，周朝下

层官吏（一说李乾又名李敬，周朝御史大夫）。母亲的姓名无从查考。据说今安徽省涡阳县太清宫东边的郑店村东北角有一座墓，被老百姓称为圣母墓。此墓就是老子母亲的墓。亦说老子母亲名"希"，在老子家乡是"美好"的意思。老子是否有儿女，史书上无记载（一说其长子叫李宗，曾为魏国将军）。

2.老子有哪些经典名言值得品味、记诵？

①道可道，非常道；名可名，非常名。
②道生一，一生二，二生三，三生万物。
③人法地，地法天，天法道，道法自然。
④上善若水，水善利万物而不争，处众人之所恶，故几于道。
⑤大方无隅，大器晚成，大音希声，大象无形。
⑥天下难事必作于易；天下大事必作于细。
⑦夫唯不争，故天下莫能与之争。
⑧圣人无常心，以百姓心为心。善者，善之，不善者，亦善之。
⑨祸兮福之所倚，福兮祸之所伏，孰知其极？其无正也。正复为奇，善复为妖。
⑩曲则全，枉则直；洼则盈，弊则新；少则得，多则惑。
⑪治大国，若烹小鲜。
⑫轻诺必寡信，多易必多难。

3.李耳为什么叫"老子"？

孔子姓孔，叫孔子。孟子姓孟，叫孟子。李耳为什么不叫李子而叫老子？这有多种说法。一传老子出生时眉毛是白的，还有胡须，胡须也是白的，故称老子；二说老姓出现早，李姓出现晚，古代"老"和"李"又是谐音，故称为老子；三说"老""子"在古代都是人们对有学问之人的尊称。老子满腹经纶，故称为老子。

4.老子的生卒年到底各在哪一年？

老子的生卒年有多种说法。除说生于公元前571年，卒于公元前471年外，还有说生于公元前580年、公元前604年，卒于公元前500年或不早于公元前444年等。但所有生卒年都是推测。尤其是老子的生平事迹，亦大多已不可考。司马迁的《史记》中只在《老子韩非列传》中提到一些信息，且司马迁还说老子活了160多岁。因而，即使是《史记》中有关老子的记述，也并不确凿。

5.《史记》说老子"莫知其所终"是真的吗？

司马迁在《史记》中说老子出关后"莫知其所终"，是因为判定老子最后行踪的依据不足，故说老子"莫知其所终"也是实话。事实上，现在老子墓地的真实性还是有争议的，有待进一步的研究和发现新的考古来证明。也有学者认为老子晚年隐居于沛（今江苏沛县），后西入关中，客死于秦。

△笔者闲言

老子不会想到600多年后，自己会被张道陵奉为道教教祖、天上神仙，被尊称为道德天尊。他撰写的《道德经》原是阐述宇宙根本、天地变化规律和教人如何为人处世的，却被人用宗教的观点，通过注释的方法，改成道教经典。所以，同一本书，解读角度不同，会有不同的见解。这就如鲁迅说《红楼梦》：经学家看见《易》，道学家看见淫，才子看见缠绵，革命家看见排满，流言家看见宫闱秘事。所以，要真正了解老子的思想和哲学，还真的需要静下心来，认认真真地去研究一番《道德经》，据说现在最贴近老子原著《道德经》的是1973年在长沙马王堆三号汉墓出土的帛书（因抄写在丝帛上，故名）《道德经》。是否果真如此，本人不是研究《道德经》的专家，在此不敢贸然妄言。

第二讲　世界文化名人，大成至圣先师孔子
——知者乐水，仁者乐山

孔子的一辈子

孔子画像

孔子（前551—前479），子姓，孔氏，名丘，字仲尼，春秋时期鲁国陬邑（今山东曲阜市）人。春秋末期著名思想家、教育家，儒家学派的创始人，被后人尊称为孔子，并被联合国教科文组织列为"世界十大文化名人"之首。

孔子先世为宋国贵族。先人孔父嘉官为宋国大司马，后遭家难，家族没落，移居鲁国。3岁时，父亲叔梁纥去世，生母颜氏带孔子独自谋生，生活艰难。孔子从小习礼，聪明好学。15岁博学诗书礼乐，17岁丧母，19岁娶妻，20~27岁曾做过管理仓库、畜牧之类的小吏，任过吏中（主管会计）。30岁左右学有所成，开办学舍讲学。知名的弟子有颜路（颜回父亲）、子路等，并开始涉足政坛。35岁时鲁国内乱，孔子到齐国，得到齐景公的赏识，提出包括"君君、臣臣、父父、子子"在内的伦理主张和道德信条。37岁返回鲁国仍以讲学为业。51岁为中都（今山东汶上县西）宰。在任1年，劝农耕，行教化，制礼仪，政绩显著。次年先升司空，再升大司寇，行摄相事。在任鲁国大司寇期间，为正视听，制止异说（法家思想），诛杀少正卯（少正是官职，卯是名）；为强公室，维护国家利益，提议削弱鲁国权臣的权势。虽然这些举措使鲁国一度大治，但这样的改革最终还是因侵犯权贵利益而失败。鲁定公

第二讲 世界文化名人，大成至圣先师孔子

十三年（前497），55岁的孔子被迫去职率弟子离开鲁国开始周游列国。先后到过宋、卫、陈、蔡、齐、楚等国，前后历时14年，以图实现改革时政、复兴周礼的政治理想。其间虽也曾受一些国君的礼遇，但始终未能受到重用。他"克己复礼"的抱负最终破碎。孔子68岁重回鲁国，而鲁国仍未能重用孔子，他也不再求仕，自此专心从事讲学、著述及文献的整理。鲁哀公十六年（前479）四月十一日，孔子病逝，享年73岁。

孔子一生谦逊好学，曾问乐于苌弘，学琴于师襄子，多次（有相关记载的有3次）求教于老子，向其问礼、问道、问学。

孔子主张"以政为德"，把礼教和道德作为治国之本。他亦曾有志于仕途，欲通过从政来实现政治抱负。

孔子提倡"忠恕之道"，认为"己所不欲，勿施于人"。他把"仁"作为最高的道德标准。他觉得应当"学而优则仕"，让平民中的人才参与国家治理。

孔子在世时已被誉为"圣人"，是学问最渊博的学者之一。他修订过《诗》《书》《礼》《乐》《易》《春秋》六经。他的言行被其弟子及再传弟子记录成《论语》，《论语》后成为儒家学派的经典著作之一。他是我国第一个开办大规模私学的教育家，有弟子3000，其中贤人72位。"修己以安百姓"是孔子教育的出发点。他主张"有教无类"，认为谁都有接受教育的权利。由他倡导的因材施教、启发诱导、学思结合等教育原则和教学方法，至今仍运用于教学中。他所开创的儒家思想和儒家文化，曾长期主导中国封建社会的政治和人们的思想以及社会的习俗。在历史上，孔子屡屡受到后世帝王的加封，被尊为孔圣人、至圣先师、大成至圣文宣王先师及万世师表等。

孔子的归宿

孔子墓位于山东省曲阜市城北1.5千米的孔林之中（孔子当年下葬时，此处并不叫孔林）。《皇览》载："孔子冢去城一里，冢茔百亩，冢南北广十步，东西十三步，高一丈二尺。"古时丧葬风俗，坟茔不起封土，与地面齐平。据说孔子17岁时，为便于识记和祭奠，第一个将父母合葬的墓茔筑成高出地面的坟丘。孔子死后，弟子也为他的墓堆起了状似马背的封土，叫"马

鬃封",并在墓地植树以示纪念和对老师的尊崇（一说原墓有墓无坟，即没有封土）。此后历代帝王多有祭田、祭地赐予孔家。其墓地因而逐渐扩大，树也越栽越多，遂成了今日古树参天、浓荫蔽日的"孔林"。孔林亦被称为"至圣林"，但孔林不是"孔陵"。按理来说，孔子被封"大成至圣文宣王"，其墓完全可以称为陵，后人之所以不以陵称之，主要是以此表明孔子乃圣人，与俗世的帝王是不同的。而今的孔林仍然是孔子及其家族后裔的专用墓地，是全国重点文物保护单位、国家5A级旅游景区，被列入世界文化遗产名录。孔林总面积约2平方千米，围墙长5.6千米，墙高3米余，主要建筑有长22.71米、宽7.96米的万古长春石坊，建于明永乐年间的至圣林坊，城堡式的建筑二林门，建于金代或早于金代建的洙水桥，立在乾隆皇帝女儿墓前的于氏坊和孔子墓等。孔子墓位于孔林的中心。原来的孔子墓直到东汉桓帝时才第一次以朝廷的名义整修。现在的孔子墓是一座与其夫人齐官氏的合葬墓。封土东西30米，南北28米，高5米。墓前有两座石碑，一座上书"宣圣墓"，为孔子第59代孙袭封衍圣公孔彦缙所立；另一座为孔子第51代孙袭封衍圣公孔元措所立。墓前有石供桌、石鼎、石制香炉和石砌拜台等。

综合信息

△小知识

①中都宰：中都的地方官，执掌刑事。

②司空：周代位列三公，主管水利、营建之事。

③克己复礼：儒家的主张，要求约束自己，使所做的事都符合儒家所说的"礼"。克，克制。

④司寇：周代官名。在朝廷掌刑事，相当于刑部侍郎。

⑤摄相事：行使丞相职权。摄，行使。

⑥陬邑大夫：陬邑的行政长官。陬邑，古地名，今山东曲阜。

⑦忠恕之道：是儒家处理人与人之间关系的原则。忠，即尽量为别人考虑。恕，将心比心，推己及人。用对待自己的态度去对待别人，这也是孔子思想的核心。

⑧封土：坟墓高出地面的土丘。墓主是老百姓的叫作坟头；墓主是帝王

第二讲　世界文化名人，大成至圣先师孔子

或具有与帝王类似的高贵身份的叫作封土。封土通常又高又大，比坟头要气派得多。

△你问我答

1.孔子的家庭情况是怎样的？

孔子的祖父本是宋国的王族，后因避祸移居鲁国。其父亲叔梁纥（"叔梁"是字，"纥"是名），是鲁国有名的勇士，当过陬邑大夫；其母亲叫颜征在；其兄（同父异母）叫孟皮，腿有残疾；其儿子叫孔鲤（先孔子而亡）；其有一女，嫁公冶长；其孙子叫孔伋。

2.孔子有哪些经典名言值得品味、记诵？

①言必信，行必果。
②敏而好学，不耻下问。
③君子坦荡荡，小人长戚戚。
④知者乐水，仁者乐山。
⑤己所不欲，勿施于人。
⑥学而不思则罔，思而不学则殆。
⑦三军可夺帅也，匹夫不可夺志也。
⑧欲速则不达，见小利则大事不成。
⑨人无远虑，必有近忧。
⑩知之为知之，不知为不知，是知也。
⑪学而时习之，不亦说乎？有朋自远方来，不亦乐乎？人不知而不愠，不亦君子乎？
⑫三人行，必有我师焉；择其善者而从之，其不善者而改之。

3.孔子到底姓什么？

孔子的父亲叫叔梁纥，"叔梁"是字，"纥"是名，没有姓。孔子，子姓，孔氏，名丘。"孔"在这里也不是姓，姓表示有共同的血缘关系的宗族。氏表示宗族内的分支，姓大氏小。孔子的祖先是商朝的宗室，商是子姓

（如周是姬姓）。但因为当时女子称姓，男子不称姓。所以，孔子祖先虽姓子，却没一人的名号中用子姓。而根据宗法，从第6代开始，应另立一族，另起族号（即氏）。所以到第六代，孔父嘉就把"孔"作为氏。而到孔父嘉这一代，称氏、称名、称字又没有严格规定，因而虽为孔氏家族却不用"孔"这个氏。直到孔子才用"孔"这个字，后来姓、氏合一，孔这个氏也就成了姓。

4.孔子的私学是怎么样的？

孔子的私学办在当时的曲阜城北，有学舍，贵族、平民都可就读。教育的目的主要是培养从政人才；教学内容主要是《诗》《礼》《乐》，也讲授自然科学知识。孔子出行游历，弟子也随从。"因材施教""温故知新""举一反三"等教学原则、方法，都是孔子在教学实践中得出来的经验之谈。

5.什么是儒家思想？

儒家思想是先秦诸子百家学说之一，也称儒学，主要内容包括仁、义、礼、智、信、恕、忠、孝、悌九个方面，其核心是"仁"，即"仁爱"，孔子是该学派的主要代表，儒家思想在汉代曾作为官方唯一的正统思想。所谓"儒"，汉代扬雄的解释是"通天地人者曰儒"，所以，"儒"，其实也就是指学者。

△笔者闲言

在中国历史上，对孔子，包括对他思想、学说的评价，起起落落，有的时期抬得很高，全面肯定、赞美、宣扬。如西汉，"罢黜百家，独尊儒术"。有的时期，如20世纪六七十年代"文化大革命"时期，全面否定，一概排斥。笔者以为这样的极端都不好。对历史的东西，要用历史的眼光看待，实事求是地分析、评价。应少些功利，多些客观，这才是我们对待历史、对待古人、对待古代思想和文化所应秉持的正确态度。

第三讲 扬名世界的旷世兵圣孙武
——食者国之宝也，兵者国之爪也

孙武的一辈子

孙武（约前545—约前470），字长卿，春秋末年齐国乐安（今山东广饶，一说博兴，或说惠民）人。在吴国封将军，春秋时期著名军事家。世人尊称为"孙子"，誉为"百世兵家之师""东方兵学的鼻祖"。

孙武出身于一个精通军事的贵族世家，他的祖先妫满在周朝时被周武王分封于陈，封国叫陈国，其"妫"姓为周武王所赐，以国为氏，即妫姓陈氏。后陈国内乱，妫满后代陈完举家逃至齐国，陈完后代被齐景公封

孙武画像

食于田国，以国为氏，田氏中的田书伐莒有功，齐景公将其封食于乐安，并赐姓为孙。后来的孙书是孙武的祖父，孙凭是孙武的父亲，孙家世代在齐国做官，代代尚武，精通军事。孙武在这样的家族环境中耳濡目染，从小喜读兵书，爱好军事，立志在军事领域开创辉煌事业。孙武19～20岁在蒙山（今山东临沂市西北）求学；21～22岁游历天下，考察古战场；在23～30岁时，他一面继续发愤博览群书，一面专心致志研究历代战争、战法，搜集资料，为著兵书做准备。然而，由于齐国高官之间的争斗愈演愈烈，孙武本人也被卷入其中。为避祸以及日后能伸展自己的军事抱负，齐景公三十三年（前515），30岁的孙武离开齐国投奔吴国。但入吴后，并未立即去求见吴王以谋

取官职，而是隐居窟窿山（今苏州光福镇南）2年，专心著述《孙子兵法》。此时，吴王阖闾刚夺得王位成为吴国国君，急需人才以增强实力，成就霸业。经吴国大夫伍子胥引荐，孙武给吴王献上《孙子兵法》，受封为吴国将军，孙、伍二人均深得吴王阖闾器重。前508年，孙武用"伐交"战略击败楚军，攻克巢（又称居巢，春秋时期方国之一，是吴、楚相互争夺的一个小国）。前506年，被史官称为"东周第一大战"的吴国讨伐楚国之战开始了。吴国以孙武为主将，吴王阖闾亲率吴军，采用孙武"因粮于敌"和"千里战略奇袭"的战法，深入楚国腹地，五战五捷，最后攻入楚都郢，创造了以3万兵力击败20万楚军这样一个中国战争史上少有的以少胜多的成功战例。当时的军事家尉缭子说："有提三万之众，而天下莫当者谁？曰武子也。"阖闾去世后，孙武辅佐夫差。前494年春，勾践伐吴，吴军在夫椒采用孙武的诈兵之术，晚间高举火把进攻，结果勾践慌忙逃窜，被围困于会稽山，最后勾践入吴为奴求和。然而，此后的夫差独断专行，自以为是。对外争霸主，对内沉溺酒色，放走勾践，逼伍子胥自尽。孙武看透了夫差，心灰意冷。前480年左右，他以回家探亲为由，决然归隐乡野，专心修订《孙子兵法》，不再过问世事。约前470年，76岁的孙武在姑苏（今江苏苏州）因病去世。

《孙子兵法》全书13篇，6000余字，主要内容包括始计、作战、谋攻、军形、兵势、虚实、军争、九变、行军、地形、九地、火攻和用间13篇。它是孙武军事思想和一生军事实践的结晶，是一部对中国军事学术思想具有广泛和深刻影响的不朽之作。唐朝李世民说："观诸兵书，无出孙武。"孙中山说："就中国历史来考究，二千多年的兵书，有十三篇，那十三篇兵书，便成立中国的军事哲学。"《孙子兵法》是中国现存最早、最完整、最系统的军事理论著作。现在国内外许多军事院校，仍奉《孙子兵法》为学生必备的经典教材。它的思想精髓和高超的谋略，在21世纪的今天，不但运用于军事，亦被广泛运用于政治、经济、哲学等诸多领域。

孙武的归宿

关于孙武的墓地，《越绝书·吴地传》中是这样记载的："巫门外大冢，吴王客齐孙武冢也，去县十里。"《越绝书》是一部记载春秋战国时期吴越两地历史，包括政治、经济、军事、天文、地理等内容的地方史杂史。

第三讲　扬名世界的旷世兵圣孙武

《四库全书总目提要》判定其作者是汉朝的袁唐、吴平。这里说的"巫门"即今苏州城的正北门，也是该地区的片区地名。据传当年伍子胥率军伐齐就是从此门出征，从此门班师回朝的。孙武墓位于今苏州市吴中区陆慕镇，原墓早已被毁。现在的孙武墓是1995年11月由陆慕镇在原墓遗址上筑冢重建的。墓为圆形土丘，封土不高。墓丘四周用竖、横两种石条包砌。墓前竖有一块石碑，石碑正中刻有"孙武之墓"。墓基高出地面，切面砌有青色石条。这些年城镇建设不断发展，孙武墓一侧已高楼林立，但墓冢旁尚有一块较大的草坪。草坪另一侧有一处林木。而对于孙武的死，现在除了归隐后病死一说以外，还有一种观点，即孙武是被夫差杀害的。其根据是《汉书·刑法志》上载："孙（孙武、孙膑）、吴（吴起）、商（商鞅）、白（白起）之徒，皆身诛于前，而功灭亡于后。"因而有人据此认为，孙武和伍子胥一样，最后是遭夫差杀戮而死的。《汉书·刑法志》是一部主要介绍我国古代西汉时期法律刑法的书籍，作者是东汉班固。不过，有学者以为《汉书·刑法志》中这里的"孙"，是指孙膑，不包括孙武。故孙武是否死于夫差诛杀，尚存争议。

综合信息

△小知识

①兵法：主要有两种含义，一指治军用兵的原则和方法，包括军队建设的思想和具体的战略战术等；一指兵书，如《孙子兵法》中的"兵法"即是"兵书"的意思。

②封食：食封的意思，即享用该封地的租赋收入。古代封王侯者，由君王给一个地方让其享受所封地区的租赋作为俸禄，叫作"食封"。

③伐交：孙子说"上善伐谋，其次伐交"。"伐交"的含义有很多，如破坏或断绝敌方与外部的关系、联系，使其孤立无援。如在敌方内部制造矛盾，使其内部斗争、不和以致无法合力对外等。

④因粮于敌：孙武战法之一，中心的意思是在战争中取用敌方的资财来打击敌方，也叫作"以战养战"。

来自历史的人生报告
中国古代名人七十二讲

△ 你问我答

1.孙武的家庭情况是怎样的？

孙武的祖父是田书，后被赐孙姓，改称孙书，齐国大夫，有突出的军事才能。其祖母姓氏不详。其父亲孙凭为齐国卿（君主以下最高一级官员）。孙武的妻子为田淑贤（一说叫鲍姜，齐国大夫鲍周之孙女）。他有三个儿子，依次为孙驰、孙明、孙敌。

2.孙武有哪些经典名言值得品味、记诵？

①将欲取之，必先予之。
②不战而屈人之兵，善之善者也。
③用兵之法，十则围之，五则攻之，倍则分之，敌则能战之，少则能逃之，不若则能避之。
④食者国之宝也，兵者国之爪也。
⑤知彼知己，胜乃不殆；知天知地，胜乃不穷。
⑥兵者，国之大事，死生之地，存亡之道，不可不察也。
⑦故上兵伐谋，其次伐交，其次伐兵，其下攻城。攻城之法，为不得已。
⑧攻其无备，出其不意。
⑨善用兵者，役不再籍，粮不三载，取用于国，因粮于敌，故军食可足也。
⑩静如处女，动如脱兔。
⑪夫兵形象水，水之形，避高而趋下，兵之形，避实而击虚。水因地而制流，兵因敌而制胜。故兵无常势，水无常形。能因敌变化而取胜者，谓之神。
⑫知彼知己，百战不殆；不知彼而知己，一胜一负；不知彼，不知己，每战必败。

3.人们常说的"三十六计"是《孙子兵法》中的计策吗？

不是。"三十六计"一说语出《南齐书·王敬则传》中"檀公（指南朝

第三讲 扬名世界的旷世兵圣孙武

宋将檀道济）三十六策，走为上计。汝父子唯应走耳"这段话。后被世人沿用。宋人惠洪在其《冷斋夜话》中将这句话改为"三十六计，走为上计"。后有人将相关内容归纳、整理、分类，并以《三十六计》作为书名整理成书。成书时间、编辑者无从查考。三十六计分胜战计、敌战计、攻战计、混战计、并战计和败战计六套。每套六计。如第一套胜战计具体含瞒天过海、围魏救赵、借刀杀人、以逸待劳、趁火打劫、声东击西六计。这些具体计策，一般认为源自《孙子兵法》。

4.孙武归隐后到底去了哪里？

孙武到底何时归隐，归隐何处，史书上均无记载。有人认为，孙武投吴后一生没有离开吴国。吴国亡后他曾回到姑苏，其归隐地应在原吴国境内，但仍回窟窿山也不是没有可能。也有人认为，孙武可能举家都回齐国去了，因为毕竟他原是齐国人。老人念旧，更何况他的后人孙膑就出生在齐国。

5.孙武斩吴王宠妃是真的吗？

《史记·孙子吴起列传》中对此事确有记载：孙武向吴王献上《孙子兵法》后，吴王要看他练兵。吴王让宫中女子为兵，孙武让吴王的两个宠妃各为两队队长。操练中两妃不听军令，虽吴王为之求情，孙武还是斩杀了两妃。

△笔者闲言

孙武是齐国人，他经吴国重臣伍子胥的推荐，才受到吴国阖闾器重，被封为将军，统兵伐楚，五战五捷，从而让他的军事才能得到了充分的施展。反之，如果没有那样的历史舞台和机遇，那么，不但孙武的军事才能会被埋没，而且他的《孙子兵法》的科学性、客观性及其在战争中的实际意义都会受到影响。因为这部军事著作是结合了他后来亲历战争的经验，才得以如此光辉灿烂的。由此说明，为人才提供合适的施展才华的机会和平台，至关重要。

第四讲　为雪耻，不惜卧薪尝胆的越王勾践
——十年勾践亡吴计，七日包胥哭楚心

勾践的一辈子

勾践画像

勾践（？—前465），本姓姒，名鸠浅。因中国古代越国与中原各国语音差异，将"鸠浅"读成了"勾践"。他出生于大越（今浙江绍兴），为夏禹后裔，越国中兴之主允常之子，第二位称越王的越国国君。以卧薪尝胆、忍辱负重闻名于世。

前497年，勾践父亲允常去世，勾践即位，成为越国第2位称越王的国君。吴国与越国素有仇隙。前496年，吴王阖闾发兵攻越，但在樵李（今浙江嘉兴）被勾践率兵击败。阖闾脚趾被越将灵姑浮的长矛刺伤（一说为被毒箭射伤），不治身亡，两国因此仇恨愈深。

前494年，勾践听闻吴国意欲攻越，便想先发兵攻吴。大夫范蠡竭力劝阻，说："我听说兵器是凶器，攻战是背德，争先打是事情中最下等的。要阴谋去做背德的事，喜爱使用凶器，亲身参与下等事，定会遭到天帝的反对，这样做绝对不利。"但勾践仍执意起兵攻吴。结果，数月后在太湖夫椒（今无锡马山一带）水战中大败于新任吴王夫差，只剩下5000兵逃回，被夫差牢牢围困在会稽山上。勾践此时才后悔当初不听范蠡之言。面对山穷水尽的绝境，范蠡提议勾践用入吴称臣的条件向吴求和。吴国相国伍子胥坚拒，

第四讲　为雪耻，不惜卧薪尝胆的越王勾践

要求夫差立灭越国，以绝后患。勾践见此决意先杀妻灭子，再与夫差殊死一战。大夫文种认为吴国太宰伯嚭位高权重，但贪财好色，可贿赂此人，再让他为越国向夫差求情。勾践依计而行，夫差果然接受了越国求和的条件，不久即放弃对会稽的围困，从越国撤军。

前492年，勾践留文种料理国事，自己与妻雅鱼、谋臣范蠡入吴国。在吴国3年，住在夫差父亲坟边的石屋里，为夫差牵马、喂马，犹如奴仆，忍辱负重，受尽屈辱。3年后，夫差以为勾践真心归顺，动了恻隐之心，放勾践回越国。

勾践回国后，一方面，吃粗粮、穿布衣，晚上睡在硬床上。在屋里挂一只苦胆，坐卧饮食前都要尝一尝，以提醒自己时刻不忘国破做奴的奇耻大辱。后人称为"卧薪尝胆"。在国家治理上，勾践重用谋臣范蠡、文种，发展生产，鼓励生育，增加国家人口。自己与百姓一起耕种，让妻子和民间妇女一样养蚕织布。同时让百姓学武练武，积聚国家武备力量。另一方面，为麻痹夫差，勾践故意常给夫差送去粮食、木料和西施这样的绝色美女，从而使夫差沉溺于女色，贪图享乐而不能自拔。此时，越国又通过贿赂和制造谣言等手段，致吴国君臣不和、互相猜忌，相国伍子胥后来就被夫差怀疑不忠而被赐剑逼他自刎。就这样，原本国富兵强的吴国一步步走向了历史的终点。

前482年，鲁、齐两国约夫差北上参与黄池（今河南封丘县西南）会盟大典。夫差为自己将成为盟主而兴奋异常，亲率全国精兵跋涉近2000里赴会，国内只留下老弱残兵。勾践趁机突袭吴国杀了吴国太子，夫差急忙赶回向勾践求和，勾践知尚无把握彻底灭吴国，便同意了夫差的求和请求，撤军回越国。6年后勾践再次伐吴，两军在笠泽（今太湖，一说今太湖东的一小湖）激战，吴军大败，吴国从此一蹶不振。前473年，勾践第三次伐吴，攻占吴国国都姑苏。勾践原想将夫差流放甬东（今浙江舟山一带），放他一条生路。夫差后悔错杀伍子胥，以至落到如此境地，最终自尽，吴国灭亡。勾践在灭吴后志满意得，忘了为复国时的卧薪尝胆，热衷于如吴国前期那般开创"霸业"，不断与齐国、楚国争雄，将疆土扩张至与楚国接壤的地方。越国的势力向南、向西扩张至温州和江西鄱阳湖一带。他在国内，暴虐专断，刚愎自用。虽灭吴后升范蠡为上将军，但范蠡和文种都不再受勾践的信任和重用。范蠡看出其中端倪，决然辞官出走。走前留一信给文种，说"飞鸟尽，良弓藏；狡兔死，走狗烹。越王为人长颈鸟喙，可与共患难，不可与共乐，

子何不去？"文种虽不以为意，却称病不再上朝，也不支持勾践图谋霸业。于是勾践怀疑其有不忠之心，逼迫文种自尽而亡。后来勾践被周天子封为"伯"，勾践在位时的越国成了春秋最后一霸。

前465年，勾践病死。

勾践的归宿

"秦望山头自夕阳，伤心谁复赋凄凉。今人不见亡吴事，故墓犹传霸越乡。雨打乱花迷复道，鸟翻黄叶下宫墙。登临莫向高台望，烟树中原正渺茫。"这是一首题为《越王勾践墓》的宋诗。作者是宋代柴望，其字仲山，号秋堂，生于1202年，卒于1280年。他是浙江江山人，曾当过南宋嘉熙四年（1240）的太学上舍（宋时将太学学生分为外舍、内舍和上舍三等，上舍学生成绩优异者可以直接授官，太学上舍相当于博士）。此诗通过站在秦望山头，想起住在勾践墓边的越地百姓，缅怀当年勾践卧薪尝胆、复国报仇的壮举；借古讽今，讽喻和感伤南宋小朝廷偏安一隅，不思北上抗金收复中原失地的怯懦行为。秦望山是今浙江省绍兴市平水覆釜岭中的一座山峰，因秦始皇登此山望海而得名。诗作虽未直接说勾践墓在会稽，但从作者毫不含糊地用《越王勾践墓》为题，诗中又用勾践墓边的百姓指代越国百姓，我们或许可以揣测勾践墓就在会稽境内。但到现在为止，勾践墓还没有找到。现已发掘的绍兴印山越王陵只有勾践父亲允常的一座陵墓。而勾践究竟死于何地、葬于何地，司马迁的《史记》以及杂史《越绝书》《吴越春秋》均无片言只语记载。史上说勾践徐州会盟后移都山东琅琊，但今亦有学者认为琅琊只是勾践为经营北方而设的陪都，越国国都则一直在会稽，直至前306年越国被楚国所灭。如果此说确凿，再加上宋诗《越王勾践墓》的印证，那么，勾践墓在会稽，即在现在的绍兴市境内，似乎还是有一定可信度的。

综合信息

△小知识

①大夫：古代职官等级名。春秋时，国君之下分卿、大夫、士三等。大夫又分上、中、下三级。大夫世袭，多系中央一级的要职或顾问。

第四讲　为雪耻，不惜卧薪尝胆的越王勾践

②相国：春秋时晋国始设，也称为相邦。后来把宰相、丞相敬称为相国。但相国的职权比宰相、丞相都大，是百官之长。相国只设一人，丞相则分左右。宰相是多个官职的共称，也并非都是一品。

③上将军：春秋时越国的上将军相当于全军统帅。

△你问我答

1.勾践的家庭情况是怎样的？

勾践的祖父夫谭是大禹的后裔，是越国之君，受封在会稽，守护禹陵，执掌祭祀；其父亲允常，是越国史上的一位中兴之主；其母亲不详；其妻子（王后）是雅鱼，雅鱼陪勾践在吴3年，忍辱负重，传吴亡后自尽；其儿子鹿郢，在他死后即位，在位6年；其女儿越姬，为楚昭王姬妾。

2.史上有哪些缅怀勾践的著名诗歌？

越中览古
〔唐〕李　白

越王勾践破吴归，义士还乡尽锦衣。
宫女如花满春殿，只今惟有鹧鸪飞。

二　砺
〔宋〕郑思肖

愁里高歌梁父吟，犹如金玉夏商音。
十年勾践亡吴计，七日包胥哭楚心。
秋送新鸿哀破国，昼行饥虎啮空林。
胸中有誓深于海，肯使神州竟陆沉？

3.勾践到底姓什么？

勾践是名，其姓有三种说法：①姓"姒"。勾践是大禹后代，禹姓姒，故勾践姓姒。依据是《史记·越王勾践世家》："越王勾践，其先禹之苗

裔，而夏后帝少康之庶子也。"②姓"芈"。依据是韦昭的《国语》："勾践，祝融之后，允常之子，芈姓也。"③姓"彭"。见诸众多出土文物。亦说勾践灭吴后迁都琅琊，说明他不是侍奉大禹祭祀者的后裔。

4.越国的大致历史是怎样的？

《史记·越王勾践世家》说，越国为夏朝少康庶子于越的后裔。少康担心大禹宗庙祭祀后继无人，故封其庶子于越，号曰无余。也就是说，无余是越国的始祖，因他的封地叫"越"，故称越国。越国早期的都城，据考古发现是在今浙江安吉的九龙山，直到前490年勾践被吴王放回，才把越国的国都移至今浙江绍兴的城区。勾践灭吴后，他和他的后代想入主中原，其中一个叫无疆的后代争着做越王，与兄弟互相争斗，越国因此败落。后来秦统一天下，越国改成郡，成了秦国的一部分。

5.西施真的与范蠡一起走了吗？

西施，本名施夷光，家住浙江诸暨苎萝山下。该处分东、西两村，西施住在西村，故叫西施，意思是西村施家的女儿。因她常在溪边浣纱，故亦称浣纱西施。西施聪慧美貌，位列中国古代四大美女之首。她被勾践选中送给夫差，意在让夫差迷于女色，误其国事。但西施并不是间谍，未背负特殊使命。关于她的结局，有说她从吴国回来，36岁仍貌美如花，被勾践纳为妾；有说勾践嫌其为夫差所侮，灭吴后将其沉于太湖；还有说西施最后自缢或隐居的。杂史《越绝书》中则说西施与范蠡原是情人，西施回越后，范蠡携其归隐。

△笔者闲言

"会稽乃报仇雪耻之乡，非藏垢纳污之地。"明末学者王思任的这一经典之说，让绍兴人都觉得脸上有光。而这自然仰仗昔日绍兴名人勾践的卧薪尝胆。勾践一生有许多是是非非，但他这种忍辱负重、不甘失败的精神永远是可贵的、令人敬仰的。有了这种精神，困难、挫折都是暂时的。就人生来说，谁都不可能事事、时时一帆风顺。尤其是现在，竞争无处不在，但只要有"卧薪尝胆"的勇气和永不言败的精神，那么，即便遇到再大的风雨，也能坦然面对。

第五讲　惨遭车裂之刑的先秦改革家商鞅
——治世不一道，便国不法古

商鞅的一辈子

商鞅（约前390—前338），战国时期卫国（一说今河南内黄县，一说河南濮阳县）人，公孙氏，故亦称卫鞅、公孙鞅。在秦国立功，秦王把商地封赏给他，故称商鞅，鞅是名。战国中期政治家、思想家、改革家，法家代表人物之一。

商鞅出身于卫国贵族，是卫国国君的后裔。他出生时，卫国已经衰落成为魏国的附庸。商鞅少时即有建功立业、扬名天下的大志，才气横溢，好刑名之学。他见魏国更有自己发展的前途，便跑到魏国当了魏相公孙痤的家臣，但魏王不看重商鞅。公孙痤临终前再三叮嘱魏王重用商鞅，如不用则必须杀了商鞅。魏王口头答应，但公孙痤死后则既未重用，也没杀商鞅。前361年，21岁刚上台的秦孝公为图秦国富强，下求贤令广招天下英才。商鞅感其诚，离开魏国通过秦孝公宠臣景监拜见了秦孝公。他第一次给秦孝公讲帝道，即讲君王如何以仁义治国，秦孝公不感兴趣；第二次讲大禹、周文王、周武王的治国之道，秦孝公也不感兴趣；第三次改讲霸道，即讲法家的治国之道，讲君王如何凭借刑法、权势、武力来治理国家，秦孝公大喜。前356年（一说前353年），商鞅被秦孝公任左庶长，在秦国实行第一次变法，主要内容包括：实施违法犯罪连坐制；奖励军功，废除贵族世袭制；严禁民间私斗，奖励农耕

商鞅画像

等。在推行变法的4年中，商鞅还领兵收复秦国被魏国侵占的河西失地。因此，官升大良造，掌控了秦国的军政大权。前350年，商鞅推行第二次变法，主要内容有：废井田、开阡陌；土地可以自由买卖；全国推行郡县制，各地设立县级机构，县主要官员由秦孝公直接任免以及国家按人口、土地征税等。还把国都从栎阳（今西安市阎良区境内）迁至更靠近中原的咸阳。前340年，51岁的商鞅带兵击败魏军，迫使魏国割地求和。秦孝公封其商（今陕西商洛市境内）十五邑，号为商君，人称商鞅。

　　商鞅变法历经20年，取得了巨大的成功。秦国逐渐富裕，国力大增，社会安定，在诸侯国中的地位显著提高。商鞅变法之所以成功，除得到秦孝公支持外，他自己着重做了两点：一是立信于民。《史记·商君列传》载，变法令出来后，怕民众不信，商鞅立三丈之木于国都市南门，说若有人能将该木扛至北门者赏五十金。扛此木太易，众人不信。后有一个人扛过去了，真得了五十金，百姓由是信之。二是违法必究，树立新法的权威性和严肃性。秦太子违法，太子的老师一个被割鼻子，一个被脸上刺字。众人由是信服，新法得以顺利推行。

　　前338年，秦孝公崩，太子嬴驷即位，成了秦惠王。公子虔（秦孝公的大哥，秦惠王嬴驷的伯父）曾因触犯新法被商鞅处罚，因而诬告商鞅谋反。秦惠王亦因两个老师被商鞅处罚受辱，故正好借此严惩商鞅。商鞅逃至边关，因店家不识商鞅，怕被"连坐"，不敢留宿。商鞅欲逃往魏国，但因他曾征讨过魏国，魏国拒收留。他只好潜逃回封地商邑，随后率邑兵攻击郑县（今陕西华县），欲经郑县过魏国逃往韩国。郑守军拼死抵抗，秦惠王发兵援郑，商鞅在黾池（今河南黾池县西）被秦军杀死，其尸体被运回咸阳受"车裂之刑"并示众。秦惠王还灭了商鞅全族。

　　商鞅死后，新法没有完全废止，因为新法对社会治理确有许多好处，它推动了生产力的发展和社会的进步。商鞅变法失败的原因是多方面的，一是商鞅直接得罪过秦惠王；二是新法严重侵犯了王室和老氏族的权益；三是新法太残酷，百姓痛恨；四是商鞅权势太大，给秦惠王造成了威胁。

商鞅的归宿

　　商鞅被车裂示众后，他的门人尸子（原名尸佼，鲁国人，是商鞅的门客，思想、理念与商鞅相同，随商鞅入秦。两人相知相扶，关系甚好。尸佼还是商鞅变法的重要参与者）不忍，偷了几块尸骨欲回商鞅老家卫国安葬，在黄河德丰渡口被人发现。尸佼无奈说出实情，弃尸骨逃走（逃到古蜀国，著有《尸子》一书）。渡口百姓将商鞅尸骨葬于秦驿山下（此山位于今陕西渭南市合阳县洽川镇），后有法家人士在此立了墓碑，在墓碑上书"商君之墓"四字。原墓高3米多，20世纪70年代墓被毁。据明嘉靖年间的《合阳县志》记载，此确系埋有商鞅尸骨的真墓，该墓遗址距今合阳县城东23千米。

综合信息

△小知识

①刑名之学：战国时期以李悝、商鞅、申不害为代表的法家的一种学术思想。这些人主张"循名责实，慎赏明罚"，意思是按名称或名义去落实或承担相应的职责，根据实际功过赏罚，后人将其简称为"刑名之学"或"刑名"。

②求贤令：前361年，秦献公崩后，秦孝公继位。当时秦国力式微，不为各国重视，秦孝公为图强下求贤令招纳天下贤能。此文为孝文公亲撰，共140字，商鞅誉其为"五百年之雄文"。

③左庶长：秦国所设官名。有左、右之分，左大于右。庶长是秦最有权势的朝臣，可以上马治军，下马治民。

④大良造：秦孝公始设爵位名。从秦孝公始至秦灭六国，秦的爵位分17个等级，大良造是最高爵位，协助国君掌军政大权。秦灭六国后爵位等级改为20个，大良造位列第十六位。

△你问我答

1.商鞅的家庭情况是怎样的？

商鞅的父亲是卫国国君后裔，详情史无记载；其母亲，姬姓，卫氏；其妻子有人推测是秦国的某位公主。商鞅因被灭族，没有后代子孙留下来。商鞅的老师是史上大名鼎鼎的鬼谷子。

2.商鞅在治国方面有哪些经典名言值得品味、记诵？

①圣人知治国之要，故令民归心于农。
②论至德者不和于俗，成大功者不谋于众。
③善为国者，仓廪虽满，不偷于农。
④法者，所以爱民也；礼者，所以便事也。
⑤利不百，不变法；功不十，不易器。
⑥圣人不法古，不脩今。法古则后于时，脩今则塞于势。
⑦上世亲亲而爱私，中世上贤而说仁，下世贵贵而尊官。

3.商鞅到底是怎么死的？

有人说商鞅是被秦惠王的士兵抓住后活活受"车裂"之刑而死的，亦说车裂就是五马分尸。但据学者考证，车裂是一种与斩、辗相类的杀人手段。"车裂"的"车"不是马车的车，而是一种类似于刀、斧之类的工具。所谓"车裂"，就是将人先砍首，再分身的刑法，与五马分尸完全不同。所以，商鞅也是被先砍首，再分尸，然后高挂示众，而不是活活被五匹马分尸而死的。

4.商鞅被处死的直接原因是什么？

直接原因是新法刚推行时，秦太子嬴驷被人利用，说了些反对新法的话。商鞅不留情面，因不能直接处罚太子，就把负责教育太子的老师公孙贾处以黥刑（即脸上刺字），把负责督促太子言行的嬴虔处以劓刑（即割去鼻子），而嬴虔是太子的伯父，即秦孝公的哥哥。这无疑是对太子的羞辱，因而太子一登基成为国君，商鞅的死便成了必然。

△笔者闲言

秦孝公曾对商鞅说："300年来，变法功臣皆死于非命，此乃国君之罪也。你我君臣相知，终我一世，绝不负君。"说此话时，秦孝公23岁，商鞅32岁。纵观两人交往的20年，秦孝公未食言，生前始终鼎力支持商鞅变法，让他位极人臣，实现人生的政治抱负，并封赏六百里地于商。谁知世事难料，秦孝公尸骨未寒，商鞅已遭车裂而亡。商鞅与秦孝公君臣一场，这样的结局令人唏嘘。

第六讲　敢称"民为贵，君为轻"的亚圣孟子
——民为贵，社稷次之，君为轻

孟子的一辈子

孟子（约前372—前289），名轲，字子舆，邹国（今山东邹城东南）人，战国时期思想家、政治家、教育家，儒家学派代表人物之一，与孔子并称"孔孟"。他与孔子的思想被称为"孔孟之道"，元朝时被加封为"亚圣"。

孟子画像

孟子先世是鲁国公族，他3岁丧父，家庭贫困，由母亲含辛茹苦抚养成人。孟母对孟子的要求十分严格，为让孟子有一个好的学习、成长环境，孟母三次搬家。"孟母三迁""断杼教子"的故事传为千古佳话。他的童年时代和青年时代的前几年都是在邹国度过的。周显王十八年（前351），22岁的孟子赴鲁国游学，受业于子思（孔伋，孔子的孙子）之门人。26岁回邹国创办子思书院，开始收徒讲学的教学生涯。他认为"得天下英才而教育之"是最快乐的事。为了宣传和实现他的"礼治"和"德政"思想，周显王三十八年（前331），孟子带弟子周游列国，前后历时约20年。他去过齐国、宋国、滕国、魏国、鲁国、梁国等诸侯国，在齐国待的时间最长，有10年左右。大概在43岁那一年，他到齐国临淄的稷下学宫讲他的"仁政"思想，影响颇大。后来齐国聘他为客卿，但他最后发觉齐国并非真心想按他的思想治国，于是便离开了齐国。孟子约63岁时结束了在外的游历回到邹国（其中有几年曾回邹国为母亲守孝）。71岁时又去稷下学宫讲过学，讲的内容是"浩然之气"，也颇有影响。孟子约84岁时去世。

孟子传承和发展了孔子的儒家学说，也是儒家学派的重要代表人物之一。他周游列国，就是想竭力劝说各国实施儒家的"仁政"学说，反对和制止战争。他说"民为贵，社稷次之，君为轻"，这在战争频发、弱肉强食的春秋战国不可能被各国诸侯所接受。但他又认为"劳心者治人，劳力者治于人；治于人者食人，治人者食于人。天下之通义也"。由此可见，他的政治理念其实也是矛盾的，是不可行的。在人的修养方面，他提出一套改进个人修养的主张。他认为"养心莫善于寡欲""人之异于禽兽者几希，庶民去之，君子存之"，只要不被感官所累，就能逐渐成为圣人。做到"穷则独善其身，达则兼济天下"。在教育上，他也赞成孔子的"有教无类"。他的"循序渐进""因材施教""重思有疑"等教学理念和方法，也是很科学、很有价值的。同时，他还认为教育要着眼于激发受教育者自己主动学习的愿望。他把教育比作"有如时雨化之者"，认为不教不好，拔苗助长也不好，应当适时、适度。

孟子一生没当过官（在齐国虽为客卿，有俸禄，但无实权），晚年专心于教学和著述。他和弟子共同编写的《孟子》是四书五经中的四书之一。他的《得道多助，失道寡助》等文章，至今还是中学教材中的经典课文。后人将他与孔子并论。清朝的康有为尤其推崇孟子，称孟子为"传平世大同之仁道，得孔子之本者也"。

孟子的归宿

孟子墓位于山东省邹城市东北四基山西麓的孟子林内，距邹城市区12千米。孟子林，又称为亚圣林，是孟子和孟子后裔的家族墓地，始建于宋景祐四年（1037）。孟子死后的1000多年间，他在世间并不显赫，也没多大影响。直到景祐四年，孔子第45代孙孔道辅做兖州太守，而孟子故里邹县恰好属于兖州的管辖县。孔道辅认为孟子对儒学的贡献最大，因而在寻访到孟子墓后随即加以整修，还在墓前新建了孟子庙以供祭祀。此后，元、明、清诸代相继扩建、植树，至清康熙年间，所植的孟子林已近700亩。现在的孟子林树木茂密，绿草如茵，总占地950亩，是全国重点文物保护单位。孟子林前有一条1.5千米的神道，神道两边是高大的古柏和白杨树。林中高大宽敞的享殿是明嘉靖年间重建的，殿内安放有记载着历代皇帝祭祀孟子祭文的石碑。因

第六讲　敢称"民为贵，君为轻"的亚圣孟子

离城远祭祀不便，宋朝建的孟子庙于宋宣和二年（1120）迁往邹城城内。孟子墓位于享殿后面，是清道光十四年（1834）重建的，墓高约6米，高大的墓碑立在墓前，碑上用楷体书写的"亚圣孟子墓"端雅庄重，此碑为孟子第70代孙孟广均所立。孟子墓周围是其后裔、家属的墓冢。

综合信息

△小知识

①亚圣：原意为道德才智仅次于圣人的人，现特指孟子。亚，次，次一等的。

②客卿：春秋战国时设的官名，只授予非本国人在本国任职的高级官员。

③享殿：指陵园内用于供奉灵位，举行祭祀活动的殿堂或建筑。

④礼治：是与"法治"相对应的称谓。它是春秋战国时期儒家主张的一种治国方式。这里的"礼"是汉族礼仪的总称，如宾客之间的礼，君臣之间的礼，办喜事、丧事的礼，等等。

△你问我答

1.孟子的家庭情况是怎样的？

孟子的祖父孟敏是鲁国的贵族，食邑郰城。后被齐国攻占，逃至邹国，家道中落。其父亲孟孙激，字公宜，在孟子3岁时去世，后追封郑国公；其母亲仉氏，管教甚严；妻子为田氏；孟子有一子，据传叫孟仲子。

2.孟子有哪些经典名言值得品味、记诵？

①民为贵，社稷次之，君为轻。
②老吾老，以及人之老；幼吾幼，以及人之幼。
③富贵不能淫，贫贱不能移，威武不能屈。
④穷则独善其身，达则兼济天下。
⑤得道者多助，失道者寡助。
⑥不以规矩，不能成方圆。

⑦天下之本在国，国之本在家，家之本在身。
⑧父子有亲，君臣有义，夫妇有别，长幼有序，朋友有信。
⑨上有所好者，下必有甚焉者矣。
⑩爱人者，人恒爱之。敬人者，人恒敬之。

3."孟母三迁"是怎么回事？

"孟母三迁"是个历史故事。孟子小时候调皮，3岁时，父亲去世。为守坟，孟母把家搬到坟地附近。没多久，孟子就和邻居小孩一起学着哭坟，学着玩办丧事的游戏。孟母心想，这样的环境不好，就把家搬到集市旁。不久，孟子又学着买卖东西，跟邻居孩子玩杀猪、宰羊以及买卖猪、羊，讨价还价的游戏。孟母觉得这种环境也不利于孟子学习、成长，再次搬家，把家搬到学校附近。自此，孟子喜欢上了读书，也变得懂礼貌、守秩序了。

4.稷下学宫是一所怎样的学校？

稷下学宫是战国时期齐桓公在齐国国都临淄（今山东省淄博市）创办的，由朝廷出资、私人主持的特殊官办高等学府。"稷"是临淄城内的一处城门。"稷下"即稷这座城门附近的意思。学宫，即学校，是西周时期官府兴办的教育机构。这是当时第一所既有学术性又具政府智库性质的综合性高等学府，名气很大。鼎盛时期光是学者贤士，如孟子、荀子、申不害等这样的人就有千人左右。各家学说，如儒、道、法、兵、阴阳等都享有充分自由，可以互相争辩。稷下学宫是一个真正允许百家争鸣的学术交流中心。

△笔者闲言

"孟母三迁"是个人们耳熟能详的故事。这个故事说明：第一，"近朱者赤，近墨者黑"，这话是有道理的。要让孩子健康成长，环境很重要，多接近好的人和好的事，潜移默化，孩子也会学好。第二，孩子可塑性大，即使像孟子这样的亚圣，也要靠教育、培养。假如孟母不三迁，孟子肯定也会沾上不良习气，影响其发展。其实大人也一样，出淤泥而不染并不容易做到。"常在河边走，哪能不湿鞋"，就说明了"出淤泥而不染"的不易。

第七讲　一生崇尚人生逍遥的道学家庄子
——天地与我并存，万物与我为一

庄子的一辈子

庄子（约前369—前286），姓庄，名周，字子休（一作子沐），战国时期宋国蒙（今河南商丘东北）人（亦说今安徽蒙城人、河南商丘李庄乡人和山东东明人），战国时期思想家、哲学家、文学家。庄子学派创始人，道家学派主要代表人物之一，与老子并称"老庄"，被道教尊为道教祖师。

庄子父亲庄全是楚国贵族后代，为避楚国内乱，逃到宋国。庄子8岁跟当时的大儒裘氏学儒。14岁弃儒转而师从老子弟子子恭学道。23岁任漆园（在今河南涡河北岸）吏，从事漆园事务的管理。32岁辞漆园吏，潜心道学。此后，一说庄子全心经营在蒙邑的荆园，种些瓜果蔬菜谋生（但史书上并无记载）。37岁那年，庄子父母相继去世，他护送父母灵柩回楚国。楚威王闻庄子博学睿智，想用重金聘他为楚相，但他以牛、猪成为祭品为喻，坚拒不就，仍回宋国过贫穷但逍遥自在的生活。此后数十年，他一直隐居宋国乡间著书、讲学，始终未与统治者为伍，没有涉足官场。但他并不远离社会，仍心系苍生。魏惠王后元十二年（前323），魏国欲伐齐国。为使百姓避免战乱遭到杀戮，庄子专程前往魏国拜见魏惠王，劝说魏惠王放弃伐齐的打算。庄子晚年时妻子死了，他不但不悲痛，反而鼓盆而歌，说人之生来自自然，死犹返回自然，生死如同四时

庄子画像

轮回。由此可见，庄子的豁达及其异于常人的生死观和人生哲学。庄子约84岁时去世。1000多年后的唐朝，唐玄宗诏封庄子为南华真人，还把《庄子》一书称为《南华真经》。《庄子》原书52篇，10余万言，今存33篇。《齐物论》《道德篇》是其中的名篇。在政治思想上，庄子主张"无为而治"，反对儒家的仁义治国和法家的刑罚治国。在哲学上，他认同老子所说的"道"的存在，但更强调"天道"，即自然规律。在为人处世的生活态度上，庄子首提"内圣外王"之说，主张绝对的精神自由。他不慕名利，看淡生死，崇尚宁静无为。他不愿入世，又心系天下，留下最多的是幽默、辛辣、寓意深刻的寓言。他的文章既富有文采，又深含哲理，被誉为"哲学的文学，文学的哲学"。他的文章，语言直率质朴，想象极为丰富，行文汪洋恣肆，不拘一格。鲁迅十分推崇庄子，说庄子"其文则汪洋捭阖，仪态万方，晚周诸子之作，莫能先也"。郭沫若也说："秦汉以来，每一部中国文学史，差不多大半是在他的影响之下发展的；以思想家而兼文章家的人，在中国古代哲人中，实在是绝无仅有。""他那思想的超脱精致，文辞的清拔恣肆，实在是古今无两。"

庄子的归宿

现在多处有庄子墓。河南民权县顺和乡青莲寺村村南的庄子墓，是一座圆形的土冢，高9米，周长88米，墓园占地40余亩，保存有清乾隆五十四年（1789）的墓碑一块，正面阴刻楷书"庄周之墓"，背面刻有当时重修庄子墓时326个立碑人的姓名。该墓所在的庄子文化旅游景区是国家3A级旅游景区，这里的庄子墓是河南省文物保护单位。山东东明县的庄子墓，位于该县菜园集庄寨村南华庄子观的大殿后。庄子观始建于唐贞观二年（628），后屡毁屡建。大殿背后庄子墓的西侧是南华山遗址，东侧是不同年代碑刻组成的碑林。东明县还有漆园故址。这里的庄寨村是庄子嫡系后裔的集居地。这里的庄子墓是山东省文物保护单位。河南伊川县的庄子墓，位于该县白元镇白元村西。《中国文物地图集》载，该村有庄子洞和周漆园吏庄子墓。庄子洞是庄子的隐居之地，在此洞中，庄子曾梦见蝴蝶，故又称蝴蝶洞。但该处的庄子墓仅是一座小土丘。河南滑县的庄子墓，在该县的留古镇中庄营村，是滑县县级文物保护单位。墓在村南的田地里，土冢立有石碑，上刻有"庄子墓"3个字。

第七讲　一生崇尚人生逍遥的道学家庄子

综合信息

△小知识

①南华真人：唐玄宗赐给庄子的封号。"南华"，庄子的号；真人，天尊的别名，道教以此称修真得道的人。因庄子被封"真人"，故他著的《庄子》一书被称为《真经》，全称《南华真经》。

②内圣外王：语出《庄子·天下》，"是故内圣外王之道，暗而不明，郁而不发，天下之人，各为其所欲焉，以自为方"。此话原是就君王治国和处理国与国关系而言的。后扩展成个人道德修养和处事的原则，即要求为人内有圣贤之德，交际和处事以礼、仁为要务，后成儒家的人格理想。

△你问我答

1.庄子的家庭情况是怎样的？

庄子亲人的情况正史中无明确记载。据相关专家考证，庄子父亲庄全是从楚国迁居至宋国的，庄子在宋国出生。其母亲为狶韦氏，妻子为钟离氏。他有3个儿子，但生平、业绩不详。

2.庄子有哪些经典名言值得品味、记诵？

①吾生也有涯，而知也无涯。
②相濡以沫，不如相忘于江湖。
③临渊羡鱼，不如退而结网。
④无用之用，方为大用。
⑤哀莫大于心死，而人死亦次之。
⑥天地与我并存，万物与我为一。
⑦日出而作，日入而息，逍遥于天地之间，而心意自得。
⑧时势为天子，未必贵也；穷为匹夫，未必贱也。贵贱之分，在于行之美恶。
⑨圣人者，原天地之美而达万物之理。
⑩人生天地之间，若白驹过隙，忽然而已。

3.庄子的漆园吏是一个什么样的官？

有多种说法。一说漆园是地名，庄子在此做过官，故谓"漆园吏"；二说主管漆事（亦说指农桑、园艺之类）的职官；三说管理漆园的小吏。古代的官、吏是不同的。官有品级，是上等人身份。吏无品级，为下等人身份，不入流，只是在衙门里做事而已。

4.道家与道教是一回事吗？

道教与道家既有关联，也有区别。道家是道教思想、信仰、教义的主要来源之一。在天体万物、人与自然、道与德及治国修身养性等诸多方面，道教与道家有不少相同或相近的认识与理解，但也有明显不同。道家是哲学流派，道教是宗教组织。道教的思想理论方面除有与道家相同或相近的部分以外，还吸纳有神仙、鬼怪、民间方术、巫术等诸多非道家的复杂要素。从时间上说，道家产生于春秋时期，道教形成于东汉。道家学说由老子创立，道教的创始人则是张道陵。所以，两者不能混为一谈。

5.庄子和老子是什么关系？

庄子出生时，老子已去世100多年。后人都视两人为道家思想的代表。但老子是道家思想的创始人，庄子则传承和发扬光大了老子的道家思想。且在相对论、辩证思维方面，庄子对道家思想有所发展。庄子与老子的关系，犹如孟子与孔子之间的关系。

△笔者闲言

楚威王欲重金礼聘庄子为相，但庄子认为这是把他当作用于祭品的猪、牛，当时喂养虽厚，但终将失去自由，成为祭品。故他宁愿像条鱼，虽生活在污泥浊水中，但自得其乐。这话似有道理，但仔细想想，世上有得必有失，天下哪有免费的午餐？人要生存就会有物质需求。如果将自己所有的付出都视为牺牲自由，而不愿牺牲自由就不愿付出，那人类社会又怎么去运转？所以，绝对的自由只能存在于人的精神世界里。庄子认为，"有所待""有所求"就不会有自由，但人真的要是"无所待""无所求"，人活着的乐趣、意义又在哪里呢？

第八讲　自沉汨罗江的爱国诗人屈原
——路漫漫其修远兮，吾将上下而求索

屈原的一辈子

屈原（约前340—前278），名平，字原，又自名正则，字灵均，战国末期楚国归乡乐平里（今湖北省秭归县屈原乡屈原村）人。战国时楚国大臣，中国古代伟大的爱国诗人。

屈原是楚武王熊通之子屈瑕的后代，他出生时，他的贵族家庭已经没落，但家境尚可，衣食无忧。屈原从小酷爱读书，嗜书成癖，博闻强识，善于言辞。17岁前一直在家乡乐平里读书、生活。《九章·橘颂》写于他16岁那年（一说写于20岁），该诗借歌颂橘树明志，表达自己的理想和人格追求。19岁时，秦军进犯，屈原组织家乡青年奋起抗击，表现不俗。第二年三月，楚怀王召他进京（即京城郢都，今湖北荆州市荆州区纪南城），同年，任鄂渚（今湖北鄂州市）县丞，翌年，升为左徒。楚怀王，芈姓，熊氏，名槐，楚国的国君，与屈原同宗同族，比屈原大十多岁。左徒是怀王为屈原特设的官职，相当于左丞相，对内参与朝政，对外主持与各国的交往。是年秋，屈原首次出使齐国。此后，屈原一面联合魏、赵、韩、燕四国，以楚怀王为纵长，联合抗秦；另一面大刀阔斧地在楚国国内实施改革，包括政治、经济、军事各个方面，如奖励耕战、奖励农耕，明法度，禁朋党，选贤举能，增加赋税等。但因为改革触犯了旧贵族的利益，因而遭到了旧贵族激烈的反对与抵制。佞臣令尹子兰、上官大夫靳尚又常在楚怀王面前诋毁屈原，致使楚怀王渐渐不

屈原画像

满屈原、疏远屈原。而在合纵抗秦一事上，魏、燕等国都已败于秦。楚怀王十五年（前314），27岁的屈原被罢左徒之职，改任掌宗庙祭祀、教育贵族子弟的闲官三闾大夫。在此期间，齐、楚、秦已成为战国这一时期的三大势力。屈原虽被罢去左徒之职，但仍力主联齐抗秦。而秦为阻楚、齐结盟，设计离间齐、楚。秦使张仪假意承诺割600里地于楚，以诱楚亲秦。屈原力阻，劝楚怀王不可轻信。但楚怀王不但执意不听，还强令屈原不得再参与朝政。之后秦国毁约，楚怀王发觉上当，因此怒而于楚怀王十七年（前312）两度伐秦，但均败于秦。不得已，楚怀王同年起用屈原再出使齐国，才使楚国重新与齐国结好。秦国见此，又许诺分汉中之一半予楚，以换秦、楚结盟。楚怀王宁要张仪得而杀之，不要土地。张仪入楚贿赂怀王宠姬郑袖，平安得归秦国，由此，齐、楚再次被离间，而楚怀王与屈原的心结亦始终未解，屈原仍被楚怀王疏远。此后几年，屈原无奈，一直在国都郢都设坛讲学。楚怀王二十六年（前303），秦、楚在黄荆（今河南南阳南）订立了黄荆之盟，彻底远齐亲秦。屈原反对，被流放汉北（今湖北境内、汉水的上游），在此期间，齐、魏、韩三国联合伐楚，而后秦、楚发生矛盾，秦又屡屡伐楚。屈原在流放中听闻这些，忧思难禁，遂作自传体长诗《离骚》。楚怀王三十年（前299），楚怀王又欲与齐修好，于是召回流放了5年之久的屈原，仍任三闾大夫。楚怀王三十五年（前294），楚怀王受骗欲入秦。屈原竭力劝阻，说："秦，虎狼之国，不可信。"楚怀王不听，结果入秦即被囚。翌年，楚立太子为楚顷襄王。4年后，楚怀王死在秦国，这一年，屈原被楚顷襄王罢三闾大夫之职，流放江南。楚顷襄王二十一年（前278），秦攻破楚国郢都，屈原感到救国无望，复国之梦彻底被碎，万念俱灰，于农历五月初五投汨罗江自尽，以身殉国，年约63岁。

  屈原的政治理想是楚国富强，实现楚国的一统天下。他最令人敬重的是虽忠不见用，被长期放逐，但爱国之心仍忠贞不贰，矢志不移。在家国早已不需要他、排斥他时，他仍然深爱着故国，最后甚至以死殉国。毛主席曾说，屈原的名字对我们更为神圣。他不仅是古代的天才歌手，而且是一名伟大的爱国者：无私无畏，勇敢高尚。他的形象保留在每个中国人的脑海里。无论在国内国外，屈原都是一个不朽的形象。我们就是他生命长存的见证人。在文学方面，屈原为后世留下了32篇瑰丽无比的卓越诗篇。其中《离骚》《天问》《九歌》是其代表作品，被誉为中国文学史上的千古绝唱。

第八讲　自沉汨罗江的爱国诗人屈原

屈原的归宿

屈原墓现有两处：一处位于屈原故乡，即湖北秭归新县城的凤凰山上；另一处位于湖南汨罗市城北玉笥山东面5千米处的汨罗山顶。

秭归凤凰山上的屈原墓是屈原的衣冠冢，原墓重建于清道光七年（1827），1976年兴建葛洲坝水利工程时搬迁至当时的秭归县向家坪，2006年兴建三峡水利工程，再次搬迁到新县城的凤凰山上。凤凰山距三峡大坝仅1千米，最高点海拔249.5米，屈原原墓所属的凤凰山景区占地500亩，是中国目前最大的文物复建保护群，有屈原祠、青滩古民居、江渎庙等24处古建筑或仿古建筑。屈原的衣冠冢在屈原祠内，屈原祠建筑面积为5806平方米，由山门、两厢配房、碑廊、前殿、乐舞楼、正殿、享堂、屈原墓等组成，现为全国重点文物保护单位、国家5A级旅游景区。

湖南汨罗山顶的屈原墓历史上早有记载，如，唐朝《元和郡县志》载："左徒屈原墓在县（指原湘阴县）北七十一里。"唐朝《通典》载："罗江有屈原冢，今有石碑，文曰'楚放臣屈大夫之碑'，其余字灭矣。"宋朝胡嘉所撰的《经理汨罗庙》载："两山对峙，一水萦绕，是为汨罗。其右为庙，其左为冢。"明朝《大明一统志》载："屈原墓在汨罗山上，汨罗山即今烈女岭，在汨水东北。"

汨罗山，又名玉笥山、烈女岭，传说屈原第二次被放逐时曾居此山，《九歌》亦作于此。该山上的屈原墓一共有12座，人称12疑冢，其中最大的一座，封土高14米，长约44米，墓碑高1.45米，阴刻的文字为"故楚三闾大夫之墓"，此碑立于清同治六年（1867）。另外11座墓小一些，墓碑皆为清光绪二十八年（1902）立，刻着"三闾大夫之墓"6字。

那么，为什么会有12疑冢呢？

传说当年屈原投江自沉，汨罗江边的百姓纷纷划船赶来营救。他们担心鱼虾啃食屈原的尸体，便把自己船上的粽子抛入江中喂鱼虾，后来逐渐演变成了端午赛龙舟、包粽子的民间习俗。不过，据说当年屈原尸体被打捞上来时，其头部还是被鱼虾噬去了一部分，屈原女儿因此做了半个金头补上，但又担心因此而被人盗掘，这才筑了12座相似的坟茔。据后人推测，当时的12座墓刚筑时应该是完全相同的，包括大小、墓碑及墓碑上的文字。后来的若干区别可能是后人所为。现在汨罗的这一墓葬群已被列为全国重点文物保护单位，是国家5A级旅游景区。

综合信息

△小知识

①县丞：县令的辅佐之官，掌文书、案狱等事。丞，官职名，如尚书左丞等。县丞是从战国开始设立的。

②三闾大夫：战国时楚国设立的官职名，主管宗庙祭祀，兼管楚王族中屈、景、昭三大姓子弟的教育，是个闲差。

③封土堆：有的坟墓在地下，为不让别人发现墓的入口，避免盗掘，故意在入口处堆些泥土，犹似坟头，这个土堆就叫封土堆。

△你问我答

1.屈原的家庭情况是怎样的？

屈原的父亲屈章，别名伯庸，生平事迹不详；其妻子为昭碧霞。关于屈原子女的情况有多种说法：有说仅一女，叫女媭，传说中为屈原尸体配半个金头，筑12疑冢的便是此女；有说有一子一女，子俗名"黑神"，女叫绣英或纬英；有说有两子，一子屈暑，一子屈鮒；有说有三子，长子称孟师文华公，次子称忠虞武安公，三子称季敏孝恩公；也有说有四子，长子永开、次子永元、三子永天、四子永贞。这些说法有的见某些地方的屈氏宗谱，有的来自传说。

2.屈原有哪些经典名言值得品味、记诵？

①路漫漫其修远兮，吾将上下而求索。
②长太息以掩涕兮，哀民生之多艰。
③亦余心之所善兮，虽九死其犹未悔。
④悲莫悲兮生别离，乐莫乐兮新相知。
⑤举世皆浊我独清，众人皆醉我独醒。
⑥与天地兮比寿，与日月兮齐光。
⑦蝉翼为重，千钧为轻；黄钟毁弃，瓦釜雷鸣；谗人高张，贤士无名。

第八讲　自沉汨罗江的爱国诗人屈原

⑧尺有所短，寸有所长；物有所不足，智有所不明。
⑨惟草木之零落兮，恐美人之迟暮。

3.什么是楚辞？

楚辞有两种含义：一指一种诗体；二指一本由西汉刘向等编选的文献名称。作为一种诗体，《离骚》是其代表作，因而楚辞又叫骚体。何谓"离骚"？司马迁说意为"离忧"，即述遭到的忧患、忧愁。班固说意为"遭忧"。也有人说"离"通"罹"，遭遇；"骚"，忧愁，离骚，即为作者遇忧愁而写成的诗句。总之，众说纷纭，尚无定论。楚辞作为一种诗体，脱胎于楚地歌谣，主要特色是句子可长可短，句中或句末多用语气词"兮"，且文辞繁丽，内容繁多，富于神话色彩。

4.古代的姓和氏是怎么回事？

母系社会，只知其母，不知其父，故用姓表示母系的传统。"姓"是"女"与"生"两字合起来的。子女多，待子女大了，分出去，各自成家，为有所区分，便有了氏。所以，姓是标志家族系统的，氏是标志宗族系统的。奴隶社会进入封建社会后，封地和官职也成了氏的名称。故平民只有姓，没有氏，贵族才有姓有氏。女性用姓区别婚姻，男性用氏标志贵贱。

5.楚国是什么时候亡国的？

前278年，秦国名将白起攻占楚国都城郢都，焚烧了楚国先王的墓陵夷陵，秦国把郢都改称为南郡。但楚国并没有灭亡，楚顷襄王只是逃跑了，楚顷襄王逃到陈城，就把陈地（今河南淮阳一带）作为楚国新的国都。直至前223年，即秦国攻陷楚国郢都55年后，楚国才最终为秦国所灭。

△笔者闲言

楚顷襄王二十一年（前278）的农历五月初五，屈原在汨罗江纵身一跃，怀石自沉殉国。这体现了一个士大夫的气节，更体现了一个伟大爱国诗人的家国情怀。什么是家国情怀？家国情怀就是一个人对国家和人民的深情大爱，就是自觉将个人的命运与国家的命运相联系，为国喜，为国忧，为国勇于承担、乐于奉献。这样的家国情怀与日月同辉，无比崇高。屈原亦因此而被世代国人敬仰。

第九讲　统一中华的千古一帝秦始皇
——朕统六国，天下归一

秦始皇的一辈子

秦始皇画像

秦始皇（前259—前210），姓嬴，名政，秦庄襄王之子。秦朝开国皇帝，是第一个统一中国、建立中央集权政治制度、自称"皇帝"的中国古代杰出军事家、政治家。秦始皇出生于春秋战国时的赵国邯郸，因而叫赵政。他9岁随母回到秦国，嬴是秦国国姓，故改姓嬴。因出生于正月，故原名正。13岁时父王庄襄王去世，他成为秦王，遂改名为政。由于他年少，秦国国政由仲父相国吕不韦和太后的宠信长信侯嫪（lào）毐（ǎi）把控。秦王政九年（前238），嫪毐丑事败露，发动宫变失败被五马分尸，夷三族。当年22岁的嬴政亲政。第二年，嬴政征集72万人力，建骊山陵墓，罢免吕不韦相位，将其逐出京师迁蜀地。吕不韦于秦王政十二年（前235）在蜀地自尽。嬴政集大权于一身，重用李斯，招揽人才，接受法家思想，并以此治国，同时按李斯主张，开始实施吞并六国的计划。秦王政十七年（前230），攻下韩国京都阳翟（今河南许昌禹州市），俘获韩王，韩国灭亡。秦王政十九年（前228），攻破赵国京都邯郸，俘获赵王，赵国灭亡。秦王政二十年（前227），燕太子丹派来的刺客被嬴政斩杀，第二年秦军攻入燕国京都蓟城（今北京），燕王逃亡。5年后燕国亡。秦王政二十二年（前225）灭魏国。秦王政二十四年（前223），俘虏楚王，楚国

第九讲 统一中华的千古一帝秦始皇

亡。秦王政二十六年（前221），齐国降秦。至此，10年内秦灭六国，实现了中国历史上第一次全国的统一，建立起第一个中央集权的封建国家。嬴政自以为功超三皇五帝，把"皇"和"帝"合起来称自己为"皇帝"。因还想把皇位世代传下去，故自称"始皇帝"，后人遂称其为"秦始皇"。称帝后，嬴政改革国家政治体制，取消分封制，推行郡县制，全国分36郡，郡下设县。中央设三公九卿，中央到地方所有重要官员都由皇帝直接任免，官员不再世袭，且经常调动，防止形成地方帮派势力。嬴政还创建了与皇帝制相适应的礼仪规制，皇帝自称用"朕"，臣民称皇帝为"陛下"。皇帝父、母、妻、子分别称太上皇、太后、皇后、皇子，将天下百姓称为"黔首"。皇帝的命令称"制"或"诏"，皇帝的印信称"玺"。同时，全国统一法律、度量衡、货币及文字。为防六国残存势力复辟，嬴政令各地拆除六国原有城防设施，销毁各国兵器。为方便兵力调动、皇帝出巡，嬴政着手修建咸阳到各地的驰道。秦始皇二十七年（前220），嬴政首巡陇西，其意为巩固国家后方，第二年出巡，登上泰山封禅，命丞相李斯刻石为其歌功颂德，同年，遣徐福往蓬莱寻求长生不老之药，始建气势恢宏、中国古代最宏伟壮丽的阿房宫。秦始皇三十二年（前215），命蒙恬率30万大军北征匈奴，收复被匈奴侵占的古河南地区。随后开始征用70万劳工，修筑万里长城。此后的4年里，为开疆扩土，嬴政动用50万军队讨平岭南地区的百越，增设南海、桂林、象郡3郡。为加强思想控制，他下诏焚烧全国除农、工、医、占卜之外的所有书籍（但所烧书籍在咸阳国家图书馆里都有样书）。同时，坑杀儒生460余人。史上将秦始皇的这一暴行，简称为"焚书坑儒"，后人世世代代谴责之。秦始皇三十七年（前210），秦始皇嬴政第五次，也是最后一次携胡亥出巡。先至云梦（今湖北云梦县）登九嶷山祭祀虞舜，再渡海渚经丹阳到钱塘，然后到会稽祭祀大禹，接着过吴从江上乘渡北上至山东琅琊。因终未能遇仙求得仙药决定返回咸阳，途中在沙丘（今河北广宗县）病逝，终年50岁。

秦始皇被明朝思想家李贽称为"千古一帝"，因为是他结束了春秋战国数百年诸侯混战、民不聊生的局面；是他开创帝制，拉开了中国长达2000多年封建社会的序幕，建立起中国历史上第一个政治、思想、经济、文化大一统的封建王朝。从这一意义上说，秦始皇无愧"千古一帝"之称。但他在位的12年里，横征暴敛，穷奢极欲，焚书坑儒，耗费巨大的人力财力修建骊山陵墓、阿房宫、万里长城，迷信方术，荒唐地四处觅仙以求长生不老之药。所以，他亦以残暴、荒淫著称于世。

秦始皇的归宿

秦始皇陵墓位于今陕西省西安市骊山北，距西安市约37千米，距临潼区仅5千米。南靠骊山，北临渭水，环境得天独厚。此陵于秦始皇二年（前245）动工兴建，常年征用数十万劳工，历时36年，至秦始皇三十七年（前210）建成。陵园总面积为56.25平方千米，陵上封土今高76米（原高115米）。陵园总体仿秦都咸阳城布局，分内城、外城，内城周长3890米，外城周长6429米，地面上已无任何建筑物。但残存有内、外城墙遗址、寝殿、便殿以及葬马坑、陶俑坑、珍禽异兽坑等遗址。陵上封土底面积约12万平方米，状似覆斗，分成三级阶梯逐级向上收缩。封土底部似方形，封土堆之下是秦始皇陵的地宫。地宫迄今从未打开过，完好如初。关于地宫内的情形，《史记》有这样的描述："穿三泉，下铜而致椁，宫观百官，奇器珍怪徙藏满之……以水银为百川，江河大海，机相灌输，上具天文，下具地理。以人鱼膏为烛，度不灭者久之。"由此可知，秦始皇陵的地宫金碧辉煌，藏有无数的奇珍异宝。据现今的探测，秦始皇陵地宫面积达近18万平方米，地宫最深处距地面约30米。秦始皇的棺椁至今还完好无损地安置在地宫的最中心。秦始皇陵现在是全国重点文物保护单位、国家5A级旅游景区。

综合信息

△小知识

①仲父：古代对父亲大弟的称呼，大弟的弟弟称叔父。嬴政称吕不韦为仲父，是一种在礼仪上的尊称。

②相国：古代官职名，始设于春秋晋国，战国时期称相邦，为朝中最高的官职。相的意思是看管、看守，相国就是帮助君主看管国家的人。因政务过多，后设丞相助之。汉以后多不设此职。

③长信侯：秦封赏给嫪毐的爵位名，不是官职。侯属于超品，是爵位，

第九讲　统一中华的千古一帝秦始皇

是君主给予皇族宗亲、功臣或将帅的一种封赏。

④三公九卿：嬴政称帝后所设的官职。三公为丞相、太尉、御史大夫，这是朝廷中并列的三个最高官职。九卿是位于三公之下的官职，分别是奉常、卫尉、郎中令、太仆、典客、廷尉、治粟内史、宗正、少府，职责不同，职级相同。

△你问我答

1.秦始皇的家庭情况是怎样的？

秦始皇的祖父是秦孝文王嬴柱，其祖母为夏姬。其父亲秦庄襄王嬴子楚，原名异人，其母亲为赵姬。他有23个儿子，长子扶苏，第十八子胡亥，即秦二世；有10个女儿。

2.秦始皇有哪些经典名言值得品味、记诵？

①朕为始皇帝。后世以计数，二世三世至于万世，传之无穷。
②功臣不能全身而退，嬴政何颜立于天下。
③朕在，当守土开疆，扫平四夷，定我大秦万世之基！朕亡，亦将身化龙魂，佑我华夏永世不衰！
④朕统六国，天下归一，筑长城以镇九州龙脉，卫我大秦，护我社稷！

3.秦始皇的生父到底是谁？

秦始皇的生父是秦庄襄王嬴子楚，原名异人。异人原在赵国当质子，有一次去吕不韦家时喜欢上了吕不韦家的舞女赵姬。赵姬也是吕不韦的情人。他为了今后能从异人那里得到更多的好处，便把赵姬送给了异人。《史记》载："（赵姬）至大期时，生子政，子楚遂立姬为夫人。"由此可见，赵姬是嫁给异人后，经十月怀胎才生嬴政的。故秦始皇的生父是异人，即后来的秦庄襄王。

4.秦始皇为什么不立皇后？

秦始皇生前只有后妃，没立皇后。一个原因是母亲作为父亲皇后的丑事影响了他，使他有所顾虑，不愿立皇后。另一个原因是后宫中没有让他特别喜欢的人，因而不想立。

5.秦始皇陵为什么没被盗掘？

一是因为秦始皇陵工程特别巨大，据说动用数十万人修了36年，想要盗掘亦相当困难。二是传说陵墓内有大量的暗道机关，盗掘会十分危险，所以无人敢去。

△笔者闲言

秦始皇时兴建秦始皇陵和万里长城，一直被作为其施行暴政的典型例证，受人非议，说他劳民伤财、耗尽国力，使百姓不堪重负等。有趣的是，这两处现在都已列为世界文化遗产。由此想到隋炀帝开凿的运河，现在也是世界文化遗产，而且在交通运输和蓄排水方面，至今还在发挥巨大作用；而历史上仍将其作为隋炀帝暴政的产物予以谴责。由此看来，一件事情确实有辩证法所说的两个方面，或许从这方面看是好事，但从另一方面看，结论又截然相反。对与错、好与坏，评判的角度不同，结论自然不同。

第十讲　凭借力统一天下的汉高祖刘邦
——大风起兮云飞扬，威加海内兮归故乡

刘邦的一辈子

刘邦（前256或前247—前195），字季，沛县丰邑中阳里（今江苏丰县）人。汉朝开国皇帝，对汉民族的发展和中国的统一做出过杰出贡献的政治家、军事家。谥号高皇帝，庙号太祖。

刘邦画像

刘邦出身于农民家庭，中年之后才娶吕雉成家。后又当上泗水亭长。因押送囚徒去造骊山墓时逃走几个囚徒（一说放走）交不了差，只好藏匿于芒砀山。前209年，爆发了陈胜、吴广起义，刘邦在沛县县吏萧何、曹参等的支持下，杀了沛县县令，聚众响应。大家推举刘邦当首领，刘邦被人尊称为沛公，刘邦自谓赤帝之子，不久得"汉初三杰"之一的谋士张良。这一时期，项梁与侄子项羽在吴（今苏州市吴中区）起兵反秦，杀死会稽郡太守殷通，很快聚兵近万。而陈胜、吴广起义则很快失败，吴广被起义军将领田臧杀害，陈胜被给自己驾车的庄贾杀死。项梁率兵西进，接连打胜仗，势力迅速扩大，刘邦于是投靠项梁。吴地原属楚，为笼络人心，项梁拥立楚怀王的孩子为楚王，自号"武信君"。前208年，项梁在与秦的定陶之战中被秦名将章邯击败战死。项梁死后，刘邦、项羽分别被楚怀王封为武安侯、长安侯。不久，章邯率大军攻打赵国，赵国向楚怀王求援。楚怀王令刘邦西进伐秦，宋义、项羽率兵救赵，许诺"先入关中者王之"。前207年十二月，刘邦兵临灞上，秦王子婴献秦都咸阳投降。刘邦得传国玉玺，秦朝灭亡。他与关中父老约法三章，百

来自历史的人生报告
中国古代名人七十二讲

姓安居乐业。而此时的项羽亦已在巨鹿之战中击败章邯,解了赵国之围,实力大增。前206年,项羽在鸿门(今西安市临潼区新丰镇鸿门堡村)设宴,欲在宴席上伺机除掉刘邦。此时,刘邦实力不及项羽,被迫赴宴,但他说自己无意与项羽争天下,成功避过了杀身之祸,还让项羽减弱了对他的戒心。不久,其被项羽封为汉王,项羽自称西楚霸王,几乎掌控了楚汉的所有势力。是年,刘邦用张良计,领兵入汉中,拜韩信为大将军,采用"明修栈道,暗度陈仓"之策麻痹项羽,让其误以为自己仅守关中,无意东进与其争锋。前205年,刘邦进占洛阳,听闻曾被项羽尊为义帝的楚怀王已被项羽所杀,遂为义帝举哀3日。自此,刘邦公开与项羽决裂,同时号召各地诸侯一起征讨项羽。前204年,楚、汉在双方势力相当的情形下签订和约,双方承诺以鸿沟为界中分天下。楚占鸿沟以东,鸿沟以西归汉。刘邦原按盟约退兵,中途在谋臣张良、陈平提议下改变主意,撕毁和约,出其不意地突然追击楚军。项羽措手不及,于前202年1月,在垓下之战中溃败,最后逃至乌江边自刎。前202年2月28日,刘邦在山东定陶汜水之阳举行登基大典,定国号为汉,初定都洛阳,后迁至长安。刘邦曾说:"夫运筹帷幄之中,决胜千里之外,吾不如子房。镇国家,抚百姓,给馈(粮食)饷,不绝粮道,吾不如萧何。连百万之军,战必胜,攻必取,吾不如韩信。此三者,皆人杰也,吾能用之,此吾所以取天下也。项羽有一范增而不能用,此其所以为我擒也。"这些话道出了他战胜项羽,取得天下的原因。而当上皇帝后,刘邦首先设法巩固皇权,废除异姓王,像赵王张敖、梁王彭越、淮阴侯韩信等,要么被杀,要么爵位被废,从而消除了这些功高盖主的异姓王对皇权的潜在威胁。与此同时,刘邦吸取秦灭亡的教训,废除秦朝连坐、夷三族等一系列极其残酷的严苛法律,改用以教化为主、刑罚为辅、宽松无为的治理方式,以争取民心,赢得民众的拥戴。汉在国家行政体制上虽沿用秦的郡县制,但突出以文治天下,强调礼仪与法制的作用,并制定了《汉律九章》《汉仪十二篇》和《汉礼度》等多部法典法规,使国家制度进一步完善。在经济上,减租减税减徭役,多方面减轻百姓负担;释放奴婢,让士兵归家;鼓励生育,发展生产。在文化思想方面,刘邦首创祭祀孔子、大禹之先例,聘用儒生参与国家治理。对匈奴用和亲取代对抗,改善了民族之间的关系。

前195年6月1日,刘邦在长安长乐宫驾崩,谥号高皇帝,庙号太祖。

第十讲　凭借力统一天下的汉高祖刘邦

刘邦的死因，一说是因在讨伐英布叛乱中被流矢射中，导致病重不起。《史记》中则是说"高祖仰与榻，因癃大呼急而溺不出，后死"，意思是刘邦因无法排尿，被尿憋死的。

刘邦在位虽只有七年多，但政绩卓著。朱元璋对他的评价："惟汉高祖皇帝除嬴平项，宽仁大度，威加海内，年开四百。有君天下之德而安万世之功者也。"已故著名历史学家范文澜称赞刘邦说，汉高帝在位七年，规定与民休息的政治方针，给盛大的汉朝奠定了基础。

刘邦的归宿

刘邦墓叫长陵，位于陕西省咸阳市东约20千米的窑店镇三义村北。长陵又名长山，是刘邦与皇后吕雉的合葬墓。但两人同茔不同陵，高祖陵在西，吕后陵在东，东、西相距250米。整个陵园呈长方形，南北长1000米，东西宽900米。高祖的陵冢位于陵园南部，呈覆斗状，陵前曾有清朝陕西巡抚毕沅所立的两道碑石，地面上曾有寝殿、便殿、陵庙及宫人、官员和守陵军队住的房舍等各种建筑，现都已不存。高祖陵封土至今仍高达33米，底部跨之间153米，南北跨135米。陵冢下面是高祖的地下寝宫，地宫内部情形因未发掘不详。《汉旧仪》中说，汉代皇陵地宫的情形通常是"内梓宫，次楩椁，柏黄肠题凑，以次百官藏毕，其设四通羡门，容大车六马，皆藏之内方，外陟车石，外方立，先闭剑户。户设夜龙、莫邪剑，伏弩，设伏火"。

长陵陵园以东是陪葬墓群。长陵的陪葬墓在西汉11陵中是最多的，1977年尚有70多座，如张良、萧何、曹参、周亚夫及刘邦的后妃都陪葬于此。

长陵陵园的北边是长陵邑所在地。当年刘邦为防关东六国贵族作乱，将他们10万人口移居此处，并特设长陵邑，以便看管和保证陵区的物资供应。陵邑南、北、西三面有城墙，城墙遗址今尚存。

长陵是刘邦称帝后第二年开始营建的，旁边就是秦朝的咸阳宫。其建陵于此，意在想借此镇住秦朝的气数，使之永无翻身之日。汉长陵现为全国重点文物保护单位。

来自历史的人生报告
中国古代名人七十二讲

综合信息

△小知识

①骊山墓：即秦始皇墓，因处陕西西安市临潼区的骊山之下，故称骊山墓。

②赤帝：即炎帝，号神农氏，又号连山氏、列山氏等，是中国上古时期姜姓部落的首领。

③沛公：公是古代对人的尊称。刘邦是沛县人，因而被当时跟随起义的人尊称为沛公。

④亭长：官职名。秦汉时，乡村每十里为一亭，设亭长一人，多由服兵役满后回乡的人担任，管理治安、民事等事务。

⑤鸿沟："楚汉相争，以鸿沟为界"中的鸿沟，是指战国时魏国修建的一条运河。其呈南北走向，位于河南荥阳。当时楚汉以此为界，其西归汉，其东归楚。后由此演绎成成语"判若鸿沟"，表示界线分明。

⑥黄肠题凑："题凑"是古代的一种葬式，等级最高，帝王一级才能使用。这种椁室四周用方条柏木构建。"黄肠"，即去皮后的柏木，因色黄而得名。"题凑"是指结构上的特点，即不用钉，不用榫卯，方条柏木采用层层叠垒的形式构建。

△你问我答

1.刘邦的家庭情况是怎样的？

刘邦的祖父刘荣，史称"丰公"。父亲刘煓，称为刘太公，是一位老实巴交的农民，后为太上皇；母亲刘媪（一说温氏），追谥昭灵夫人，其庶母李氏，封太上皇后；皇后吕雉，通称吕后、汉高后、吕太后等；后妃有曹夫人、管夫人、薄姬等。刘邦有8个儿子，其中刘盈为孝惠帝，刘恒为孝文帝；有1个女儿，即鲁元公主。

第十讲　凭借力统一天下的汉高祖刘邦

2.刘邦有哪些诗歌值得一读？

大风歌

［汉］刘　邦

大风起兮云飞扬，
威加海内兮归故乡，
安得猛士兮守四方！

鸿鹄歌

［汉］刘　邦

鸿鹄高飞，一举千里。
羽翮已就，横绝四海。
横绝四海，当可奈何？
虽有矰缴，尚安所施？

3.刘邦到底出生于哪一年？

刘邦的出生日期在《史记》和《汉书》这两部正史中都没提到，去世的时间则明确无误。后人将他的去世时间和一生的史迹结合起来，提出了其出生于前256年和前247年两种说法。虽然这两种说法目前都无确切依据，但对照刘邦一生的经历，出生于前256年的说法似较为合理。

4.刘邦当亭长前是一个怎样的人？

刘邦出身农家，家境一般，青少年时不喜读书，也不爱劳动，行事较蛮横，不拘小节，常被父亲训斥。他还特别讨厌儒生，据说有一次竟把儒生的帽子比画着当作尿壶来侮辱儒生。但他相貌堂堂，性格开朗，豁达大度，讲义气，也想出人头地。一次遇秦始皇出巡，刘邦看他威风凛凛，羡慕地直说，大丈夫就应该像这样！刘邦在家乡颇有人缘，受人敬重，这也是他被推举为沛公的重要缘由。

5.刘邦为什么把国号定为"汉"?

因为刘邦曾被封为汉王,于是,就把自己建立的朝代取名为"汉"。这样,既顺理成章,又具有纪念意义。而"汉"这个字,其义大气、不凡。天上的天河被称为天汉;流经陕西、河南、湖北的汉江(俗称汉水)是著名的大江大河,并与长江、黄河、淮河合称"江淮河汉"。所以,刘邦用"汉"作国号,亦显得特有气魄。

6.刘邦对汉民族、汉文化发展的贡献主要体现在哪里?

主要体现在刘邦建立了一套完整、系统、健全、细密的政治制度、经济制度和法律制度。他用和平友好的方式处理民族关系,并用博大的胸怀吸收和融合四方各族文化,从而使楚文化、中原文化、儒文化等区域和学派性的局部文化,逐渐发展成宏大的汉文化,并有了"汉字""汉语"等综合性的汉文化概念。

△笔者闲言

《红楼梦》中有这样两句诗:"好风凭借力,送我上青云。"刘邦会借力,当上了皇帝。他说,"此三者(指子房、萧何、韩信),皆人杰也,吾能用之,此吾所以取天下也"。项羽不屑于借力,只信自己,不听范增之言,未在鸿门宴上杀掉刘邦,结果落得乌江自刎。一个主动去借力,一个执意拒借力,结果迥然不同。如此想,"好风凭借力,送我上青天"还真有几分道理。

第十一讲　失败的英雄好汉西楚霸王项羽
——力拔山兮气盖世，时不利兮骓不逝

项羽的一辈子

项羽（前232—前202），名籍，字羽，秦末下相（今江苏宿迁西南）人，秦末农民起义领袖之一。一代英雄，自称"西楚霸王"。

项羽出身贵族，祖父是楚国名将项燕。因父亲早逝，项羽由叔父项梁照顾。项梁为避仇，带年少的项羽离开楚国到吴中（今江苏苏州）居住。项羽小时认字写字、击剑都没学成。他说学识字写字只能用来记记姓名，学击剑只能抵抗一个人，都不值得学，要学就学能敌万人的本领。于是项梁教他学兵法，可他略知大意又不想学了。13岁那年，秦始皇东巡

项羽画像

会稽，他和叔父项梁挤在人群中观望。项羽见秦始皇车骑众多，众人山呼万岁，十分威风，很是羡慕，说："我可以取代他！"项梁急忙捂住他的嘴，厉声斥责："别乱说，要灭族的！"但他从此对项羽另眼相看。项羽身高八尺有余，力大勇武，胆识过人，吴地子弟都惧怕他。

秦二世元年（前209）七月，陈胜、吴广在安徽大泽乡起义。九月，项羽助项梁杀了会稽太守，随项梁一起起义。第二年，陈胜的张楚政权封项梁为上柱国，令其率江东义军北上伐秦。不久，项羽攻下襄城（今河南襄城县一带），屠城。随后，项梁拥立楚怀王孙子为楚王，自号"武信君"。但没过多久，项梁的义军在定陶遇秦军袭击，项梁战死。项羽封长安侯，号鲁公。

来自历史的人生报告
中国古代名人七十二讲

不久,秦将章邯率军包围赵国巨鹿。赵国向楚怀王求援。楚怀王派两支军队,一支以宋义为主帅,项羽为副帅,北上救赵。一支以刘邦为主帅,向关中挺进,并许诺先进关中者为关中王。宋义中途按兵不动,项羽急着要为叔父项梁报仇,杀了宋义。楚怀王被迫封项羽为上将军,率军救赵。项羽破釜沉舟,迅速渡过漳水,九战九捷,并在巨鹿之战中,以少胜多,全歼20万秦军主力,声望大振,各地诸侯军也纷纷归顺项羽。8个月后,秦上将章邯的20万秦军也被迫投降。不久,这20万秦降卒在新安(今属洛阳市)被项羽坑杀。而此时刘邦已入关攻占秦国都咸阳,灭了秦国并与关中父老约法三章,意欲称王关中,进而争夺天下。项羽听闻后大怒。前206年,项羽领兵40万驻扎新丰鸿门(今陕西西安市临潼区东北),刘邦领兵10万屯军霸上(今陕西西安东的白鹿原)。项羽约刘邦到鸿门赴宴,欲在宴上刺杀刘邦。但最后项羽为刘邦所骗,放走了刘邦。鸿门宴后,项羽西进咸阳,纵容士兵大肆屠戮、抢劫,焚烧秦楼宇宫室。又忽悠楚怀王,尊其为义帝,项羽自行定都彭城(今江苏徐州),国号西楚,自称西楚霸王,同时分封诸侯,封刘邦为汉王。前205年,刘邦乘项羽率军伐齐之机,纠集56万大军攻占了西楚国都彭城。项羽后用3万精兵打败刘邦,夺回彭城,俘获刘邦父、妻。刘邦率仅剩10余骑突围而出,项羽却没有乘胜追击。此后,刘邦退守荥阳(今河南荥阳),向项羽求和。项羽欲允诺,遭谋士范增反对,刘邦用离间计迫使范增出走。几年后,项、刘实力逐渐相当。前204年秋,项、刘讲和,约定以战国时魏国修建的运河(今河南荥阳市境内)鸿沟为界。鸿沟以西属汉,以东归楚,史称"鸿沟和议"。尔后,项羽按和约向东撤兵,刘邦也欲按和约向西撤兵。但谋士陈平、张良认为兵不厌诈,若此时折回追杀项羽,项羽一定没有防备,这是天赐击垮项羽的最好机会。刘邦于是置契约于不顾,迅速掉头追击项羽。途中还邀约韩信、彭越一起合击项羽。刘邦在固陵(今河南太康县西南)追上了项羽,但因韩信、彭越未如约出兵,刘邦反被项羽击败,退守陈下(今河南淮阳一带)被围。刘邦向韩信、彭越求援,答应割大片土地给韩信,并封彭越为魏王。于是,韩、彭出兵相援,刘邦堂兄刘贾又联合英布北上合力攻楚。前202年正月,这五路人马共60余万大军,由韩信指挥,将项羽的10余万人马围困在垓下(今安徽灵璧县东南)。夜间,刘邦令士兵唱起楚歌,项羽军士听了,以为楚地已全被汉军占领,军心崩溃。项羽被迫率800精兵趁夜突出重围,逃至乌江边(今安徽和县东北长江边的乌江浦)。

第十一讲 失败的英雄好汉西楚霸王项羽

乌江亭长停舟候在江边，屡请项羽过江，以图日后再起。但项羽认为大势已去，自己无颜再见江东父老，拔剑自刎，年仅31岁。一代英雄，就此谢世。对于项羽的忽兴忽灭，司马迁在《史记·项羽本纪》中是这样说的："然羽非有尺寸，乘势起陇亩之中，三年，遂将五诸侯灭秦，分裂天下，而封王侯。政由羽出，号为霸王。位虽不终，近古以来，未尝有也。"诸葛亮说："昔项籍总一强众，跨州兼土，所务者大，然卒败垓下，死于东城，宗族如焚，为笑千载，皆不以义，凌上虐下故也。"实际上，项羽的失败不是偶然的，他最致命的缺点是不爱听别人的不同意见，但项羽的羞耻之心值得赞赏。

项羽的归宿

项羽墓现有三处：一处在山东省泰安市东平县旧县乡旧县三村（古谷城北）。此处所葬为项羽头颅，此墓当地人称为"霸王墓""霸王坟"。墓地三面环山，原有高大的土冢，封土直径百余米，斜高10余米。墓地有神道碑刻和数十棵汉柏。但这些建筑、树木于1966年悉被毁，仅剩一道石碑，碑上文字残缺，但"楚霸王项羽，一剑亡秦，力拔……"等字尚可辨认。《史记·项羽本纪》载："项羽已死，楚地皆降汉，独鲁不下……故以鲁公礼葬项王谷城。汉王为发哀，泣之而去。"这段话的意思是说，项羽死后，楚地全部降汉，唯有鲁县，即此处不降。刘邦想到他们是为旧主守节才不降，便把项羽的头给他们看，他们这才答应投降，但条件是必须礼葬项羽，因而刘邦把项羽葬在了此处。刘邦还在项羽墓前痛哭流涕，表现得十分伤心。司马迁是汉朝人，离楚亡不久，此说当属可信；而且鲁地是项羽的封地，也是他起事的根据地。所以虽遗存文物不多，但此墓的真实性很大。

一处位于安徽和县乌江镇凤凰山的项羽墓是项羽的衣冠冢，葬的是项羽的血衣和残骸。墓呈椭圆形，底部是用青石围砌的，封土上长满草木。墓碑为明万历和州知州谭之凤所立，上书"西楚霸王之墓"6个字。旁边有一座虞姬墓，还有一座项亭，也叫乌江亭。此外，近旁还有祭祠，初建于唐初，后历代多有修葺、扩建。历来亦多有名人到此凭吊，如唐宋诗人孟郊、杜牧、陆游、王安石就曾来此墓前祭奠，杜牧还写有《题乌江亭》（江东子弟多才俊，卷土重来未可知）一诗。

项羽墓还有一处位于山东曲阜五泉庄。该墓封土现在的直径尚有30多米，斜高20多米。据说埋的也是项羽的头颅，依据是乾隆年间的《曲阜县志》载："（项羽墓）在鲁城东里许，俗称为霸王冢。"乾隆二十七年（1762），孔子第69代孙孔继汾编纂的《阙里文考》载："曲阜城东北有古冢，俗名霸王头，相传为项羽埋首处云。"项羽的头颅自然只有一个，与泰安东平的霸王墓相比，认可泰安东平的人似乎要多一些。

综合信息

△小知识

①上柱国：官名，在项羽所处的秦末是指军队的最高统帅。

②武信君：君和侯都是古代爵位名。侯是凭军功授予的爵位，君是春秋战国及秦时，君王授给至亲或文官谋士的爵位，如信陵君、春申君等。项梁的武信君是自称的，并非由君王授予。

③鲁公：楚怀王封给项羽的爵位，秦、汉没有此爵位。楚怀王是按其楚国的规则封赏的。

④上将军：古代武将军名，春秋时开始使用。项羽的上将军是代理上将军，权力和地位在诸侯之上。

△你问我答

1.项羽的家庭情况是怎样的？

项羽的祖父是楚国名将项燕，败于秦国名将王翦后自尽。其父项超是项燕的大儿子，在与秦交战中被蒙恬所杀；叔父项梁是项燕的二儿子，曾自号"武信君"；叔父项伯后降刘邦，赐姓刘，封谢阳侯。项羽没有妻子、子女。据野史载，其心爱的女人虞姬是江苏沭阳县颜集乡人，《史记·项羽本纪》中仅载"有美人名虞"5个字，她到底是妻是妾，史无记载。

2.项羽有哪些名言名句值得品味、记诵？

①天不容我，我必逆天。

②富贵不归故乡，如衣锦夜行，谁知之者。

③将相宁无种，本无富和穷。四海皆兄弟，世界应大同。

第十一讲　失败的英雄好汉西楚霸王项羽

④力拔山兮气盖世，时不利兮骓不逝。骓不逝兮可奈何？虞兮虞兮奈若何！

⑤纵江东父兄怜而王我，我何面目见之？

⑥天亡我也，非战之罪也。

3."关中""江东"指的是什么地方？

秦汉时的关中，指陕西秦岭北麓的渭河冲积平原，也称为八百里秦川，简称为秦川。这里的"关"指函谷关。函谷关以外叫作关外，函谷关以内叫作关内或关中。楚怀王说的"先进关中者"中的"关"也是指函谷关。中国古代历史上"江东父老"的"江"，指长江，但江东所指的具体地方、范围，不同时期并不完全相同。项羽所说的"纵江东父兄怜而王我"中的江东，也就是秦汉时期的江东，指尔后的皖南、苏南、浙江和江西东部这些地方。

4.历史上真的有"霸王别姬"这件事吗？

项羽的《垓下歌》是真实的。据此断定，作为项羽爱姬的虞姬也是真实存在的。但项羽在垓下突围前夜是否真的发生过"霸王别姬"的故事，正史上没有记载。此事最早见于汉初楚国人陆贾的《楚汉秦秋》，该书是一本杂史，但书上也没有记述虞姬自刎的事。所以，现在流行的霸王别姬的故事应该是后人杜撰的。

△笔者闲言

项羽败于刘邦这一史实，清楚地诠释了"一个篱笆三个桩，一个好汉三个帮"这一俗语所蕴含的道理。项羽原也是有"桩"的，如范增，可惜被项羽自己拔掉了。张良、陈平是刘邦的"桩"，刘邦留住了他们，发挥了这些"桩"的作用，因而最后由亭长做到了皇帝。很多时候，如"一个篱笆三个桩，一个好汉三个帮""众人拾柴火焰高""三个臭皮匠，顶个诸葛亮"之类的道理大家都懂，但一旦做起事来，还是会有人刚愎自用，只相信自己的，例如项羽。而有桩没桩，其结果自然不同。人活在世上，懂得一件事与做到一件事存在巨大的鸿沟。你懂得一件事应该怎么做，但你未必会照此去做。这就是现实中的人。

第十二讲　风光了儒学的汉代大儒董仲舒
——正其义不谋其利，明其道不计其功

董仲舒的一辈子

董仲舒画像

董仲舒（前179—前104），西汉广川（今河北景县广川镇，亦说枣强县广川镇）人，西汉时期著名思想家、政治家、哲学家、教育家，有"汉代孔子"之称。

董仲舒出身于富有的地主家庭。30岁开始收徒讲学，主要讲授孔子的儒家思想、哲学，影响很大，被授博士。他的弟子众多，有的还当上了诸侯国的国相，司马迁也是他的弟子。

董仲舒少年时尤其喜欢读《春秋公羊传》，该书是一部注释孔子所著《春秋》的儒学经典。他用了整整3年时间，闭门谢客，集中精力，认真研读，做了大量的笔记，后来就成了传授、讲解《春秋公羊传》的专家。同时，他还研究春秋百家的其他学说，如黄老之学、阴阳五行及方术等。其学问越来越渊博，影响越来越大，声名逐渐远播。

汉武帝元光元年（前134），年轻有为的汉武帝召天下贤良文学之士，求治国方略，董仲舒上的《举贤良对策》在众多的奏章中被选为"天下第一"。他在其中提出的"君权神授""天下相与""三纲五常""春秋大一统""罢黜百家，独尊儒术"等，均受到汉武帝高度赏识。是年，汉武帝让董仲舒去江都（今江苏扬州市）刘非的诸侯国为国相。刘非是武帝刘彻同父异母的兄长，骄奢鲁莽，但对董仲舒则十分敬重，并采纳了董仲舒独尊儒术

第十二讲　风光了儒学的汉代大儒董仲舒

的国策。在董仲舒任刘非国相期间,汉武帝还两次向董仲舒策问过。董仲舒以《春秋公羊传》为依据,围绕西汉社会思想、政治、经济、教育和国家治理等方面,系统阐述了他的观点和主张。由于策问的基本内容围绕天人关系展开,故史称"天人三策",或称"贤良对策"。但三次对策其实各有侧重:第一次对策重点论述天人感应和基本的治国之道;第二次侧重论述"德治""礼乐"和人君的治国术;第三次着重论述"春秋大一统",强调"罢黜百家,独尊儒术"。此后,孔子的儒家思想、哲学,不仅成了汉王朝的官方正统思想,还影响了之后近2000多年的中国封建社会。董仲舒任刘非国相6年,他尽职尽责,多次规劝刘非克己收敛、实施仁政,从而使刘非打消了反叛的念头,得以善终。

汉武帝元光六年(前129),辽东郡的高祖庙和长陵(在今西安市北)的高帝陵园发生火灾。这两处都是皇帝祭祀先帝的处所。董仲舒好解这类社会逸事奇闻,便将以上之事写成《灾异之记》一文,不料被朝臣主父偃得到。主父偃嫉妒董仲舒之受宠,私下将此文呈给汉武帝。汉武帝见文中有董仲舒妄加揣测、讥讽朝廷之语,怒而欲诛董仲舒,后虽怜其才赦免了他,但罢其江都国相。此后又起用,任其为中大夫。然董仲舒总是心有余悸,不久,辞官回老家,仍以收徒讲授《春秋公羊传》为业。

汉武帝元朔四年(前125),董仲舒经西汉名臣公孙弦举荐,赴任胶西(今山东胶州市西部)刘端诸侯国的国相。刘端也是汉武帝的兄长,但为人暴戾、粗野。董仲舒担心惹祸上身,4年后托病辞职回家,此后专心著述,不再讲学。但其仍受汉武帝尊重,朝廷若有需咨询的大事,会专派使者向董仲舒垂询。汉武帝太初元年(前104),董仲舒在长安家里去世,享年76岁。

董仲舒著作甚多,大多数文章都辑录在他的《春秋繁露》一书中。

董仲舒被称为汉代大儒。他以儒学为核心,吸收先秦诸子的其他学说,构建起了一个内容更为丰富、更被封建帝王治国施政需要的政治思想理论体系和唯心主义的哲学学说。他的"君权神授,天人感应"论,是对皇权的神化,既为封建专制提供了理论上的合法性、正当性,又使专制者有所顾忌,不敢过分为所欲为,以免遭上天的报应。他主张"德政为主,刑罚为辅"。他崇尚教育,强调学贵专一。他的"大一统"观念,客观上有利于维护和巩固中央集权、国家统一。但他的"三性说"和"天不变,道亦不变"等说法则是唯心主义的糟粕。其所谓的"三纲五常"及"罢黜百家，独尊儒术"，则成了禁锢人们思想言行的桎梏和封建统治阶级钳制社会思想文化发展、进步、繁荣的工具。历史上对董仲舒的评价分歧甚大。有人把他誉为"对中国历史产生巨大影响的思想家"，有人则把他视作影响和阻碍中国文化多元化发展乃至整个社会发展、进步的历史罪人。

董仲舒的归宿

董仲舒的墓现有两处。一处在今西安南城墙和平门与文昌门之间的下马陵。下马陵其实是条路，呈东西走向，长825米，宽5米左右，路面是清一色的青石板。据传当年汉武帝刘彻每年幸芙蓉苑（皇家禁苑），至此处的董仲舒墓下马，此路故称为下马陵。董仲舒墓在路旁一所干修所的围墙内，墓高2米多，直径约6米，四周砌有砖墙。墓前立一块墓碑，黑底白字，上面"汉董仲舒墓"5字是清乾隆年间陕西巡抚毕沅书写的。旁边还有一方石碑，上面记叙的是董仲舒的生平事迹。墓附近还有董子祠和凉亭等建筑。但经有关学者考证，认为此墓系明代官员假造，并非真墓。不过，此墓的确存在已久，也颇有影响，坊间都说是当年汉武帝下旨赐葬于此的。而且早在1956年，该墓就被列为陕西省重点文物保护单位。另一处在今陕西兴平市南位乡汉武帝茂陵以北一个叫策村的村郊。据称该村村民系董仲舒的后裔，全村绝大部分家庭为董姓。因董仲舒以与汉武帝对策闻名、发达，故后代以"策"作村名。此墓离汉武帝的茂陵仅652米，应是作为茂陵的陪葬墓。墓冢底部长71米，宽31米，墓高14.3米，村民将此墓称为"策冢"。董仲舒晚年迁居茂陵显武里，他又做了诸侯国国相，因而死后葬于此亦合情合理。北宋《太平寰宇记》中亦载："董仲舒墓，在（兴平）县东北二十里。"这与"策冢"的地理位置完全相符，故此墓的真实性很大。不过，西安下马陵的董仲舒墓和此处的董仲舒墓孰真孰假，真不好定论。

综合信息

△小知识

①博士：官职名。教授官，秦六国时始设。汉武帝设五经博士。《诗》

第十二讲　风光了儒学的汉代大儒董仲舒

《书》《礼》《易》《春秋》等5部儒家著作，汉以后称五经。

②黄老之学：黄，黄帝。老，老子。黄老之学，是黄帝之学和老子之学的合称。但老子思想在这里是主流，其治国的核心理念是"无为而治"。该学派的思想哲学形成于战国，盛行于西汉初年，汉武帝前的窦太后就极信黄老之学。汉武帝刘彻则采纳经董仲舒改良后的儒家思想、哲学作为自己的治国理念。

③国相：也称相国、相邦。起源于春秋，至战国成为正式官名，级别高于丞相，是百官之长，为中国古代最高的行政长官。

④中大夫：官职名，相当于现在中央的国策顾问。秦始设。汉太初元年，改称光禄大夫。

△你问我答

1.董仲舒的家庭情况是怎样的？

董仲舒的家庭情况，如他的祖父、祖母、父亲、母亲和妻子是谁等，史书上全无记载。传说董仲舒家庭富裕，藏书很多。他有董符、董贲、董简等8子1女。其女儿董倩盼，被汉武帝誉为"天下第一才女"，还是女文学家卓文君的高徒。但亦说董仲舒祖先世代务农，其父董太公，中等身材，相貌堂堂。孰真孰假，难有定论。

2.董仲舒有哪些经典名言值得品味、记诵？

①屈民而伸君，屈君而伸天。
②仁之法，在爱人，不在爱我；义之法，在正我，不在正人。
③道之大原出于天，天不变，道亦不变。
④欲审曲直，莫如引绳；欲审是非，莫如引名。
⑤事各顺于名，名各顺于天，天人之际，合而为一。
⑥常玉不琢，不成文章；君子不学，不成其德。
⑦善无小而不举，恶无小而不去。

3.《春秋公羊传》是一本怎样的书?

据传《春秋公羊传》的作者是战国时期齐国的公羊高。《春秋公羊传》，简称《公羊传》《公羊春秋》，是一部专门解读《春秋》的书籍，为儒家典籍之一。其在西汉时最受重视，被统治者奉为官学。但它的解读过于诠释《春秋》原文的"微言大义"，以至于一些释义牵强附会。董仲舒专攻此书研究，被称为公羊学大师。

4.什么是"三纲五常"?

"三纲"是指君为臣纲，父为子纲，夫为妻纲，其意思是，作为臣子的须服从于君王，作为儿子的须服从于父亲，作为妻子的须服从于丈夫。换过来的意思是，为君王的要为臣子做出表率，为父亲的得为子女做出表率，为丈夫的应为妻子做出表率。"仁、义、礼、智、信"被称为"五常"，"常"是不变的意思，"五常"即五条不变的为人道德准则。"三纲五常"是封建伦理道德观念，是封建等级制度的体现。

△笔者闲言

董仲舒说："正其义不谋其利，明其道不计其功。"这句话的意思是说，做任何事情，目的应当是为匡扶正义，而不是为个人私利。拿他自己来说，他认为自己向武帝献"天人三策"，提"罢黜百家，独尊儒术"，不是为自己谋官讨赏，而是为大汉江山、天下黎民。范仲淹有"先天下之忧而忧，后天下之乐而乐"一说，其同样主张要把自我放在后面。这种思想境界显示了古代文人精英的抱负和以天下为己任的人生观，委实值得后人敬仰。人生在世，不考虑"利"不现实；但若事事以利为先，则小人矣。

第十三讲　开辟"丝绸之路"的功臣博望侯张骞
——闻道寻源使，从此天路回

张骞的一辈子

张骞（前164—前114），字子文，西汉汉中城固（今陕西城固）人，西汉杰出的外交家、探险家、旅行家，官至大行，封博望侯，是中国古代丝绸之路的开拓者。

张骞故里就是今陕西城固县城南2千米处的博望村。他出身的家庭背景及青少年时代的情况，史无记载。司马迁在《史记·大宛列传》中对他的评价是"为人强力，宽大信人，蛮夷爱之"。意思是说，张骞为人意志坚强，心胸

张骞画像

宽广，诚信待人，连蛮夷之人（泛指汉族以外的少数民族）都很喜欢他。汉武帝建元年间（前140—前135），张骞在朝廷任"郎"的侍从官。其时，汉武帝登基不久，匈奴还常入境掳掠骚扰。汉武帝听闻西域大月氏国王曾遭匈奴杀害，头颅还被做成酒杯，便想与该国联系，一起合力夹击匈奴。于是他下诏征赴大月氏的使节，张骞应诏入选。建元二年（前139），张骞奉旨率100余人的使团出使大月氏，由匈奴人甘父做向导。他们从长安出发，经陇西（今甘肃兰州等地），出玉门关，过戈壁、沙漠，朝行暮宿，一路西行，小心谨慎，但才到临洮（今甘肃临洮县）即被匈奴骑兵抓获，押送至匈奴王庭（具体地点尚存争议，一说在今呼和浩特附近）去见军臣单于（冒顿单于之孙，老上单于之子）。张骞没有透露此行的真实目的。但军臣单于还是知道了张骞的意图。说："月氏在吾北，汉何以得往？使吾欲使欲，汉肯听我否？"意思是"月氏国在我们北面，你们汉人怎么可以经过我们匈奴去那

里。假如我们匈奴要经过你们那里去越国，和越国打交道，你们汉人能同意吗？"张骞无言以对，于是匈奴扣留了他们。匈奴采用威逼利诱的方式，试图让张骞留在匈奴，但张骞不为所动。最后，匈奴为监视张骞，防止其外逃，迫使张骞娶匈奴女子为妻。十年后的元光六年（前129），张骞趁匈奴一时看管松懈，毅然离开妻子，与属下出逃。但他们不是逃回长安，而是赶赴大月氏继续完成未竟的使命。由于出逃仓促，未带干粮，他们途中仅靠甘父射杀些飞禽鸟兽充饥，常常挨饿。他们翻过冰天雪地的葱岭（今帕米尔高原）到达大宛（今乌兹别克斯坦与塔费尔干盆地），再经康居（今乌兹别克斯坦与塔吉克斯坦境内），跋涉1000多千米才抵达大月氏。但此时的大月氏国情发生了变化，已无意与匈奴抗衡。张骞努力未果，一年多后经大夏（今新疆伊犁）回长安，途中又被匈奴抓获。元朔三年（前126），匈奴内乱，张骞终于伺机在离开13年后，与甘父两人回到长安向武帝复命。《汉书·张骞李广利传》记载："留骞十余岁，予妻，有子，然骞持汉节不失。"汉武帝封张骞为太中大夫，授甘父为奉使君。元朔六年（前123），张骞以校尉之职，随大将军卫青出征匈奴立战功，封博望侯。元狩元年（前122），张骞向汉武帝提议开辟汉西南部（包括四川西南、青海南部及云南、贵州等地）的交通，以与西域贯通和促进"西南夷"的开发。汉武帝准允。张骞于同年率队入川，但因故未能进行到底。元狩四年（前119），为加强与西域诸国的交往，张骞以中郎将的身份，带着300多人的商业团队第二次出使西域，到过乌孙（今天山地区附近）、大宛、康居和大月氏等地（一说此次的目的是联合乌孙夹击匈奴）。回国后，官至大行（掌管诸侯国和边疆各民族事务的官职）。元鼎三年（前114），张骞病逝于长安。

张骞是杰出的外交家。不畏艰险，两次出使西域，为开辟从中国到西域的丝绸之路做出了名垂青史的贡献，沟通和促进了中西经济和文化的交流。司马迁在《史记》中把张骞通西域之举称为"凿空"。"空"，孔也；"凿空"即打开通道的意思。

张骞信念坚定，对国家忠贞不贰，被困西域13年之久，始终不忘使命。近代梁启超称赞张骞是"坚忍磊落奇男子，世界史开幕第一人"。

第十三讲　开辟"丝绸之路"的功臣博望侯张骞

张骞从西域带回或由其开辟的道路传入中国的有西域的葡萄、石榴、苜蓿、芝麻、核桃、蚕豆、胡瓜、胡萝卜、西瓜、绿豆、大葱、番红花（藏红花）等水果、蔬菜、药材，以及宝马和毛织品等。他亦把中国的丝绸、精美的工艺品以及养蚕和冶铁术等传到了西域。

张骞出使西域，比意大利旅行家马可·波罗来东方早1400多年，比意大利的航海家发现新大陆的海上之旅早1630年。

张骞的归宿

张骞墓位于今陕西省汉中市城固县博望街道饶家营村。该墓史上曾多次遭盗掘。民国二十七年（1938），西北联合大学曾对其墓道做过发掘，出土有陶片、瓦罐、汉五铢钱及盖有"博望造铭"4个字的封泥等物件。由此说明此确系埋有张骞尸骨的真墓。张骞的墓冢坐北朝南，呈覆斗状，并不是完全的圆丘，而是平面呈长方形，南北长36.6米，东西宽20米，封土高5米。封土底部围砌有1米多高的青砖，封土上植物繁茂。墓后及左右也是高大的树木，其中有12棵粗壮的古柏（其中2棵长在封土边上）。墓前立有3块墓碑，中间一块高约1.8米，宽0.8米，碑文上阴刻"汉博望侯张公骞墓"8个字，立碑者是清乾隆年间陕西巡抚毕沅。左、右两块碑稍小些，左碑上写"汉博望侯墓碑记"7个字，立碑者是光绪年间城固知县胡赢涛；右碑上镌刻的是"张氏后裔"的一些姓名。墓正前置有一石香炉，还有一对汉代石雕；墓冢四周的地面铺着砖块；墓地门前两侧有石华表一对；其门楼是典型的汉代风格，重檐飞角，古朴大方。

2014年，张骞墓作为丝绸之路上的一处遗址被列入《世界文化遗产名录》。现在墓区已被建成一个园林式的人文景区。除张骞墓冢外，还有内容丰富的张骞纪念馆，总占地约120亩。2016年，该墓地被列为全国重点文物保护单位，是国家4A级旅游景区。

来自历史的人生报告
中国古代名人七十二讲

综合信息

△小知识

①西域：有广义、狭义之分。狭义上的西域指玉门关、阳关以西，葱岭即今帕米尔高原以东，巴尔喀什湖东、南及新疆广大地区。广义上的西域指亚洲中、西部地区。现在的含义已逐渐演变成指我国的西部地区。所以，青海、西藏亦属于西域。

②博望侯：是汉武帝为张骞特设的侯爵名。博望，意为博广瞻望。此后，汉所遣使者多称博望侯，以取信于西域诸国。侯，是公、侯、伯、子、男中的第二等爵位，有封地。张骞的封地在今河南省城固县博望镇，食2000户。现在此处还有博望古城遗址，存有"张骞封侯碑"。

③奉使君：官名。阶位各朝不尽相同。简称中大夫，从三品。侍候皇帝左右，掌顾问、议论。

④博望造铭：这是盖在张骞墓道中出土封泥上的文字。封泥，也叫泥封，中国古代早期公私书札多写在竹简、木札上，发出时用绳捆扎，再用黏土泥封，故称为封泥。干燥后加盖印章，以防私拆。博望，一说是张骞的爵位名，一说是地名，造铭是指刻录值得人们铭记的东西的意思。

△你问我答

1.张骞的家庭情况是怎样的？

张骞父母情况史无记载。传说其父叫张汉林，母亲为胡氏。他有一个弟弟，全家以种地为生。张骞娶过一个匈奴女子为妻，但关于其妻子的结局说法不一。一说其在张骞逃走后被匈奴拷打致死；一说其与张骞一起出逃，但被抓回，然后被拷打致死；一说其为年老病亡。他有两个混血儿，现在在其老家陕西城固县博望镇的后裔已传至第72代，共有3900多人。

2.何谓"丝绸之路"？

广义的丝绸之路，分陆上丝绸之路和海上丝绸之路。狭义的丝绸之路仅

第十三讲 开辟"丝绸之路"的功臣博望侯张骞

指陆上的丝绸之路,因主营丝绸交易而得名。张骞两次出使西域,建立起了长安与西域各国,包括欧洲诸地的商业通道,不仅促进了东、西方丝绸、玻璃等物品的交易,亦带来了中国与西方在文化艺术方面的交流,作用和影响巨大。1897年,在德国地理学家李希霍芬著的《中国》一书中,第一次把中国古代用于和中亚及印度进行丝绸等物资运输、贸易的通道称为"丝绸之路"。海上丝绸之路,是一个与陆上丝绸之路相对应的称谓,指的是古代中国在与外国通商时所用的海上通道。以南海为中心,有东海和南海两条航线。广州、宁波、泉州是古代海上丝绸之路的重要港口。

3.张骞的晚年如何?

史书上载,元狩二年(前121),张骞随李广出击匈奴,因延误军期当斩,他用侯爵赎罪贬为庶人。第二次去西域时拜为中郎将。晚年详情及如何去世的史书无记载。相关传说不一,一说元鼎三年(前114),张骞奉武帝之命,在处理完宪王刘勃之事后,回到长安即病逝;一说张骞从西域出使回来途经山西一个村落时,帮该村迁居时落马受伤不治身亡。

△笔者闲言

在说张骞通西域的功劳时,还有一人不应忘记,他就是甘父。甘父,匈奴人,是张骞的向导、翻译。张骞与匈奴的交往,都是在他的帮助下才得以完成的。甘父善骑射,张骞一行人在途中就靠他不时射杀些飞禽走兽充饥,才不至于饿死。在匈奴人面前,他没说出张骞出使西域的真实目的,保护了张骞。13年后,张骞返回长安,他又与之一起返回长安。如此忠贞、仗义之人,让人敬佩。常言道,"红花还须绿叶扶"。但在笔者看来,甘父不是绿叶,而是另一朵红花。所以,笔者认为,在我们称颂张骞的丰功伟绩时,切不可忘了还有甘父这样一位平凡而又伟大的人物。

第十四讲　被誉有"雄才大略"的汉武帝刘彻
——犯强汉者，虽远必诛

刘彻的一辈子

刘彻画像

汉武帝刘彻（前156—前87），字通，汉景帝刘启第10子，西汉第7位皇帝，沛（今江苏沛县）人。在中国古代帝王中，他是一位具有杰出雄才大略、文治武功的政治家、军事家。后人视他与秦始皇同为千古皇帝，并以"秦皇汉武"合称。谥号孝武皇帝，庙号世宗。

刘彻4岁那年被封胶东王。因汉景帝的姐姐刘嫖特别喜欢他，刘彻7岁被立为皇太子。前141年，汉景帝驾崩，时年16岁的刘彻顺理成章地即位当上了皇帝。少年君王信心满满，刚坐上龙椅就想大有作为。次年撇开旧制，创用皇帝年号纪年，自己的年号称为"建元"，是年称建元元年。接着下诏求贤，拟重用儒家、法家以加强中央集权和实行政治、经济、礼制等多方面的改革，并派张骞出使西域以联合对付匈奴，但遭崇奉黄老思想和维护贵族、豪强利益的窦太后的反对和干政，被迫暂时忍让，韬光养晦。汉武帝建元六年（前135）五月，窦太后去世。刘彻完全当政，掌握实权。次年改年号建元为元兴，令郡国举孝廉、策贤良。大儒董仲舒在汉武帝建元元年（前140）上的"天人三策"，主要内容包括"天人感应，君权神授；推明孔氏，抑黜百家；春秋大一统，尊王攘夷；建立太学，改革人才拔擢制度"等，深得刘彻认可，并逐步成为君王治国的基本思想。自此，汉朝的全面崛起拉开了帷幕，汉朝一步步成为历

第十四讲 被誉有"雄才大略"的汉武帝刘彻

史上不可忽视的王朝。

为实现国家大一统,汉武帝在思想文化方面,推行"罢黜百家,独尊儒术"的国策,从而结束了先秦以来"今师异道,人异论,百家殊方,指意不同"的意识形态混乱局面。同时以是否通晓儒经作为选拔官吏的重要标准,并在长安开设太学,专门培养儒学人才。儒学思想在汉朝成了唯一的正统思想,并影响了之后近2000年的中国历史。

为加强中央集权、巩固皇权,元朔三年,汉武帝实施"中朝""外朝"制度(由近侍等亲信组成的宫中决策班子称"中朝"或"内朝",由丞相等构成的中央官僚机构称"外朝")。中朝管决策,外朝管行政,这一举措,弱化了相权,保证了帝王在国家大政上的决策权。元朔二年(前127),汉武帝采纳主父偃提议,颁行"推恩令",令各地诸侯王将分封所得土地分赠子孙,不动声色地削弱了地方诸侯势力。同时又设置刺史,监察地方。

在经济方面,汉武帝先后令铸三铢钱、五铢钱,将铸币和钱铁经营权全部收归中央,以保证国家有稳定的财政收入。同时,实行重农轻商的政策,兴修水利,发展生产;向商人征税(包括车船税),增设口赋(人头赋);实行"代田法",移民西北开荒屯田。

在军事方面,汉武帝放弃他前面几朝对匈奴采用的以忍让、和亲换取短暂和平的政策,改用武力讨伐、对抗匈奴的侵犯。其在位期间,派名将卫青、霍去病3次率大军出击匈奴,杀匈奴折兰王、卢侯王等7王。与此同时,还派汉军平定南越,包括闽越、南越、东越(东瓯),即今福建、广东、广西等一些地区的动乱。不仅使匈奴臣服,还加强了汉朝对西南边境地区的有效管辖,促进了中国统一多民族国家的形成,为中国辽阔的疆域奠定了基础。

在外交方面,汉武帝采用的是软硬兼施的手段。一方面,他利用汉朝强大的经济和军事实力与相邻的国家打交道,包括西南的夜郎国、闽南国,东北方的卫氏朝鲜(今朝鲜北部)等;另一方面,他二度派遣张骞出使西域,开创了历史上著名的丝绸之路,促进了中外文化、经济的交流。

总之,汉武帝是一位卓越的富有进取、开拓精神的政治家、战略军事家。他开创了西汉王朝的盛世。当时的汉朝,是世界上最强大的国家。但他穷兵黩武,大量杀戮。尤其晚年时,他盲目追求长生不老,迷信方士,信奉谶纬之学，以至于造成巫蛊之祸等重大过失，这不能不说是他人生的一大败笔。拿人口来说，他即位之初，全国人口达5000多万人，但到汉武帝末年，骤减至2500多万人，几乎减少了一半。汉征和二年（前91），时处人生晚年的汉武帝在京城长安轮台殿里写下《罪己诏》，承认并痛悔自己所犯过错。《罪己诏》中说："朕即位以来，所为狂悖，使天下愁苦，不可追悔。自今事有伤害百姓，靡费天下者，悉罢之。"后元二年（前87），汉武帝驾崩，享年70岁。

汉武帝的归宿

汉武帝葬于茂陵。茂陵位于陕西省咸阳市所属的兴平市，东距咸阳市15千米，因此地汉朝属槐里县茂乡，故称茂陵。茂陵是建元二年（前139）开始兴建的，工期长达53年，每年耗资占到当年国家收入的三分之一。整个墓区有20多座陪葬墓，其中霍去病墓在茂陵东侧1千米处，卫青墓在茂陵东北1千米处。茂陵的陪葬品十分丰富，《汉书·贡禹传》称："武帝弃天下，霍光专事，妄多藏金钱财物，鸟兽鱼鳖牛马虎豹生禽，凡百九十物，尽瘗藏之。"茂陵主陵高46.5米，顶端东西长39.28米，南北宽40.60米；底边长度分别为东边243米、南边239米、西边238米、北边234米，总占地面积56878.25平方米，封土体积848592.92立方米。陵的顶是平的。总的形体上小下大，状似覆斗，给人一种庄重、威严的感觉。不过，茂陵在历史上也屡遭盗掘。据说西汉末年的赤眉军和东汉末年的董卓、吕布以及唐末的黄巢军队就曾在茂陵大肆盗掘，但现在的茂陵已经重点整修，1979年还成立了茂陵博物馆。茂陵现为全国重点文物保护单位、国家4A级旅游景区。

综合信息

△小知识

①年号：封建帝王用来纪年的名称，始于汉武帝刘彻。最初的目的是与前任皇帝区别，所以一个皇帝一般只有一个年号。后来有的皇帝遇到军政大事等情况也会改年号，这样一来，有的皇帝就有了多个年号，如汉武帝刘彻就有建元、元兴、元朔、元狩、元鼎、元封、太初、天汉、太始、征和、后

第十四讲 被誉有"雄才大略"的汉武帝刘彻

元等11个年号。

②庙号：封建皇帝死后，要把牌位供奉在太庙里享受子孙的祭祀。为此，由子孙遗赠一个称号，这个称号就叫庙号。从汉朝开始，第一任皇帝均以太祖、高祖或世祖作为庙号，接下来的嗣君的庙号则称太宗、世宗等。比如，汉武帝刘彻是汉朝第七位皇帝，庙号就是世宗。不过，也不是每一个死去的皇帝都有庙号的，比如西汉有12位皇帝，但只有六七位皇帝有庙号。

△你问我答

1.刘彻的家庭情况是怎样的？

刘彻的父亲是汉景帝刘启，他是刘启的第10子，其母亲是孝景皇后王娡。刘彻有两个皇后，陈皇后和孝武卫皇后（卫子夫，汉朝名将卫青的姐姐，与霍去病的母亲卫小儿是亲姐妹）；有6个儿子，分别是刘据、刘闳、刘旦、刘胥、刘髆、刘弗陵；有多个女儿，如盖长公主、鄂邑长公主、卫长公主、阳石公主、诸邑公主、夷安公主等。

2.汉武帝有哪些名言名句值得品味、记诵？

①若得阿娇，当以金屋藏之。
②务必使四方夷狄不敢小视中国，乱臣贼子不敢窥测神器。
③寇可为，我复亦为；寇可往，我复亦往。
④非常之功，必待非常之人。
⑤秋风起兮白云飞，草木黄落兮雁南归。
⑥少壮几时兮奈老何！
⑦当今务在禁苛暴，止擅赋，力本农，修马复令，以补缺，毋乏武备而已。
⑧瓠子决兮将奈何，浩浩洋洋兮虑殚为河。殚为河兮地不得宁，功无已时兮吾山平。

3.汉武帝的尸骨还在茂陵中吗？

汉茂陵在史上曾5次被盗掘。据盗掘者只取墓中财宝以及史上并无尸骨被毁的说法推测，汉武帝的尸骨可能还留在茂陵中。

4.汉武帝与司马迁的关系如何？

汉武帝对司马迁的才华一直很赏识，让他任太史令。虽然因李陵事件，司马迁被关入监狱，遭受宫刑；但出狱后又被汉武帝升为中书令，留作近侍。在司马迁眼中，汉武帝好色、虚荣、残酷、好大喜功，但又刚毅、坚强、睿智。司马迁一生的命运可以说与汉武帝息息相关。司马迁的荣辱升迁，是古代君臣关系的真实体现，也是"伴君如伴虎"这句话最好的诠释。

5."巫蛊之祸"是怎么回事？

"巫蛊之祸"指的是发生在汉武帝晚年的一起人为的、后果极严重的历史事件。古人迷信，以为照某人的样子做一尊木偶，埋入土里，再让巫师念些诅咒，此人就会遭殃，甚至死亡，这种方术被称为"巫蛊"。"巫蛊之祸"事件的起因是征和二年（前91），有人诬告丞相公孙贺之子公孙敬声用巫蛊之术诅咒汉武帝，汉武帝信以为真，大怒下旨严查惩处，由此引发一连串的冤假错案，大臣、百姓人人惊恐。在此事件中被诛杀或自杀的多达3万余人，其中有皇后卫子夫、太子、公主等不少皇室成员。丞相公孙贺则被灭三族，后来汉武帝终于醒悟，追悔莫及，痛悔不已，在轮台下《罪己诏》向天下认错罪己。

△笔者闲言

很为汉武帝的《罪己诏》感动。笔者觉得，一个至高无上的封建帝王自己下诏，公开向天下人承认并忏悔一生的过错，主动纠错，这需要极大的勇气和非常开阔的胸襟。尤其此事是刘彻主动所为而非外人所迫，更令人觉得汉武帝不简单，难怪伟人毛泽东对刘彻亦有赞许之意。联想到现实生活中，要让一个人认个错、道个歉，真的并不容易，就连小孩子都难让他做到。不要说向别人，就是亲人之间，明明自己错了，但会主动认错的，恐怕也不多。为什么？因为磨不开面子。所以，笔者为刘彻此举点赞。

第十五讲 尊为中国历史学之父的司马迁
——人固有一死，或重于泰山，或轻于鸿毛

司马迁的一辈子

司马迁（约前145—？），字子长，夏阳（今陕西韩城南）人，西汉史学家、思想家、文学家。他撰写的《史记》既是我国纪传体史学的奠基之作，也开创了我国传记文学的先河。

司马迁出身于史官世家。父亲司马谈在汉武帝时任太史令达30年之久。司马迁6岁启蒙读书，10岁前后过的是半耕半读的生活。12岁开始时而在家乡耕读，时而去京城长安求学。19岁随全家迁居长安与当太史令的父亲一起生活。在此期间，曾师从经学家孔安国、大儒董仲舒学习《尚书》《春秋》。20岁起秉着"行万里路，读万卷书"的信念游历天下，探访古迹，以了解各地的历史文化、风土人情，搜集传说旧闻，为日后协助父亲写史做准备，先后到过江陵、湘西、汨罗、洞庭、庐山、会稽、彭城和山东曲阜等地。元朔六年（前123），司马迁凭优异的考试成绩，进入朝廷任郎中（皇帝侍卫官）。35岁升任郎中将，并以皇帝特使身份出使巴蜀和西南，如云南昆明、曲源一带，为朝廷设置新郡，安抚百姓。此后几年，多次侍从汉武帝出行，到过山东泰山、河北碣石、甘肃甘泉、河南偃师等地。38岁继亡父职为太史令。此后几年仍多次随汉武帝出巡宁夏、河北、湖北、山东等地，参与泰山封禅、祭祀五帝等王室活动。42岁与人合作推出

司马迁画像

著名的《太初历》，首次在中国历史上改以正月为每岁之首。从这一年冬开始，如他在《报任安书》中所说的那样，"绝宾客之知，忘室家之业，日夜思竭其不肖之材力，务一心营职"，即专心著述《史记》。天汉元年（前100），苏武出使匈奴被扣，汉武帝发兵讨伐匈奴，让"飞将军"李广之孙李陵押运辎重，但李陵让汉武帝改派自己突击匈奴，结果李陵兵败被俘投降匈奴。司马迁为其说情，惹怒汉武帝，被捕入狱判处死刑。不过，按当时律规，若能改受宫刑则能免以一死。司马迁为续写《史记》，忍下奇耻大辱，自领宫刑。一年后，司马迁被赦出狱，汉武帝授其为中书令（朝位在丞相之上，但无实权）。《汉书·司马迁传》中载："迁既刑之后，为中书令，尊宠任职。"从此，司马迁更发愤于《史记》的著述。征和二年（前91），他花了整整13年时间撰写的旷世之作《史记》（原书名为《太史公记》）终于得以完成。该书有本纪12篇，表10篇，书8篇，世家30篇，列传70篇，共130篇，526 515字，翔实记载了从黄帝时期到汉武帝太初四年间长达3000多年的中国历史。这是中国历史上第一部伟大的纪传体史书，无论是在史学方面还是文学方面都堪为后世楷模。《史记》不仅写活了历史，而且将历史中的人物也描绘得极其生动形象，全书语言简洁流畅、生动，且个性化，并富于变化。《资治通鉴》与该书被誉为"史学双璧"。鲁迅先生也高度称赞《史记》，说《史记》是"史家之绝唱，无韵之离骚"。在完成《史记》的当年，司马迁自己在《报任安书》中说："仆诚以著此书，藏之名山，传之其人，通邑大都，则仆偿前辱之责，虽万被戮，岂有悔哉？然此可为智者道，难为俗人言也！"而从此以后，有关司马迁的所有消息，包括何时何地因何去世等，历史上再无记载。而司马迁呕心沥血著成的这部《史记》，由于直面记史，当时并不为统治阶级所容，直到东汉中后期，即200多年以后，才有幸见之于世，逐渐为人们所知。

现在，通常认为司马迁当卒于前86年，去世时约60岁。

司马迁的归宿

司马迁的祠墓，位于陕西省韩城市芝川镇东南1千米处，现在是全国重点文物保护单位、国家4A级旅游景区。该祠墓始建于西晋永嘉四年（310），经历代增建、扩建，现已形成了一个由彰耀祠、三圣庙、禹王庙、山门、牌坊

第十五讲 尊为中国历史学之父的司马迁

及司马祠,再加上献殿、寝殿、墓冢组成的古建筑群。主体建筑司马祠墓,占地4.5万平方米,建在一个东西长555米、南北宽229米、高100多米的高岗上。西枕梁山,东临黄河,北边是高100多米的断崖绝壁,祠墓四周芝水环绕、风光秀丽、地势俊雄。祠墓前是一条由长条形大石块铺成的石道,长300多米,石块表面凹凸不平,人称"司马古道",据说修筑于北宋年间。上祠庙的第一段路俗称"朝神道",是一条近40度的陡坡,中间低,两边高,如水槽。晴天行人,雨天行水,独特之至。此道尽头,接着是99级台阶,将高岗分成4个高台,高台面积一个比一个大,高台与高台之间由石级相连。司马迁祠墓在第4个高台上。该高台前有一个宋朝建的山门。山门内是建于西晋的献殿,献殿是祭祀司马迁的地方。南大殿内的寝宫修建于1125年,摆放着一尊司马迁的彩色坐像。司马迁的墓冢在祠院后面,墓冢四周是苍松古柏。墓前立有一块清乾隆年间陕西巡抚毕沅所立的墓碑,墓碑上阴刻着"汉太史司马迁公墓"8个字。墓的形状极像蒙古包,修筑于西晋,距今已有1700多年。墓之所以像蒙古包,据说是因为现在的墓是按元太祖忽必烈的旨意改造过的。由于司马迁何时何地去世不明确,故推测此墓为司马迁的衣冠冢,而埋有其尸骨的墓迄今尚未发现。

综合信息

△小知识

①太史令:汉时的太史令掌编写史书和天文历法,俸禄600石("石"为量词,容量单位,十斗为一石)。太史、太史令是官职名称。太史公是对这一官职的敬称。太史也称太史令。

②太初历:又名《甲历》,是中国古代第一部比较完整的历法,比西方最早的《儒略历》早58年。太初,汉武帝的一个年号。

③献殿:高规格的祭坛,有身份的祭祀参与者的活动场所。其建筑通常面阔5间,进深5间,单层重檐。

④纪传体:中国古代的一种史书体裁,用人物传记的形式记叙史实,反映历史。帝王的传记叫"纪"或"本纪",如《秦始皇本纪》等。其他人的叫"传"或"列传",如《李斯列传》《吕不韦列传》等。

△你问我答

1.司马迁的家庭情况是怎样的?

司马迁的祖父司马喜,一说是农民,但有钱,买了个有名无实的爵位"五大夫";另一说曾任战国中山国相邦。其父司马谈,是汉武帝的太史令;其母是太史慈。其妻传说叫柳倩娘,为名将李广的外甥女,善绘画。其女儿名不详,嫁与后来任丞相、御史大夫等高官的杨敞。据传司马迁有4个儿子,长子叫司马临,次子叫司马观。据说司马迁后裔为避祸,改姓冯并换名,隐于乡间。

2.司马迁有哪些经典名言值得品味、记诵?

①桃李不言,下自成蹊。
②人固有一死,或重于泰山,或轻于鸿毛。
③天下熙熙,皆为利来;天下攘攘,皆为利往。
④一死一生,乃知交情;一贫一富,乃知交态;一贵一贱,交情乃见。
⑤法令所以导民也,刑罚所以禁奸也。
⑥当断不断,反受其乱。
⑦能行之者未必能言,能言之者未必能行。
⑧好学深思,心知其意。
⑨勇怯,势也;强弱,形也。审矣,何足怪乎?

3.司马迁受宫刑到底是怎么回事?

天汉二年夏(前99),汉武帝派宠妃李夫人之兄李广利统兵击匈奴,原令李广之孙李陵押运军械、粮食等。但李陵却让汉武帝改派自己带5000步兵突击匈奴。李陵孤军深入,结果反遭匈奴八万骑兵围攻,双方激战八昼夜,李陵斩杀匈奴一万多人,最终因寡不敌众被俘降敌。汉武帝震怒,群臣跟着声讨,原派去接应李陵但未接应上的骑将军公孙敖又谎说李陵降敌后为匈奴练兵,以讨伐汉朝,因此汉武帝更为震怒。他让司马迁说说看法,司马迁秉公直言,认为事出有因,战败降敌,功可抵过。还说李陵之所以降敌是想以

第十五讲　尊为中国历史学之父的司马迁

降保全性命，并非真降，而是为日后能伺机回报汉朝。汉武帝认为司马迁"欲沮贰师，为陵游说"，故诛李陵三族，判司马迁死刑。司马迁为完成《史记》，忍辱负重，自领宫刑以免死。

4.司马迁遭宫刑后，因何没被贬反升中书令？

一是因为汉武帝当时是在气头上，一怒之下，判了司马迁死刑，事后懊悔了，况且司马迁本不当斩。所以，在其出狱后给他升官，有补偿之意。二是汉武帝也是爱才、惜才之人，况且原与司马迁关系不错。三是续写《史记》非司马迁不可。

5.《史记》是怎样得以传下来的？

据传司马迁知道《史记》载有汉武帝的负面之事，汉武帝不会让其流传，故事先抄下副本交给女儿藏下。后女儿嫁给杨敞，《史记》副本亦带到杨家。杨敞曾在汉昭帝时任丞相，并参与册立汉宣帝。后杨敞之子杨恽任平通侯，才将外公司马迁的《史记》副本书稿献给汉宣帝，《史记》因而得以流传。

△笔者闲话

司马迁受宫刑一事给人的教训，也可以说是最大的警示，就是尽量不要在上司不高兴尤其是动怒的时候谏言；否则不但达不到目的，甚至还会适得其反，祸及自己。因为上司也是人，人总有喜怒哀乐之情绪，而人在愤怒的时候，通常都不太理智。所以，即使是最有意义的谏言，也要注意谏言的方式与时机。这可作为为人处世的经验，切记。不知读者诸君，以为然否？

第十六讲 被曹操杀害的建安神医华佗
——人体欲得劳动,但不当使极耳

华佗的一辈子

华佗画像

华佗(约145—208),名旉(fū),字元化,别名华佗("佗"也常写作"陀"),沛国谯县(今安徽亳州)人,东汉末年著名的医学家。一生从医,精通医术,与董奉、张仲景并称为"建安三神医"。

华佗年轻时曾游学于徐州一带。当时,连年战乱,四处饥荒,疾病流行。年轻人热衷入仕做官,行医被视为贱业。但华佗却一心学医、行医,立志以医济世,鄙薄功名利禄。沛相陈珪推荐他为孝廉,太尉黄琬请他去做官,他都婉言谢绝。他的行医足迹遍及今江苏、山东、河南、安徽各地。长期的医疗实践、潜心钻研,使他的医术越来越精湛、全面。内科、外科、妇科、儿科,他都精通。他尤其擅长外科,擅长做手术,因而被世人誉为"外科圣手""外科鼻祖"。他研制的麻沸散是世界上最早的麻醉药物,用麻沸散让病人在麻痹状态下手术,是世界医学史上意义重大的创举。他还精通方药。有一年,黄疸病流行,他对症下药,用草药救治了许多病人。在处方上他力求精当便捷,配药用药常不过数种,针灸治伤治病选穴也不过数处,但效果显著。他还重视和倡导体育养生,认为"户枢不蠹,流水不腐",人通过适当运动,可以畅通气血,帮助

第十六讲 被曹操杀害的建安神医华佗

消化，增强体质，延年益寿。为此，华佗模仿虎、熊、鹿、猿、鸟的一些动作，创造了一种被称为"五禽戏"的人体运动。直到今天，还有许多人练习五禽戏，以强身健体。

华佗比曹操大约10岁。华佗因医术高明，名气很大。当时，身为汉丞相的曹操患有一种头痛病，疼痛难忍，常常发作，多方医治不见好转。《三国志·华佗传》中载："太祖（曹操）闻而召佗，佗常在左右。太祖苦头风，每发，心乱目眩，佗针鬲，随手而差。佗之绝技，凡此类也。然本作士人，以医见业，意常自悔。后太祖亲理，得病笃重，使佗专视。佗曰：'此近难济，恒事攻治，可延岁月。'佗久远家思归，因曰：'当得家书，方欲暂还耳。'到家，辞以妻病，数乞期不反。太祖累书呼，又敕郡县发遣。佗恃能厌食事，犹不上道。太祖大怒，使人往检：若妻信病，赐小豆四十斛，宽假限日；若其虚诈，便收送之。于是传付许狱，考验首服。荀彧请曰：'佗术实工，人命所悬，宜含宥之。'太祖曰：'不忧，天下当无此鼠辈耶？'遂考竟佗。"这段话的意思是说，曹操想让华佗做自己的侍医，留在身边专门为他治头痛病。华佗不愿意，就以回家取方为由告假回家，日久又托妻病屡催不返。曹操了解真相后，愤而将华佗逮入牢中杀害。现有学者根据相关历史年鉴推断，华佗应当是在公元208年夏季，被曹操杀害于汉朝的都城河南许昌。

华佗生前著有医书，临死时欲交狱吏。狱吏担心累及自身不敢接受，华佗无奈付之一炬。华佗虽为一代名医，但其事迹，无论是《后汉书》还是《三国志》都将其收录在《方技传》中。由此可见，古代封建统治者和当时的社会对医学这类学术、职业的轻视。

华佗的归宿

华佗墓，现有8处，分别位于河南许昌、洛阳、沈丘、项城，安徽亳州，江苏徐州彭城、扬州，陕西华山。这些墓地的存在，都体现了人们对医术高明的先人华佗的尊崇与爱戴。中国文化促进会理事管文轩先生对各处的华佗墓考证后认为，许昌华佗墓为华佗真墓；亳州、华山、扬州华佗墓为衣冠冢；徐州彭城、河南沈丘华佗墓为纪念冢；洛阳、项城的两处华佗墓，没有葬于该处的古今佐证。文物考古专家李灿先生在《曹操文化联盟》一文中说："华佗墓在许昌是真的。因华佗没有儿子，只有女儿，后人没法将其尸体运回，只好将他安葬于许昌。我到许昌看过华佗墓，其墓葬形式和封土都是汉代的，这一点没有错。"许昌的华佗墓现在是河南省省级文物保护单位，位于许昌市城北苏桥村南石梁河西岸。墓呈椭圆形，高约4米，占地360平方米，墓前有一碑楼，上楷书"汉神医华佗墓"6个字，墓周围用青砖砌成六角形护卫。墓地植有青松翠柏，清幽宁静，近年来，该处已成为旅游景点，建起了围墙和一些仿古建筑。

综合信息

△小知识

①建安三神医：建安是汉献帝刘协的年号，这里是指建安年间，即196—220年。张仲景列三神医之首，主要医学著作是《伤寒杂病论》，华佗居第二，董奉居第三。董奉，字君异（一说字君平），福建侯官县董乾村（今福建长乐市古槐镇青山村）人，其医术高明，治病不收钱，只求重病治愈者在其村后山中栽杏5株，轻病治愈者栽杏1棵。数年后，其村后杏林成片，后世因而以"杏林"代指医家。

孝廉：孝，指孝悌者；廉，清廉之士。一指被推荐做官的读书人（明、清两朝改变为对举人的雅称）；二指汉武帝时为选用官员特设的一种察举制考试，程序是先由地方官举荐具有孝、廉品质的少年，再由国家培养，然后参加科举考试入仕做官。

△你问我答

1.华佗的家庭情况是怎样的？

华佗祖上，包括其父母的情况史无记载。传说其父叫华文，家贫，无地无业，在华佗3岁时去世；其母曾氏，多番鼓励华佗学医，抚育他长大成人。华佗没有儿子，只有1个女儿。华佗有两个弟子，一为吴普，广陵郡（今扬州一带）人，著有《吴普本草》一书；一为樊阿，彭城人，也是一代名医，据说活了100多岁。

第十六讲　被曹操杀害的建安神医华佗

2.华佗在医学方面有哪些经典名言值得品味、记诵？

①饥饱无度则伤脾，思虑过度则伤心，色欲过度则伤肾，起居过常则伤肝，喜怒悲愁过度则伤肺。

②虚则补之，实则泻之，寒则温之，热则凉之。不虚不实，以经调之。此乃良医之大法也。

③阳候多语，阴症无声。多语者易济，无声者难荣。阳病则旦静，阴病则夜宁。

④人体欲得劳动，但不当使极耳。动摇则谷气得消，血脉流通，病不得生譬犹户枢终不朽也。

⑤人生气健壮者，外色光华，内脉平调。五脏六腑之气消耗，则脉无所依，色无所泽，如是者，百无一生。

⑥人之寒热往来者，其病何也？此乃阴阳相胜也。阳不足则先寒后热，阴不足则先热后寒。

⑦要在临病之时，存神内想，息气内观，心不妄视，着意精察，方能通神明，探幽微，断死决生，千无一误。

3.中医这个名称是怎么来的？

"中医"两字最早见于《汉书·艺文志》："以热益热，以寒增寒，精气内伤，不见外，是所独失也。故谚云：'有病不治，常得中医。'"其中"有病不治，常得中医"的意思是"患了病不治，也比找庸医治疗好"，也可以理解为如果用不好的药治病，还不如不用药。这里说的"中医"是指庸医或不利于治病的药，与现在说的"中医"意思完全不同。现在所说的"中医"这个名词出现在鸦片战争前后，是东印度公司的西医为把中国医学与他们相区别才起了"中医"这个名称。1936年，中华民国政府制定了一个《中医条例》，使中医成了一个正式的法定名称。

4.华佗为关羽刮骨疗毒是真的吗？

《三国演义》第75回中有一段华佗为关羽刮骨疗毒的故事，说关羽"臂令劈之，时方与诸将饮，臂血流于盘器，而公言笑自若"。历史记载上确有关羽刮骨疗毒之事，但为其刮骨疗毒的不是华佗。因为关羽受箭伤，让人刮骨疗毒的事发生在建安十九年，即214年，这时华佗已经去世好几年了；而且《三国演义》中也没说是华佗为关羽刮骨疗毒，只是提到"医曰"。但人们出于对华佗的敬仰，便把这件事安在了华佗身上。据此人用麻沸散，且医术又如此高超，后人推测这位名医应当是华佗的弟子樊阿，因为樊阿是华佗的两个名徒之一，且亦擅长做手术。

△笔者闲言

华佗的死因，一说他想做官，以治病要挟，故被曹操所杀；另一说华佗告诉曹操，治他的头痛病得劈脑，曹操疑华佗要害他，故杀华佗。看来还是《三国志·华佗传》中的说法可信，即曹操欲留华佗在身边做侍医，华佗不愿，找借口滞留家中不归，曹操怒而杀华佗。历史上像这样有多种说法的事很多，其中很大一部分来自书籍、戏剧，包括现在的影视剧，所以我们要加以甄别，不然连关公战秦琼这样的笑话，也可能会信以为真。一般来说，如果一件事有多种说法，最简单的甄别方法就是按常理推测。合情合理的，往往多半是真的；不合常理的，可信度就低。这一方法，同样适用于辨别史事的真假。

第十七讲　坚守独立思考的东汉无神论者王充
——曲妙人不能尽和，言是人不能皆信

王充的一辈子

王充（27—约97），字仲任，会稽上虞（今浙江绍兴上虞）人，东汉杰出的唯物主义思想家、哲学家，文学批评家，勇敢的无神论者。

王充祖籍魏郡元城（今河北大名县东北）。祖上因军功封会稽郡阳亭侯（阳亭在今浙江省境内，一说湖州，一说义乌，具体地方已不可考）。不久，王家在一次变故中失去了爵位与封地，又与乡邻不和，其祖父王汛举家迁居钱塘（今浙江杭州附近），以养

王充画像

蚕种地为生，直到王充父亲时才从钱塘迁居上虞章镇。王充6岁开始识字写字，个性温顺敦厚，懂事孝顺，乡人称为孝子。他少年时稳重寡言，不喜嬉戏打闹，读书勤奋，记忆力好。8岁入书馆，学业甚优，从未受过先生责罚。一年后学《论语》《尚书》，日能记诵千字。12岁左右，其父亲去世，家庭日益贫困；但他仍苦学不止。建武二十四年（48），22岁的王充踏进仕途，先后任过会稽郡上虞县掾功曹，会稽郡都尉府掾功曹，会稽郡太守府五官功曹从事、治中。因政见与官府不合，弃官回家闲居。他为人性情淡泊，清高稳重，安贫乐道，不图荣华富贵，不屑于陋习世俗。在隐退闲居时著《讥俗节义》一书以醒世人。又根据自己亲历的政务，推及人君的治政，著《政

务》一书以资殷鉴。建武三十年（54），28岁的王充被地方郡县推荐上京师洛阳太学求学，拜扶风人班彪（东汉著名史学家、文学家）为师。王充喜欢广泛阅读，不拘泥于书本和别人的观点。因无钱买书，他常去洛阳街上的书铺中看人家在卖的书，且往往读过即能记住。他在洛阳约5年，终于通众流百家之言，积累了广博的知识。汉明帝永平二年（59），王充回归故里上虞，以收徒教学为业。后发愤专心著述《论衡》，在著此书时，王充在屋内门户墙柱各处，均放置笔砚简牍，以便随时著录。著录此书前后约花25年时间，于汉章帝元和三年（86）前成书，全书共38卷，85篇，20余万字。这是一部在中国哲学史上具有划时代意义的巨著，其基本精神是反对迷信、探究真知，解释世间万物的异同，解答人们心中的疑惑，批驳和纠正当时谶纬神学和儒、法学家的一些谬误说法。它是东汉时期唯物主义与唯心主义思想的一次激烈碰撞。王充认为，天、地、人，乃至万物皆由元气形成，"气"是世间的基本物质，所以，人和万物不是上天有意创造出来的。也正因如此，他认为"夫人不能以行感天，天亦不能随行而应人"，从而明确否定了董仲舒"天人感应"之说，亦清楚地揭示了世界的物质性本质。对于生死，王充认为有生必有死，"人之死，犹火之灭也""案火灭不能复燃以况之，死人不能复为鬼神矣"。也就是说，他认为鬼是根本不可能存在的，这是对谶纬神学中鬼神学说的直接否定与批判。同时，王充也反对孔子"生而知之"的先验论，指出孔孟言论"上下多相违，前后多相伐，后世不应盲从"。同时，他还反对"奉天法土"的思想，认为社会是在不断发展的，今必胜古。在文学方面，《论衡》对东汉文坛"华而不实，伪而不真"、虚幻浮夸的文风进行了尖锐的抨击。其主张文章的内容必须翔实，内容与形式要统一；文章的语言要通俗、口语化；反对因袭、模仿，主张文章要因现实而著，其思想要有益于社会。此外，王充在《论衡》中还记载了自己对自然界雷、电、磁、力、热、声音、运动等现象的观察与思考。就该书内容的广博来说，涉及政治、哲学、文学、天文、物理、自然等诸多方面，堪称一部小型的百科全书，而且极具批判性。尤其是其中的无神论观点，对后来的思想家，如南朝的无神论者范缜、明末清初的思想家王夫之等，都有不同程度的影响。胡适认为："王充的哲学是中古思想的一大转机。他不但在破坏的方面打倒迷信的儒教，扫除西汉的乌烟瘴气，替东汉以后的思想打开一条大路；并且在建

第十七讲　坚守独立思考的东汉无神论者王充

设的方面，提倡自然主义，恢复西汉初期的道家哲学，替后来魏、晋的自然派哲学打下一个伟大的新基础。"

汉章帝元和三年（86），社会动乱，年届60的王充到扬州一带避难。曾在扬州刺史董勤处当过从事、治中，时间约2年。后去职返回上虞老家闲居。在他约63岁时，汉肃帝征召其入京做官，并派公车（朝廷用于载征聘贤人的车）专接，王充因病未就。晚年的他又贫又病，生活艰难。约在汉和帝永元年间，王充病卒于上虞章镇老家，终年71岁。

王充的归宿

王充墓位于浙江省绍兴市上虞区章镇林岙村西南的乌石山上，距上虞市区约20千米。光绪年间的《上虞县志校续》载："汉郡功曹王充墓，在县西南十四都乌石山上。清嘉庆十二年，邑人林鉴修治。咸丰五年，林鼎臣、谢简廷重修立石。"该处是一块茶地，1965年在扩建茶园、平整土地时，王充墓冢被毁，只留下咸丰五年林鼎盛、谢简廷立的墓碑。1985年，浙江省人民政府拨款，在原墓址上重建了王充墓。现在的王充墓仍是圆锥形的土冢，底部用4层条石围砌。墓顶部是泥土，封土上长满杂草和灌木。墓高1.2米、周长16.1米。墓碑仍是清咸丰五年立的那一块，高1.75米、宽0.63米，墓碑正中行书阴刻"汉王仲任先生充之墓"9个字，右面的文字为"清咸丰五年岁在乙卯桂月吉旦"。墓台长11米，宽10米，用的全是乌石。墓道长15.6米、宽3.1米，两边植有柏树。墓石前方立有一块上虞县人民政府立的青色石碑，石碑上刻的是300余字的王充简介。墓地四周，茶树一片青葱。但据说这只是王充的衣冠冢，其尸骨埋于何处，尚难考证。

综合信息

△小知识

①亭侯：古代爵位名。原来把最高级的侯称为彻侯，后为避汉武帝刘彻名讳改称通侯，后又改称列侯。列侯分县、乡、亭三级。功大者食县，功小者食亭，即亭侯。

②掾功曹：官名，相当于现在县的一个部门负责人的助理。

③都尉府：汉朝各郡都尉的官署。都尉，武官名，低于将军的军官。

④五官功曹从事、治中：汉武帝把全国分成13州，每州设刺史。刺史就是中央派到地方的监察官。从事、治中都是刺史的佐官。

⑤谶纬神学：一种利用自然现象预测吉凶祸福的唯心主义学说。"谶"，指对吉凶祸福所作的诡异隐语，亦即所谓的预言。纬，指用宗教观点对儒家经典所做的解释。谶纬神学兴起于西汉，盛行于东汉。

⑥天人感应：唯心主义哲学术语。意思是天与人类相通，人的思想、行为可以影响上天，天亦同样可以直接影响人类，天人互相感应。比如，人不仁不义，天就会用雷电、干旱等警告、谴责。如果社会政通人和，百姓安居乐业，天就会以风调雨顺来鼓励等。

△你问我答

1.王充的家庭情况是怎样的？

王充祖上原来在魏郡元城，是一个非常显赫的家族。王氏一门中出过皇后、宰相、列侯、将军。王莽还废汉自立新朝。但后来就走向衰落。王充祖父王汎、父亲王诵都是普通百姓，但其父喜斗气逞勇，后因与豪强结怨，才逃至上虞章镇。故王充说自己出自"孤门细族"。王充妻子、儿女情况不详。

2.王充有哪些经典名言值得品味、记诵？

①牛刀可以割鸡，鸡刀难以屠牛。
②人才有高下，知物由学，学之乃知，不问不识。
③人之不学，犹谷未成粟，米未为饭也。
④事莫明于有效，论莫定于有证。
⑤曲妙人不能尽和，言是人不能皆信。
⑥德不优者，不能怀远；才不大者，不能博见。
⑦处逸乐而欲不放，居贫苦而志不倦。
⑧精诚所至，金石为开。
⑨学之乃知，不问不识。

第十七讲　坚守独立思考的东汉无神论者王充

⑩辩者，求服人心也，非屈人口也。

3."论衡"这一书名是什么意思？

"衡"本义是泛指衡重量的器具，亦称天平。论衡，意即评判世俗言论、是非的器具。

4.王充著《论衡》的目的是什么？

主要为批驳东汉当时盛行的谶纬神学的异端邪说，欲以"实"为根据，疾虚妄之言，释世俗之疑。同时期望自己的思想与主张得到朝廷的认可与重视，并以此来治理社会。

6.王充的生平为何有不同的说法？

王充的生平在不同书中有不同的说法，如有的说王充先在上虞县任掾功曹，后才去洛阳上太学；有的说他十七八岁即去洛阳上太学，回来后先在县、州做小官，再回家从事教学，著书立说。两种说法事迹大致相同，时间却不同。原因是其具体的经历史书上没有原始文字记载，因此不同作者便有了不同的见解。

△笔者闲言

笔者与王充是老乡，笔者老家与王充的故乡章镇相距仅10余里。王充最可贵的精神，一是无惧权威、世俗，敢于挑战所谓的"圣人之言"和世俗观念，大胆提出无神论等许多惊世骇俗、振聋发聩的唯物主义思想观点；二是坚持独立思考，凡事都过脑子，不盲从，不人云亦云。上虞区是传说中祝英台的故乡。但要是王充还活着，你若去问他上虞是否真的有祝英台，他一定会说："糊涂、糊涂，人死化成蝴蝶的事，你也信吗？"

来自历史的人生报告
中国古代名人七十二讲

第十八讲　具有全能之才的东汉科学家张衡
——不患位之不尊，而患德之不崇

张衡的一辈子

张衡画像

张衡（78—139），字平子，南阳郡西鄂（今河南南阳市石桥镇夏村）人，东汉杰出的科学家、文学家、发明家。累官郎中、太史令、国相、尚书等。北宋徽宗时追封西鄂县伯。

张衡出身于一个没落的官僚家庭。祖父做过太守，但没留下多少资产。10岁那年，其祖父和父亲相继去世，家里生活清苦。张衡年少好学，很会写文章，才10多岁，在家乡就已小有名气。他17岁离家游历三秦，18岁进京都洛阳入太学学习。他在京都5年，通晓了五经六艺。在此期间，他还被举为孝廉，但未应举。官府多次征召其进衙门就职，他亦不就。而且一心致力于哲学、天文、阴阳、历算等学问的学习和探究。直到和帝永元十二年（100），22岁的张衡才到南阳太守鲍德手下当了个主簿（负责文书印鉴的职官）。8年后，即安帝永初二年（108），鲍德入朝做官，张衡便回到故乡西鄂，继续博览群书，积累知识，开展对天文、历算的研究。永初五年（111），在家待了4年的张衡重新回到洛阳，到朝中做了郎中。3年后迁尚书侍郎，第二年再迁太史令。汉安帝建光元年（121），转公车司马令，负责宫中司马门的警卫和接待等事务。5年后复做太史令，后又升任侍中，调到皇帝身边做侍从。永和元年（136），张衡59岁，出任河南国（今河北河间市）国相，改做治国理政的事。62岁改任尚书，并于是年病逝。

第十八讲 具有全能之才的东汉科学家张衡

张衡一生绝大部分时间为官从政，清廉自律，人格高尚。他任河间相3年，不惧威权，规劝河间王刘政守法行事，力戒骄奢淫逸。主政时不留情面，惩治恶霸，执法严谨，体恤百姓，被百姓誉为贤相。在任主簿、郎中、侍郎、侍中等职官时，同样勤勉清正，恪尽职守。当然，他一生最大的贡献是在科学事业方面，在天文领域，他是"浑天说"的代表和集大成者。他认为宇宙是无限的，认为天大地小，说"浑天如鸡子，天体圆如弹丸，地如鸡中黄"。这样的理解，既科学又形象。他认为无论是春夏秋冬，还是一天中的早中晚，太阳的大小都是一样的。他了解月食的原理，认识到月亮是不发光的，有太阳光才会有月光。他说，"月光生于日之所照，魄生于日之所蔽，当日则光盈，就日则光尽"。这些话清楚地解释了月食的成因。张衡通过观察，计算出了太阳与月亮平均角的直径，记录了天上2500颗恒星，编绘出我国古代第一幅完整的星象图。他发明了世界上第一台用于测定地震方向和强度的候风地动仪和第一台大型天文计时仪器，即水运浑天仪。此外，还有被时人戏谑地称为"黑科技"的自动月历——瑞轮荚、自动导航车——指南车、自动记录行程的车子——计里程车、不耗油的飞行器——独飞木雕等。此外，张衡对历法、数学也颇有研究，曾出过一本书名叫《算罔论》的数学著作，探讨过球体积的计算方法和圆周率值的推算。在文学方面，他与司马相如、扬雄、班固合称汉赋四大家。在艺术方面，张衡的绘画造诣很深，是东汉六大画家之一（另5人分别是赵歧、刘褒、蔡鱼、刘旦、杨鲁）。郭沫若曾称赞张衡，说"如此全面发展之人物，在世界上亦所罕见"。1970年，联合国天文组织将月球上的一座环形山命名为"张衡环形山"。1977年，联合国天文组织将太阳系中的1802号小行星命名为"张衡星"。

张衡的归宿

张衡墓地位于河南省南阳市卧龙区石桥镇小石桥村西北。据史载，当初张衡墓园规模宏大，除墓冢外，还有高大的庙宇、雅致的读书台和各种碑刻。墓道两边有考究的石翁仲、石兽……也常有名人，如唐代诗人骆宾王、郑谷等特来凭吊拜谒。后因战乱和年代久远等原因，虽然明、清两代对墓冢做过修整，但到中华人民共和国成立时，墓园还是荒芜了，仅剩一丘土冢和几块斑驳的石碑。中华人民共和国成立后，因政府拨款，墓园得到多次整修。现在的张衡墓园已被辟为张衡博物馆，包括墓园和博物馆展厅两部分，墓园占地15 000平方米，主要建筑有汉阙、山门、门房、拜殿、角楼、享堂和墓冢；博物馆展厅占地23 000平方米，主要建筑有门楼、综合展示厅、古天文馆等。张衡的墓冢，高8米，周长79米，围着墓冢砌有青砖花墙，立在墓前的墓碑上书有"汉尚书张衡墓"6个字。墓冢左右两侧建有碑楼，1956年郭沫若为张衡写的题词碑亦陈列其中。1990年，时任全国人大常委会副委员长严济慈先生为张衡题的词——"静仪揭天地，科圣著千秋"，则书写于墓的两侧，墓园四周还筑有高大的围墙。1988年，张衡墓园被国务院列为全国重点文物保护单位。

综合信息

△小知识

①郎中：官名，始置于战国，汉时九卿之一。掌管门户、车骑等事务。

②侍郎：官名，汉时为郎中令的属官、宫廷的近侍。隋唐以后为中书省等省属各部长官的副职。

③五经六艺：五经指《诗经》《尚书》《礼记》《周易》《春秋》。六艺指礼、乐、射、御、书、数这6种儒家要求学生掌握的基本技能。

④公车司马令：古代九卿之一，卫尉的属官，简称公车令。掌管殿中司马门的警卫等事务。东汉时改掌宫中南阙门的警卫事务。司马门，指军中重要的城门。南阙门，也叫朱雀门，是帝陵四门中的南门。

⑤国相：张衡出任的河间国国相，是东汉中央政府派任下面诸侯国辅佐诸侯王治国的大臣。除辅政外，国相还承担有监督诸侯王治国的责权。

⑥尚书：官名，始置于战国，尚是执掌、主管的意思。东汉时的尚书是辅助皇帝处理政务的官员，职权甚大。

△你问我答

1.张衡的家庭情况是怎样的？

张衡祖父张堪，文武双全，幼时被誉为神童，品行高尚，当过蜀郡太守、渔阳太守以及郎中、骑都尉等，深得光武帝刘秀赏识。张衡的祖父和父亲都在张衡10岁时去世。其妻名叫魏兰，是张衡的同村人。他有一女儿，早夭。

第十八讲　具有全能之才的东汉科学家张衡

2.张衡有哪些名言值得品味、记诵？

①不患位之不尊，而患德之不崇；不耻禄之不伙，而耻智之不博。
②人生在勤，不索何获。
③官无二业，事不并济。
④流长则难竭，柢深则难朽。
⑤所贵惟贤，所定惟谷。
⑥苟纵心于物外，安知荣辱之所如。
⑦天长地久岁不留，俟河之清只怀忧。
⑧捷径邪至，我不忍以投步；于进苟容，我不忍以歙肩。

3.张衡小时候数星星是真的吗？

人教版小学语文教材中有一篇题为《数星星的孩子》的课文，讲述了张衡小时候夜晚坐在院子里数星星的故事。课文中的张衡就是后来成了大科学家的张衡。不过，严格来说，这篇课文只是一个以张衡为原型编写的历史故事，所以不能说课文写的是真人真事。

4.张衡的"浑天说"是一种怎样的学说？

关于宇宙的结构，即天和地的关系，中国古代有盖天说、宣夜说和浑天说3种。盖天说认为，天在上，地在下，天圆地方，天像一个圆形罩罩在地上。宣夜说认为，天是气体，日月星辰浮在气体上面，山川草木沉在气体下面。浑天说就如张衡所说："浑天如鸡子，天体圆如弹丸，地如鸡中黄，孤居于内，天大而地小。天表里有水，天之包地，犹壳之裹黄。"三者比较，张衡的浑天说比较接近现代天文学的相关认识。

△笔者闲言

地动仪是张衡的重要发明之一。据说公元138年时曾对发生在陇西地区的地震做过准确预测。南朝宋著名史学家范晔在他的《后汉书》中对张衡的地动仪做过详细描述，还称赞其地动仪"验之以事，合契若神"。不过，由于该地动仪早已失传，因而到底是否灵验、科学，现在意见不一，这也属正常现象。总的来说，我们还是要客观、理性地认识我国古代科学家在科学事业上所做出的巨大贡献，理解每一项发明创造的意义和不易，包括某些局限，应避免历史的虚无主义，不能简单否定。笔者以为，我们的基本态度，应当如此。

第十九讲 称"群方之祖""医中之圣"的张仲景
——不能为良相,亦当为良医

张仲景的一辈子

张仲景画像

张仲景(约150—约219),名机,字仲景。东汉南郡涅阳县(今河南邓州)人,东汉后期医学家,被后人誉为"医圣"。据说他还做过长沙太守。

因父亲张宗汉在外做官,张仲景家境殷实。他从小喜欢读书,尤其喜欢读医林逸事、医学故事一类的书。从他后来的《伤寒杂病论·原序》中可知,他读了春秋战国时的名医扁鹊给齐桓公、虢国太子医病的故事后,特别崇拜扁鹊,说自己"每览越人入虢之诊,望齐侯之色,未尝不慨然叹其才秀也"。而他少年所处的桓帝后期,社会动乱,瘟疫流行,无数百姓因此丧生。故他立志学医,做一个像扁鹊那样的好医生。后为相国长史的同乡名士何颙对他说:"君用思精而韵不高,后将为良医。"意思是说,张仲景心细、思想缜密,但做官的气质不高,如果学医,一定会成为名医。这更坚定了他学医的决心。汉桓帝延熹四年(161),张仲景拜本族叔叔当地名医张伯祖为师。张仲景学医非常用心。他热爱医学,做事勤奋,采药、制药、跟师父抄方、抓药、看病,事事认真、细心。他爱动脑筋,善于把医学书上看来的知识和师父教的治病经验,随时用于临床诊断和治疗,所以医术进步很快,几年后便开始独立行医。后何颙在《襄阳府

第十九讲　称"群方之祖""医中之圣"的张仲景

志》中说："仲景之术，精于伯祖。"也就是说，张仲景已经"青出于蓝而胜于蓝"了。按汉朝的制度，各地每年要举荐孝廉一人（20万户中选1人），以让朝廷录用为官。张仲景医术高超、医德高尚，约在40岁时被举荐孝廉进入官场，不久授官长沙太守。但他在做官的同时，坚持为民众诊疾治病。当时，朝廷禁止官员随便进入民宅，接触百姓。他就定每月初一、十五两天不办公务，大开衙门，让百姓直接来他的官衙里治病。现在，人们把坐在药店里为人诊病治病的医生称为"坐堂医生"，据说就是为了纪念张仲景当年的坐堂（这里的"堂"指的是衙门的大堂）问诊。不过，这样一边做官，一边行医，总有诸多不便，也与他当初学医救民的初衷不符。因而，约在建安五年（200），张仲景辞官长居岭南专心致志从事医学的实践和研究。他反复细细品读《素问》《灵枢》《难经》等前人医书，系统整理、总结自己几十年的临床经验，广泛搜集民间各种治病药方，亦即"勤求古训""博采众长"。然后分门别类，一一加以仔细甄别、比较，再结合临床进一步加以研究。约建安十年（205），张仲景开始撰写中医学巨著《伤寒杂病论》。约在建安十五年（210），也就是5年后，张仲景的《伤寒杂病论》终于写成。该书是我国第一部中医临床治疗方面的不朽巨著，原书共16卷，包括伤寒10卷和杂病6卷两部分。由于战乱和张仲景去世，该书部分内容散失。晋代太医令王叔和对残存的伤寒部分进行重新整理，改名为《伤寒论》流传至今。原书杂病部分到北宋才从一部名叫《金匮玉函要略方》的书中找到，而此书其实是《伤寒杂病论》的简缩本。后人把该书中与《伤寒论》重复的内容删掉，保留并增加了原书杂病方面的内容，重起书名叫《金匮要略方论》。这样，张仲景原来的《伤寒杂病论》就分成了《伤寒论》和《金匮要略方论》两本书。前者着重阐述霍乱、流行性感冒和肺炎等急性外感类疾病的诊断和治疗，后者主要涉及内科、外科、妇科、儿科疾病的诊断与治疗。

　　《伤寒杂病论》一书的主要意义：

　　一是提出并确立了中医临床辨证诊治的基本原则，这一原则一直沿用至今，并已成为中医特色之一。

　　二是把外感热性病的症状，创造性地进行了科学归纳和分类，给中医这方面的临床提供了宝贵的诊病经验。该书所说的六经论证和八纲辨证，是中医体系的精髓核心。

三是提供了诸多疗效显著的各类方剂。这些都是中国古代医学泽被后世的宝贵财富。直到现在，张仲景的《伤寒论》和《金匮要略方论》仍是人们学习中医、研究中医、执业中医必备的宝典之一。清代医家张志聪说："不明四书者，不可以为儒，不明本论（指《伤寒论》）者，不可以为医。"该书所阐述的辨证论治原则，是中医临床必须遵循的基本原则。

张仲景的医德、为人也为世人称道。他看病处处为病人着想，殚精竭虑为患者解除病痛。他认为医学无止境，一生坚持为他人治病，自己也学习到老。张仲景具体死于何时何地，不见记载，相传活到70岁左右。

张仲景的归宿

张仲景墓位于今河南省南阳市宛城区医圣祠街的医圣祠内。医圣祠是明嘉靖二年（1523）为纪念医圣张仲景而建。东汉时建的张仲景墓原已塌毁，湮没于荒野。明崇祯六年（1633），在原墓处掘得阴刻有"汉长沙太守医圣张仲景墓"等字的一块墓碑，遂就在原处重建了张仲景墓，并盖了墓亭，后又在墓亭旁建起了医圣祠。张仲景的墓冢坐北朝南，墓基是用3层条石围砌的。封土不裸露，外用汉砖阶梯形包砌。墓前立着原墓的那块阴刻有"汉长沙太守医圣张仲景墓"11个字的墓碑。墓碑前是拜殿，墓后有墓亭。墓祠是一个庞大的古建筑群，占地3200平方米，主要建筑有大殿、东西偏殿、过殿、拜殿、春台亭、秋风阁、行方斋、智圆斋、仁术馆、广济馆、仲圣堂、山门、六角亭、医圣井、东西碑廊、汉阙、梅花亭和仲景墓等。整个祠的平面为长方形，张仲景墓在祠院的中部，每幢建筑都各有特色，都很亮眼。

这里的张仲景墓及医圣祠，现为全国重点文物保护单位、国家4A级旅游景区、全国中医药文化教育基地。

综合信息

△小知识

①岭南：古代所说的岭南，意即五岭之南。五岭指越城岭、都庞岭、萌渚岭、骑田岭、大庾岭5座山岭，大体分布在广西东部至广东东部和湖南、江西4省交界区。岭南是我国这5座山岭以南地区的概称。

第十九讲 称"群方之祖""医中之圣"的张仲景

②六经辨证：中医的六经是太阳经、少阳经、阳明经、太阴经、少阴经、厥阴经的合称。六经辨证，是指根据六经所及脏肺的生理功能和病理变化特点，对病症进行分析、归纳，为对症治疗提供依据，是中医临床的基本方法。

③八纲辨证：中医的八纲指阴、阳、表、里、寒、热、虚、实。西汉后期成书的《黄帝内经》首提这些概念。汉代张仲景在《伤寒论》中从这八个方面具体来分析、判断病情，辨证施治。八纲辨证是中医辨证论治的基本方法和核心理论。这里的"辨"是分析、辨认的意思，"证"指疾病的症候。

△你问我答

1.张仲景的家庭情况是怎样的？

张仲景的家庭情况史书记载甚少。只知其父叫张宗汉，是汉朝的一个官员。其他情况，包括妻子、儿女等都不详，但确传其有后人。出生于1942年的名医张泰源教授系张仲景第56代传人，现任联合国中医专业委员会副主任。他医术精湛，医德高尚，始终践行"目中有人，心中有爱，行中有善，终生守德"的祖训，可谓德高望重。

2.张仲景在医学方面有哪些名言值得品味、记诵？

①进则救世，退则救民；不能为良相，亦当为良医。
②凡人有疾，不时即治，隐忍冀差，以成痼疾。
③人之伤于寒也，则为病热。
④感往昔之沦丧，伤横夭之莫救。
⑤上以疗君亲之疾，下以救贫贱之厄，中以保身长全，以养其生。
⑥病痰饮者，当以温药和之。
⑦凡伤寒之病，多从风寒得之。始表中风寒，入里则不消矣。
⑧勤求古训，博采众方。

3.《伤寒杂病论》中的"伤寒"指什么？

伤寒是对一切外感病的总称，包括瘟疫。也有学者把这里的"伤"理解为"感受"的意思;"寒"指外界的寒邪之气。"伤寒"指感受寒邪之气而引发的疾病,包括并发疾病。但中医说的"伤寒"与西医说的"伤寒"或"副伤寒"是两个不同的概念。

4.中医的四诊法是张仲景首提的吗?

不是。中医的望、闻、问、切四诊法,是战国时期名医扁鹊总结出来的。

5.张仲景为什么没有传记?

张仲景在医学上的成就在当时是无人能及的,但在正史如《后汉书》《三国志》里都不见记载。因为他撰写的《伤寒杂病论》在他在世时没得以流传,"医圣"之誉也是到明朝才出现;而且从医在古代也不属于显赫的职业。因此,其不见于正史。

△笔者闲言

"群方之祖"指的是张仲景在《伤寒论》中的代表性方剂。如《伤寒论》中的第一方桂枝汤。群方之祖的"方",指的是中药的方剂、药方。因很多药方仅在此方基础上增增减减,包括药的种类、用量,因而这一代表性方剂被称为"群方之祖"。张仲景在《伤寒论》中收有这样的代表性方剂113个。所以,他的"群方之祖",确是实至名归。同时,张仲景又具有丰富的医学理论和临床经验。他能用针灸、灌肠等方法治病,且疗效显著。所以,他的"医圣"也是实至名归。总的说,古人医圣、药圣、书圣、道圣、诗圣之类的称谓应当说都是名实相符的。

第二十讲 "治世之能臣,乱世之奸雄"的魏武帝曹操

——龙乘时而变,人乘势而起

曹操的一辈子

曹操(155—220),字孟德,小名阿瞒,沛国谯县(今安徽亳州)人,东汉末年杰出的政治家、军事家、文学家、诗人。三国时曹魏的奠基人,谥魏武帝。

曹操本姓夏侯,因其父曹嵩过继给了大宦官曹腾,所以改姓曹。曹操少时不太喜欢读书,任性好侠,不治行业,却机敏,对兵法有喜好。20岁举孝廉,离家赴京师洛阳任郎官。后相继任过洛阳北部尉、顿丘县令和议

曹操画像

郎。中平元年(184),爆发了黄巾起义,曹操任骑都尉,讨伐黄巾军有功,迁济南相。任上挞伐贪官污吏,甚有作为。中平六年(189),董卓进京,废少帝而立献帝,专断朝政,自拜相国。为笼络曹操,欲任其为都骑校尉。曹操不屑与董卓为伍,逃离京师到陈留募兵以讨伐董卓。初平元年(190),董卓迁都长安。是年,渤海太守袁绍被关东群雄推举为讨伐董卓的盟主,曹操任代理奋武将军,但曹操为董卓所败。初平三年(192),曹操出任兖州牧,击败青州的黄巾军,获降卒30余万。曹操择其精锐组成新军,号青州兵。初平四年(193),曹操为扩充势力,攻打徐州牧陶谦,连克10余城。兴平元年

· 93 ·

（194），陶谦因恨曹操与他为敌，派兵袭杀了来投靠时任兖州牧的曹操父亲曹嵩和兄弟曹德。曹操为报父仇，攻占徐州，屠杀数万人。此后数年中，曹操被汉献帝相继授为兖州牧、建德将军、大将军，封武平侯。建安元年（196）九月，曹操迫使汉献帝迁都许县（今河南许昌），汉献帝又相继封曹操为司隶校尉、录尚书事和司空。曹操从此总揽朝廷军政大权，完全控制了汉献帝，并开始挟天子以令诸侯。自建安二年（197）正月至建安五年（200）正月的3年间，曹操讨伐过割据宛城（今河南南阳市）的宣威侯张绣，最终张绣在官渡之战中降曹；与吕布数度交战，最终斩杀吕布；还一度令刘备依附于他。建安五年春节刚过，曹操放弃攻伐袁绍而转为征讨占据荆州的刘备。众人不解，曹操说："刘备，人杰也，今不击，必有后患。"刘备败而投奔袁绍，关羽被曹操收降。第二年正月，袁绍病死。此后几年里，曹操先后击败刘表、袁谭、袁尚，平定冀州。建安十二年（207），曹操北征乌桓（今内蒙古赤峰的赤山一带）贵族，彻底清除了袁绍袁氏家族的残余势力，稳定了河北局势，统一了北方，开拓了疆土。凯旋路上，曹操东临碣石，留下"秋风萧瑟，洪波涌起。日月之行，若出其中；星汉灿烂，若出其里"这样大气磅礴的不朽诗篇。建安十三年（208），曹操被封为丞相，亲率20余万大军南下，结果在赤壁惨败于孙（孙权）刘（刘备）联军，遂罢兵北还，转而稳定内部，强大国力。不仅发"求贤令"招聚人才，还实施屯田保障军需。同时攻马超，占取关中大部；攻张鲁，占据汉中，战果累累。献帝允他可以"入朝不趋，奏事不名，剑履上殿"。建安十七年（212）至建安二十年（215），曹操三度征讨孙权。建安十八年（213）五月，曹操封魏公。建安二十年正月，曹操女儿被汉献帝封为皇后，曹操位极人臣。建安二十三年（218）、建安二十四年（219），曹操在汉中、樊城与刘备军队两度激战。孙权乘机偷袭荆州，关羽被孙权军士擒杀，其首级被孙权呈送给曹操，曹操以诸侯之礼安葬。孙权向曹操称臣，劝曹操称帝。曹操说："是儿欲踞吾著炉火上耶！"建安二十五年（220），曹操在洛阳病逝，终年66岁，谥曰武王。曹丕称帝后，追尊其为武皇帝，庙号太祖。

曹操所处的年代，军阀混战，民不聊生。在其掌权主政期间，抑制豪强、加强集权、选贤举能、礼法并举；减轻赋税、兴修水利，使社会经济得到一定程度的恢复与发展。他知兵法，善于用兵打仗，力图全国统一。他为人有奸诈、多疑、残暴的一面，也有仁义、礼智、重情的一面。他崇廉洁，尚节

第二十讲 "治世之能臣,乱世之奸雄"的魏武帝曹操

俭,不仅在政治、军事上有杰出才能,在文学上也有非凡的才华。他的诗苍凉雄健,才气四溢。今存诗20余首,散文40余篇。《三国志通俗演义》称:"雄哉魏太祖,天下扫狼烟。动静皆存智,高低善用贤。长驱百万众,亲注《十三篇》。豪杰同时起,谁人敢赠鞭?"鲁迅说:"曹操是一个很有本事的人,至少是一个英雄。我虽不是曹操一党,但无论何,总是非常佩服他。"当然,对他也有不好的评价,周瑜就说:"操虽托名汉相,其实汉贼也。"与曹操同时代的品评家许劭对曹操的评价是:"治世之能臣,乱世之奸雄。"

曹操的归宿

曹操死前留下《遗令》,《遗令》上嘱:"敛以时服,葬于邺之西冈上,与西门豹祠相近,无藏金玉珠宝。"按此遗嘱,曹操死后葬于邺城西郊的高陵。邺城是古代著名都城,曹操在击败袁绍、占据邺城后即开始将此城营建成皇都。其遗址在今河北省临漳县西,河南省安阳市北郊一带。曹操墓位于今安阳市安丰乡西高穴村南,此墓坐西向东,墓道、墓室全部用砖构砌。墓道由浅入深,长39.5米,宽9.8米,最深处距地表约15米;墓室墓圹平面呈前宽后窄的梯形,东边宽22米,西边宽19.5米,东西长18米。整座墓由墓道、墓门、封门墙、甬道、前后2个主室和4个侧室组成。墓道的夯土层厚12~42厘米,所填的墓道土中含有大量料姜石,十分坚硬。墓内遗骸,据河南省文物考古研究院考证,基本认定为曹操遗骸。2013年5月,这座曹操高陵被列为全国重点文物保护单位,2013年6月,曹操高陵及邺城遗址入围国家文物局对财政部批准的《大遗址保护"十二五"专项规划》。

综合信息

△小知识

①郎官:宫廷近侍,一般由比较年轻的人担任。

②洛阳北部尉:东汉末年,京都洛阳分东、南、西、北4个区域。北部尉是负责北部区域治安的职官,相当于现在副县级的公安局局长。

③议郎:郎官的一种,职位高于侍郎、郎中。

④司隶校尉:负责秘密监察京师和京城周边地区军政的监察官,拥有千

人以上的武装。

⑤录尚书事：官职名，朝廷重臣，可审阅、裁决尚书台的政务，但不单独授予，是给一些朝廷重臣的一个加官。

⑥司空：中央官职名，亦称大司空、司工等，相传商代已置。东汉时与太尉、司徒并为三公，掌管水土工程。

△你问我答

1.曹操的家庭情况是怎样的？

曹操的养祖父曹腾，是东汉时伺候过4位皇帝的著名宦官，为人恭谨、贤能，封费亭侯。其父曹嵩，官至太尉，位列三公，后免官；其母是邹氏。曹操的妻妾有据可考者有15位。曹操有15个儿子，较为人们熟知的有曹丕、曹植、曹冲等；有6个女儿，大女儿曹宪嫁汉献帝，封贵人，二女儿曹华被汉献帝封为皇后，三女儿曹华嫁汉献帝，封贵人。

2.曹操有哪些诗文名句值得品味、记诵？

①夫英雄者，胸怀大志，腹有良谋，有包藏宇宙之机，吞吐天地之志者也。
②白骨露于野，千里无鸡鸣。生民百遗一，念之断人肠。
③狐死归首丘，故乡安可忘。
④山不厌高，水不厌深，周公吐哺，天下归心。
⑤干大事而惜身，见小利而忘命，非英雄也。
⑥老骥伏枥，志在千里。
⑦对酒当歌，人生几何？譬如朝露，去日苦多。
⑧唯才是举，吾得而用之。

3.河南安阳曹操墓是真的吗？

有学者认为依据不够确凿。一是随葬品中没有能证明墓主身份的印玺。虽然曹植诗文中说曹操的印玺没有随葬，但其他材质的，如木质、石质、铜质的印玺本应该有的，但墓中并没有，故令人存疑。二是现有证据不足以说明墓主就是曹操。如墓葬规模虽巨大，与曹操身份相符，但因为那时的诸侯

第二十讲 "治世之能臣,乱世之奸雄"的魏武帝曹操

很多,诸侯墓的规模一般也很大,因而不能以墓葬规模大小断定其墓主。三是现有的某些证据经不起推敲,如说墓内有一男二女的头盖骨,而曹操正好有原配丁夫人和后升为正宫的卞夫人。但事实上丁夫人早已被曹操遣还娘家,而卞夫人到太和四年才去世,所以,此两人根本不可能与曹操同穴。总之,部分学者的意见是曹操墓还须进一步考证。

4.曹操原来到底姓什么?

一般都说,曹操原姓复姓夏侯,因其父曹嵩过继给大宦官曹腾才改姓曹。但也有人说这一说法是错误的。因据陈寿《三国志》载,夏侯氏与曹氏"世为婚姻",两者有姻亲关系,因而曹操绝不可能是夏侯氏一脉。至于曹操祖上原来到底姓什么,现在还无从考证。

5.曹操为什么不称帝?

孙权劝曹操称帝,曹操却说这是想把他放在火炉上烤呢。曹操因何拒称帝?原因有三:一是他虽势力强大,但暗地里反对的人也不少,如他篡汉称帝,这些人必群起而攻之。二是外有刘备、孙权未灭,他本人又多次公开表明无篡汉之心,如出尔反尔,贸然自行称帝,便会失信于天下,因而他不愿称帝。三是曹操看重实惠,他虽未称帝,实已完全操控汉室,所以与其冒险称帝,还不如掌实权更实惠、更安稳。

△笔者闲言

笔者对曹操印象很好。他性格内涵丰富,为人大气、豪爽,敢作敢当,敢爱敢恨,拿得起,放得下。他待人处事,着眼大处,唯才是举,不计前嫌。说他奸诈吗?奸诈其实与足智多谋本义相同。说他残暴吗?他的"白骨露于野,千里无鸡鸣。生民百遗一,念之断人肠"等诗句透出来的却是善良。说他"挟天子"吗?但他毕竟守住了做臣子的底线,以臣终其一生。总之,在笔者眼中,曹操是一个真汉子!

第二十一讲 人生百折不挠的蜀汉帝刘备
——宁可天下人负我，不可我负天下人

刘备的一辈子

刘备画像

刘备（161—223），字玄德，涿郡涿县（今河北涿州）人，三国时期蜀汉开国皇帝，谥号昭烈帝。

刘备是西汉中山靖王刘胜后裔，属于汉室宗亲。其父刘弘孝廉出身，当过小吏，早逝。刘备少时家贫，跟着母亲编织、贩卖草鞋草席为生。15岁离家与同宗刘德然拜大儒卢植为师，其间得到刘德然父亲的资助，与同门师兄公孙瓒结为好友。17岁辍学回乡。刘备生性少言持重、仗义，喜怒不形于色，待人真诚，爱与英雄豪杰结交。河东人关羽、同郡人张飞与他在这一时期相识，情同兄弟。公元184年，爆发了黄巾起义。刘备组织武装参与对黄巾军的征剿，凭军功被朝廷授为安喜尉。不久，朝廷又规定凭军功授官的不能继续为官，中山郡督邮欲借此遣散刘备，但做法简单、粗暴，刘备怒而鞭打督邮，然后弃官逃走。此后，刘备又短暂任过县丞、县尉、县令，依附过公孙瓒、陶谦、曹操、吕布、袁绍、刘表；讨伐过董卓，参与攻打过袁术、吕布。在196年时还任过徐州牧等官职。刘备乃汉室宗亲，人称刘皇叔，为人仗义、宽厚、敦诚，礼贤下士，受人尊重，但毕竟力量薄弱，又无稳固的势力地盘，故在群雄逐鹿的汉末一直难以立足，更谈不上成就大业。建安十二年（207），经颍

第二十一讲　人生百折不挠的蜀汉帝刘备

川名士司马徽、徐庶举荐，刘备三顾茅庐，请诸葛亮出山相助。诸葛亮被刘备的诚心打动，为刘备剖析天下大势，谋划如何成就大业，这就是历史上著名的《隆中对》。当时，刘备47岁，诸葛亮27岁。

建安十三年（208），曹操率85万大军南下。刘备所依附的荆州牧刘表病死，次子刘琮继位，投降曹操。其时，屯兵于荆州新野的刘备兵少将寡，见曹操大兵压境，只得弃新野（今河南新野县）暂避。许多百姓跟随南逃，当走到当阳时百姓竟逾10万之众。刘备不忍弃百姓先走，在当阳的长坂坡被曹操的精兵追上。两军激战，刘备不敌曹军，两个女儿被俘，甘夫人和儿子刘禅在赵云的拼死保护下才得以幸免于难。刘备自己则在关羽的接应下逃至夏口（今湖北武汉市武昌区）安兵。是年10月，刘备遣诸葛亮出使江东，意与孙权结盟，共同合力抗击曹操。当年12月，刘备与以周瑜为大都督的孙权水军联军，在赤壁用火攻大败曹操，曹操损兵折将，狼狈仓皇北逃。自此，刘备、孙权联盟更为巩固，孙权还将其妹嫁给刘备。刘备亦因而得为荆州牧，拥有了自己的势力地盘。

建安十六年（211），益州（辖地含今四川、重庆、云南、贵州、汉中大部分地区及湖北、湖南的部分地区，治所在成都）牧刘璋邀刘备入蜀，以对付割据汉中的军阀张鲁。刘备入蜀后以厚德仁义笼络人心、招揽人才，不但迟迟不打张鲁，反而与刘璋结怨。3年后，刘备攻下刘璋占据的成都，刘璋降服去职，刘备自领益州牧。孙权获悉刘备已占取益州，便遣使向刘备索回刘备暂借的荆州。但刘备不肯，于是刘、孙反目成仇。此后曹操入川，汉中张鲁降曹。刘备遂又与孙权和解，并与其分治荆州。接着，曹操在汉中被赵云、黄忠带兵截了粮草，无奈被迫撤兵退出汉中。刘备趁机进占汉中，并自封为汉王。刘备入川以后，手下大将关羽一直留守荆州。建安二十四年（219），关羽为了开拓疆土，放松对东吴的警惕，率军北伐曹军。一开始节节胜利，威名大振。但就在关羽攻樊城之际，东吴见荆州守军甚少、兵力单薄，派大将吕蒙偷袭荆州，攻占了江陵。关羽急忙从樊城撤兵回援，途中竟被困于麦城（今湖北当阳市两河镇境内），最终被孙权的伏兵所擒，关羽与其子关平一起被东吴兵卒所杀。公元220年，曹丕废汉称帝，建立魏国。第二年，刘备在成都称帝，定国号为蜀汉，与魏、吴鼎立。同年7月，刘备为夺回荆州，以为关羽报仇为由，不顾诸葛亮劝阻，执意统兵伐吴。起兵前夜，张飞遭部下杀害。刘备由此更加痛恨孙权，誓言与孙权势不两立。不料第二年七月，在夷陵之战中遭陆逊火烧连营惨败，仅剩少许残兵败将逃至白帝城（今属重庆市奉节县）。公元223年，刘备在白帝城病逝，谥号昭烈帝。

　　刘备一生屡落屡起，屡起屡落，但他顽强抗争，奋斗之心矢志不渝。对他的评价，也有多种说法。《三国志》的作者陈寿认为："先主之弘毅宽厚，知人待士，盖有高祖之风，英雄之器焉。"曹操的评价是，"今天下英雄，惟使君与操耳"。文人苏辙在《三国论》中对孙权、曹操、刘备的总体评价是："孙不如曹，而刘不如孙。刘备唯智短而勇不足，故有所不若于二人者，而不知因其所不足以求胜，则亦已惑矣。"鲁迅说："刘备之德近乎伪，孔明之智近乎妖。"钱玄同对曹、刘的评价是："盖曹操固然是坏人，然刘备亦何尝是好人？论学，论才，论识，刘备远不及曹操。论居心不良，刘备、曹操正是半斤八两。"

刘备的归宿

　　据《三国志》记载，刘备在白帝城驾崩后，灵柩先从长江由船运至宜宾，再经过岷江运到成都，章武三年（223）八月，葬惠陵。惠陵位于今成都市武侯区武侯祠大街231号。此祠始建于章武元年（221），原是纪念诸葛亮的祠庙，后改为与刘备合祀的祠庙，占地15万平方米。惠陵位于祠正殿西侧，占地2000平方米，是刘备与甘夫人、穆皇后的合葬墓。陵墓的主要建筑有照壁、山门、神道、寝殿等，墓碑上刻楷书"汉昭烈皇帝之陵"7个字。墓状圆锥形，封土高12米，周长180米，占地3亩，四周环绕着长180米的灰色砖墙。陵冢边古柏森森。陵墓旁建有昭烈庙，是祭祀刘备的场所。惠陵所在的武侯祠是全国重点文物保护单位、国家5A级旅游景区。但现在有关刘备的真墓还有其他说法，有的说真墓在奉节，即刘备去世地白帝城，有的说在四川彭山的莲花坝，而成都武侯祠内的刘备墓只是刘备的衣冠冢，但这些说法都缺乏十分可靠的依据。

第二十一讲 人生百折不挠的蜀汉帝刘备

综合信息

△小知识

①中山靖王：指汉景帝刘启之子刘胜，与汉武帝刘彻是异母兄弟，是景帝所封的诸侯王之一。中山是刘胜的封地，在今河北省保定市一带，"靖"是刘胜的谥号。

②孝廉：孝顺父母、办事廉正曰"孝廉"，它是汉武帝为察举官吏开设的察举科目。被举孝廉者无官授官，有官升官，一年一次。这对社会崇尚孝道，官员争做廉吏有积极意义。但后来逐渐徒有其名，甚至成了沽名钓誉、弄虚作假的笑柄。如一首民谣所说的"举秀才，不知书。举孝廉，父别居。寒素清白浊如泥，高第良将怯如鸡"。

③徐州牧：徐州的最高官员。汉时没有省，州相当于现在的省，"牧"是一州之长的称谓，含管理人民之意。

④汉中：汉朝时的汉中是指今陕西汉中市，因位处汉水中而得名。汉中历来是兵家必争的战略要地，土地肥沃、物产丰富。汉时属益州，张鲁就因汉中富庶而搞割据独立。

△你问我答

1.刘备的家庭情况是怎样的？

刘备的祖父刘雄，做过东郡范县县令。其父刘弘，做过小吏；其母姓名无处可查。他的皇后是穆皇后，与其合葬于惠陵，他有甘夫人、糜夫人、孙夫人等后妃。刘备有4子2女，养子刘封在关羽被吕蒙所困时不施援救，致关羽被擒，因而被刘备赐死；长子刘禅在刘备死后继位，后降魏，封安乐公；两个女儿在战争中被曹操俘获。

2.刘备有哪些名言名句值得品味、记诵？

①勿以恶小而为之，勿以善小而不为。惟贤惟德，能服行人。

②朕不为弟报仇，虽有万里江山，何足为贵！

③夫济大事必以人为本，今人归吾，吾何忍弃去！
④欲安天下，先取人心；而人心之本，在于循天道，行仁义，持忠孝。
⑤汉室倾颓，奸臣窃命。备不量力，欲伸大义于天下。
⑥操以急，吾以宽；操以暴，吾以仁；操以谲，吾以忠：每与操相反，事乃可成。
⑦屈身守分，以待天时，不可与命争也。
⑧惟贤惟德，能服于人。

3.刘、关、张桃园结义是真的吗？

不是真的。虽然刘备、关羽、张飞情同兄弟，但正史上没有三人桃园结义的史实证据。元朝中期，社会上盛行说书，艺人为增加所说故事的生动性，因而凭想象加上了刘、关、张桃园结义的情节。而后罗贯中在《三国演义》中进一步把桃园结义具体化，加上了"不求同年同月同日生，但求同年同月同日死"的结拜誓词。由此，刘、关、张桃园结义故事的影响更大，不少人因而信以为真。其实，论岁数，关羽比刘备还大1岁。

4.《三国志》和《三国演义》有何不同？

其一，《三国志》是西晋初陈寿著的史书，《三国演义》是明朝罗贯中撰写的小说；其二，《三国志》是依据历史事实写的，真实性强，《三国演义》是根据《三国志》的部分内容，经过艺术加工而成，许多内容都是虚构的；其三，《三国志》成书于西晋，《三国演义》成书于明朝。

△笔者闲话

刘备最让人感佩的是什么？笔者认为应该是他面对一次次的丢官，一次次的逃亡，一次次的寄人篱下，依然坚强抗争，折而不挠。《三国志》的作者陈寿亦因此有感而发，称赞刘备"折而不挠，终不为下者"。与刘备跌跌撞撞的一生比，我们如今生活中那些一时被挫折所困的人，真不应该垂头丧气，因为你遇到的那点挫折确实不算什么。俗话说："折而不挠，阙而不茬，廉而不刿，方为君子。"

第二十二讲 坎坷一生的绝代才女蔡文姬
——雁飞高兮邈难寻，空断肠兮思愔愔

蔡文姬的一辈子

蔡文姬（约174—？），本名蔡琰，字昭姬，晋时为避司马昭讳改称文姬，陈留郡圉县（今河南杞县）人。博学多才，擅长书法，精通音律，东汉时著名的文学家、才女。

蔡文姬的父亲蔡邕是东汉时的名臣、文学家、书法家，任过郎中、议郎等职官，在社会上声名显赫。蔡文姬自幼就显露出惊人的才华，尤其是音乐、书法方面。10岁

蔡文姬画像

时，父亲蔡邕在室外弹琴时忽然断了一根弦，室内的蔡文姬告诉父亲断的是第二根琴弦。蔡邕又故意弄断第四根琴弦，文姬迅速说出断的是第四根弦。蔡文姬12岁时，书法就出类拔萃，其字端庄稳重，飘逸顿挫。据说中国书法的传授是蔡邕传给蔡文姬，蔡文姬传给钟繇（三国时魏国重臣，著名书法家），钟繇传给卫夫人（本名卫铄，晋代著名书法家），卫夫人传给王羲之（东晋著名书法家）……由此可见，蔡文姬还是中国古代书法艺术传承链上不可或缺之人。

蔡文姬16岁嫁河东世家望族子弟卫仲道。卫仲道是当时著名的才子，夫妻二人志趣相投，日子过得十分甜蜜。然而次年，卫仲道咯血去世，因两人还没有子女，蔡文姬只能回娘家孀居。中平六年（189），汉灵帝驾崩，董卓为司空，独霸朝政，董卓慕蔡邕才气，为装门面，强令蔡邕入朝为官。蔡邕迫于董卓势力，只好应命。而董卓对蔡邕还算敬重，拜其为中郎将，又封其

来自历史的人生报告
中国古代名人七十二讲

为高阳侯。三年后董卓被杀,除掉董卓的司徒王允掌权。蔡邕无意中在王允面前为董卓的死叹息了一下,就被王允投入大牢,最后冤死在狱中。不久,蔡文姬的母亲也忧郁而亡。就这样,蔡文姬接连丧夫、丧父、丧母,成了一个孤苦伶仃、无依无靠之人。兴平二年(195),匈奴入侵中原,蔡文姬被掳至匈奴,被迫嫁给匈奴左贤王为妻。蔡文姬在匈奴生活了12年,育有两子。建安十一年(206),汉丞相曹操听闻蔡邕的女儿流落匈奴,因蔡邕是曹操的老师,也是交往多年的好友。曹操亦早慕蔡文姬的才华,于是便遣使赴匈奴,以金璧一双、黄金千两的重礼换回蔡文姬。当时的蔡文姬虽然思念故乡,又难舍与两个儿子的骨肉亲情,几经犹豫最后还是回归汉朝。曹操见蔡文姬归汉后孤单一人,便将蔡文姬嫁给了屯田都尉(仅次于将军的武官)董祀。婚后第二年,董祀犯了死罪被曹操关进大牢,蔡文姬为救夫顾不得体面与尊严,蓬头跣足赶到丞相府向曹操求情。曹操念及与蔡邕的师生之谊以及蔡文姬悲惨的人生际遇,赦免了董祀的死罪。自此以后,有关蔡文姬的一切,史书上再没有任何记载。据民间传说,经历此番风波以后,蔡文姬看透了世事,不久就与丈夫一起溯洛水而上,最后在蓝田(今西安附近)隐居。但这些史无记载,仅为传说而已。蔡文姬何时在何地去世,无从知晓。

蔡文姬是中国古代著名的才女,她家中的4000多卷藏书毁于战火,她竟能凭记忆默写出其中400篇,且文无遗误。她创作的《悲愤诗》是我国诗史上文人创作的第一首五言长篇自传体叙事诗。全诗108句,真实地再现了蔡文姬自己在汉末社会动乱中的悲惨遭遇,具有强烈的艺术感染力。她创作的另一首长诗《胡笳十八拍》也是写她自己痛苦的人生经历。郭沫若称,《胡笳十八拍》是蔡文姬"用整个的灵魂吐诉出来的绝叫"。该诗可谓字字泣血,句句心酸,就诗歌的艺术性来说,该诗在建安诗歌中别具一格。明朝文学家、文学理论学家陆时雍说:"读《胡笳吟》,可令惊蓬坐振,沙砾自飞,直是激烈人怀抱。"

蔡文姬一生坎坷,三次嫁人,但其事迹仍被《后汉书·列女传》收录其中。《后汉书·列女传》是范晔专为妇女作的传,旨在表扬古代妇女的高尚品德与聪明才智。蔡文姬其人其事被收录其中,说明即或在儒家学者心目中,蔡文姬也是一位才华横溢、德行出众的女子。有位网友说,蔡文姬是在三国里他最喜欢的女性人物。他说:"蔡文姬,才华横溢,是乱世之中盛放

第二十二讲　坎坷一生的绝代才女蔡文姬

的一朵蓝色蔷薇,蓝色是忧郁,是她颠沛流离的命运。蓝色蔷薇代表绝望,也是她笔墨中的倾诉。蔡文姬与董祀这对有情人,是真正的千帆过尽,纸短情长。"

蔡文姬的归宿

蔡文姬的墓在今西安城东南蓝田县三里镇蔡王庄村西北约100米处,现在是陕西省重点文物保护单位。有人认为那是真墓,也有人认为是假冢,是后人根据罗贯中《三国演义》第71回的情节建造的。书中说:"(曹操)兵出潼关,操在马上望见一簇林木,极其茂盛,问近侍曰:'此何处也?'答曰:'此名蓝田。林木之间,乃蔡邕庄也。今邕女蔡琰,与其夫董祀居此。'"后人据此认为蔡文姬晚年一直住在蓝田,死后就葬在这里。但《三国演义》不是史书,不足为凭,如《三国演义》中把蔡琰第一任丈夫卫仲道改说成是"卫道玠",第三任丈夫董祀改说成"董纪"。不过,由于史无记载,种种说法也似各有道理。这里的蔡文姬墓高约8米,墓前立蔡文姬之墓碑一块,前面暗红色台基上立有白色的蔡文姬坐像一尊。墓地不远处建有蔡文姬纪念馆,馆内收藏有蔡文姬的相关文物130多件,还陈列有现代著名书法家书丹的《胡笳十八拍》石刻。

综合信息

△小知识

①避讳:回避、避忌的意思。封建时代,君王或尊亲为显示威严,规定人们说话或行文中不能直呼其名,直写其名,须用别的字代替。避讳对象有四类,即君王、长官、圣贤、长辈。

②郎中:官名,始于战国。中央六部(吏部、户部、礼部、兵部、刑部、工部)首长称尚书,副首长称侍郎。部下设司,司的首长称郎中,副首长称员外郎。

③议郎:官名。职级高于侍郎、郎中。职责为担任君主的顾问。

来自历史的人生报告
中国古代名人七十二讲

△你问我答

1.蔡文姬的家庭情况是怎样的？

蔡文姬的高祖蔡勋、曾祖蔡携都做过县令。祖父蔡棱虽未为官，但操行高尚，殁后谥号贞定公。父亲蔡邕博学多才，东汉名臣，大书法家、文学家。其第一任丈夫卫仲道，本名不详，仲道是其表字，卫氏家族初兴于汉名将卫青；其第二任丈夫是匈奴左贤王；其第三任丈夫董祀，官为屯田都尉。她有两个儿子，长子阿迪拐，次子阿眉拐，两人生平、事迹史无记载。

2.蔡文姬有哪些诗文名句值得品味、记诵？

①愁丝心肠断，幽梦还故乡。
②欲死不能得，欲生无一可。
③雁飞高兮邈难寻，空断肠兮思愔愔。
④人生几何时，怀忧终年岁。
⑤生仍冀得兮归桑梓，死当埋骨兮长已矣！
⑥儿呼母兮啼失声，我掩耳兮不忍听。
⑦云山万重兮归路遐，疾风千里兮扬尘沙。
⑧北风厉兮肃泠泠，胡笳动兮边马鸣。
⑨还顾之兮破人情，心怛绝兮死复生。
⑩胡笳本自出胡中，缘琴翻出音律同。十八拍兮曲虽终，响有余兮思无穷。

3.汉朝为什么分成西汉、东汉？

汉高帝刘邦建立汉朝后，定都长安，至更始帝刘玄时被王莽篡位建立新王朝。15年后刘秀结束王莽统治，恢复汉朝，定都洛阳。后来史学家为了区分这两个不同时期的汉朝，且因洛阳在长安东，故把刘邦定都长安的汉朝称为西汉；把刘秀定都洛阳的汉朝称为东汉。

4."胡笳十八拍"是什么意思？

胡笳，我国古代北方民族的一种乐器，与笛子相似。十八拍即十八段或

第二十二讲　坎坷一生的绝代才女蔡文姬

十八章,一段一拍,共十八段,故名。《胡笳十八拍》是蔡文姬写的十八段琴曲歌词,主要写文姬归汉,表现了蔡文姬归汉途中既想念、舍不得与亲生孩子相离,又亟盼回归故乡的矛盾心情。作为琴曲,《胡笳十八拍》又是一首完整的古琴独奏曲。曲调哀婉凄楚,表现的也是文姬既思念故土,又思念亲人的矛盾、悲痛的情怀。

5.蔡文姬的书法艺术怎么样?

蔡文姬书法作品传世的只有《胡笳十八拍》中的"我生之初尚无为,我生之后汉祚衰"两句诗及"蔡琰书"三字。后人取第一句的前两个字,简称其书法作品为《我生帖》。一些书法行家认为该帖上的每一个字都笔法饱满,用笔有圆有方,是"典型的隶书和草书的融合体",其字体既有"女性书法的秀丽,也有男子书法的遒劲"。

△笔者闲言

文姬归汉是曹操之功。曹操基本统一北方后,即考虑续修后汉书,繁荣文化事业。为此他广选人才,听闻恩师、好友蔡邕之女、大才女蔡文姬流落匈奴,故不惜用重金将其赎回。文姬归汉一事反映了曹操重文化、重人才、重友情的一面,而文姬一生的坎坷,无疑是那个时代悲剧的缩影。人生在世,重情重义才会受人敬重,从这点上说,曹操还是很有人情味的。

第二十三讲 鞠躬尽瘁、死而后已的人臣楷模诸葛亮

——非淡泊无以明志,非宁静无以致远

诸葛亮的一辈子

诸葛亮画像

诸葛亮(181—234),字孔明,号卧龙,琅琊阳都(今山东沂南)人。三国时期杰出的政治家、军事家、散文家,中国传统文化中忠、智、礼、信的代表人物。生前封武乡侯,谥忠武侯。

诸葛亮年幼时,父母皆丧。他与姐、弟由叔父诸葛玄抚养长大。193年,叔父远赴豫章(今江西吉安以北地区)任太守,诸葛亮与姐、弟随行。同年,叔父去职,带亮与姐、弟投靠荆州牧刘表。后刘表将荆州治所迁至襄阳(今湖北西北部),诸葛亮在襄阳求学,结识了不少名士,增长了见识,开阔了眼界。建安二年(197),叔父诸葛玄被反乱民众所杀,亮与其姐、弟失去了依靠,移居隆中(今湖北襄阳市城西)(一说移居南阳)乡间,过起了躬耕陇亩的生活。然诸葛亮虽身居乡间,但心怀天下、志向远大,自比于管仲、乐毅。他专心博览群书,学习天文地理,精读兵书,立志干一番事业,渐渐声名鹊起,被人称为"卧龙"。

建安十二年(207)冬,当时被曹操赶出中原地区的刘备,在颍川名士司

第二十三讲　鞠躬尽瘁、死而后已的人臣楷模诸葛亮

马徽、徐庶举荐下，三顾茅庐，请诸葛亮出山相助。诸葛亮感其至诚，为其剖析天下大势，谋划开创帝业的总体策略，史上把此称为"草庐对"（亦称"隆中对"）。此后不久，诸葛亮即离开隆中，一心辅佐刘备，这一年，诸葛亮27岁，刘备47岁。建安十三年（208），诸葛亮出使东吴，舌战群儒，促成了实力远强于刘备的孙权与刘备结盟，最后在赤壁之战中大败曹军。战后第二年，29岁的诸葛亮升任军师中郎将，此后的9年间，诸葛亮辅佐刘备从刘璋手中夺得益州（今四川、云南、贵州等部分地区），从曹操处夺下汉中（今陕西汉中地区）。而当刘备率兵在四处征战时，诸葛亮则为其留守巴蜀，保证蜀州足兵足食，以供刘备随时调用。诸葛亮此时也升任为军师将军，署左将军，兼任大司马府事。

汉献帝延康元年（220），曹操长子曹丕废汉自立称帝，建立魏国，定都洛阳。221年，刘备在成都称帝，建立蜀国，刘备自认汉室宗亲，定国号为蜀汉，诸葛亮任丞相。刘备在称帝当年的七月，为报关羽之仇，不顾诸葛亮的反对、劝阻，执意起兵伐吴。同年，张飞在伐吴前夕被部下害死，刘备被吴大都督陆逊火烧连营，几乎全军覆灭，最后狼狈逃至白帝城。章武三年（223）三月，刘备在白帝城一病不起，临终托孤诸葛亮，言："若嗣子（指刘禅）可辅，辅之；如其不才，君可自取。"诸葛亮誓言："竭股肱之力，效忠贞之节，继之以死！"是年四月，刘备去世，刘禅登基，改年号为建兴，封诸葛亮为武乡侯，领益州牧，主持朝政。诸葛亮呕心沥血，事必躬亲。治政以法度为根本，赏罚分明，使因战败而混乱的人心很快得到稳定。为完成先帝遗愿，匡扶汉室，统一中原，诸葛亮对外重新与孙权结盟，对内于建兴三年（225）春亲自率军南征。一年内七擒七纵孟获，平定了蜀南方四郡的动乱。蜀建兴五年（227），47岁的诸葛亮率军北伐曹魏，临行前上书给后主刘禅的《出师表》，体现了诸葛亮北定中原、实现先帝遗愿的坚定意志和对蜀汉忠贞不贰的高尚品格。此后几年，诸葛亮六出祁山，五次北伐，但都未达目的，其中首次北伐错用马谡，致使丢失军事重镇街亭（今甘肃秦省安县陇西镇），无奈退兵罢战，马谡按法被斩，诸葛亮自贬为右将军。蜀建兴十二年（234），54岁的诸葛亮第五次率大军北伐，也就是在这最后一次北伐途中，诸葛亮终因长年积劳成疾，在五丈原（今陕西宝鸡市岐山县五丈原镇）军中病逝。其死后，刘禅追谥他为忠武侯。诸葛亮的北伐，虽因蜀汉与

魏实力相差悬殊而未能成功，但总体上说，他的出师北伐，实是一种以攻为守，变被动为主动的高明谋略，为弱小的蜀汉赢得了更多的立足时间。

诸葛亮一生忠、智、义、勇、勤、正、坚、廉兼具，被后人认为几近完人。他发明了连弩、搭桥枪、八卦阵、八卦图、孔明棋、孔明灯。他善绘画、善音乐、善书法，著有音乐理论专著《琴经》。他的书法作品曾流行于宋朝，散文则被历代推崇，其代表作有《出师表》《隆中对》《诫子书》和《后出师表》等。

诸葛亮"有逸群之才，英霸之气，身长八尺，容貌甚伟"，其妻子黄月英则貌不惊人，甚至还被人称为丑女。但诸葛亮一生只忠贞于她，别无妻妾。

诸葛亮一生清廉，他在上书给后主的表中说，自己全家只有80株桑树和15顷土地，自己穿的、吃的都是朝廷赐封，就算儿子都是自给自足，自己没有一点多余的财产。30年后，诸葛亮的长子诸葛瞻、长孙诸葛尚全部在蜀魏绵竹之战中为国战死沙场。

诸葛亮是一位令国人千古传颂、世代敬仰的杰出伟人。唐朝诗人刘禹锡赞诸葛亮"功盖三分国，名成八阵图"。杜甫有诗云："三顾频烦天下计，两朝开济老臣心。出师未捷身先死，长使英雄泪满襟。"陆游真诚地赞叹诸葛亮"出师一表真名世，千载谁堪伯仲间"。

诸葛亮的归宿

诸葛亮的墓在今陕西省勉县城南的定军山脚下，因诸葛亮被封为武乡侯，故叫作武侯墓。武侯墓离勉县县城4千米，现在是全国重点文物保护单位、国家4A级旅游景区。墓园总占地360亩，四周有9个小山冈环抱，还有8条淙淙流淌的小溪沟。武侯墓三面都是高高低低的山地，墓前却神奇般地豁然开朗，是一大片平野，这样的地势地貌着实令人称奇。武侯墓的墓区内有60余间明、清时代的古建筑，陵园四周围有红色的垣墙。进入陵园大门，园内古柏成荫，据说因诸葛亮在世54年，人们在其下葬时便栽了54棵柏树，现在尚有20余棵。园内最主要的建筑是一处三院并联的大庙，庙两侧有东、西厢房。庙内大殿正中端坐着一尊羽扇纶巾、神情淡定的诸葛亮塑像，威风凛凛、身披铠甲的关兴、张苞护持左右。大庙内还陈列着众多宝贵的历史文

第二十三讲　鞠躬尽瘁、死而后已的人臣楷模诸葛亮

物,计有匾额34块,碑石10余方,对联29副,武侯遗文木刻条幅48块,各类大小不一的钟鼎炉磬10余件。武侯的墓冢在大殿后面,状如覆斗,封土高约6米,周长60米,墓冢四周砌有八卦形花墙。墓前的墓亭中立有两块墓碑,一块为明万代年间陕西按察使赵健所立,碑上写的是"汉丞相诸葛忠武侯之墓";另一块为清朝果亲王所立,碑上写的是"汉诸葛武侯之墓"。武侯墓的后面还有2棵护墓丹桂,枝繁叶茂,树高近20米,树围1米余。一般的墓冢都是坐北朝南,但武侯墓却是坐西朝东,其意旨在让世人知道,墓主武侯永怀西蜀,冀盼兴复汉室。

综合信息

△小知识

①武乡侯：侯,爵位。中国古代分公、侯、伯、子、男五爵。爵位是中国古代皇族、贵族的封号,表示身份等级与待遇高低。三国时,侯分关内侯和列侯两种。东汉时将关内侯分为县侯、乡侯、亭侯三种。级别不同,权力、待遇不同。诸葛亮是乡侯还是县侯史上没有确切的文字说明。

②躬耕陇亩：亲自耕种土地。躬,亲自。陇亩,田地。

③军师中郎将：刘备为诸葛亮特设的武官名,参议军政事务。

④军师将军：东汉时设置的杂号将军名,总掌军政事务,权责甚重。

⑤大司马府事：大司马是中国古代中央政府中武职的最高长官。大司马府是军政一体的机构。大司马府事为执掌、总领大司马职责。

⑥署左将军：左将军,武将官职名。署,代理、暂任。

△你问我答

1.诸葛亮的家庭情况是怎样的?

诸葛亮出身于一个官吏之家,诸葛氏在琅琊是望族,先祖诸葛丰在汉元帝时官至司隶校尉（相当于现在卫戍京师的最高长官）。其父诸葛珪,汉末曾任泰山郡丞;其母是章氏。其兄诸葛瑾,曾为东吴大将军,封宛陵侯;他有两个姐姐,姓名不详;其弟诸葛均,为蜀长水校尉。他的妻子是黄月英

（亦说名黄绶或黄硕）。其长子诸葛瞻，官拜骑都尉，袭爵武乡侯。

2.诸葛亮有哪些经典名言值得品味、记诵？

①欲思其利，必虑其害。欲思其成，必虑其败。
②喜不应喜无喜之事，怒不应怒无怒之物。
③勿以身贵而贱人，勿以独见而违众，勿恃功能而失信。
④夫君子之行，静以修身，俭以养德。非淡泊无以明志，非宁静无以致远。夫学须静也，才须学也，非学无以广才，非志无以成学。
⑤当断不断，必受其乱。
⑥大梦谁先觉？平生我自知。草堂春睡足，窗外日迟迟。
⑦君臣上下，以礼为本；父子上下，以恩为亲；夫妇上下，以合为安。上不可以不正，下不可以不端。上枉下曲，上乱下逆。
⑧天作时不作而人作，是谓逆时；时作天不作而人作，是谓逆天；天作时作而人不作，是谓逆人。

3.空城计、借东风、草船借箭是真的吗？

空城计、借东风不是真的，史书上并无记载，是罗贯中在《三国演义》中自己杜撰的。草船借箭是真实的历史故事，但故事的主角不是诸葛亮而是孙权。曹操被骗后赞叹说："生子当如孙仲谋。"

4.诸葛亮死于五丈原，却因何要葬在定军山？

诸葛亮在五丈原临终前要军士把他埋在定军山，只要挖一个小坑，能埋下棺材即可，也不要陪葬品，说穿平时的衣服就可以了。定军山与五丈原相距431千米，为何要埋到这么远的地方去呢？因为定军山所在的汉中是诸葛亮和刘备多年苦心经营的根据地，他们在那里屯田、招兵、练兵，这里离曹魏又远，自然更安全。埋在定军山，既是一种情感的怀念，又表达了诸葛亮希望后人不忘自己遗志，能继续致力于兴复汉室。

5.《三国演义》和《三国志》有何区别

①《三国演义》是历史小说，《三国志》是纪传体国别史书，二十四史

第二十三讲　鞠躬尽瘁、死而后已的人臣楷模诸葛亮

之一；小说的人物、情节等都可以虚构，史书应是客观历史的真实记录。②《三国演义》成书于明初，作者为元末明初的罗贯中；《三国志》成书于西晋，作者陈寿，曾为蜀汉官吏，蜀汉亡后，任过西晋的著作郎等职。

△笔者闲言

"鞠躬尽瘁、死而后已"是诸葛亮影响最大、最常被引用的名言之一，也是他一生为人的高度概括和崇高精神品格的真实写照。"鞠躬尽瘁、死而后已"是一种精神，意味着竭尽全力、穷尽生命、毫无保留地付出；是一种态度，折射出一个人对承诺的认真、坚守与承担。它亦是坚定与忠贞的试金石，在它面前，不会有推诿、逃避，更不会有背叛。每当笔者念起这句话，端坐在四轮车上，与大军一起行进在五丈原崇山峻岭中的诸葛亮那苍老、疲惫而又坚毅的身影，总会即刻浮现在眼前。同时亦会想起杜甫的"出师未捷身先死，长使英雄泪满襟"这两句诗，不禁感慨万千，情难自禁。是呀，虽说人生在世，不如意之事十之八九，可还有什么比"出师未捷身先死"更令人遗憾的呢？

第二十四讲　书《兰亭集序》的东晋书圣王羲之
——一咏一觞情以足，由然乐矣盛时今

王羲之的一辈子

王羲之画像

王羲之（303—361），字逸少，号澹斋，西晋临沂南仁里（今山东临沂兰山区北孝友村）人，东晋大书法家，世称"书圣"。曾官封右将军，故又称"王右军"。

王羲之出身名门望族，祖母夏侯氏与琅琊王司马睿之母夏侯太妃系同胞姐妹。王羲之5岁时，随司马睿全家南迁至建邺（今江苏南京）乌衣巷。第二年，王羲之的父亲书法家王旷任淮南内史，6岁的王羲之跟随任安东司马的叔父王廙（也是东晋时的书法家）学习书法。相传其父王旷还授其一本书名叫《笔论》的笔法秘籍，王羲之如获至宝，每天着迷似的练，一次竟把馍馍蘸上墨汁塞进嘴里。8岁时，其父王旷兵败不知下落，王羲之虽幼年丧父，家道中落，但仍心存大志，苦学苦练书法。约9岁时，改从卫夫人（本名卫铄，廷尉卫展之女，晋代著名书法家）（一说是王羲之的姨母）学习书法，至12岁一直临摹卫书。太守元年（323），王羲之被尚书令郗鉴选中做女婿，当年即与郗鉴女郗璿成婚。两年后，王羲之由岳父郗鉴推荐踏入仕途，任秘书郎。又过了两年，调入会稽（今浙江绍兴）王府，任会稽王友（"友"是王府最高官员名称）。翌年改任临川（今江西抚州）太守。32岁离开江西到武昌任幕府参军，次年迁长史，此后任过宁远将军、江州刺史、护军等职

第二十四讲　书《兰亭集序》的东晋书圣王羲之

官。49岁接替王述到会稽任内史，军号右将军，全家在会稽安家。永和九年（353）的三月初三，王羲之与谢安等41位文人雅士在会稽的兰亭聚会，他们曲水流觞，赋诗作文成集，王羲之为文集作序，由是，便有了被誉为天下第一行书的《兰亭集序》。永和十一年（355），王羲之因与其上司，即扬州刺史王述不睦（东晋时会稽郡属扬州管辖），辞官去职，全家移居剡县金庭（今浙江嵊州），并誓言决不再出仕为官。6年后，王羲之卒于金庭，朝廷追授其为光禄大夫，家人遵其嘱坚辞不受追封。

王羲之青年时期的经历史书上记载不详。据《法书要录》中"羲之少学卫夫人，书将谓大能。及渡江北游名山，比见李斯、曹喜等书，又之许（许昌）下，见钟繇、梁鹄书；又之洛（洛阳）下，见蔡邕《石经三体书》"这段话，可知王羲之青年时期曾到河南许昌、洛阳一带游历，以开阔视野，博采众长。但也有学者以为，光凭这些文字，尚难得出以上判断。亦有传闻说，王羲之青年时期在浙江天台习得"永字八法"，并说他在浙江绍兴从鹅的体态和行走、游水中悟得书法执笔、运笔的技巧与道理，但亦缺乏确凿文字史料可资佐证。

王羲之一生大部分时间在从政为官，且大多为武官，说明其有这方面的才能；但他的主要成就无疑是书法。他的笔法精致，笔画极富变化，兼具隶书、楷书、行书、草书之美。自他开始，中国的书法才真正成为一种艺术闻名于世，且引后人孜孜以求、习学。

王羲之的归宿

王羲之的墓位于今浙江省嵊州市金庭镇的瀑布山，距嵊州市区32千米。他在金庭生活6年，病卒后即埋于此。《金庭王氏族谱》载："（王羲之）年五十九卒。葬金庭观，乃其故宅。有书楼、墨池，墓亦在焉。隋大业间，沙门尚杲为志。"尚杲是隋朝永兴寺的沙门，大业七年（611），他遵师嘱到金庭王羲之的墓地祭扫，然后写了《瀑布山展墓记》。王羲之原墓的状况已不可知，明弘治十五年（1502）重建过一次，但遗留之物大多在"文化大革命"中被毁，现在的王羲之墓是1984年重修的。墓为圆形，由青石条砌成，墓顶是泥土，长满青草，墓前立一石亭，亭中竖青色墓碑，正面书"王右军墓"4字，背面书"大明弘治十年三月二十五日吉旦浙江等处承宣布政使右参议吴□□重立"一行字。墓道宽广，两旁是翠柏。瀑布山脚，还有一个供守墓人住的，叫后厂的小村。金庭有王羲之的祖祠，其子孙已传至第59代。现在，此处的王羲之墓园是浙江省重点文物保护单位。

综合信息

△小知识

①右将军：王羲之的右将军，是军号（即军中的职衔），属三品将军，相当于现在的军区司令。

②内史：官名，西周始置。王羲之的会稽内史，即会稽的地方行政官员。当时的会稽辖区除含绍兴市外，还包括今杭州市萧山区及宁波市、舟山市。

③秘书郎：三国时魏始设。又称秘书郎中，掌文书机要、图书典籍。

④长吏：相当于现在的秘书长或幕僚长。

⑤曲水流觞：古代文人墨客的一种诗酒娱乐形式。每年农历三月上巳日修禊后，大家坐立小溪流两旁，将盛了酒的觞放到溪流中，觞顺流而下，在谁的面前停下或打转，谁就饮酒或作诗。

⑥沙门：梵语，所有宗教出家人都泛称"沙门"。

△你问我答

1.王羲之的家庭情况是怎样的？

其祖父王正，官任尚书郎；其祖母是夏侯氏。其父王旷，官任淮南太守。其妻是郗氏。他有7子1女：长子王玄之，早亡；次子王凝之，书法家，曾任江州刺史、左将军等官职；三子王涣之，书法家；四子王肃之，曾官为中书郎；五子王徽之，书法家，官至黄门侍郎；六子王操之，书法长于草隶，官至豫章太守；七子王献之，书法家、画家、诗人；女儿名不详，嫁余姚。

第二十四讲　书《兰亭集序》的东晋书圣王羲之

2.王羲之《兰亭集序》的内容是怎样的？

王羲之的《兰亭集序》又称《临河序》《禊帖》，全文324字，主要记述了永和九年（353），他与友人在会稽兰亭曲水流觞一事。其中的两段是：

"永和九年，岁在癸丑，暮春之初，会于会稽山阴之兰亭，修禊事也。群贤毕至，少长咸集。此地有崇山峻岭，茂林修竹；又有清流激湍，映带左右，引以为流觞曲水，列坐其次。虽无丝竹管弦之盛，一觞一咏，亦足以畅叙幽情。"

"夫人之相与，俯仰一世。或取诸怀抱，悟言一室之内；或因寄所托，放浪形骸之外。虽趣舍万殊，静躁不同，当其欣于所遇，暂得于己，快然自足，不知老之将至。及其所之既倦，情随事迁，感慨系之矣。"

3.王羲之的《兰亭集序》，后人是怎样评价的？

唐太宗李世民对王羲之的《兰亭集序》推崇备至，把它拓摹下来后分给朝臣，以作书法楷模。宋代书法家米芾夸誉其为"天下第一行书"。明代书法家董其昌称赞说"右军《兰亭序》，章法为古今第一，其字皆映带而生，或小或大，随手所如，皆入法则，所以为神品也"。

4.今江西抚州王羲之的洗墨池是真的吗？

是真的。公元345—347年，王羲之在任江州（今江西九江）刺史时，曾在自己的私宅内（今抚州市临川区文昌学校内）挖有洗笔砚的洗墨池。北宋文学家曾巩曾于庆历八年（1048）九月，特地赴临川凭吊墨池遗迹，并写有《墨池记》一文。此池2002年重建，已恢复洗墨池原貌。

5.今浙江天台国清寺中的"独笔鹅"真的是王羲之写的吗？

浙江天台国清寺三圣殿右侧，立有一块"鹅"字碑，人称"独笔鹅"，意思是这个"鹅"字是一笔写成的。据《国清寺志》，这个"鹅"字一半是王羲之的真迹，另一半是清朝天台人曹抡苦学7年补写上的；但补写的是哪一半无史料说明。人们推测，"鹅"字右半边的"鸟"字是王羲之真迹。不过，左右两边的确浑然一体，非常和谐。

6.王羲之的《兰亭集序》真迹到底在哪里?

传说王羲之7世孙智永和尚在圆寂时将《兰亭集序》真迹交给了爱徒辨才,后被李世民的监察御史骗取交给李世民,李世民把真迹葬入昭陵殡葬。苏东坡亦有诗云:"兰亭茧纸入昭陵,世间遗迹犹龙腾。"但实际上"龙腾"的是欧阳询、褚遂良等的临摹本。现也有人说《兰亭集序》的真迹在唐高宗李治与武则天的合葬墓中,但真相到底如何仍旧是个谜。

△笔者闲言

王羲之的生平事迹说法不一。如,一说《笔论》一书是王羲之12岁时从他父亲的枕头底下翻得的,但其父王旷于310年,即王羲之8岁时已兵败不知下落。还有在天台多年习得"永字八法"等说法也似不确凿。笔者以为,历史人物有些事说法不一很正常,如有条件考证,考证一下当然更好。若一时无法考证,也没有什么大不了,就让其各说各的、各信各的。当然,前提至少应是能自圆其说,不能破绽百出。这也许是笔者谬论,故妄说之。

第二十五讲　心高气傲的田园诗鼻祖陶渊明

——采菊东篱下，悠然见南山

陶渊明的一辈子

陶渊明（约365—427），字元亮，又名潜，号五柳先生，私谥靖节先生，浔阳柴桑（今江西九江西南）人，东晋末南朝宋初时期杰出的诗人、文学家。

陶渊明出身于没落的官宦家庭，其曾祖父陶侃官至大司马，封长沙郡公，其祖父、父亲做过太守，其外祖父孟嘉乃东晋名士，任过江州别驾、长史等。陶渊明8岁时父亲去世，家境开始败落，母亲带他和庶妹去外祖父家江夏郡鄳县（今河南罗山县城以西）生活。外祖

陶渊明画像

父家藏书甚多，他借此条件刻苦读书，求知上进。他和母亲在外祖父家具体生活了几年不详。一说他20岁后即迁居安成东北陶家园，25岁迁居浔阳（一说迁居南山）。20~27岁间有过两次远游。第一次游张掖（今甘肃省内）、幽州（今河北东北部），第二次到过京城建康（今江苏南京）和吴郡、会稽郡。第一次出游是游学、历练，第二次是为求仕谋生。他在《饮酒·其十》中这样回忆自己第二次出游："在昔曾远游，直至东海隅。道路迥且长，风波阻中途。此行谁使然？似为饥所驱。倾身营一饱，少许便有余。恐此非名计，息驾归闲居。"至于有没有求到差事，解决温饱问题，史上没有答案。根据《秀溪陶氏族谱·靖节公家传》，陶渊明26岁在南山（今江西庐山南麓）"构庐居焉"，娶妻王氏。晋孝武帝太元十八年（393），陶渊明被起用为江州祭酒。当时的江州刺史是王羲之之子王凝之。他热衷道教，让陶渊明任五斗米道的斋醮科仪。陶渊明不信道，对道教的所谓祭祀、超度更是看

不习惯，因而愤然辞职回家。次年，其妻王氏去世，他一直到398年才续娶继室。2年后，为生计再次离家赴荆州，任荆州刺史桓玄的参军。隆安五年（401），陶母去世，陶渊明离职回家守丧。守丧期满，陶渊明来到京口（今江苏镇江），在刘裕手下任参军。后见刘裕心狠手辣、残杀异己，再度辞官回家。次年，即义熙元年（405），陶渊明去建威将军刘敬宣处任参军。但不久，刘敬宣被朝廷免职，陶渊明没了职务也就回了家乡。回家不久，由其叔父陶夔举荐，他到彭泽任彭泽县令。一天，浔阳督邮来彭泽，督邮虽不是官，但因是郡守派来巡职的，所以握有很大的实权。属下提议陶渊明"束带迎之"，即要求他整整衣饰去迎接。陶渊明怒曰："吾不能为五斗米折腰，拳拳事乡里小人邪！"随即辞职，只当了81天的县令。此后，陶渊明再未涉足过仕途。

这一年，陶渊明第二任妻子亦卒。1年后，陶渊明娶了比他小12岁的妻子翟氏。

辞县令后的头几年，陶渊明居浔阳旧宅。408年，陶渊明家旧宅失火，举家栖居旧宅门前的船中。两年后移居南村，作《移居二首》。他在诗中说："敝庐何必广，取足蔽床席。邻曲时时来，抗言谈在昔。"诗句中透露出他对归隐后田园生活的满足与快乐。409—414年，陶渊明时住浔阳老宅，时住浔阳西庐（靠近庐山西林寺的一处住所），但住南村的时间较多。414年之后的大部分时间则长年居浔阳旧居。

归隐田园以后，陶渊明一边劳作一边写作，日子过得很充实。后朝廷征召他为著作佐郎，他称病不就。后来，江州刺史桓道济劝他出山，他也坚持不就。他被后人誉为中国古代隐逸诗人第一人。

晚年的陶渊明生活极其穷困，常常喝不上酒。有时甚至吃不饱饭，连鞋子都没得穿，还是友人王弘让手下人做了送去的。但他安贫乐道，坚持与污秽官场彻底决裂。

元嘉四年（427），陶渊明病逝于浔阳。

陶渊明流传下来的作品有诗125首，文12篇。他开创了田园诗这一新的诗体，他是名副其实的田园诗鼻祖。他的诗作多写田园生活，风格清新自然，多用白描手法，在玄言诗盛行的东晋，独树一帜。陶渊明的散文语言质朴、精练又通俗易懂。特别是他的《桃花源记》更被认为是"情融乎内而深且长，景耀乎外而真且实"的名篇。他的代表作品有《饮酒》《归田园居》

第二十五讲　心高气傲的田园诗鼻祖陶渊明

《归去来兮辞》《五柳先生传》和《桃花源记》等。

历史上，孟浩然、李白、杜甫、白居易、欧阳修等众多诗文大咖都对陶渊明的为人和诗文十分赞赏。杜甫有诗曰："宽心应是酒，遣兴莫过诗。此意陶潜解，吾生后汝期。"欧阳修说："吾爱陶渊明，爱酒又爱闲。"明代李东阳在《怀麓堂诗话》中称赞"陶诗质厚近古，愈读而愈见其妙"。

陶渊明的归宿

据史料记载，陶渊明的墓明朝以前就已无人知晓。约明正德六年（1511），江西一个叫鹿子坂的地方被大水冲出一截断碑，断碑镌刻有"陶靖节先生故里"等字。时任江西提学副使的大文学家李梦阳认为，此处便是陶渊明故居所在地。因而在这个地方修筑了陶渊明墓，并在附近建了陶渊明祠和靖节书院。陶渊明祠现已迁至沙河镇（今属江西赣州市章贡区），书院亦已不存。这一处的陶渊明墓，清朝至今曾多次修葺。坟前的陶渊明墓碑为清朝乾隆元年陶姓子孙所立。墓冢至今保存完好，现被列为江西省重点文物保护单位。

除此以外，今江西省德安县吴山乡蔡河村也有一座陶渊明墓。此墓发现于2004年7月，该村一村民在自家屋后的一处土墩处发现了一块埋葬的石碑，石碑上刻有"故陶公潜公之墓"等字。据说该村都姓陶，族谱上说是陶渊明的后裔。该县博物馆考古专家确认，此碑高65厘米，宽45厘米，白如膏玉，上面"故陶公潜公之墓，十五吉时"等字清晰可辨。这些内容与存放在江西省博物馆中陶氏家族清光绪家谱上的"宋文帝元嘉四年（427），陶渊明63岁病重，九月自作祭文，十一月病卒，十五日吉时下葬"的内容基本吻合，因而该处也被认为是陶渊明的埋尸骨处。

综合信息

△小知识

①私谥：古人死后，由亲属或门人、友人给予的谥号，叫作"私谥"。谥号是古代最高统治者或其他有地位的人死后，依其生前的事迹给予的含有评价性质的称号。

②名士：旧时指名望甚高而不做官的人或以诗文著称的人。

③县令、知县：都是职官名。区别在于：一是出现时期不同。县令官名使用早，在春秋战国已开始使用，万户以上的行政长官称县令，万户以下的称县长。知县官名出现于宋朝。二是职位本质不同。县令是地方官员，知县是朝廷委派到地方的官员。三是职权、职责不同。县令掌坐堂审案、征收钱粮及掌管县的农商等。知县则可自命僚属，发布各类政令，还兼有兵权、财权。

△你问我答

1.陶渊明的家庭情况是怎样的？

其祖父陶茂，曾为武昌太守。其外祖父孟嘉，乃东晋名士，曾任征西大将军恒温的参军。其父陶逸，曾官任安成太守。他有3任妻子：第一任王氏，第二任妻子不详，第三任翟氏。他有5个儿子，分别是陶俨、陶俟、陶份、陶佚、陶佟。

2.陶渊明有哪些诗文名句值得品味、记诵？

①采菊东篱下，悠然见南山。
②盛年不重来，一日难再晨。
③千秋万岁后，谁知荣与辱。
④山气日夕佳，飞鸟相与还。
⑤人生无根蒂，飘如陌上尘。
⑥奇文共欣赏，疑义相与析。
⑦不戚戚于贫贱，不汲汲于富贵。
⑧既自以心为形役，奚惆怅而独悲？悟已往之不谏，知来者之可追。实迷途其未远，觉今是而昨非。
⑨不知有汉，无论魏晋。
⑩刑天舞干戚，猛志固常在。

3.陶渊明因何称为"靖节先生""五柳先生"？

"靖节"是陶渊明的号，含有平淡、清高、有气节的意思。以号相称，

第二十五讲　心高气傲的田园诗鼻祖陶渊明

把陶渊明称为靖节先生，既是古代称呼礼仪的惯例，也包含着后人对他的敬重和对他高尚情操的肯定和赞许。他的居地处有5棵柳树，故他自号"五柳先生"。

4.陶渊明娶过几个妻子？有几处私宅？

主要有两种说法，有的史料说陶渊明只娶过一个妻子翟氏，该人贤孝、能干，能吃苦，夫妻白头偕老。另一种说法是陶渊明有过3任妻子，第一任妻子死于难产；第二任妻子死于痨病，生有2个儿子；第三任妻子翟氏，生3个儿子。陶渊明的私宅不止一处，如在他的诗中就提到两处：一处是《归田园居》中所说的"方宅十余亩，草屋八九间。榆柳荫后檐，桃李罗堂前"；另一处是《移居二首》中提到的南村。而时至目前，对陶渊明故居的所在地、归隐的所在地等，尚未完全清楚。

5.陶渊明因何屡仕屡隐、屡隐屡仕？

陶渊明一生5次出仕，5次归隐。但其中两次不是主动辞职的：一次是母亡回家守丧；另一次是供职单位主人刘敬宣被免官，作为幕僚的他自然得离开。而他之所以出仕，一是因为他少时就有"大济苍生"、报效社会的志向；二是因为生计问题，为了赚钱养家糊口。故陶渊明屡屡辞官回家，并不能笼统地用厌恶官场腐败、不愿与世俗同流合污来解释。真正出于"不愿为五斗米折腰"辞官的只有1次，其他两次辞官也各有原因。当然，他"少无适俗韵，性本爱丘山"的天性及狷介、独立、不屑于迁就的个性恐也是原因之一。

△笔者闲言

陶渊明的生卒年月、出生地，居住房舍数量、位置等，都有多种说法。由此引出的生平经历自然也不尽相同。出现这种情况的根本原因是缺少确凿的史料，大家仅凭相关的诗文或一些地方志、族谱之类做出推断，因此很难形成共识。笔者的叙述也仅仅是多种说法中的一种。有人戏谑地称"历史是一位任人打扮的小姑娘，你爱怎么打扮就怎么打扮"，但真相始终只能有一个，而在真相尚未清晰或被大家普遍认可前，总是众说纷纭。

第二十六讲　铁骨铮铮的地理学家郦道元
——巴东三峡巫峡长，猿鸣三声泪沾裳

郦道元的一辈子

郦道元画像

郦道元（466—527），字善长，范阳郡涿县（今河北涿州市）人，北魏著名地理学家、文学家。曾任安南将军、治书侍御史、御史中尉等官职。

郦道元出身于官僚世家，家境富裕，其祖父当过天水太守，其父亲在北魏为官48年。他的少年时代是在父亲为刺史的青州（今山东青州）度过的。郦道元喜欢读书，但对四书五经不感兴趣，而是喜欢读《山海经》《禹贡》《汉书地理志》这类书籍。北魏太和十二年（488），其父被免青州刺史，还朝返京，郦道元亦随父亲回京城平城（今山西大同市）。2年后父卒，郦道元承父爵为永宁侯（按制降一级为永宁伯）。第二年，出任尚书祠部郎。又3年，升尚书主客郎。太和十八年（494），因执法公正严明，被李彪推荐给朝廷，升任为治书侍御史。后李彪被人弹劾免官，郦道元作为李彪的属下亦被左迁为尚书都座。景明元年（500），郦道元任颍州郡太守。自此至518年，一直在地方为官，先后任过冀州镇乐府（今河北衡水市冀州区）长史、冀州刺史、鲁阳郡（今河南鲁山县）太守。在太守任上，郦道元清正廉洁、为政严酷，属吏畏之，山峦之人不敢为寇。他又兴教助学，劝督民众遵纪守法，政绩卓著。朝廷褒奖其晋爵三品，封为安定县男，加禄5000

第二十六讲　铁骨铮铮的地理学家郦道元

石。515年又被任命为辅国将军、东荆州（今河南信阳一带）刺史。东荆州系多个民族杂居之地，民风刁蛮，治安混乱。郦道元不得已用更威猛的手段治州，却被蛮民视为刻薄严酷，为害一方，诉诸朝廷而遭免职。据推测，他当在这次被罢官赋闲之后着手著述《水经注》，时间长达8年。北魏正光五年（524），郦道元起复。任河南尹，后又回朝擢持节兼黄门侍郎，还率军征讨过徐州刺史的叛乱。526年，除安南将军、御史中尉。其时，皇家宗室汝南王元悦好男宠，一个叫丘念的男人是其男宠，作威作福，郦道元将其逮捕。元悦向母亲胡太后求情，郦道元不畏权势斩了丘念，得罪了元悦。元徽亦是皇家宗室，诬陷另一宗室元渊，郦道元为元渊昭雪，又得罪了元徽。孝昌三年（527），雍州刺史萧宝夤反叛，元悦、元徽乘机让太后令郦道元去监视萧宝夤，郦道元不知此为借刀杀人，带着弟弟和儿子前往雍州。途中被叛军困于关中阴盘驿亭（今陕西西安市临潼区东北阴盘城）的山冈上。他的弟弟和两个儿子被杀，郦道元瞋目叱贼，怒而猝死。后被追封为吏部尚书、冀州刺史、安定县男。

郦道元为官清正、刚毅威严，执法如山、不畏权贵，所以为小人忌恨，屡遭构陷；但他无所畏惧，从容面对。

郦道元是中世纪最伟大的地理学家，他所撰的《水经注》全书40卷，约30万字。书中不仅详细记述了1252条河流的发源地点、干流大小、支流分布等相关情况，还详细陈述了河道流经地域的政治、经济、历史、地理、社会习俗、物产等诸多内容。后人认为该书是一部卓越的综合性的地理学巨著，而且文笔优美，堪称山水游记精品文章的荟萃。清代地理学家刘献廷把此书赞誉为"宇宙未有之奇书"。时任德国柏林大学校长，国际地理学会会长的李希霍芬把郦道元的《水经注》称为"世界地理学的先导"。

郦道元的归宿

关于郦道元的死，《北史·郦道元传》中是这样记述的："时雍州刺史萧宝夤反状稍露，侍中、城阳王徽素忌道元，因讽朝廷，遣为关右大使。宝夤虑道元图己，遣其行台郎中郭子帙围道元于阴盘驿亭。亭在冈上，常食冈下之井。既被围，穿井十余丈不得水。水尽力屈，贼遂逾墙而入。道元与其弟道（阙）、两个儿子俱被害。道元瞋目叱贼，厉声而死。宝夤遣敛其父子，殡于长安城东。"从这段话来看，郦道元去雍州任关右大使（外交官，但比一般外交官级别高）时，雍州（北魏时在陕西西部）刺史萧宝夤尚未公开反叛。萧误以为郦道元是去抓他，故途中下手害死他。而他死后，萧宝夤还是遣人收尸，葬于长安城东。至于具体葬在哪里，《北史·郦道元传》中未见记载。所以，郦道元的墓茔迄今尚未发现。

综合信息

△小知识

①安南将军：四安将军之一，是镇守南方的军事长官，一般为刺史等地方官吏兼任。从晋朝开始，凡资深受此职者，称为安南将军。

②书侍御史：官名，亦称治书御史、持书侍御史。治书，即办理文件。此职官掌公文草拟与管理。

③安定县男：男，爵位名，爵位的第五等。封地在安定县（今属甘肃），这是郦道元的爵名。

④宗室：同一祖宗的贵族，亦称皇族。宗，祖宗。

⑤行台：魏晋时，"台"指中央的尚书省。出征时，在驻扎之地临时设立的机构称"行台"，又称行尚书台或行台省。

△你问我答

1.郦道元的家庭情况是怎样的？

郦道元的祖父郦嵩，曾任北魏天水太守。其父郦范，是北魏名相，为官48年，做过平东将军、尚书右丞，封永宁侯。郦道元家族受北魏政权高度信任。郦道元的妻子生平不详。他有5个儿子，依次是郦伯友、郦仲友、郦孝友、郦继方、郦绍方。与郦道元同时被害的是长子郦伯友和次子郦仲友，三子郦孝友后承袭了他的爵位。

2.郦道元《水经注》有哪些诗文名句值得品味、记诵？

①巴东三峡巫峡长，猿鸣三声泪沾裳。

第二十六讲　铁骨铮铮的地理学家郦道元

②自三峡七百里中，两岸连山，略无阙处。

③重岩叠嶂，隐天蔽日。自非亭午夜分，不见曦月。

④泉源上奋，水涌若轮。

⑤风泉传响于青林之下，岩猿流声于白云之上，游者常若目不周玩，情不给赏。

⑥每至晴初霜旦，林寒涧肃，常有高猿长啸，属引凄异，空谷传响，哀转久绝。

3.《水经》是一部怎样的书？

《水经》是中国第一部记述水系的专著。作者与成书年代说法不一，大概成书于三国时期。全书1万多字，记述了137条河道的情况，但内容比较简单，特别是对水道流向及流经区域的相关情况，如地形、地貌、物产、气候等都无具体介绍。此外，错误也比较多。总的来说，在中国古代其还是一本比较重要的地理学著作，是一本专门介绍中国河流的史料性书籍。

4.《水经》与《水经注》有什么不同？

其一，《水经》1万余字，记述河道137条；《水经注》约30万字，记述河道1252条。其二，《水经》只记述河道源地、归宿、流经地区；《水经注》不仅论述这些，还记述水道流域水文、地形、土壤、名胜古迹等内容。其三，《水经》疏误较多；《水经注》一一作了厘正，对于未明确的用"未知所以""非所详也"加以说明，表述更严谨。其四，《水经注》的语言更优美，尤其对山川景物的描绘，已是经典的散文。

△笔者闲言

中国古代好多名人的成就都是业余成就，例如：郦道元的地理学巨著《水经注》是业余的，是其做官之余写就的；孔子的《春秋》是业余的，是他晚年在教学之余整理、编著的史作；王羲之的书法成就是业余的；王阳明的心学研究成就是业余的。此类例子不胜枚举。这说明了什么？说明业余时间大有可为，世人切莫让业余时间白白溜走。

第二十七讲　一夫一妻的隋朝开国皇帝杨坚
——坏我法者，必在子孙乎？

杨坚的一辈子

杨坚画像

杨坚（541—604），小名那罗延，弘农郡华阴（今陕西华阴市）人，隋朝开国皇帝，谥号文，庙号高祖，史称隋文帝。

杨坚出身名门望族，其父杨忠被北周皇帝宇文邕封为柱国大将军、随国公。传杨坚生于佛寺，相貌奇特。《隋书·文帝经》说他"为人龙颜，额有五柱入顶，目光外射……长上（上身）短下（下身）"。还传杨坚出生时天有祥云，由一尼姑抚养长大。杨坚少时沉默寡言、孤僻，不喜读书，却好骑马射箭，亦喜音乐。14岁时，其父杨忠因战功被赐姓普六茹氏，杨坚亦改叫普六茹坚。是年，其父因战功升为散骑常侍、车骑大将军，封大兴郡公。杨坚17岁娶独孤伽罗为妻，20岁出任随州（今湖北随州市）刺史。翌年母亲患病，杨坚在家侍奉母亲3年，直至母亲去世。天和三年（568），其父杨忠病死，杨坚承袭父爵为随国公。建德二年（573），杨坚长女杨丽华当上了太子妃。宣政元年（578），周武帝崩，太子宇文赟即位，杨丽华被立为皇后，杨坚官升大司马、大前疑，权倾朝野。但他还是谨慎从事，并自请离京出任亳州（今安徽亳州市）总管，以释宣帝宇赟的猜忌。北周大成元年（579），宇文赟禅位于儿子宇文阐，改年号为大象。次年，宇文赟病故，杨坚被任命为大丞相，总揽朝政。杨坚殚精竭

第二十七讲　一夫一妻的隋朝开国皇帝杨坚

虑，明法度，整吏治，倡节俭，深得人心。但当时北周宗室王族与部分权臣不和，先后起兵作乱。杨坚以国事为重，先后诛杀6位周室亲王，使北周天下得以安宁。北周大定元年（581），杨坚由爵晋封为随王，着力笼络部分原王室宗族和鲜卑贵族以及一些重臣宿将。同年，其迫使静帝宇文阐禅让，自立为帝。因杨坚原为随王，故定国号为"隋"，定都长安，改元开皇。

杨坚登上帝位时，北方面临突厥入侵，南方有陈国等势力蠢蠢欲动。杨坚决心带兵征战，统一全国。他采用先北征击败突厥，再挥师南下灭陈的方针。对突厥，具体则用"远交而近攻，离强而合弱"的战略。仅用1年时间，他便瓦解了突厥，迫使其主动向隋朝求和。开皇七年（587），杨坚灭后梁。开皇八年（588），杨坚命儿子杨广为行军元帅，率50万大军南下攻陈。次年正月，陈国亡。至此，自西晋以来分裂了300多年的中国重新实现了全国统一。杨坚主政时，把2个弟弟、4个儿子全都封王，并让他们分别去地方上执掌军政大权，以巩固杨氏天下。同时，他选有才能又忠于自己的贤能之士进入朝廷中枢，而不是简单地论功行赏、重用功臣。在中央，他改设三省（尚书省、门下省、内史省）六部（吏部、户部、礼部、兵部、刑部、工部），突出皇权和中央集权；在地方，改州为郡，重新恢复郡县制，规定九品以上官员由吏部统一任免。针对北周以往律法混乱、过于残酷的弊端，杨坚推行新制的《开皇律》，这一法典后亦被各朝沿用。此外，杨坚还重新分配土地，压缩国家开支，提倡节俭；开创科举制，改变世袭和凭血缘的用人制度。杨坚在位的20多年，社会安定，经济繁荣，人口增加，史称"开皇之治"。但杨坚晚年迷信佛教，喜怒无常，滥杀大臣，最后还被儿子杨广蒙蔽，立杨广为太子。仁寿四年（604），杨坚被杨广杀害，享年64岁。

杨坚的归宿

隋文帝杨坚的陵寝位于陕西省扶风县五原镇王上村的旷野上，离县城20多千米，是一座杨坚与独孤皇后的合葬墓。该墓始建于隋仁寿二年（602），原名太陵，清修缮后改名"泰陵"。由陵园遗址测得原址东西长756米，宽152米，总面积逾49万平方米。当年帝陵地面建筑众多，规模宏大，除陵寝外，陵园四周有城垣，有城门，陵东还建有文帝祠庙。陵寝封土庞大、高耸；墓道宽阔、平整；陵园内有许多碑刻、石像和楼阙等地面建筑。由于历经1500多年的历史沧桑,而今地面建筑已基本被毁,但陵冢封土部分尚存,尚存的陵冢封土呈覆斗状,高27.4米,底部面积26 560平方米,南北宽38米。陵冢南侧下方立有一方清代的石碑,上面镌刻有"隋文帝泰陵"5字,字由清代陕西巡抚毕沅题写。泰陵现在是全国重点文物保护单位。

综合信息

△小知识

①柱国大将军:散官官名。十六国后燕慕容垂燕元元年(384)始置。位在丞相之上,正二品。

②散骑常侍:官名。随侍皇帝左右,备顾问,谏过失,无实权,通常做将相的兼职。

③大兴郡公:大兴城的郡公爵。郡公是封爵名,是"公"的一个等级,高于县公。大兴是隋的都城,是唐长安城的前身。

④随国公:公,爵名,五等爵位中的第一等。随,即随州,是随国公的封地,相当于一个小国,杨坚和其父都曾封随国公。

⑤大前疑:北周时的官名。古代天子之下的第一位执政大臣,称为"四辅之首"。后3位是后丞、左辅、右弼。

⑥行军元帅:北周时始设的临时官名。军队行军时的最高统兵官,隋时沿用。

△你问我答

1.杨坚的家庭情况是怎样的?

杨坚的祖父杨祯曾任北魏宁远将军。其父杨忠为北周建立的功勋卓著,被赐姓普六茹氏,官至柱国大将军、大司空,封随国公;其母吕若桃,出身寒微。其皇后独孤伽罗,北周大司马独孤信的小女儿,杨坚没有妃子,与妻子相依终老。他有杨勇、杨广、杨俊、杨秀、杨谅5个儿子。大儿子杨勇曾为太子,后被废;二儿子杨广成为隋炀帝;三子病亡;四子犯罪被禁,后被叛军所杀;五子杨谅被杨广幽禁饿死。杨坚有4个女儿(一说4个女儿),分别

第二十七讲　一夫一妻的隋朝开国皇帝杨坚

是长女乐平公主杨丽华、襄国公主杨氏、广平公主杨氏、兰陵公主杨氏，字阿王。

2.杨坚有哪些经典名言值得品味、记诵？

①红颜讵几，玉貌须臾。一朝花落，白发难除。明年后岁，谁有谁无。
②欲求名，一卷史书足矣，何用碑为？若子孙不能保家，徒与人作镇石耳！
③坏我法者，必在子孙乎？譬如猛兽，物不能害，反为毛间虫所损食耳。

3."隋朝"能写成"随朝"吗？

隋朝原本真的叫随朝，当时也没有"隋"这个字，"隋"是杨坚自己创造的。杨坚原来封随王，随是随州（今湖北境内，辖境相当于今湖北随州、枣阳二市境）。杨坚称帝建立随朝，他嫌随字有个"走之"底，不吉利。他希望江山万代，就把"走之"底去掉，"随"就改成了"隋"。现在称朝代名则用"隋"。

4.杨坚真的是由尼姑抚养长大的吗？

正史《隋书》中是有这样的记载，说杨坚产于尼庵，出生时紫气满庭，但奇丑无比。由尼姑智仙收养，取小名那罗延，含金刚不坏之意。后人以为并非真事，而是杨坚为帝后编造的。其父杨忠生他时已36岁，老来得子，因此不可能送到尼庵去让尼姑抚养。还有一种可能是杨忠在家宅内另选几间作尼庵，然后让比丘尼照顾杨坚。

△笔者闲言

中国古代皇帝中，在夫妻关系上，隋文帝杨坚可称得上是好丈夫。他当皇帝时，其妻子独孤伽罗已39岁了，在她当上皇后至去世的21年间，杨坚始终没有纳妃嫔。当然，这其中可能受很多因素影响，但总的来说，杨坚在妻子在世时确实坚持做到了一夫一妻。而且，据相关书籍记载，独孤伽罗在十几岁嫁杨坚后，一直深受杨坚钟爱，杨坚的5个儿子、4个女儿都为独孤伽罗所生。与历史上一些荒淫无耻的帝王相比，杨坚确属难能可贵。

第二十八讲　文治武功非凡的唐太宗李世民
——慨然抚长剑，济世岂邀名

李世民的一辈子

李世民画像

李世民（599—649），陇西狄道（今甘肃临洮县）人，唐朝杰出的政治家、军事家。唐朝第二位皇帝，庙号太宗。谥文武大圣大广孝皇帝。

李世民自幼好武，善骑射，少年从军。隋大业十三年（617）九月，在晋阳（今山西太原）任隋朝留守的父亲李渊起兵反隋。第二年五月，李渊废隋恭帝李侑称帝，定国号为唐。李世民战功显著，拜尚书令、右翊卫大将军，封秦王。唐初建，天下未平，李世民四处征战，参与平定陇西割据势力，征服北方的宋金刚、刘武周，消灭河南、河北割据势力，击垮"夏王"窦建德的四大战役，势力和影响大增。李渊初允立次子李世民为太子，后改立长子李建成为太子，兄弟矛盾由此产生并日渐加剧。李建成与李元吉（李渊第四子，封齐王）亲密，朝中文臣武将亦因而分成两派。李建成欲伏杀李世民，不料消息走漏。武德九年六月初四（626年7月2日），李建成、李元吉反被李世民用计杀死于帝都长安宫城玄武门，史称"玄武门之变"。八月初九，李渊被迫退位，新立的太子李世民即位，次年改年号为贞观。封政以后，李世民以隋亡为戒，励精图治。至贞观四年（630），李世民治下的唐朝社会，被人夸赞为"海晏河清"，民间路不拾

第二十八讲　文治武功非凡的唐太宗李世民

遗、夜不闭户，一片太平景象。李世民在位的23年，史称"贞观之治"，他的治国方略主要有以下几方面。

1.重用人才，任人唯贤

通过设立文学馆、弘文馆和科举，招揽人才，选拔人才；而且对人才不问出身，不分亲疏，不计前嫌，唯才是举，任人唯贤。如，监察御史马周原是一官员的家客，出身白衣，后因为能力出众，官至宰相。魏徵、王珪原是李建成的党羽，李世民不但既往不咎，而且照样信任、重用，后来也成为唐朝的一代名相。魏徵还是凌烟阁24位功臣之一。

2.广开言路，从谏如流

鼓励官员进谏。李世民深知兼听则明的道理。魏徵为人耿介、个性倔强，常常犯颜直谏，甚至多次致李世民在大臣面前难堪，但李世民豁达大度，一直容忍，不予计较。后来魏徵病死，李世民十分难过，直言："夫，以铜为镜，可以正衣冠；以史为镜，可以知兴替；以人为镜，可以明得失。魏徵没，朕亡一镜矣！"

3.改进制度，整饬吏治

唐朝的政治体制和科举制度，基本上承袭隋，但又根据利弊和国情进行了相应的改进和完善。比如中央层面，在中书省、门下省、尚书省三省之间增设首长联合议事制度，从而使中央三省之间联系更顺畅，办事更协调。在科举方面，精简考试科目，由隋的考16科，改为考6科，并突出重文重智，以引导人才的培养更注重才能，更注重专才。同时还加强对官员的检察与考评，严明赏罚，从而保证了贞观年间吏治的总体清明。

4.重农重商，发展经济

李世民在国策的把握上，既重农业也重商业。唐初制定的均田制和租庸调制，使农民有田可种，赋税减轻。以前的封建王朝，通常都重农抑商。但李世民不但不歧视经商，还给商业提供诸多发展机会。据史料考证，唐朝时世界上大的商业城市，一半以上在中国。

5.为政崇仁，倡导节俭

初唐的国策努力做到以民为本，施政时尽量用仁慈、宽容去感化百姓。贞观三年（629），关内闹饥荒，百姓卖儿卖女以换粮充饥。李世民让官府出银赎回被卖孩子，并送还给百姓。同年放还3000宫女重回民间，使她们重获自由。此外，对犯人也尽量减轻处罚，慎用死刑。贞观四年（630），全国一年判处死刑的仅29人。李世民自己节俭，也倡导节俭，他说自己"每一食，便念稼穑之艰难；每一衣，则思纺织之辛苦"。

6.身体力行，繁荣文化

李世民爱好文学艺术，他的书法也小有成就。他身体力行，鼓励繁荣文学艺术。唐朝的诗词、音舞、绘画、书法全面繁荣，特别是唐诗，无论数量、质量，后世无朝代可及。

7.开疆拓土，安邦睦邻

对少数民族，李世民多采用怀柔之策。他说："王者视四海如一家，封域之内，皆朕赤子。"他胸怀博大，因而被回纥等少数民族拥戴为"天可汗"。由于睦邻友善，对少数民族以诚相待，李世民在位的那些年，总体上邻邦臣服，民族之间很少动干戈。

李世民一生谨慎，即位之初就把嫡长子、年仅8岁的李承乾立为太子，悉心栽培、历练。不过，事与愿违，贞观十七年（643），李承乾25岁时还是忤逆谋反。李世民无奈将他废为庶人，再立第九子李治为太子。晚年的李世民，尽管也有昏庸之处，如开始追求享受、追求长生等。但他的一生仍可以说是光芒闪烁，功业泽被后世。他治下的初唐，吏治清朗，经济、文化繁荣，百姓生活安定，为接下来的盛唐奠定了扎实的基础。

贞观二十三年（649）五月，李世民在终南山翠微宫驾崩，享年51岁。庙号太祖，初谥文皇帝，再谥文武大圣皇帝，后又加谥为文武大圣大广孝皇帝。

后人对李世民的评价基本一致，即有功有过，功远远大于过。

第二十八讲　文治武功非凡的唐太宗李世民

司马兴称赞李世民："太宗文武之才，高出前古。盖三代以还，中国之盛未之有也。"康熙说："朕观古来帝王，如唐虞之都俞吁咈、唐太宗之听言纳谏，君臣上下，如家人父子，情谊浃洽，故能陈善闭邪，各尽所怀，登于至治。"

李世民的归宿

李世民驾崩当年便葬于昭陵。昭陵位于今陕西礼泉县烟霞镇九嵕山，是李世民与文德皇后长孙氏的合葬陵墓。九嵕山奇石嶙峋、林木葱茏，主峰突兀而起、挺拔俊秀，海拔1188米，风水极佳，李世民因而选此山作为李唐王朝的皇陵。贞观十年（636），文德皇后崩，李世民在九嵕山开凿一石窟暂厝，取名昭陵。随后即开始大规模营建。主陵用时13年建成，后历代不断增建，所有陵园建筑于开元二十九年（741）竣工，历时107年。昭陵是古今中外最大的皇家陵园，总占地面积200平方千米，有180余座陪葬墓。主陵在九嵕山主峰南坡的山腰间，占地60平方千米。整体按当时长安城的模式布局，四周有垣墙围绕。垣墙内有众多房舍建筑，供皇帝、皇后的灵魂游乐、居住。陵园内还有供祭祀的享殿等建筑。现在地面建筑基本被毁，只有部分遗迹尚在。地下建筑，即地宫，离地面250米，入口处在南面山腰。地宫中有5道坚固的石门，地宫的中间停放皇帝、皇后的棺椁，东、西两厢放着一个个石函，石函内装有殉葬品，传说王羲之《兰亭集序》的真迹也在某个石函内。原来山腰陵寝四周建有栈道，栈道长400米，旁有房舍供侍女居住，以便像皇帝、皇后生前那般服侍。现栈道已拆除，地宫陵寝处在山崖上。

唐昭陵不同于此前帝陵的地方主要有两点：一是"依山为陵，不起坟墓"，这是一种全新的帝陵形制，就是随山势深入地下开凿石窟，放置棺椁，地面不起封土；二是薄葬，地下不埋金银珠宝等贵重财物，其意出于节俭，亦出于以免盗贼贪财盗掘。现在昭陵可观看的除不少历史建筑遗迹外，还有众多的历史艺术名碑，以及昭陵独一无二的磅礴气势与得天独厚的自然风光。唐昭陵现为全国重点文物保护单位、国家4A级旅游景区。

来自历史的人生报告
中国古代名人七十二讲

综合信息

△小知识

①海晏河清：也写作河清海晏。大海平静了，黄河水清了。比喻天下太平。晏，平静；河，黄河。出自唐朝薛逢《九日曲池游眺》中的"正当海晏河清日，便是修文偃武时"。

②贞观之治：指唐太宗李世民在位期间，唐朝社会所呈现的政治清明，经济、文化趋向繁荣的治世局面。李世民在位时的年号为贞观，故称为"贞观之治"。

③家客：就是门客，是寄食于贵族豪门并为他们服务的人。春秋时期，豪门贵族养门客最盛，如魏国的信陵君、齐国的孟尝君、楚国的春申君都是当时名气很大的养门客的贵族。

④驾崩：中国古代的皇帝、皇太后去世叫"驾崩"。因为皇帝、皇太后处在权力的最高处，又是百姓的精神支柱。他们去世，也就意味着权力精神支柱垮塌，故称为"驾崩"。皇后死了可称为"崩"。

△你问我答

1.李世民的家庭情况是怎样的？

李世民的祖父李昺（一作"昞"，音"bǐng"），官任北周柱国大将军。其父是唐高祖李渊；其母是太穆皇后。其皇后是长孙氏，他有韦珪妃、杨贵妃、燕德妃、郑贤妃等嫔妃，有李承乾、李泰、李治、李恪、李愔、李佑、李贞等14个儿子，有襄城公主、汝南公主、南平公主、建安公主等21个公主。

2.李世民有哪些经典名言值得品味、记诵？

①疾风知劲草，板荡识诚臣。
②慨然抚长剑，济世岂邀名。
③以铜为镜，可以正衣冠；以古为镜，可以知兴替；以人为镜，可以明

第二十八讲　文治武功非凡的唐太宗李世民

得失。

④交有德之朋，绝无义之友。取本分之财，戒无名之酒。常怀克己之心，闭却是非之口。

⑤事不三思，恐怕忙中有错；气能一忍，方知过后无忧。

⑥心随朗月高，志与秋霜洁。

⑦戡乱以武，守成以文，文武之道，各随其时。

⑧中国百姓，实天下之根本，四夷之人，乃同枝叶，扰其根本以厚枝叶，而求久安，未之有也！

⑨水能载舟，亦能覆舟。

⑩君依于国，国依于民，刻民以奉君，犹割肉以充腹，腹饱而身毙，君富而国亡。

3."昭陵"的陵名有何含义？

中国古代帝陵以昭陵命名的除唐太宗的陵墓外，还有明穆宗朱载垕的陵墓和清太宗皇太极的陵墓。昭是个褒义词，含有高贵、明亮、光明正大等多种含义，因而有多个帝陵以昭陵命名。

4.唐昭陵被盗过吗？

据《新五代史·温韬传》，唐昭陵曾被后梁耀州节度使温韬盗掘。书中说："韬从埏道下，见宫室制度，宏丽不异人间……"也有学者认为温韬可能去盗过，但未必成功了，且书上的记载也未必是事实。

5.唐昭陵真的是薄葬吗？

以金银珠宝的多少来做标准的话，应说是薄葬的。按《新五代史·温韬传》中的说法，温韬在唐昭陵墓穴中见到的也只是"宏丽"，并未提到金银珠宝。但其中有不少名人书画，如刻在石屏上的"六骏"、王羲之的《兰亭集序》（一说《兰亭集序》可能埋在武则天与唐高宗李治的乾陵里）等。李世民节俭，但酷爱书画，以书画随葬，似在情理之中。

6.李世民晚年是怎样看待"玄武门之变"的?

李世民晚年还认为"玄武门之变"意在安定社稷、造福万民,他还要求史官直截了当地把事实记下来。而所谓的事实,也就是要把此事说成是一件安定社稷、造福万民之事。由此可知,李世民晚年还觉得自己在"玄武门之变"中杀兄诛弟,逼父让位是正义之举。至于内心是否真的这样认为,我们也无从得知。

7.李世民与武则天是什么关系?

夫妻关系、公媳关系。武则天14岁入宫,深受38岁李世民的宠爱,封为才人(正五品),赐号"武媚"。但直到12年后李世民去世,还是才人。有人认为她与李世民无夫妻之实。后来成为李世民的儿子——唐高宗李治的皇后。所以,她与李世民又是公媳关系。

△笔者闲言

太子李承乾忤逆谋反被废后,李世民很想立李恪为太子,因为李恪各方面都比李治优秀。但李恪是庶子,李治是嫡子,李世民强不过祖宗规制,最后无奈,还是选了李治。结果让武则天有机会上位,李唐王朝改换成了武周王朝。李世民果真是"聪明一世,懵懂一时"。看来,所谓的规则,真的不能全信全倚。要是李世民胆子再大些,不遵立嫡的祖宗规制,后来也就不会有武则天当皇帝这回事了。这再次证明王安石说的"天命不足畏,祖宗不足法,人言不足恤"是非常有道理的。

第二十九讲　为佛教奉献一生的三藏法师玄奘
——一花一世界，一叶一如来

玄奘的一辈子

玄奘（602—664），本姓陈，名祎，洛州缑氏（今河南偃师缑氏镇）人，唐朝著名高僧，唯识宗（法相宗）创始人，后人尊称"三藏法师"，俗称"唐僧"。中国著名佛教经典翻译家。

玄奘是东汉名臣陈寔后代，其父陈惠在隋朝做过县令。家里还有3个哥哥和1个姐姐，玄奘排行第四。长兄姓名不详；二兄陈素，法名长捷；姐姐远嫁瀛州（今上海崇明岛）。玄奘5岁左右母亲去世，10岁左右父亲去世。11岁即跟随在洛阳净土寺出家的二哥诵经拜佛。隋大业十年（614），大理寺卿郑善果问欲剃度出家的玄奘："出家意欲何为？"玄奘答曰："意欲远绍如来，近光遗法。"郑善果因此十分赏识他，而且玄奘虽年龄不大，但举止高雅、品貌端庄，便破格让其剃度出家，取法名玄奘。自此至16岁，玄奘一直在净土寺习学佛法。唐武德元年（618），李渊在长安废隋称帝，国号为唐。玄奘携兄投唐长安庄严寺，后赴蜀进修佛学。唐武德五年（622），21岁的玄奘在成都受具足戒。自此至25岁的几年里，玄奘一直在蜀广求名师高僧，潜心学习、修行。亦曾赴相州（今属河南安阳）、赵州（今河北赵县境内）及荆州等地游学、讲经，声誉日隆。但在习学佛学过程中，玄奘感觉因佛典译

玄奘画像

法不善等原因，不少经义常存在歧义，难以统一，使人困惑，影响了佛学的传播与发扬。他听说印度那烂陀寺住持戒贤法师尤长佛学典法，遂发大愿，决意远赴印度求学。贞观三年（629），长安饥荒，朝廷特准僧侣离寺外出求生。28岁的玄奘趁机过敦煌，出玉门关，西行远赴印度。一路上风餐露宿，忍饥挨饿，艰苦备尝，至贞观五年（631）十月才到达印度那烂陀寺，拜在106岁高龄的戒贤法师门下。他在印度前后14年（一说17年），几乎走遍印度各地（在那烂陀寺待了5年）。他潜心研学佛教典籍，参与佛教讲经和全印度的辩经大会，声名远播。贞观十九年（645），玄奘终于回到长安，受到唐太宗李世民的接见。玄奘共带回大小乘经律论520卷，657部，还有佛祖舍利，金、银佛像等。在长安他先住长安弘福寺，后移住大慈恩寺。他回来的当年即在长安设立佛经院，集中精力翻译佛经。7年后他又在长安建成5层佛塔以储藏带回的佛像。在译经之余，玄奘还口述让人执笔写成了内容极为丰富的《大唐西域记》，还将《老子》等中国经典译作梵文传入印度。麟德元年（664）2月5日夜半，玄奘因长年劳累过度，积劳成疾，圆寂于长安玉华寺（今铜川玉华宫），享年63岁。玄奘精通梵语，译经大多采用直译，认真严谨，一生共译经75部，1335卷。他对中国佛教的贡献无人能及。他被鲁迅先生誉为"中华民族的脊梁"，是中国有世界影响的伟大的佛典翻译家。

玄奘墓塔

玄奘圆寂后，按其"丧事宜从俭省……择山涧处安葬"的遗嘱，唐高宗特赐土葬于长安东郊的白鹿塬。唐高宗对玄奘的离世感到十分悲痛，每天在含元殿看到白鹿塬都伤心不已。为免影响圣体，皇后武则天下诏将其迁葬于长安城南的樊川凤栖塬，同时建了5层灵塔。第二年建了寺院，寺名为"大唐护国兴教寺"。后唐肃宗在玄奘的灵塔上题了"兴教"2字，佛寺因此称为"兴教寺"。黄巢起义时，兴教寺遭毁坏，僧人将玄奘顶骨舍利护送至终南山紫阁寺安葬。公元988年，南京僧人可政见紫阁寺内的玄奘顶骨舍利无人看护，便将其带回南京天禧寺（后改为长干寺）供奉。清末，该寺院毁于太平天国的战火，玄奘的顶骨舍利被埋于地下，于1942年才又被发现，现分藏于南京玄奘寺、灵谷寺、成都文殊院、西安大慈恩寺、台北玄奘寺、新竹玄奘寺、日本奈良三藏院、琦玉县慈寺和印度那烂陀寺9处寺院供奉。但据2002

第二十九讲　为佛教奉献一生的三藏法师玄奘

年12月1日《三秦都市报》称，（2001年）11月30日，西安市长安区政府、区政协、兴教寺联合召开了"黄巢发塔"真伪辨学术研讨会。会后对外宣布称兴教寺的玄奘墓塔从未被黄巢起义军发掘过。玄奘法师遗骨至今仍在兴教寺中。以上两种说法的真假尚待考证。兴教寺是法相宗的祖庭之一，是全国重点文物保护单位。

综合信息

△小知识

①佛教：世界三大宗教之一。相传前6—前5世纪由释迦牟尼所创，广泛流传于亚洲国家，在汉朝时传入中国。

②具足戒：佛教戒律的一种。出家人出家后，先受沙弥戒成为沙弥。沙弥戒共有10条戒律，沙弥满20岁受比丘戒，比丘戒有250条，满5年再受340条比丘尼戒，正式成为比丘尼。然后再受比丘具足戒，才具有真正的出家人身份。

③佛塔：梵语音译为浮图。在古印度，最初用来供奉佛经和佛教的法物。刚传入中国时没有统一名称，也没有"塔"这个字，直到隋唐才统一称塔，并造了塔这个字，塔也慢慢成了寺院或佛教的标志性建筑。

④舍利、舍利子：在佛教里，把僧人的遗体或骨灰都叫作舍利，把火化后留下的结晶体称为舍利子。舍利子成因今无定论。

⑤法师、住持：佛教把致力于宣讲佛法，又精通佛经的人称为法师。住持是寺院中的当家人，负责整个寺院的管理和日常事务。

⑥圆寂：佛教名词。僧尼功德圆满，寂灭诸恶，故称为圆寂，亦称为灭度、入灭，也就是僧尼死亡。

△你问我答

1.玄奘的家庭情况是怎样的？

玄奘的祖上是东汉名士陈寔。其祖父陈康为国子博士。其父陈惠，隋初曾任江陵县令；其母宋氏，是洛州长史之女。他有3个哥哥和1个姐姐。

2.玄奘有哪些经典名言名句值得品味、记诵?

①意欲远绍如来,近光遗法。

②我先发愿,若不至天竺,终不东归一步。今何故来?宁可就西而死,岂归东而生。

③色不异空,空不异色,色即是空,空即是色,受想行识,亦复如是(选自玄奘翻译的《心经》)。

④一切有为法,如梦幻泡影,如露亦如电,应作如是观(选自玄奘翻译的《金刚经》)。

⑤佛土生五色茎,一花一世界,一叶一如来(选自玄奘翻译的《严华经》)。

⑥此有故彼有,此生故彼生,此无故彼无,此灭故彼灭(选自玄奘翻译的《杂阿含经》)。

⑦凡所有相,皆是虚妄。若见诸相非相,即见如来(选自玄奘翻译的《金刚经》)。

⑧菩提本无树,明镜亦非台。本来无一物,何处惹尘埃(选自玄奘翻译的《坛经》)!

⑨以心王为主,心所系属之,心王有自在力,为心所之所依(选自玄奘翻译的《百法明命论》)。

⑩非心有即有,故无一切时;非与一切心相应,故无一切俱(选自玄奘翻译的《百法明命论》)。

3.玄奘是土葬的还是火化的?

史上无明确记载。据分析,其初葬白鹿塬时为土葬无疑,迁葬兴教寺时有否火化,观点不一,暂无定论。

4.唐三藏是什么意思?

唐僧,又名唐三藏,是对唐朝玄奘法师的俗称。佛教中的经藏、律藏、论藏合称三藏。精通经、律、论三藏的高僧称为三藏法师。

第二十九讲　为佛教奉献一生的三藏法师玄奘

5.玄奘始创的唯识宗是怎样的？

唯识宗，也叫作法相宗，是中国佛教八大宗派之一，由唐玄奘在西安大慈恩寺常住时创建，故也称作慈恩宗。该宗派认为世间一切皆由"识而起，万法唯识，故名唯识宗"。"识"主要包括眼识、耳识、鼻识、舌识、身识、意识、末那识和阿赖耶识八种，其修行主要通过特定的修行实践，实现"识"的转变，达到佛的解脱境界。

△笔者闲言

玄奘是真正把一辈子奉献给佛教的人。从11岁踏入寺院，到63岁在寺院去世，他生命的大半时光都贡献给了佛教。为了佛教的严谨和神圣，他远赴西域求师求学，在异国他乡待了十几年；为了佛教的传承和光大，他实实在在地努力了一辈子，脚踏实地地做了一辈子。一心一意，心无旁骛，不娶妻，不成家，不图官，不求财，青灯黄卷，晨钟暮鼓，日复一日，年复一年，舍弃了凡夫俗子所谓的人生所有尘缘。无论佛教的意义如何，他的这份虔诚已足令人油然而生敬意！伟哉，唐玄奘！

第三十讲　华夏旷世传奇女皇武则天

——资栋梁而成大厦，凭舟楫而济巨川

武则天的一辈子

武则天画像

武则天（624—705），姓武，名曌，本名史无记载，祖籍并州文水县（今山西文水县东），生于唐朝长安（今陕西西安）（一说生于利州，今四川广元市利州区）。公元690年废唐改国号为周，称帝，其是中国历史上唯一有广泛影响并被普遍认可的、正统的女皇帝。谥号则天大圣皇后。

武则天的父亲武士彟与李渊相识，有交情。李渊灭隋建唐称帝后，武士彟累官至工部尚书，封应国公。武则天14岁时，唐太宗李世民闻其美貌召入宫中，立为才人，赐号"武媚"。贞观十七年（643），李世民立李治为太子。贞观二十年（646），太宗病重，23岁的武媚与太子李治共侍太宗时结情。贞观二十三年（649），22岁的李治即位为高宗，26岁的武媚按唐后宫规制剃发入感业寺为尼。次年两人在感业寺相遇，互诉衷情。一年后武媚重又进宫，不久生下儿子李弘。29岁封二品昭仪。30岁生长女。武媚因觊觎皇后之位，亲手掐死女儿，然后嫁祸于王皇后。武媚32岁生次子李贤。这一年，即永徽六年（655），王皇后被废为庶人，唐高宗立武媚为皇后。不久，已是庶人的王皇后被武后暗中害死。显庆元年（656），武后33岁，唐高宗立武后长子李弘为太子。是年，武后生第三子李显。显庆

第三十讲　华夏旷世传奇女皇武则天

五年（660），唐高宗患头痛病不能理政，委武后代政，37岁的武后自此参与朝政。4年后，唐高宗拟废武后之位，但消息泄露，作罢。为唐高宗起草废后诏书的宰相上官仪遭诬陷谋反，被下狱处死。39岁时，武后生下第四子李旦。公元660年起，唐高宗视朝，武后垂帘听政于后，世人称为"二圣"。这一年，武后第二个女儿太平公主出世。武后51岁时，唐高宗自称天皇，改称武后为天后。第二年，唐高宗风眩病加重，武后全权处理政事，太子李弘在这一年病死。永隆元年（680），武后57岁时，太子李贤被废为庶人，唐高宗立李显为太子。弘道元年（683），唐高宗崩，太子李显即位，为唐中宗，尊武后为皇太后。第二年，武则天废唐中宗为庐陵王，立李旦为皇帝，即唐睿宗，政事皆由武太后处理。61岁时，武太后命人开始造乾陵，自己长住洛阳，改洛阳为神都。63岁时，她起用酷吏来俊臣。为巩固统治，专设铜匦（即意见箱、举报箱）以收集信息，鼓励告密，朝中一时人人自危。载初元年（690），武则天67岁，废唐睿宗，自己正式称帝，改国号为周，自称"圣神皇帝"。8年后，即武则天75岁时，又把李显复立为太子。神龙元年（705），武则天已经82岁了。这一年，宰相张柬之等大臣杀了飞扬跋扈、祸乱朝纲的圣神皇帝的宠信、面首张易之、张昌宗兄弟，迫使武则天退位，让其儿子李显做皇帝，即唐中宗，并将周的国号恢复为唐。是年十二月，武则天病逝，遗言去帝号，称"则天大圣皇后"。

武则天的一生，是故事满满又步步惊险的一生。作为旷世女皇的她，既有阴险、残忍、善弄权术的一面，也有机智、勇敢、胆识过人的一面。她称帝当政15年，政治大抵清明，狄仁杰、娄师德、姚崇等人才得到信任、重用。她的这一朝，被史上誉称是"君子满朝"的一朝。司马光在《资治通鉴》中对武则天的评价是："政由己出，明察善断，故当时英贤亦竞为之用。"由此可以看出，即便是像司马光这样正统的封建官员，对武则天也是赞赏的。总的来说，武则天严肃吏治，赏罚分明，重视民生，从而使她在位时的唐朝经济得以迅速发展。全国户口从永徽三年（652）的380万户增加到神龙元年（705）的615万户。当然，她的率性、残酷，晚年豢养面首等恶劣行径也臭名昭著，令人不齿。明末清初思想家王夫之曾说武则天为"鬼神之所不容，臣民之所共怨"。但平心而论，作为一个封建女子，她能在后宫如云的美女中，为一个皇帝生下6个孩子，且还一直受宠，贵为皇后，最后竟还登上帝位，必定有其过人之处。因而关于她的一生众说纷纭，笔者以为这亦在情理之中。

武则天的归宿

武则天死后第二年，即神龙二年（706）五月，与唐高宗合葬于乾陵。乾陵位于今陕西省咸阳市乾县县城北6千米的梁山上，据说这里是当年著名星相大家袁天罡与太史令李淳风不约而同选中的风水宝地。乾陵始建于唐文明元年（684），历时23年竣工。乾陵采用"因山而陵"的建制，坐北朝南，分内城、外城。内城遗址清晰，面积2.4平方千米，有东、南、西、北4门，依次叫青龙门、朱雀门、白虎门、玄武门。内城当初有献殿、下宫及画有各朝名臣画像的祠堂，另有房378间，规模宏大。现在留在地面上的文物主要是石刻、石雕，每一件都精美绝伦，而且全由整块巨石雕凿而成。其中最出名的是两块巨碑，一块是武则天和唐中宗李显为唐高宗李治立的述圣纪碑，另一块是武则天为自己立的无字碑。述圣纪碑分顶位、碑身、碎座等7节，故亦称"七节碑"，碑高7.53米，边宽1.86米，重约89.6吨。碑上原有6000余文字，文由武则天撰写，唐中宗李显楷书，内容主要记述唐高宗的丰功厚德，此碑开创了在皇陵前竖碑撰文，为帝皇歌功颂德的先河。无字碑高7.53米，宽2.1米，厚1.49米，重98.9吨，碑上无一字，故曰"无字碑"。为何无字？一说武则天认为自己功德无与伦比，无法用文字表达，故无字。一说武则天自觉罪孽深重，因而觉得还是不著一字，无言低调为好，故而无字。还有一说碑上无字是因为武则天自信，她认为自己的功过是非任由后人评说，无须自己赘言。她也确实曾言："己之功过，留待后人评说。"武则天的陵寝藏在地下，亦称地宫，至今保存完好。虽然黄巢用兵40万挖过，国民党将领孙连仲用炸弹、炸药炸过，但始终未能找到地宫入口。现在，地宫入口虽已找到，但出于保护需要，武则天与唐高宗合葬的地宫迄今还没开掘过。专家根据勘察，发现地宫规模甚大，地宫内有墓道、过洞、天井、甬道及前、中、后3个墓室。武则天和唐高宗的棺椁置放在中室的石床上；前室设有宝帐，帐内设有神座；后室则置有石床，石床上放着衣冠、食物之类。地宫中陪葬的金银珠宝也相当丰富。

乾陵是中国历史上唯一有两个皇帝合葬的陵墓，现在是全国重点文物保

第三十讲　华夏旷世传奇女皇武则天

护单位、国家5A级旅游景区。

综合信息

△小知识

①才人：唐朝宫中女官名，正五品，兼为嫔御，即帝皇的侍妾或宫女。
②庶人：无官爵的平民百姓。
③武举：武则天创立的选拔武将的武科考试。
④殿试：武则天开创的。科举制度中最高一级的考试。贡士才能参加，考试在殿廷举行，由皇帝主持，录取后称进士。一甲前三名依次称状元、榜眼、探花。

△你问我答

1.武则天的家庭情况是怎样的？

武则天的祖父武华，隋朝时任过洛阳郡丞，祖母赵氏。父亲武士彟，封应国公，母亲杨氏。异母兄武元庆，龙州刺史，追封为梁王；异母次兄武元爽，当过濠州刺史。丈夫唐高宗李治。大儿子李弘，谥"孝敬皇帝"；二儿子李贤，谥"章怀太子"；三儿子李显为唐中宗；四儿子李旦为唐睿宗；大女儿早夭，追封安定公主；小女儿太平公主，名不详，谋反被抓，被唐玄宗赐死。

2.武则天有哪些诗歌值得一读？

如意娘
看朱成碧思纷纷，憔悴支离为忆君。
不信比来长下泪，开箱验取石榴裙。

腊日宣诏幸上苑
明朝游上苑，火急报春知。
花须连夜发，莫待晓风吹。

3.武则天的"则天"是什么意思?

武则天的谥号为"则天大圣皇后",后来唐玄宗李隆基把谥号统一改称"则天顺皇后"。后人将其与姓连在一起,简称"武则天"。则,法则;"则天",即以天为法则,取法于天,遵循天道、天理的意思。

4.武曌的"曌"读什么?是什么意思?

"曌"是武则天为自己特造的字,读"zhào",意同"照"。字面上是日月当空,意味着光明普照,光耀人间。

5.武则天的陵为什么叫"乾陵"?

古人有"乾为天,地为坤"的说法。唐高宗自称"天皇",称武则天"天后",故把埋葬之地称为乾陵。

6."因山而陵"是什么意思?

"因山而陵"是墓葬方式的一种,唐朝开始流行,据传开创者是李世民,也称为"依山为陵",就是将陵墓埋进自然山陵的山体中,而不是在地面堆土筑坟。一般有两种方式:一种是在山坡平坦处从上往下挖墓穴,然后将棺材埋入,再填土;另一种是从山腰处横着向内或先横挖后再往下挖,把陵墓建在地下。这种地下安放帝皇棺椁和陪葬品的处所叫地宫,唐高宗与武则天的陵墓采取的就是后一种方式。

△笔者闲言

也许在许多人眼中,武则天只是个冷酷、霸道、粗俗的女皇。其实,她有良好的文化素养,尤擅诗词,今存诗词40余首。这里选录的《如意娘》是她在感业寺出家时写给唐高宗李治的一首情诗,情感细腻感人,既直白又含蓄,在唐人所存情诗中也称得上上乘之作。《催花诗》写于她登基称帝的第二年,短短四句,尽显一个帝王的果断、刚毅与霸气,且主题鲜明,想象奇特,语言流畅,也是五言诗中难得的佳篇。女皇武则天,她似乎确有资格青史留名,是确确实实的"巾帼不让须眉"。

第三十一讲　出身农家的百代画圣吴道子
——臣无粉末，并记在心

吴道子的一辈子

吴道子（约680—759），又名道玄，画史又称吴生，唐东京阳翟（今河南禹州市鸿畅镇山底吴村）人，唐代最著名的大画家，被誉为"百代画圣"和民间画工的祖师。他也是中国山水画的祖师之一。

吴道子出身农家。父亲擅石刻，母亲会剪纸、描画。吴道子在母亲返家途中出生，故取名道子。他3岁时父亲去世，家中益贫，童年即给财主家放羊、牧牛。他从小喜欢在地上、洞壁等地方涂涂画画。吴道子11岁时，母亲

吴道子画像

去世，他成了孤儿。当时，武则天称帝不久。武则天推崇佛教，到处兴建寺院、庙宇。寺院、庙宇需要在壁上画佛像与佛教故事，因而学画画就成了当时民间的热门行业。吴道子也跟着学画画，但他11~18岁的这段经历却有两种说法。一种说法是父母死后，吴道子离开家乡外出谋生，途经河北定州（今河北定州市）柏林寺，遇一擅长绘画的老僧，便留在寺内向老僧学习绘画。3年后，听闻凤阁舍人韦嗣立在洛阳广结天下诗书画名士，便去投靠。而后结识大书法家张旭和新科状元贺知章，遂向他们学习书法，因长进不大，又改攻绘画。另一种说法是吴道子母亲死后，吴道子在村里跟当地画工学画，由于天资聪颖，他画艺长进得很快。有一天他与师父一起去寺院画壁画，偶遇

在寺院为父守丧的韦嗣立。韦嗣立见他聪明伶俐，便收留了他。此后，吴道子再通过韦嗣立向张旭、贺知章学习书法，后来因长进不大，又改学绘画。神功元年（697），韦嗣立被贬为四川双流（今成都市双流区）县令。吴道子随其入蜀，在双流县衙当了3年小吏。闲暇时，吴道子漫游名胜，深感巴蜀山水秀丽，第二年便开始临摹巴蜀山水。就这样，自他开始，山水画逐渐成了一门独立的画种。吴道子的山水画笔墨简单，却意境深远，画面清爽秀逸，时人称赞其未弱冠已"穷丹青之妙"。3年后，吴道子离开巴蜀，先后到洛阳、长安、开封和江南等地游历、创作。神龙三年（707），吴道子经韦嗣立保举，任山东兖州瑕丘（今山东济宁市兖州区东北）县尉，专管捕盗刑狱。他利用画逃犯画像抓捕盗犯，屡屡成功。后觉所捕盗贼大多迫于生计，因此在28岁时辞官出外云游，30岁还乡，娶妻成家。3年后离家赴洛阳，多在寺院、道观、庙宇作画。唐玄宗闻其名，召其入宫，赐名道玄（一说是吴道子笃信道教，故自己改名道玄）。吴道子初为内廷供奉，专为后妃、功臣等画像。后升为内教博士，专门教皇家子弟习画，接着又晋升宁王友。但吴道子虽受恩宠，却并不自由，因为唐玄宗曾下诏，令其"非有诏不得画"。

唐玄宗天宝十五年（756），安禄山攻占洛阳。唐玄宗逃离长安，时年70多岁的吴道子也跟着逃离皇宫。但他此后的行踪，史上再无记载。传说吴道子当年随唐玄宗入蜀，安史之乱后，唐玄宗返回长安，而他却无力再回长安。约759年，吴道子卒于蜀中。

吴道子是个全能的画家，山水、人物、花鸟、草木、鬼神、屋宇楼台，无所不能，无所不精。他画的佛像"虬须云鬓、数尺飞动。毛根出肉，力健有余"。佛像衣带如风吹拂，人称"吴带当风"。

据成书于唐宣宗大中年间的《历代名画记》记载，当年吴道子屏风一片即值金两万。他是中国古代最负盛名的大画家，开中国山水画之先河，被誉为"百代画圣"，其传世的代表作品有《金桥图》《步辇图》《十指钟馗图》《萧翼赚兰亭图》《南岳图》《华清宫图》《孔圣像》《司冠像》等。

吴道子的归宿

吴道子的真人墓在今四川省资阳市雁江区李家沟村。该村位于资阳城北7.5千米。资阳在古代叫资州，资州是周朝名臣、中国古代著名学者苌弘的家乡。苌弘是孔子的老师。据推测吴道子在安史之乱时随唐玄宗逃到四川，后唐玄宗回长安，吴道子因年迈无力回长安而流落于蜀。可能是结识了苌弘的后代才一起到了资阳。最后病死于资阳，草草安葬在李家沟。《资阳县志》载：吴道子墓在县北15里李家沟，俗称真人墓。当地老人说，该村原有一方石碑，是该村明朝进士李庭甲留下的。碑上的文字说："百步之远有吴道子之墓"。该村及周边地区流传着许多有关吴道子的故事。吴道子的墓在村民的菜地里，里面是一口石棺，外面是用汉砖砌的墓冢。唐朝的石棺因何会用汉砖砌坟，推测应是当初草草安葬，故用了汉时旧砖。据学者考证，此墓确系吴道子的真墓。吴道子的后人曾想迁回河南禹州吴村，但未果。现在，吴道子的故乡河南禹州吴村也建有吴道子的衣冠冢和寺之类的纪念性建筑。

综合信息

△小知识

①凤阁舍人：官名，即中书舍人。唐武则天时把中书省称为凤阁。舍人，官职名，古代各朝不尽相同，武则天时的中书舍人是中书省的最高长官，相当于宰相。

②县尉：官职名，唐代中进士后往往初任此职。吴道子的县尉据传是由韦嗣立荐任的。

③内廷供奉：官职名，宫内在皇帝左右供职的人，仅用来表示品级，无实际职权。

④内教博士：教官名，唐始设，宫廷中教习乐舞及教习皇族子弟书画等技艺者。

⑤宁王友：宁王是唐玄宗的哥哥，友是职官名，职责是陪伴宁王。吴道子教宁王习画，故官为宁王友，从五品。

△你问我答

1.吴道子的家庭情况是怎样的？

吴道子的父亲叫吴田格，从事石刻、石雕一类民间工艺，其母是焦氏，他有2子1女。1990年3月，吴道子第53代世孙吴庚寅先生，曾特赴四川资阳李家沟祭奠先祖吴道子。

2.为什么把吴道子称为"中国山水画的祖师"？

此说初见于唐朝张彦远著的《历代名画记》，该书是中国第一部绘画通史著作。书中有这么一段话："（吴道子）因写蜀道山水，始创山水之体，自为一家。"这里的"始创"：一指吴道子改革了山水画的线条，使山水画的线条变化更为丰富，随之形成了水墨山水和写意的新风；二指吴道子开创了一种笔简意远的山水"疏体"，从而使山水不再仅是人物画的背景，而单独成了一种新的画种。基于以上理由，故称吴道子为"中国山水画的祖师"。

3.吴道子画作真迹存世的有哪些？

唐宣宗年间（847—859），吴道子已被推崇为"画圣"。所谓画圣，就是当世排名第一的大画家，他的画作在唐朝时就很珍贵。由于战乱、年代久远等原因，吴道子画作的真迹留存于世的已极少。他的《天王送子图》现存于日本大阪市立美术馆，《八十七神仙卷》现藏于徐悲鸿纪念馆，《明王戏马图》为美国波士顿美术博物馆收藏。

△笔者闲言

吴道子曾跟张旭、贺知章学习书法，虽然这两位都是唐朝著名的大书法家，但吴道子后来却放弃向他们学书法，回过头来仍专攻绘画。是他嫌老师不好，还是老师不愿教？自然都不是，而是吴道子认为自己还是更适合学绘画。后来他成为"百代画圣"，也证明了他的选择是对的。爱迪生说："天才是百分之一的灵感加上百分之九十九的汗水。"这百分之一的灵感，其实就是天赋。有这份天赋，利用好这份天赋，加上足够的努力，成功就属于你。所以，做父母的要认清孩子的天赋所在，然后因势利导，扬长避短。如果不管自身条件，只凭主观愿望，赶鸭子上架，无异于缘木求鱼，到头来定是竹篮子打水——一场空。

第三十二讲　浪漫主义的顶峰诗人李白
——大鹏一日同风起，扶摇直上九万里

李白的一辈子

李白（701—762），字太白，号青莲居士，祖籍陇西成纪（今甘肃静宁西南），唐朝伟大的浪漫主义诗人，被后人称为"诗仙"，与杜甫合称"李杜"。

李白的先人在隋末战乱时流落（一说因罪流放）碎叶（今吉尔吉斯坦北部托克马克附近），李白在此出生，幼时随父迁居绵州昌隆（今四川江油市青莲乡）。他说自己"五岁诵六甲，十岁观百家"。意思是说，5岁启蒙读书，10岁攻读诸子百家。李白14岁已能出口成章，才华早显。15~17岁在家乡大匡

李白画像

山大明寺读书，并开始接触道教，学练剑术。而在诗歌创作方面已具独特才赋，受到社会名流的嘉许。18岁离开大匡山，出游梓州（今四川三台县）、成都、峨眉山。他不仅学剑术、道术、纵横术，还学会了驯鸟，同时拜访了大都督府长史苏颋、渝州太守李邕，表达建功立业的人生抱负。这一阶段作《白头吟》《登峨眉山》《上李邕》《大猎赋》等著名诗歌。此后3年，李白继续在大匡山大明寺读书。25岁始，李白离蜀远游，时间长达10年，足迹遍布如今的陕西、河南、湖北、山西、江苏、浙江、江西、山东、安徽、湖南、四川等11个省；到过长安、洛阳、开封、成都、江陵、金陵、姑苏、寻阳、镇江、汾州、坊州、冀州、襄州、随州、扬州、杭州等数十个大大小小

的都市；游览过四川峨眉山，山东泰山、崂山，河南嵩山，湖北荆门山，安徽天门山，江西庐山，浙江天台山；爬过长城，到过雁门关，登过黄鹤楼；看过洛阳龙门石窟，荡过洞庭湖、鄱阳湖；数次舟行长江、黄河。李白不会安排生活，有钱时纵酒酣歌，花钱如土，一掷千金。据说出游扬州时，不到一年就"散金三十余万"。因为钱花光了，李白也曾穷愁潦倒于长安，仰人鼻息，自暴自弃。李白27岁时入赘安陆许家，此后在安陆定居过一段时间。他也曾多次求助于达官贵人，希冀出仕报国，但都未能如愿。这10年中，他创作的著名诗作有《大鹏赋》《渡荆门送别》《望天门山》《望庐山瀑布》《静夜思》《洛阳春夜闻笛》《长干行》《长相思》《少年行》《行路难》《蜀道难》等。

唐玄宗天宝元年（742）秋，已42岁的李白经道士吴筠与玉真公主的推荐，任翰林供奉，又得太子宾客贺知章赏识被称为"天上谪仙人"，一时风光无限。但这种陪侍皇帝、给皇帝写诗文娱乐的御用文人生活，不久就令李白感到厌烦。他开始自大、麻木、放纵。杜甫说李白"天子呼来不上船，自称臣是酒中仙"，简直放纵到忘乎所以。不仅如此，有一次他在奉诏起草诏书时，还借着酒意让杨贵妃磨墨，让大宦官高力士给他脱靴，因而招致忌恨，他们不断在唐玄宗面前诋毁李白，唐玄宗随之逐渐疏远李白。天宝三年（744）三月，李白被唐玄宗赐金放还，离开京都长安回到任城（今山东济宁），任城是李白的第二个故乡。从这一年起到天宝十四年（755）安史之乱爆发的11年里，李白与杜甫、高适、王昌龄相识（孟浩然已于公元744年去世），他们还几度一起出游。但他的心是悲凉的，他叹息怀才不遇、壮志难酬，愤慨自己"大道如青天，我独不得出"。他知道功名从此无望，人生只有"立言"。所以，这一时期他写的诗更多，其中著名的有《将进酒》《梦游天姥吟留别》《赠汪伦》《独坐敬亭山》《侠客行》等。天宝十四年，安史之乱爆发，李白与其妻宗氏南下四处避难，最后入江西上了庐山。是年冬，欲割据江南与唐肃宗抗衡的永王李璘慕李白才气，聘李白入幕府。李白不明就里成了永王幕僚。不久，永王兵败被杀，李白被视为"附逆"，被捕入狱。李白依罪当死，幸亏郭子仪向唐肃宗再三求情，才被改判流放夜郎。他在去夜郎途经白帝城时遇赦，兴奋之余写下千古名篇《早发白帝城》。这一年李白59岁，此后，李白流连于江南一带。61岁投靠在当涂任县令的族叔李阳冰，62岁在当涂病卒。临终留下绝笔《临终歌》，诗曰："大鹏飞兮振

第三十二讲　浪漫主义的顶峰诗人李白

八裔，中天摧兮力不济。馀风激兮万世，游扶桑兮挂石袂。后人得之传此，仲尼亡兮谁为出涕？"

李白是我国古代最杰出的浪漫主义诗人，其诗风自由、奔放、洒脱，想象丰富、奇特，语言直率，节奏明快，情感炽热。杜甫夸奖他的诗"笔落惊风雨，诗成泣鬼神"。李白今存诗990余首，他的一生是个传奇，个性豪爽、无拘无束，其诗歌成就犹似巍巍乎无人能及的山岳。

李白的归宿

李白墓位于安徽省当涂县太白镇太白村青山西麓。李白当年死后，其族叔李阳冰将他葬于现在的青山（亦名青林山）相对的龙山东麓。唐元和十二年（817），李白生前好友范伦之子范传正与时任当涂县令的葛纵按李白生前遗愿，将其墓迁至现在的大青山西麓（李白生前非常仰慕南齐诗人谢朓，而青山山麓就是谢朓当年的读书之处）。范传正还为李白新墓作《唐左拾遗翰林学士李公新墓碑并序》（此碑现仅存尺许），并留自己的亲属看守此墓（如今此处范氏后代已逾千人），历来都有著名诗人前来祭拜（如白居易、贾岛、杜荀鹤等）。到清光绪四年（1878），此墓已修葺12次，最近一次修葺是在1979年。现在的李白墓园占地50余亩，基本上保存和体现了唐朝名人的墓葬形制：墓为圆形，底部是青色的条石，顶上青草离离。墓高2.3米，直径7.6米；墓碑上刻的是"唐名贤李太白之墓"8个字；整个墓园分前区、中区、后区三部分；除墓冢外，主要建筑还有牌坊、太白碑林、眺青阁、太白祠、十咏亭等。墓园依枕青山，面临青山河，环境幽雅，现为全国重点文物保护单位、国家4A级旅游景区。

综合信息

△小知识

①诸子百家：对春秋战国时期各个学术思想派别的总称。诸子，指这一时期各派的学者，如孔子、老子、墨子、韩非子等；百家，指各个学派，如儒家、法家、道家、兵家等。

②翰林供奉：官职名，唐初设翰林院，作为文人和卜医等人才集聚待诏的处所。唐玄宗选文人草拟诏令、备顾问，称翰林待诏（有文学侍从性

质），后改称翰林供奉。

③赐金放还：意思是给他金银，放他离开。因为李白恃才傲物，过于狂傲。加上宫人诋毁，招致唐玄宗嫌弃，唐玄宗便给了些金银，免了他的翰林供奉，让他离开宫中。

△你问我答

1.李白的家庭情况是怎样的？

李白的家史至今未弄清楚，其曾祖父、祖父的情况，史上均无记载，据《旧唐书》记载，其父李客曾为任城尉。传言李客是个资产颇丰的商人，后花钱买了一个县尉的官职。李白的第一任妻子许氏，乃唐高宗时宰相许圉师的孙女；第二任妻子宗氏，乃唐高宗时宰相宋楚容的孙女。同居过的两女，一名刘氏，另一女据说是山东任城的女子，不知姓名，李白曾为她在任城置宅同居。李白有2子2女，长子年轻时出游，不知所终；另一子名李伯禽，一生未入仕；2女均嫁安徽当涂农民。

2.李白有哪些经典诗词名句值得品味、记诵？

①长风破浪会有时，直挂云帆济沧海。
②天生我材必有用，千金散尽还复来。
③抽刀断水水更流，举杯消愁愁更愁。
④明月出天山，苍茫云海间。
⑤宣父犹能畏后生，丈夫未可轻年少。
⑥请君试问东流水，别意与之谁短长。
⑦处世若大梦，胡为劳其生？
⑧相思相见知何日？此时此夜难为情！
⑨人生贵相知，何必金与钱。
⑩安能摧眉折腰事权贵，使我不得开心颜。
⑪白发三千丈，缘愁似个长。
⑫举头望明月，低头思故乡。
⑬人攀明月不可得，月行却与人相随。
⑭青春背我堂堂去，白发欺人故故生。

⑮黄沙百战穿金甲,不破楼兰终不还。
⑯大鹏一日同风起,扶摇直上九万里。

3.李白为什么没参加过科举考试?

李白才华横溢,也很想进入仕途,但他一次也没参加过科举考试,这是为什么呢?有学者认为原因有两个:①李白喜好剑术,传说他年轻时曾用剑伤数人,按唐朝法律,触犯刑法之人是不能考科举的。②李白父亲曾经商,在唐朝,商人之后是不能考科举做官的。

4.李白长年在外漫游,他的钱是哪来的?

李白当翰林供奉前前后后算在一起也不过3年时间,他一生的其他时间,大部分都在外漫游,用的钱是哪来的呢?有学者认为:一是他家是经商的,原本就富有,且其两任妻子均为宰相孙女,家境当不错,李白又是入赘女婿,自然能从中得益;二是唐玄宗赐金放还,估计所赐也不少;三是友人资助,像泾县的汪伦,就是好酒好肉地招待。但李白穷困潦倒也是常有的事,特别是他人生的最后几年,更是全靠他人赈济度日,处境可谓十分艰难。

5.李白到底是怎么死的?

李白的死因除病死一说以外,还有两种说法。一说他是因为饮酒过度,醉死于安徽宣城;一说他在当涂船上饮酒,醉酒了以为月亮在江中,跳入江中捉月亮,结果溺亡。但笔者认为病死一说更为可信。

△笔者闲言

通过李白一生论其人,毫无疑问,他诗才绝顶,为人处世也真的有些"诗仙"的味道。他虽然很想为官,但确实不是做官的料。他虽然是文人,但大大咧咧,比如与杜甫相交,关系好时携手同游、同被而卧,但别后什么都忘了。在他之后的诗中,也再未提到过杜甫。但要据此说李白情感不细腻似乎也不妥,毕竟,他也是写过情诗的人,如"秋风清,秋月明,落叶聚还散,寒鸦栖复惊。相思相见知何日?此时此夜难为情"等。至于他的诗词中极少提到杜甫,大概只能用性格上的大大咧咧来解释了。

第三十三讲　虔诚礼佛的状元诗人王维
——独在异乡为异客，每逢佳节倍思亲

王维的一辈子

王维画像

王维（701？—761），字摩诘，号摩诘居士，先世为原祁县(今属山西)人，其父迁居薄州，遂为河东人，唐朝著名诗人、画家，人称"诗佛"。诗与孟浩然齐名，并称"王孟"。累官至尚书右丞，世称"王右丞"。

王维出身于门第显赫的太原王氏，母亲是博陵望族崔氏。他从小家庭条件优渥，加上天资聪颖，9岁便能作诗、写文章，少年即有才名。他15岁离开家乡蒲州长住唐朝都城长安，17岁作《九月九日忆山东兄弟》，广受赞誉。开元九年（721），21岁的王维高中状元，解褐为太乐丞。但随即因属下伶人私舞黄狮子，严重犯禁，累及王维。是年秋，王维被贬出京，谪为济州（今山东济宁）司仓参军。开元十四年（726）春，王维辞官，先在淇上（今河南淇河边上）闲居2年。在此期间，其妻子刘氏去世。此后，王维一生再未续娶。2年后，王维移长安闲居，结识了诗人孟浩然，并师从道光禅师习学顿教（六祖慧能开创，属禅宗）（一说在嵩山隐居时始学顿教）。王维特别喜欢《维摩经》中的主人公维摩诘，因而自己取字"摩诘"，自此，一生与佛法结缘。随后几年，王维亦到嵩山隐居过。开元二十三年（735）秋，经中书令张九龄举荐，王维在闲居9年后回京任右拾遗。次年，张九龄被罢相，后又被贬荆州长史。王维于37岁时亦被贬出京，赴任河西节度使幕府监察御史兼节度判官，一年后虽回到

第三十三讲　虔诚礼佛的状元诗人王维

长安,但直至40岁时才官升殿中侍御史,后又任过库部员外郎、库部郎中和给事中等。天宝十四年(755),安史之乱爆发,王维不幸被俘,并被迫受给事中之伪职。后唐军收复长安,按律王维当死,其弟刑部侍郎王缙愿以自己的功名换免胞兄王维死罪,王维被俘时又有诗吐露过亡国之痛,故朝廷予以宽宥,但降为太子中允。2年后迁中书舍人,复拜给事中。60岁转尚书右丞。但他的晚年,实际上过的是半宦半隐的生活,常居兰田(今陕西蓝田)辋川别墅作诗、绘画、诵佛。王维61岁病卒于长安。

王维年少成名,不料后遭黄狮子和伪职两事所打击,深切地感受到仕途的凶险。所以,他中年即开始消沉,与佛结缘,其诗作亦多闲适之作。晚年更是懒于问政事,半隐半宦,看淡人生荣辱。

王维才华横溢,他的诗被苏轼誉为"诗中有画,画中有诗",特别是他的山水诗,更是极大地丰富了中国山水诗的内容和表现形式,其清新淡远、自然脱俗的风格,为中国的山水诗增添了迷人的艺术魅力。

王维富有音乐天赋,精通乐理,据说他的一首《郁轮袍》曾让唐玄宗的妹妹玉真公主为之倾倒。

王维在绘画方面的造诣也出类拔萃,钱锺书先生甚至称王维的画稳坐"盛唐画坛第一把交椅"。

王维的归宿

史称王维临终时神志还十分清醒,提笔写文向亲友作别,然后才安详离世。他去世后即葬在长安东南的兰田辋川(今陕西蓝田县辋川乡白家坪村东60米处)。王维早在天宝七年(748)便开始改建辋川别墅(原是诗人宋之问的山庄)。两年后母亲去世,他将辋川别墅献作寺庙(先叫清源寺,后称鹿苑寺),置母亲灵柩于西侧。王维当年在清源寺墙壁上画的"辋川二十景"唐人摹本现藏于日本。10年后王维去世,母子均安葬于此,墓地占地13亩。王维生前在母亲墓前栽有一棵银杏,离墓不远处有座小塔。墓冢详情现已未可知,据说清乾隆四十一年(1776),陕西督邮程兆声、陕西巡抚毕沅来拜谒时,此地还是"庙宇巍峨,墓地依旧"的;现在则已完全被毁。墓地遗址现处在向阳公司14号厂房下。王维母亲的墓冢和石塔也在此处建公路时被毁,遗址上唯存王维当年手植的银杏树。在离此树50米远的地方,立有一块蓝田县政府新立的墓碑,墓碑上写着"王维墓"3个字。

综合信息

△ 小知识

①尚书右丞：唐朝为正四品下，主管兵部、刑部、工部，相当于现在国务院副总理兼部长。

②太乐丞：官职名，从八品下。唐在太常寺下设太乐署，太乐丞就是该官署中负责教习供朝廷宴享祭祀用的音舞等曲艺的职官。

③司仓参军：唐朝设立的官职，县一级称为司仓，州一级称司仓参军。"参军"即参与军中事务，相当于参谋，正八品下。

④给事中：秦始设的官名。唐为门下省的重职，正五品上，负责处理门下省日常事务，审议封驳诏敕奏章等事务。

⑤幕府：原指将帅办公的地方，后用来泛指衙门官署。

△ 你问我答

1.王维的家庭情况是怎样的？

王维的祖父王胄，曾为朝廷协律郎，精通音乐，擅长多种乐器，尤长琵琶。其父王处廉，曾为汾州司马。其母为崔氏。他的妻子刘氏，在王维31岁时去世。他的弟弟王缙，是唐时的宰相、书法家。子女情况史无记载。

2.王维有哪些经典名言名句值得品味、记诵？

①兴阑啼鸟换，坐久落花多。
②大漠孤烟直，长河落日圆。
③万壑树参天，千山响杜鹃。
④江流天地外，山色有无中。
⑤劝君更尽一杯酒，西出阳关无故人。
⑥独在异乡为异客，每逢佳节倍思亲。
⑦空山新雨后，天气晚来秋。
⑧行到水穷处，坐看云起时。
⑨草枯鹰眼疾，雪尽马蹄轻。

第三十三讲　虔诚礼佛的状元诗人王维

⑩红豆生南国，春来发几枝。愿君多采撷，此物最相思。

3.后人为什么称王维为"诗佛"？

王维的诗歌受佛教影响很大，他的名和字就取自佛经《维摩经》。踏上仕途后，王维很快就遭解职，接着目睹举荐他的贤相张九龄因唐玄宗听信谗言被罢相，晚年又在安史之乱中被迫接受伪职致使入狱。这一连串的打击使王维逐渐消沉，晚年更是一心奉佛，因而他的诗作亦多闲适之作，甚至流露出浓浓的禅意。据此，后人把王维称为"诗佛"。

4.古人是不是每个人都有"字"？

王维，字摩诘；李白，字太白。那么，古人是不是每个人都有"字"呢？古代男性到20岁，女性到15岁才能取"字"。古人取"字"的目的是得到人们的尊重，供他人称呼。古人称呼他人不能直呼其名，因为直呼其名是很不礼貌的行为。但古代一般有身份的人才有"字"，穷人、平民百姓是没有"字"的。

5.王维37岁时为什么被贬为河西节度使判官？

王维从34岁始任右拾遗，在唐朝，右拾遗是从八品的官职，属于供咨询、提建议的官员。虽官职不高，但终究是在朝中任职。节度使判官是地方官的僚属，并非正官，且没有实权。王维这次被贬，是因为举荐他的张九龄被贬。古代的举荐十分严肃，若举荐人被贬，被举荐的人也会受到相应的惩处。王维这次被贬就属于此类情况。

△笔者闲言

王维一生中的两次被贬都很冤，都不是因自己的过错造成的：第一次是缘于官署中的伶人犯禁，舞皇家才能舞的黄狮子；第二次是缘于举荐人张九龄罢官。按现在的话来说，第一次是因追责遭处罚，第二次是被连坐遭处罚。由此而知，古代的吏治还是很严肃的，封建社会的官员也并不好当。

第三十四讲　自创"颜体"的书法宗师颜真卿
——三更灯火五更鸡，正是男儿读书时

颜真卿的一辈子

颜真卿画像

颜真卿（709—784），字清臣，别号应方，小名羡门子，唐京兆万年（今陕西西安）人，祖籍山东琅琊临沂（今山东临沂），唐朝大书法家，累官至吏部尚书、太子太师，封鲁郡公，谥号"文忠"。

颜真卿3岁时父亲去世，他在京兆万年度过童年，13岁随母寄居苏州吴县外祖父家。26岁进士及第，28岁任校书郎。30岁时母亲去世，离职为母亲守丧3年。34岁任醴泉（今咸阳市礼泉县）县尉，39岁迁监察御史，充河西陇右军试覆屯交兵使，两年后迁殿中侍御史。不久，由于为与权相杨国忠交恶的御史中丞宋浑鸣不平，被贬黜为平原郡太守。当时安禄山任平卢、范阳、和河三镇节度使，平原郡属安禄山管辖。颜真卿觉其日后必反，因此暗地里招募兵士，屯积粮食，加固城防，未雨绸缪，以防不测。天宝十四年（755）十二月，安禄山果然起兵反叛，河北24郡，除颜真卿的平原郡以外，其余23郡很快相继沦亡。平原郡一时成了抗击叛军的核心，许多地方的郡守、义士纷纷带兵前来归附，朝廷也派精兵前来支援。颜真卿被大家推举为盟主，手下兵士达20万之多。天宝十五年（756）七月，太子李亨在灵武即位，史称唐肃宗。唐肃宗即位后，升颜真卿为户部侍郎，诏令其辅佐河东

第三十四讲　自创"颜体"的书法宗师颜真卿

节度使李光弼共同抗击安史叛军。此后，唐肃宗又加封颜真卿为河北招讨采访使、工部尚书兼御史大夫。这一时期的宫廷朝政混乱，但颜真卿依旧严格按照朝廷规制办事，因而遭到排挤，被调出朝廷去地方上任职。宝应元年（762），唐肃宗驾崩，太子李豫继位，史称唐代宗。颜真卿重新得到起用，回朝廷任尚书右丞，并封鲁郡公。当时的宰相元载结党营私，贪腐专权，他怕大臣上书举报，提出大臣的奏折须经他事先审阅才能上奏，颜真卿严词反对，再次被贬出朝去地方任职，时间长达3年，先后出任峡州别驾、青州司马、抚州刺史、湖州刺史。他在地方为官期间，善待百姓，重视民生，热心公益，清廉勤政，甚受百姓拥戴，他离任后，抚州百姓特为他建祠纪念。后来元载获罪被诛，朝廷重又调颜真卿回京，先后让他任刑部尚书、吏部尚书等职。但奸相卢杞嫉妒颜真卿的声望，讨厌他的刚直，很想除之而后快。建中四年（783），淮西节度使李希烈反叛，卢杞以颜真卿德高望重为由，故意向唐德宗推荐让他去李希烈营中招降。颜真卿清楚卢杞的险恶用心，也明白自己若去，定是凶多吉少，但为了大唐社稷，他还是毅然前往，结果被李希烈扣留。李希烈要求颜真卿与他一起反叛，同时许以高官厚禄，遭颜真卿严词拒绝。李希烈命人烧起干柴，威胁再不降从，就要烧死他。颜真卿毫无畏惧，欲跳入火中。李希烈无可奈何，恼羞成怒，把颜真卿活活勒死。颜真卿去世时76岁，半年后，李希烈被部下毒死，叛乱得以平息。颜真卿的灵柩运回京都长安后，唐德宗因深感其忠烈，罢朝5日，追赠其为司徒，赐谥号"文忠"。

颜真卿从小爱好书法，少时家贫，买不起纸、笔，就用黄土蘸水在石墙上练字。最初临摹碑帖，学习褚遂良的笔法，后来拜大书法家张旭为师，终于成为开创"颜体"的书法大家，与赵孟頫、柳公权、欧阳询合称"楷书四大家"。他与柳公权合称"颜柳"，而且还有"颜筋柳骨"之说。苏轼评价颜真卿道，"诗至于杜子美，文至于韩退之，书至于颜鲁公，画至于吴道子"。著名历史学家范文澜在他的《中国通史》中说，"初唐欧（欧阳询）、虞（虞世南）、褚（褚遂良）、薛（薛稷），只是二王（王羲之、王献之）书体的继承人。盛唐的颜真卿，才是唐朝新书体的创造者"。颜真卿书法的最大特点是结构方正、严谨大气，笔画横轻竖重，笔力遒劲，字整体挺拔有劲，风格清新浑厚。他的传世书法作品多达138种，其中碑刻留下来的最多，如楷书的《多宝塔感应碑》《东方朔画赞碑》《麻姑仙坛记》，行草书的《争座位稿》《祭侄文稿》《裴将军帖》，等等，尤其是《祭侄文稿》更是被誉为"天下第二行书"。

颜真卿的归宿

《旧唐书·颜真卿传》载："及淮、泗平，贞元元年，陈仙奇使护送真卿丧归京师。"《新唐书·颜真卿传》载："淮蔡平，子颎、硕护丧还，帝废朝五日。"颜真卿的灵柩运回长安的情形，相关史书交代得很清楚，但葬在何处，史上却说法不一。现存的颜真卿墓冢，全国共有以下几处。

1.河南偃师颜真卿墓

该墓位于河南偃师市山化乡汤家村，墓长、宽各16米，墓四周砌有一圈条石，封土不高，两侧及墓后有些树木。墓前有2块石碑，一块为明偃师县令吕纯如所立，碑高1.75米，宽0.6米，上面的碑文记述了吕纯如重修此墓的经过；另一块为清乾隆年间的太守张松孙和邑令汤毓所立，碑高1.45米，宽0.60米，厚0.17米，正面正中阴刻"福唐赠司徒谥文忠颜鲁公之墓"等字。1996年，偃师市山化乡人民政府出资，对该墓做了全面整修，此墓现在是洛阳市重点文物保护单位。

2.京兆万年颜真卿墓

"京兆"指京师所在地，"万年"指唐京师长安所属的万年县。该墓位于西安市雁塔区曲江街道三兆村，该处原有颜氏家族，包括颜真卿和他的堂兄颜杲卿在内7个人的坟墓，而今全已不存。

3.山东省费县颜真卿墓

该墓位于山东省临沂市费县薛氏镇颜林村。该处是颜真卿的祖茔，公元272年始葬颜氏世祖颜盛，历代都得到妥然修葺，并立有各代修葺的纪事碑，但至20世纪70年代被毁坏殆尽。现在的墓园是1997年重建的，占地1300余平方米。颜真卿墓是一座圆形土丘，墓碑上阴刻"唐鲁郡开国公颜真卿之墓"11个字。

第三十四讲　自创"颜体"的书法宗师颜真卿

除以上三处，江苏省句容市颜氏后裔集居地及浙江湖州安吉颜氏后裔聚居地也有颜真卿墓。一般认为，河南偃师的是埋有颜真卿尸骨的真墓，其他各处当是纪念性的衣冠冢。但也有人说，山东费县的是埋有颜真卿尸骨的真墓。

综合信息

△小知识

①吏部尚书：古代官名，品级各朝不同，在一品与三品之间浮动。吏部是主管官员档案材料和升迁的官署，吏部尚书是吏部的主管。

②鲁郡公：即鲁郡开国公，是颜真卿的爵位名。爵位中的第四等，正二品。唐朝规定，国公爵位第三等以下，须在"公"前加"开国"二字。

③招讨采访使：临时设置的军事长官，唐始设，通常由具有声望的大臣或将帅及地方官担任。负责征剿、讨伐、招降叛军、盗贼事宜。该职官有权相机行事。

④罢朝5日：指皇帝5天不临朝，即朝廷5天不举行朝会。

⑤颜体：颜真卿书法体式的简称。总的特点是笔画丰满、结构茂密，正楷端庄，行书遒劲洒脱。

△你问我答

1.颜真卿的家庭情况是怎样的？

颜真卿的六世祖颜子推是南北朝时期北齐著名学者，著有《颜氏家训》，官为黄门侍郎。其祖父颜昭甫是曹王（李世民的儿子李明）侍读；父亲颜惟贞在颜真卿3岁时去世；其母为殷氏，其妻叫韦芸。他有3个儿子，长子颜泉明曾为郫县令；次子颜頵是进士，当过栎阳县令，封沂水县男；三子颜硕官至秘书省正家。

2.颜真卿哪一首诗流传最广？

颜真卿流传最广的诗应属《劝学》。

劝　学

[唐] 颜真卿

三更灯火五更鸡，正是男儿读书时。

黑发不知勤学早，白首方悔读书迟。

3.颜真卿因何又被人称为"颜平原""颜鲁公"？

因为颜真卿做过平原太守，被封鲁郡开国公。而古人有将人的姓和官职或居住地连在一起称人的习惯，故他又被人称为"颜平原""颜鲁公"。如柳宗元是唐代河东（今山东省永济县）人，所以人们也把他称为"柳河东"。

4.颜真卿为什么进士及第二年后才任校书郎？

古代的进士并不是官职，考中进士只是取得了做官的资格，还要通过吏部"宏词"和"拔萃"两科的考试，包括身、言、书、判4项内容。身，身体；言，言语、口才；书，书法；判，应用公文的写作。4项全部及格方能授官。而且最初所授的一般也都是校书郎这样的职务，即去秘书省做文书抄录或典籍校对、整理之类的事。但颜真卿并未参加吏部的选拔考试，而是"擢升制科"。所谓"制科"，指的是由皇帝亲自策问的考试，考的科目、内容全由皇帝临时决定，考试的级别、档次及其难度大于进士科的考试。所以，颜真卿踏入仕途的过程是顺利的，并没有什么曲折。

△笔者闲言

有人说，颜真卿的书法在唐朝也许排第二，但他的气节绝对排第一。吾信然，他坚拒叛将李希烈的诱降，最后被活活勒死就是明证。一位70多岁的老人，一位声名赫赫的大书法家，一位身为太子太师的高官，名显、位重、禄厚，但为了大义，这些都可以抛弃。这是什么？这就是人的气节，一个被颜真卿用生命证明的东西。有的人也许以为颜真卿只是一个书法家，不太会想到他原来还是这样一位宁死不改其志的英雄好汉。谁说文人骨头软？却看铁骨铮铮颜真卿！

第三十五讲　伟大的现实主义诗人杜甫

——为人性僻耽佳句，语不惊人死不休

杜甫的一辈子

杜甫（712—770），自号少陵野老，祖籍襄阳（今属湖北），曾祖父时迁居巩县（今河南巩义西南），唐朝伟大的现实主义诗人。做过3个月的左拾遗和6个月的工部员外郎（工部司一级的副官职），世称"杜工部"。他被后人尊为"诗圣"，其诗称为"诗史"。

杜甫出身于文人官僚家庭，祖父、父亲都曾为官。他在《壮游》一诗中说自己"往昔十四五，出游翰墨场。斯文崔魏徒，以我似班扬"。意思是说，自己十四五岁在文坛已小有名气，崔、魏（崔指崔尚，魏指魏启

杜甫画像

心，崔、魏两人都是当时的社会名流）都认为他的诗文就似汉朝的班固、扬雄。19~23岁这几年，他在郇瑕（今山东临沂）、吴越（今浙江）一带漫游。24岁赴东都洛阳参加常科考试不第后，又远游齐赵（今山东北部、河北西部）。29岁那年父亲去世，杜甫没有了经济来源，便于第二年回到洛阳，31岁左右娶妻杨氏成家。35岁与李白、高适相识成为好友。天宝六年（747），杜甫上长安参加科举考试，不料，此次科考因权奸李林甫从中作梗，欺骗皇帝说"朝无遗贤"，致使所有参考学子无一人入选。杜甫由此潦倒在长安，生活十分窘迫，他在《奉赠韦左丞丈二十二韵》中说，自己这一时期的日子是"朝扣富儿门，暮随肥马尘。残杯与冷炙，到处潜悲辛"，简直与乞丐无

异。天宝十五年（756），年逾40岁的杜甫终于有机会向唐玄宗进献了《朝献太清宫赋》《朝享太庙赋》《有事于南郊赋》3篇礼赋。唐玄宗喜其文才，让其待制集贤院，以便来年让宰相李林甫再考他的文章，从此却没有下文。直到4年后，唐玄宗授他为右卫率府胄曹参军（管理兵器的小官）。杜甫任职不到两个月，"安史之乱"爆发，他被迫离开长安逃难。次年春，杜甫去凤翔（今陕西凤翔）投奔唐肃宗李亨，途中被叛军抓获，押解回长安拘押。翌年4月，杜甫逃离长安，投奔唐肃宗。唐肃宗念其心诚，授他左拾遗（随侍皇帝身边备顾问，提意见的官）。不久，宰相房琯因收复长安失利被追责，遭拘捕。杜甫为其求情，惹恼唐肃宗，被贬为华州（今陕西渭南市华州区）司功参军。由此，杜甫对唐朝的政治深感失望，于是弃官移居秦州（今甘肃天水）。5个月后，即乾元二年（759）岁末，又全家移居成都。第二年，在亲友资助下，他建起了几间草堂（后人称"杜甫草堂"）。宝应元年（762），其世友严武任成都府尹兼侍御史大夫。在严武的帮助下，杜甫的草堂得以扩建。严武聘杜甫为幕府节度参谋，并上表检校工部员外郎（虚衔）。任职半年后，杜甫因年老体弱及与同僚不合等原因辞幕府，闲居浣花溪畔的草堂。永泰元年（765）4月，严武卒，蜀中大乱；5月，54岁的杜甫无奈携全家离开成都四处漂泊。此后的四五年里，杜甫先后在云安（今重庆市云阴县云安镇）、夔州（今重庆奉节）、岳州（今湖北岳阳）、潭州（今湖南长沙）和衡州（今湖南衡阳）等地漂泊，生活艰难，贫病交加，居无定所，甚至还常常挨饿。唐代宗大历五年（770），59岁的杜甫与家人乘舟南下郴州（今湖南郴州），欲投靠舅父崔伟。后为洪水所阻，于该年冬天在从潭州往岳阳的一条小船上凄惨去世。

杜甫生活在唐朝最动荡的年代，"安史之乱"持续数年，朝政极端腐败，社会动乱，民不聊生。杜甫历尽坎坷与苦难。他忧国忧民，同情百姓的悲惨命运。其诗有思想、有深度、有广度，客观、广泛地反映了唐朝由盛转衰的历史面貌。杜甫今存诗1400多首，文20篇。韩愈称赞他说："李杜文章在，光焰万丈长。"白居易称赞他说："杜诗贯穿古今，尽工尽善，殆过于李。"鲁迅也说："杜甫似乎不是古人，就好像今天还活在我们堆里似的。"

杜甫的归宿

杜甫墓现在全国有8处，其中非纪念性质的有4处。

第三十五讲　伟大的现实主义诗人杜甫

1.湖南平江杜甫墓

该墓位于湖南省平江县大桥乡小田村。墓园里有墓有祠，墓祠合一，建筑总面积为3868平方米。墓冢为砖砌，墓顶覆有厚石，周围建有墓墙。墓碑上刻有"唐左拾遗工部员外郎杜文贞之墓"等字。据说杜甫当年死后，就地埋葬于此。亦有一种说法，说杜甫虽初葬于此，不过后来迁坟了。

2.湖南耒阳杜甫墓

该墓位于湖南省耒阳市第一中学。墓地约100平方米，墓冢呈圆锥形，高1.5米，径5米。正面青石上横镌"唐工部杜甫之墓"。立者为南宋时的耒阳县令王禾，当年的《耒阳县志》中有此墓的记载。但亦有人说这里只是杜甫灵柩的暂厝之地，后来已迁至河南偃师。

3.河南偃师杜甫墓

该墓位于河南省偃师市首阳山下偃师市城关第三中学。据说此墓是公元813年，杜甫孙杜嗣业从耒阳迁葬过来的，由唐朝诗人、宰相元稹撰写墓志铭。墓冢呈八角形，墓碑文字由清乾隆年间河南府尹张松孙手书。此处是杜甫祖上墓地，杜甫墓北有其祖父杜审言墓（今已不存）。冯至先生著的《杜甫传》持此种说法。但司马光的《司马温公诗话》中载："杜甫终于耒阳，藁葬之。至元和中，其孙始改葬于巩县。"意思是说，此墓后改迁至巩县了。

4.河南巩义杜甫墓

该墓位于河南省巩义市康店镇西郊邙岭上。墓园占地30余亩，墓呈覆斗状，高约10米。墓碑由当年杜甫后人和巩县县令合立，时间是清康熙十九年（1680）。碑文为清顺治四年进士杜爽撰写。其中有这样几句："先生归葬，尝附于当阳侯之墓侧，复移墓于巩焉。"若与司马光的《司马温公诗话》相关说法相联系，此墓似是杜甫最后归葬之处。

以上四处都是颇有影响的杜甫墓地，但到底哪一处真正埋有杜甫尸骨，笔者不作妄论。此外，今陕西富县、华县，湖北襄阳和四川成都都亦有杜甫墓，而这些无疑都是纪念性质的墓冢。

综合信息

△ 小知识

①常科、制科：唐朝的科举分常科、制科两种。常科每年春天举行，由礼部主持，考生包括生徒和乡贡两类。制科由皇帝临时决定，考试科目、日期均不确定，是为选拔"非常之才"而举行的考试。

②待制集贤院：即集贤院待制，官名，无职事。集贤院，官署名，是一个备皇帝咨询的机构。

③右卫率府胄参军：官名，八品。右卫率府是府名。胄，原指盔甲，这里泛指兵器。这里的参军，意为管理兵器的职官。

△ 你问我答

1.杜甫的家庭情况是怎样的？

杜甫出身名门，其祖父杜审言也是诗人，且是近代诗的奠基人之一，深受武则天赏识，曾官为膳部员外郎（礼部膳部司的副职）、著作佐郎。父亲杜闲，当过兖州司马、奉天县县令。他的妻子是杨氏。他有2子2女：长子宗文，次子宗武；一女凤儿，一女名不详。

2.杜甫有哪些诗词名句值得品味、记诵？

①星垂平野阔，月涌大江流。
②丹青不知老将至，富贵于我如浮云。
③朱门酒肉臭，路有冻死骨。
④但见新人笑，哪闻旧人哭。
⑤会当凌绝顶，一览众山小。
⑥花径不曾缘客扫，蓬门今始为君开。
⑦两个黄鹂鸣翠柳，一行白鹭上青天。
⑧露从今夜白，月是故乡明。
⑨烽火连三月，家书抵万金。
⑩出师未捷身先死，长使英雄泪满襟。

第三十五讲　伟大的现实主义诗人杜甫

⑪为人性僻耽佳句，语不惊人死不休。
⑫射人先射马，擒贼先擒王。
⑬随风潜入夜，润物细无声。
⑭读书破万卷，下笔如有神。
⑮人生不相见，动如参与商。
⑯人生交契无老少，论交何必先同调。
⑰文章憎命达，魑魅喜人过。

3.杜甫自号"少陵野老"是什么意思？

"少陵"，唐长安城南地名，杜甫曾居于此。"野老"，意为年老而事无成。"少陵野老"，乃杜甫自谦之词。

4.为何称杜甫为"唐代伟大的现实主义诗人"？

因为杜甫对唐朝的政治、社会现实有深刻的认识，其诗作贴近现实，多反映当时社会动荡、政治黑暗与人民疾苦，故被誉为"唐代伟大的现实主义诗人"。

5.杜甫到底是怎么死的？

杜甫的死因有多种说法，如说船上落水溺死、吃了县令送来的酒肉撑死，亦有说死于食物中毒、死于糖尿病等。相关史书上是这么说的，如《旧唐书·杜甫传》中说："永泰二年，啖牛肉白酒，一夕而卒于耒阳，时年五十九。"《新唐书》云："涉旬不得食，县令具舟迎之，乃得还。令尝馈牛炙白酒，大醉，一昔（夕）卒。年五十九。"而冯至先生在他的《杜甫传》中则认为杜甫是病死的。

△ 笔者闲话

杜甫的祖父杜审言是唐朝著名诗人，官也做得比较高。其父亲杜闲做过县令。父亲在时，杜甫可以不做事，游山玩水。但父亲一死，他立马得自己挣钱过日子，这说明父亲没有留下什么财产。韩愈、范仲淹都有类似的情形。由此想到如今部分官员，总想给子女多留些财产，好让他们过得轻松一些。看看古代这些走正道的官员，是不是该改一改想法了？

第三十六讲 "文章巨公""百代文宗"韩愈
——书山有路勤为径,学海无涯苦作舟

韩愈的一辈子

韩愈画像

韩愈(768—824),字退之,河南河阳(今河南孟州南)人,自谓"郡望昌黎",世称"韩昌黎",唐朝杰出的诗人、文学家、哲学家、政治家。与柳宗元、欧阳修等合称"唐宋八大家",且居"八大家"之首。死后追赠礼部尚书,谥号"文"。

韩愈出身仕官家庭。母亲早亡,父亲在他3岁时病逝,他由兄嫂照顾。7岁随兄嫂迁居长安,启蒙读书。12岁时兄长去世,嫂子携他回归故里河阳。后家乡遇上兵乱,只好随族亲与嫂子一起移居宣城(今安徽宣州)。少年时代的韩愈颠沛流离,孤苦备尝。贞元二年(786),韩愈告别嫂子,上长安投靠族兄韩弇,但韩弇外出未遇(韩弇不久在外地遇难),幸蒙韩弇上司马遂将其收留于门下。3年后,韩愈回到宣城,先后3次考进士不中,直到25岁第4次参考方才考中进士。按唐制,中进士以后尚需通过吏部博学宏词科考方能授官,但他此后连续3年均未考上。在此期间,嫂子去世,韩愈生活愈加艰难孤单。为了求职求仕,解决生计,他3次上书宰相赵憬、贾耽,为自己申辩求仕,可都没有等来回复。无奈之下,韩愈赴汴梁投靠宣武节度使董晋,得以在董晋处任节度使观察推官3年。后董晋病逝,又改投节度使张建封。直到贞元十七年(801),他第4次参加礼部科考才得以通过,翌年被授国子监四门博士,两年后改任监察御史。贞元二十年

第三十六讲 "文章巨公""百代文宗"韩愈

（804）秋，关中大旱闹饥荒，韩愈上疏《记天旱人饥状》，提请朝廷减免灾荒地区的赋税，被贬为阳山（今广东阳山）县令。在此后的10多年间，他在官场浮浮沉沉，先后当过都官员外郎、考部郎中知制诰、中书舍人、行军司马等。元和十二年（817），韩愈因随宰相裴度平叛有功升任刑部侍郎。两年后，唐宪宗欲从安徽凤阳迎佛骨于朝廷供奉几日，以致一路上修路盖庙，佛事大盛，劳民伤财。为此，韩愈上疏《谏迎佛骨表》，极力劝阻唐宪宗迎奉佛骨。唐宪宗为此大怒，欲杀韩愈，后经裴度等大臣力求，才改贬韩愈为潮州（今广东潮州）刺史。名诗《左迁至蓝关示侄孙湘》即写于韩愈此次在赴潮州的路上。他在潮州、袁州（今江西宜春）两地当刺史一共两年。53岁回朝，先任国子祭酒，第二年转任兵部侍郎。当时适逢镇州（今河北正定）兵变，韩愈只身赴镇州宣抚，功成而归。后历官吏部侍郎、京兆尹兼御史大夫等。长庆四年十二月初二（824年12月25日），韩愈在长安家中溘然去世，终年57岁。

韩愈一生，忠君爱民，廉洁勤政。对国家、对社会，始终怀有一种强烈的士大夫的责任感。所以，他能置个人风险于不顾，屡次犯颜直谏。他为人倔强正直，不屑于趋炎附势。《新唐书·韩愈传》中称赞他"操行坚正，鲠言无所忌""有爱在民"。苏轼称赞他"文起八代之衰，而道济天下之溺，忠犯人主之怒，而勇夺三军之帅。此岂非参天地、关盛衰，浩然而独存者乎？"他反对佛教、道教，反对藩镇割据。他是古文运动的发起者，反对专讲骈偶、声律对仗的文风，主张"文以载道，文道合一"。他认为"弟子不必不如师，师不必贤于弟子"。他认为"传道、授业、解惑"是教师的三大职责。他的散文纵横开阖，格局严整，气势充沛，说理透彻，文字简练，逻辑严密。他的诗追求险怪新奇，想象丰富，自成一家。韩愈诗今存300多首，文约100篇。他是"文章巨公"，有"百代文宗"之誉。

韩愈的归宿

韩愈去世后的第二年，即公元825年葬于河阳，此墓至今完好。墓在今河南省孟州市西虢镇韩庄村旁的一座小山岭上，距县城约6千米。墓冢所在区域现已拓展成韩愈墓园，简称"韩园"。"韩园"2字由江泽民同志题写。韩园里的主要建筑有牌楼、神道、山门、飨堂、墓冢、雕像等。进入韩园大门，是宽广的祭台，长42米，宽35米，高2米。穿过祭台，迎面是高大的山门，山门前左边是韩愈的侄孙韩湘的汉白玉雕像。山门正中上方"韩愈公祠"的匾额是由著名哲学家、佛学家、历史学家任继愈先生题写的,左、右两侧上方的匾额上分别写着"百代文宗"和"文统天下"等字。由山门而入,迎面是一尊高5.7米的韩愈雕像,接着是3间飨堂。飨堂里面最珍贵的是韩愈书写的"鸢飞鱼跃"4个大字,这是他第一次被贬为阳山县令时留下的手迹。飨堂后是韩愈墓,墓高10余米,砌有4层条石,墓顶封土草木茂盛,墓前植有两株建墓时栽下的柏树。两株柏树虽已历近1200年,但依旧枝繁叶茂。墓前立有"唐韩文公墓"墓碑1块。墓园内的神道碑是由韩愈的门生皇甫湜撰文的,约有2000字。韩愈墓园现在是全国重点文物保护单位、国家4A级旅游景区。

综合信息

△小知识

①郡望昌黎:这是韩愈的自称。因韩愈的家族原出自昌黎(今湖北昌黎),韩氏在昌黎是望族,故他自称"郡望昌黎",世称"韩昌黎"。

②唐宋八大家:又称唐宋散文八大家,是唐朝的韩愈、柳宗元和宋朝的欧阳修、苏轼、苏洵、苏辙、王安石、曾巩等8位著名散文作家的合称。

③博学宏词科:唐玄宗时始设。古代科举考试分常科、制科两种。每年定期考的叫常科,皇帝临时设置的叫制科。博学宏词科属于制科,由吏部主试。唐进士及第后,要再通过吏部博学宏词科的考试方能授官。若进士及第,但未能通过吏部该科的考试,就得先去节度使那里当幕僚,然后再争取得到国家委任的正式官职。韩愈的仕途就属于这一种。

④节度使观察推官:唐朝节度使府内的文官通常由节度使自行任命,无品级。观察推官在判官、掌书记之下,掌狱讼之类的事,相当于从八品下。

⑤京兆尹:京师所在地的最高行政长官,正三品。

△你问我答

1.韩愈的家庭情况是怎样的?

韩愈的祖父韩叡素,官至桂州都督府长史。父亲韩仲卿,当过秘书郎,赠尚书右仆射;母亲赠郡国夫人。长兄韩会,官至起居舍人,迁韶州刺史;

第三十六讲 "文章巨公""百代文宗"韩愈

长嫂郑氏。次兄韩介,官至率府参军。三兄韩全,受聘修武县博士。妻子卢氏,封高平郡君。韩愈有2子、4女,长子韩昶,官至户部郎中;次子韩州仇,曾为县令。侄孙韩湘,官至大理寺丞。

2.韩愈有哪些经典名言值得品味、记诵?

①人非生而知之者,孰能无惑?
②少年乐新知,衰暮思故友。
③强者必怒于言,懦者必怒于色矣。
④业精于勤,荒于嬉;行成于思,毁于随。
⑤师者,所以传道授业解惑也。
⑥读书患不多,思义患不明;患足已不学,既学患不行。
⑦大丈夫文武忠孝,求士为国,不私于家。
⑧文约而义薄,辞近旨远。
⑨书山有路勤为径,学海无涯苦作舟。
⑩世有伯乐,然后有千里马。
⑪文以载道,言贵独到,词必己出,文从字顺。
⑫圣人无常师。

3.古代的读书人能直接考进士吗?

不能。科举制度自隋朝建立,至清末废止,历经1200余年,始终在不断发展和完善。但不管在哪个朝代,读书人都不能直接考进士,而是要逐级考上去。

△笔者闲言

从韩愈身上,我们才能真正体会到古代读书人的不易。韩愈被誉为"文章巨公""百代文宗",是中国古代文学史上受人敬仰的伟人,却三考进士不第,三应吏部试不进,直到29岁投奔节度使董晋,才当上了一个叫观察推官的小官。这期间他所经历的艰辛,想想都让人感到心酸。今天的莘莘学子,虽然也不易,但与韩愈相比,那真好得多了。一个叫受尽磨难,一个只能叫辛苦。此外,在韩愈身上,还再次印证了这样一个道理:是金子,总会发光的。

第三十七讲　最有人情味的唐代诗人白居易
——同是天涯沦落人，相逢何必曾相识

白居易的一辈子

白居易画像

白居易（772—846），字乐天，号香山居士，祖籍山西太原，其曾祖父时迁居下邽（今陕西渭南北），生在河南新郑（今河南新郑），唐代杰出的现实主义诗人。因热爱诗歌，自述"昼课赋，夜课书，间又课诗，不遑寝息矣。以至于口舌生疮，手肘成胝"。又自嘲"酒狂又引诗魔发"，故又称"诗魔"。

白居易出身于仕官之家，其高祖、曾祖、祖父俱曾为官。父亲白季庚明经出身，一直在宋州（今河南商丘）、徐州等地做地方官，母亲也是知识女性。他在《襄州别驾府君事状》中说自己的母亲："夫人亲执诗书，昼夜教导，循循善诱，未尝以一呵一杖加之，十余年间，诸子皆以文学仕进……"优越的家境与良好的家教，给自幼就有文学天赋的白居易的成长提供了适宜的客观环境。他6岁学诗，9岁识声韵，聪慧懂事。建中三年（782），为避战乱，时任徐州别驾的白季庚带全家迁居符离（今属安徽宿州）。白居易在符离度过了愉快的少年时代。23岁时父卒，白居易在符离守父丧3年。因兄长白幼文在饶州浮梁县任主簿，他在25岁时随全家由符离迁居洛阳。唐贞元十六年（800），29岁的白居易中进士。翌年授秘书省校书郎，后迁盩厔（今陕西周至）县尉。元和二年（807），授翰林学士。第二年改任

第三十七讲　最有人情味的唐代诗人白居易

左拾遗（谏官）。元和四年（809），他和好友元稹一起倡导新乐府运动。元和六年（811），母陈氏卒，白居易回乡为母丁忧。3年丁忧期满后回京，任太子左赞善大夫。元和十年（815），宰相武元衡遇刺身亡，白居易上疏要求缉捕凶手、严肃法纪，因此得罪权贵。朝中与其不和的权臣趁机以白居易越职言事等罪名上疏。白居易因此被赶出京城，贬为江州（今江西九江）司马。这样的是非颠倒、黑白不分，让原本积极入世，想以天下为己任的白居易心灰意冷，逐渐萌生"独善其身"的念头。他告诫自己要"面上减除忧喜色，胸中消尽是非心""宦途自此心长别，世事从今口不言"。情感悲凉的长篇叙事诗《琵琶行》即写于这一时期。他任江州司马3年后，经好友帮助，移忠州刺史。元和十五年（820），唐宪宗驾崩，唐穆宗继位。唐穆宗赏识白居易的才华，把已50岁的白居易调回长安，初任尚书司门员外郎，再迁主客郎中、知制诰。长庆元年（821），加朝散大夫，转上柱国，又充考试进士官，进中书舍人。由于当时朝中李德裕和牛僧孺朋党倾轧，国事日非。长庆二年（822），白居易自请外任。是年7月，白居易出任杭州刺史。他在杭期间，重修六井，解决百姓饮水之需；修整淤塞的西湖，加筑白堤，使西湖更加美丽。他离任时，民众纷纷赶来送行。他在《别州民》一诗中写道："税重多贫户，农饥足旱田。唯留一湖水，与汝救凶年。"怜民、亲民之情溢于言表，令人感动。宝历元年（825），白居易调任苏州刺史。第二年年末，他因病卸职，苏州百姓洒泪送别。唐文宗大和元年（827），白居易回到长安，诏为秘书监，后又相继任过刑部侍郎、太子宾客、太子少傅等。白居易70岁致仕，75岁在家中去世，如愿葬于洛阳香山。

白居易是继杜甫之后的又一位现实主义大诗人。他主张"文章合为时而著，歌诗合为事而作"。其诗词注重写实，诗风平易浅切、通俗明白。他一生中著诗词、文章75卷，计3840余篇。

唐朝第18位皇帝唐宣宗李忱曾作《吊白居易》一诗，以寄深切的缅怀。诗曰：

缀玉联珠六十年，谁教冥路作诗仙。
浮云不系名居易，造化无为字乐天。
童子解吟长恨曲，胡儿能唱琵琶篇。

文章已满行人耳,一度思卿一怆然。

白居易的归宿

白居易墓位于洛阳市城南龙门东山的琵琶峰上。东山又名香山,与著名的龙门石窟只隔着一条伊水河,一上山就是白居易墓园的大门。白居易墓园简称"白园"。白园按香山的山势而建,香山海拔302米,白园占地44亩,分为青谷区、墓体区和诗廊区。青谷区因景得名,是从山脚进入墓地的墓前景区,有听伊亭、松风亭、乐天堂等仿唐建筑。听伊亭是白居易晚年与好友元稹、刘禹锡对弈、饮酒、品茗、论诗之处。乐天堂在听伊亭上面,堂内有白居易的汉白玉雕像。过乐天堂登石阶而上不远即是白居易的墓冢。墓冢位于墓区的正中,圆丘形,直径10余米,墓顶长满了青草。墓前立有三座高大的石碑,中间一块写着"唐少傅白公墓"6个大字。该墓碑是清康熙四十八年(1709)河南学政汤右曾置立的。墓从高处望去,形似琵琶。墓冢是琴箱,墓道与四周成行的冬青是琴弦。整个墓区,墓前的地面全由规整的石块铺就,墓后是如茵的草坪,四周是参差的树木,清幽中透着诗意,宁静中有一种肃穆和祥和。诗廊区则位于墓道的右下方,也称九曲回廊。回廊中全是文人墨客的诗词题咏,其中有一块24吨重的巨石卧碑刻着介绍白居易生平事迹的《醉吟先生传》(醉吟先生是白居易晚年的号)。白居易墓园现在是全国重点文物保护单位。

综合信息

△小知识

①别驾:官名,唐曾一度改称长(zhǎng)史,为刺史佐吏。因随刺史出巡需另乘一车,故谓之别驾。

②司马:唐朝的州司马是州刺史的副官。大州的司马为从五品,中州的司马为正六品,下州的司马为从六品。江州是大州,白居易的江州司马为从五品。但司马是闲职,朝廷高官被贬,常任此职。

③丁忧:儒家讲究孝道,朝廷大小官员在职期间如遇父母去世,需辞官

第三十七讲　最有人情味的唐代诗人白居易

回家为父母守制3年，叫"丁忧"。

④知制诰：唐朝始设的官职名。知，主管。诰，诏令。主管为皇帝起草诏令。

⑤太子少傅：负责太子读书的职官，位在太师之后。少傅、少师、少保合称"三少"，均是从一品。

⑥明经：汉朝开设的用以从中选举官员的考试科目。因应试者必须学习经学，故该科考试名曰"明经"。

△你问我答

1.白居易的家庭情况是怎样的？

白居易的祖父白湟，17岁入仕，长期任地方官，著有诗集10卷，祖母薛氏。父亲白季庚，曾为徐州彭城县令、徐州别驾。长兄白幼文，曾为浮梁县主簿；弟弟白行简，进士，累迁司部员外郎、主客郎中。正妻杨氏，家姬小妾樊素，与白居易另一小妾小蛮齐名（白居易有诗云："樱桃樊素口，杨柳小蛮腰。"）。大女儿金銮子；二女儿阿罗；儿子白阿崔。

2.白居易有哪些诗词名句值得品味、记诵？

①回眸一笑百媚生，六宫粉黛无颜色。
②同是天涯沦落人，相逢何必曾相识。
③野火烧不尽，春风吹又生。
④日出江花红胜火，春来江水绿如蓝。
⑤乱花渐欲迷人眼，浅草才能没马蹄。
⑥在天愿作比翼鸟，在地愿为连理枝。
⑦共看明月应垂泪，一夜乡心五处同。
⑧山寺月中寻桂子，郡亭枕上看潮头。
⑨欲忘忘未得，欲去去无由。
⑩天长地久有时尽，此恨绵绵无绝期。

3.白居易的名、字、号各有何含义?

据传白居易出生地东郭寺村地处低洼,常闹水患。白居易出生时亦遇上水患,其祖父白湟因而给他取名"居易",意思是希望孙儿日后能换一个居住方便的住所。亦说"居易"之名,语出《礼记·中庸》中"故君子居易以俟命,小人行险以侥幸"一言。"乐天"一词典出《易经·系辞上》中的"旁行而不流,乐天短命而不忧"。白居易晚年信奉佛教,常住洛阳香山寺,故以"香山居士"为号。

4.古代的"迁""除"是什么意思?

古代官场中的"迁",一般指官职的提升,如"迁道台",意思是提升为道台,用于表示升职的词语还有擢、拔、陟、加、进、拜等。"除"表示授予官职,此类词语还有征、辟、荐、拜、授、封、起等。

5.今洛阳香山的白居易墓是埋白居易尸骨的原墓葬吗?

是的,洛阳香山的白居易墓是白居易死后埋尸骨的原墓葬,千百年来,未曾遭到过盗掘和毁坏(亦说曾遭盗掘,但墓中并无金银财宝)。据风水学讲,白居易墓所处的琵琶峰虽风光秀丽、古木森森,但正前是断崖,下方是深渊阔水,是典型的"绝路"。白居易择此安葬,是为了断绝子孙的仕路,使子子孙孙不再入仕为官。如此安排,可见白居易对出仕为官的厌恶。不过,这仅是坊间一种传言,不足为凭。

△笔者闲言

白居易是一位特别有人情味的诗人。在冬日的宫市上,他会对"两鬓苍苍十指黑"的卖炭翁心生同情,对仗势欺人、强行贱买的官吏、爪牙十分憎恨;在月夜的浔阳江头,他会倾听一个歌女诉说自己年老色衰,被人抛弃的不幸遭遇,感叹"同是天涯沦落人,相逢何必曾相识";在某一时刻,他会被唐玄宗和杨贵妃的故事触发万千思绪,写出脍炙人口的《长恨歌》,以表现人世间甜蜜而又苦涩的爱情。笔者觉得有人情味的诗人才是好诗人,好诗人就该有人情味。

第三十八讲　积极入世的唐代散文家柳宗元
——孤舟蓑笠翁，独钓寒江雪

柳宗元的一辈子

柳宗元（773—819），字子厚，河东解县（今山西运城西南）人，世称柳河东、柳柳州，唐代文学家、散文家、思想家，"唐宋八大家"之一，与韩愈并称"韩柳"。

柳宗元祖上门庭显赫，连续几代都为当朝大吏，但其祖父、父亲官职都不高。柳宗元出生于长安，在长安度过幼年。4岁时，其祖父去世，父亲辞官去吴（今江苏苏州）守丧，母亲卢氏在家教他识字读书。母亲出身世家，知书达礼，因而柳宗元从小就受到了很好的家庭教

柳宗元画像

育。12岁那年，建安之乱爆发，为避战祸，柳宗元到父亲为官的夏口（今北京昌平西北）与父亲一起生活。次年，因代人写给唐德宗的《为崔中丞贺平李怀光表》一文（一说此文作于17岁）而才名四扬。此后几年，父亲先后调任湖北、湖南、江西等地的地方官，柳宗元也随父亲在那些地方生活过。唐德宗贞元八年（792），19岁的柳宗元举乡贡；21岁与刘禹锡同科进士及第，相识成友；同年，娶礼部郎中杨凭之女为妻，因父亲柳镇在这一年去世，他守丧在家。24岁授秘书省校书郎，26岁迁集贤殿书院正字，3年后提拔为蓝田（今陕西蓝田）县尉。贞元十九年（803）调回京城长安，升任监察御史里行。此官职虽不大，但有机会接触朝政，这使柳宗元对唐朝政治的腐败有了

更深刻的认识，由此萌生了改革的想法。贞元二十一年（805），时任翰林院待诏的王叔文，联合王伾、刘禹锡等，实施史上有名的"永贞革新"。柳宗元积极参与，并升为礼部员外郎，主掌朝臣奏章。但不到半年，改革失败，王叔文、王伾遭杀害，柳宗元被贬为永州（今湖南零陵）司马。刘禹锡等7人也都被贬去偏僻、荒凉的州郡任司马，史称"二王八司马事件"。当时永州乃蛮荒之地，柳宗元十一月到达永州贬所时，连住的地方都没有。80多岁的老母跟随他到零陵的第二年就去世了。唐宪宗继位的第二年（807），大赦天下，但未赦免八司马。不过，柳宗元在永州的10年，虽政治失意、生活艰苦、孤单落寞，却有机会真切地了解百姓的疾苦。同时永州的山水名胜，为他的散文创作提供了丰富的素材，激发了他强烈的创作欲望。柳宗元存世的《柳河东文集》共有540篇文章，其中317篇写于永州，著名的诗文有《永州八记》《捕蛇者说》《段太尉逸事状》《江雪》《渔翁》《溪谷》《十三戒》《天说》《天对》《非国语》等。唐宪宗元和十一年（816）春，柳宗元获赦应召回到长安。三月，唐宪宗又派他去比永州更远、更偏僻的柳州当刺史。那时的柳州，荒凉闭塞，盗贼横行、毒蛇猛兽出没。他在《寄韦珩》一诗中这样描述初到柳州时见到的情景："桂州西南又千里，漓水斗石麻兰高。阴森野葛交蔽日，悬蛇结虺如蒲萄。到官数宿贼满野，缚壮杀老啼且号。"唐朝刺史是州的最高行政长官。柳宗元主政柳州期间，访贫问苦，体察民情，终日忙于政务。他释放奴婢，挖井取水，解决百姓的用水困难；兴办学校，重视教育；倡导医学，治理巫术迷信；植柳栽竹，修筑城墙，改善居住环境；革弊兴利，发展生产，为柳州百姓做了许多实实在在的事情。元和十四年（819），唐宪宗大赦天下，在宰相裴度的请求下，朝廷召柳宗元回京。但诏书未达，柳宗元已在柳州病亡，终年47岁。他在柳州4年，没写过游记散文，所作诗词也不多。主要原因是心境与在永州时大不同。由于一贬再贬，他对朝廷已经绝望，也就没有写作的兴致。

柳宗元人品端正，文才超群，有思想、有抱负，看问题透彻，文学成就辉煌。他与韩愈共同倡导古文运动，反对浮泛的文风，强调以文明道。他在散文方面成就最大，他的散文内容充实、形式多样，说理透彻、文笔辛辣。他的游记清新优美，富有诗情画意。他的诗歌风格雄奇险怪，独树一帜。他一辈子积极入世，无论荣辱，始终不忘济世利民。

第三十八讲　积极入世的唐代散文家柳宗元

柳宗元的归宿

柳宗元去世后，葬于柳州。第二年，由他的舅弟卢遵把灵柩运到长安，埋在长安万年县（今陕西西安市长安区）少陵塬柳家先人的墓地里。此事在今安徽柳氏后人持有的一本《河东柳氏宗谱》里是这样记载的："元和十五年，（柳宗元）归葬于万年县先人墓侧。"该宗谱最近修订时间为清朝嘉庆年间，据此推究，柳宗元葬于万年少陵塬当可信，此说法也得到有关专家的认可。这个叫少陵塬的地方，现在还有一个叫司马村的村庄，据说其村名就源自柳宗元任过的永州司马的官职。当地老人称，该处早先有一座大墓，墓地上还有塑像、石刻和用于祭祀的祠庙等建筑物。但现在这些都已不存，墓地成了庄稼地。不过，今广西柳州尚建有柳宗元的衣冠冢。《柳州县志》载："宗元原厝于古州治，其榇虽扶归，而封土尚存。"而现在柳州柳宗元的衣冠冢，就建在当年柳宗元棺椁停放的地方。

综合信息

△小知识

①守丧：是中国古代体现孝道的一种习俗，借以表达哀思和对死者的不舍。儒家认为，"事死如事生，事亡如事存"。从汉武帝开始，国家采用法律手段将"守丧"制度化，强制人们遵循。守丧制的内容很多，十分具体，包括对守丧的时间、仪式、行为规范等都有非常详尽的规定。

②建中之乱：指发生在唐德宗建中年间（780—783）的政治动乱。事起唐德宗不允成德节度使李宝臣死后子承父职，遂接连引起藩镇举兵反叛。唐德宗在奉天（今陕西乾县）被困月余。这场叛乱持续了7年之久，最后被神策将军李晟率军平息。

③《永州八记》：指柳宗元写于永州任司马期间的8篇游记、散文，分别是《始得西山宴游记》《钴鉧潭记》《钴鉧潭西小丘记》《至小丘西小石潭记》《袁家渴记》《石渠记》《石涧记》《小石城山记》。

△你问我答

1.柳宗元的家庭情况是怎样的？

柳宗元的祖父柳察躬，曾官为县令。父亲柳镇，曾官为侍御史（掌监察的属官）；母亲卢氏。妻子杨氏。长子柳周六，进士，官至仓部员外郎；次子柳周七；女儿柳和娘，早逝。

2.柳宗元有哪些诗文名句值得品味、记诵？

①烟销日出不见人，欸乃一声山水绿。
②文以行为本，在先诚其中。
③美人隔湘浦，一夕生秋风。
④千山鸟飞绝，万径人踪灭。孤舟蓑笠翁，独钓寒江雪。
⑤非药曷以愈疾，非兵胡以定乱。
⑥能者进而由之，使无所德；不能者退而休之，亦莫敢愠。
⑦一身去国六千里，万死投荒十二年。
⑧激浊而扬清，废贪而立廉。
⑨君子在下位则多谤，在上位则多誉。小人在下位则多誉，在上位则多谤。

3.唐朝的"永贞革新"主要拟改革什么？

①打击宦官权力，纠正宦官专权现象；②收回藩镇兵权，抑制藩镇势力，巩固中央集权；③严惩贪官污吏，整肃吏治；④废除宫市，罢黜雕坊、鹘坊等场所的宦官，整顿税收。

4.柳宗元在原配妻子死后有没有再娶？

没有。柳宗元21岁娶杨氏为妻，3年后杨氏病亡，两人未有子。后来他跟一个叫马雷五的女子同居，大概因其出身低下，不便明媒正娶，所以未给其名分。至于几个子女（一说有两男两女，柳和娘在永州时已在身边）是否为该女子所生，我们不得而知。柳宗元临死前，把全部诗文托付给一生好友

第三十八讲　积极入世的唐代散文家柳宗元

刘禹锡整理成册，年幼的孩子亦托付给他照料。次子柳周七就是由刘禹锡照料、培养的。

5.柳宗元任职的永州司马，俸禄有多少？

柳宗元在永州任的官职全称叫"永州司马员外置同正员"（"员外置"是编制外的意思）。这个职官虽与他原来的礼部员外郎同为六品上，但没有任何行政实权，朝廷也不提供住所。还规定除非特赦，否则不得升迁，不得离开贬所。所以，除俸禄外，几乎就是囚徒，再没有别的希望。他的月薪不到3000铜钱，而白居易等在杭州孤山永福寺（今西泠印社），把《法华经》刻在一块约2米的石碑上，即得钱近7万。

△笔者闲言

柳宗元一辈子最幸运的是有刘禹锡这样的好友。刘禹锡比柳宗元大1岁，同科进士及第，同在朝廷御史台做事，文才相当，志同道合。两人一起热情澎湃地参与永贞革新，又同样被贬。10年后两人重回京师，久别重逢，刚相聚言欢，又因刘禹锡的一句"当年刘郎今又来"再次被朝廷逐出京师。但柳宗元没有半句埋怨，还上书请求让自己去播州（今贵州遵义），刘禹锡去柳州，因为柳州比播州地方好。只是朝廷不准两人对换。刘禹锡送柳宗元至衡阳才依依惜别。柳宗元临终尚念叨"梦得"（刘禹锡的字），并将子女、遗作全托付给好友照料、处理。人生熙熙攘攘，但真正能肝胆相照、荣辱与共的挚友能有几人？所以说，人生得一知己足矣。

第三十九讲　苏、杭天堂的奠基人钱镠
——传语龙王并水府，钱塘借与筑钱城

钱镠的一辈子

钱镠画像

　　钱镠（852—932），字具美（一作巨美），乳名婆留，杭州临安（今浙江杭州市临安区）人。吴越开国国君，史称"吴越王"，在位41年。庙号太祖，谥号武肃王。

　　据浙江《临安县志》载："武肃王（即钱镠）初生时有异相，弃井中，婆（即钱镠祖母）奋留之，故乳名'婆留'。"钱镠出生的唐宣宗年间，唐朝已开始走向衰落，社会并不安宁。钱镠自幼习武，7岁开始识字读书，少时也读过《春秋》《武经》等典籍，成年后以贩卖私盐为业。乾符二年（875），浙西狼山镇遏使王郢因朝廷待遇不公，拥兵反叛，先后攻克望海镇（今浙江镇海）、明州（今浙江宁波）等地。与钱镠同为杭州临安人的石镜镇将董昌奉诏募兵抵抗，时年24岁的钱镠投其麾下任偏将。3年后钱镠因平叛有功，先后升任石镜镇衙内知兵马使和镇海军右职。此后的几年中，钱镠曾用疑兵计吓退黄巢对杭州的进犯，使杭州免遭黄巢的破坏。他还帮助董昌歼灭与其争斗的越州观察使刘汉宏。光启三年（887），36岁的钱镠升任左卫大将军、杭州刺史。景福二年（893），升任苏杭观察使。翌年，获赐同中书门下平章事，成为使相（宰相头衔，但不行使宰相权力）。乾宁二年（895），董昌在越州（今浙江绍兴）称帝，国号"大越罗平"，钱镠劝说无果。同年5月，时任镇海军节度使的钱镠奉诏讨伐董昌。第二年董

第三十九讲　苏、杭天堂的奠基人钱镠

昌被俘获诛（一说自杀）。钱镠被唐昭宗李晔加封为检校大尉、中书令，并赐铁券，恕其九死。乾宁四年（897），钱镠成为控制两浙（浙东、浙西）的割据势力。天复二年（902），钱镠进封越王，两年后改封为吴王。开平元年（907），朱温篡唐改立梁朝（史称后梁）称帝，册封钱镠为吴越王，吴越正式立国，疆域主要为今浙江全部、江苏的一部分。长兴三年（932），81岁的钱镠病重去世。从开平元年封为吴越王始，钱镠在位25年，经历唐、后梁、后唐三朝。在这乱世之中，他审时度势，对外称臣周旋，巧妙应对；对内保国安民，实施"以民为本"的国策；广罗人才，鼓励养蚕垦荒，发展农业；组织百姓修筑海塘堤坝，使钱塘江两岸的农田免受海潮的侵袭；还在太湖地区修筑堤坝，使当地免除水患。同时还发展与新罗（今韩国）、日本、波斯的对外商贸；3次扩建杭州城，起台榭、建宫殿，从而使当时吴越所辖的苏杭一带经济繁荣，百姓安居，富甲一方，为日后的"上有天堂，下有苏杭"奠定了基础。对此，他晚年曾说："千百年后，知我者以此城，罪我者亦以此城。苟得之于人而损之于己者，吾无愧欤！"大诗人苏轼夸赞说，钱镠治下"其民至于老死，不识兵革，四时嬉游，歌鼓之声相闻，至于今不废，其有德于斯民甚厚"。而后人对他的总体评价是"半生戎马，一世英雄"。

钱镠的归宿

　　钱镠的陵墓，坐落在浙江省杭州市临安区锦城街道太庙山南坡，距杭州市区38千米。《临安县志》载："武肃王奄有吴越，伟绩丰功，归葬故乡，示不忘旧，丰碑华表，肃然起敬。"清《临安县志》"艺文"载："（钱镠）墓基左右有龙虎（即青龙山、伏虎山两座小山）两条回抱，立华表一对。石羊、石马俱在，石翁（指石敢当将军，传为唐末五代时的勇士）一对。墓前立墓碑，题'唐故天下兵马都元帅尚父守尚书令兼中书令吴越国王谥武肃钱王之墓'三十字。"太庙山又名茅山，海拔92米。钱镠墓冢是一座高大的圆形封土堆，高约9米，直径约50米。陵墓坐北朝南，建于932年。清《临安县志》"艺文"中说的墓况在"文革"期间遭到毁坏。不过现在已得到修复，且还增建了不少新的建筑与设施，如牌坊、门楼、钱王祠、州池和凌烟安园楼等。现在的钱王陵园区占地40亩，遍植松柏，绿色掩映，规模宏大，布局严谨。门楼、牌坊、钱王祠、钱王墓冢都在陵区的中轴线上。墓冢前修建有一条长300米、宽100米的墓道。墓道两边安放着石羊、石虎、石马、石像，庄严、肃穆，颇显王家气

派。而陵区牌坊上"钱武肃王陵"5个大字，是钱王第33代孙钱其琛同志惠赠的墨宝。钱王祠这个祠名是钱王第34代孙钱伟长同志题写的。2001年钱王陵被列为全国重点文物保护单位。

综合信息

△小知识

①偏将：最低等级的杂号将军。

②观察使：官名。唐后期始设，全称叫"观察处置使"，位在节度使之下。

③石境都：石镜乡。都，这里指的是乡一级的行政单位。

④铁券：也叫"丹书铁券"或"丹书铁契"，是古代帝王颁授给功臣、重臣的一种特权（世代享有优厚待遇及免除死罪）的凭证，在民间叫作"免死金牌"。

⑤吴越：是五代时十国之一，定都杭州。自公元907年建立，978年灭亡，立国72年。先后尊后梁、后唐、后晋、后汉、后周和北宋等中原王朝为正朔，并受其册封称臣。吴越一名是从春秋时的吴国、越国两国国名中各取一字合成的。疆域主要包括今浙江全部、江苏一部分，总面积约15万平方千米。

△你问我答

1.钱镠的家庭情况是怎样的？

祖父钱宇，生平事迹不详。父亲钱宽，追封英显王；母亲水丘氏，追封赵国太玄太夫人。二弟钱锜；三弟钱镖，曾任湖州刺史，官至右龙武军统军，后投吴；四弟钱铎，官至安南军节度使；五弟钱铧，封楚国公，谥号忠简。妻子吴氏，谥号庄穆；姜陈氏、胡氏、董氏、郑氏、李氏。钱镠见诸史册的子女有36人，其中子35人、女1人。钱俶（吴越最后一位君主）是钱镠的孙子。

2.钱镠有哪些诗词值得一读？

句

钱　镠

须将一片地，付与有心人。

第三十九讲 苏、杭天堂的奠基人钱镠

黄河信有澄清日，后代应难继此才。
传语龙王并水府，钱塘借与筑钱城。

巡衣锦军制还乡歌
钱　镠
三节还乡兮挂锦衣，碧天朗朗兮爱日晖。
功成道上兮列旌旗，父老远来兮相追随。
家山乡眷兮会时稀，今朝设宴兮觞散飞。
斗牛无孛兮民无欺，吴越一王兮驷马归。

3.钱塘江和钱镠有关系吗？

传说钱镠之前，人们为保护钱塘江两岸农田，采用泥土或石块修筑堤坝，但很快就被汹涌的潮水冲垮，堤坝屡建屡垮，老百姓深受其害。后来，钱镠动用20万军队和民工，听取民众建议，先用竹子编成巨大的笼子，再在笼子里填满石块，最后将笼子投进岸边的水中，并用一排排木桩固定，这才一步步在钱塘江两岸筑起了坚固的堤坝，保护了两岸百姓和农田。人们感念钱镠所做出的巨大贡献，因而把这里的海塘称为钱塘，把江称为钱塘江。

4.钱镠为什么被称为"海龙王"？

因为钱镠治江、治海有功。他动用军队，发动百姓修筑了钱塘江大坝，使江水、海潮不再损毁农田、损坏家园，故当时的百姓把他称为"海龙王"。

△笔者闲言

笔者认为，钱镠最令人感佩的是他始终把百姓放在自己个人荣辱的前面。他经历的晚唐、后梁、后唐，政权更迭频繁，他自己有弱也有强的时候，但无论强弱，他都没有像董昌那样，动过割据称帝的念头。为什么？不是不能为、不敢为，而是不愿为。因为他深知若称帝，必将大动干戈，使百姓遭殃。所以，他宁可忍辱负重，委曲周旋，也决不拿百姓当赌注，为自己的帝王之位去豪赌。这样的人，值得后人纪念。

第四十讲 "最不坏的皇帝"宋太祖赵匡胤
——将相无种我自强,紫龙帝气应天命

赵匡胤的一辈子

赵匡胤画像

赵匡胤(927—976),涿郡(今河北涿州)人,北宋时期杰出的军事家、政治家。公元960年,他通过"陈桥兵变"谋得皇位,改国号为"宋",当上宋朝的开国皇帝,史称宋太祖。有史学家称他为"史上最不坏的皇帝"。

赵匡胤出身于唐都府洛阳夹马营一个武官家庭,父亲是禁军军官。12岁随父迁居汴州(今河南开封),长大后不仅勇武,且通晓兵法,胸怀安邦定国之志。18岁娶贺氏成家。21岁离家只身闯荡社会,游历过随州(今湖北随州一带)、复州(今湖北沔阳县西南)及山西太原等地。23岁投靠在后汉枢密使郭威帐下。其时,父亲赵弘殷任后汉护圣军都指挥使,与郭威在一起征战。公元951年,郭威灭后汉建立后周称帝,赵匡胤补禁军东西班行省,拜滑州(今河南滑县)副指挥使。后周显德元年(954),郭威去世,柴荣(即周世宗)继位,调赵匡胤任禁军中的中级军官。赵匡胤对周世宗忠心耿耿,随其征南唐,征淮南,克泗州、楚州,屡建功勋,因而深得周世宗信任、器重。到33岁时,赵匡胤已官至检校太傅、殿前都点检,掌管殿前禁军,手握重兵。后周显德六年(959),周世宗驾崩,其7岁的儿子柴宗训继位,史称周恭帝。显德七年(960),后周朝廷听闻北汉和辽将同时南下入侵(一说此为赵匡胤散布的假消息),于是急命赵匡胤统兵北上迎战。第一天,军队行至离开封约40里的陈

第四十讲 "最不坏的皇帝"宋太祖赵匡胤

桥驿扎营。第二天清晨,还在睡觉的赵匡胤被将士拉出帐外,披上龙袍,拥戴为新的皇帝,史称"陈桥兵变"(有的史学家否认此说,认为这是赵匡胤自导自演的)。由于赵匡胤曾任宋州归德军节度使,因而他定国号为"宋",仍把开封作国都,择年号为"建隆"。赵普、石守信等一批发动陈桥兵变的谋臣将士得到封赏。但仍有一些后周将领不服,起兵反叛,如原后周昭义军节度使李筠、郭威的外甥、淮南节度使李重进等。但这些叛乱很快就被平息,李筠、李重进兵败自尽。不过,赵匡胤还是心有余悸,担心"陈桥兵变"这类事在自己身上重演。于是,他通过被史书上称为"杯酒释兵权"的历史喜剧,戏剧性地解除了石守信、高怀德、王彦超等节度使及禁军将领的兵权,从而牢牢地控制住了军队。又增设参知政事作为副宰相,分散了宰相的权力,巩固和强化了皇权。在国家治理上,赵匡胤鼓励农桑,发展生产;治理黄河水患,倡导节俭;统一度量衡,以方便各地财物交流。他还多次巡视国子监,重视对人才的选拔和培养。另外,赵匡胤根据当时北方辽国与北汉强大、南方割据势力相对较弱的情况,采用"先南后北,先易后难,逐个击破"的战略,直接用战争谋求国家的统一和中央政权的稳固。他分别于乾德元年(963)平定湖南;乾德三年(965)克成都,灭后蜀;开宝四年(971)亡南汉;开宝八年(975)克金陵,灭南唐。至此,南方割据势力全被平定,南方基本统一。开宝九年(976)八月,赵匡胤遣师北上征北汉,却于两个月后身患重病。是年十月十九日夜,病中的赵匡胤召其弟赵光义进宫议事,突然在宫中暴毙而亡,但死因不明。时人或说其弟赵光义谋权篡位杀死了赵匡胤,或说是正常的暴毙。后来据当时寝宫里有烛光斧影(一说斧子掉落的声音)的说法,史用"烛影斧声"来指称这一历史疑案。而《宋史·太祖本纪》上则是这样记载的:"癸丑夕,帝崩于万岁殿,年五十。殡于殿西阶。"

赵匡胤死后,其弟赵光义继位,史称宋太宗。赵匡胤庙号太祖,谥号英武圣文神德皇帝。

赵匡胤在位16年,居功至伟。他结束了五代十国长达70多年的国家分裂局面,重新恢复了国家的统一。朱元璋都称赞他说,"惟宋太祖皇帝顺天应人,统一海宇。祚延三百,天下文明。皆有君天下之德,而安万世之功者也"。他虽是武将,却爱读书。柴用问他:"你是武将,读书有什么用?"他说:"我没有好的计谋贡献给陛下,只能多读些书以增加自己的见识。"

他崇尚节俭，善待功臣和读书人。有历史学家誉他为"史上最不坏的皇帝"。据说赵匡胤有三条誓词留于后代：一、柴氏子孙有罪，不得加刑。纵犯谋逆，止于狱中赐尽，不得市曹行戮，亦不得连坐支属。二、不得杀士大夫，及上书言事人。三、子孙有渝此誓者，天必殛之。

赵匡胤的归宿

赵匡胤的永昌陵位于河南省巩义市，距市区约20千米。北宋9个皇帝除宋徽宗、宋钦宗外，7个皇帝的陵墓都在这里。整个宋皇陵占地约30平方千米，共有陵墓300余座。陵寝南依崇山，北临黄河，山丘起伏，苍茫辽阔。自乾德元年（963）开建至完工，用时逾160年。当年赵匡胤在汴梁皇宫万岁殿崩天后，其灵柩停放至第二年四月才运至巩义安葬。永昌陵与其他6座皇陵的规模与建制完全相同。陵区四周不建垣墙，只植松柏。墓冢坐北朝南，分上宫、宫城、地宫、下宫四部分。上宫由神道和石雕像组成；神墙围成的部分称宫城，宫城的中部就是墓冢；地宫是埋葬墓主尸骨之处，仿照地面宫殿的形制建筑，墓墙上绘有彩色壁画；下宫即寝宫，是按"事死如事生"的原则修建而成的，是供墓主饮食起居的地方。

永昌陵南高北低，南北长546米，东西宽230米。墓冢呈覆斗形，封土高约3米。巩义宋陵早在金兵攻克巩义和占据汴梁时就已二度被盗掘，而永昌陵是其中保存得比较好的一座。现在留存的墓冢高2米，南北长62米，东西宽60米，地面上还有石狮等各种石像多件。整个巩义宋陵已被列为全国重点文物保护单位。

综合信息

△小知识

①唐都府：唐朝的都会。唐朝时洛阳、长安都曾为唐朝的都城。

②枢密使：古代官名。始设于唐后期，各朝职、权有所不同。初由宦官担任为枢密院主管，辅助宰相处理军政大事。五代时逐渐转为由武官担任。

③护圣军都指挥使：五代时的官名，指禁军中的统兵将领。护圣军，禁军；都指挥使，泛指统兵的将领。

第四十讲 "最不坏的皇帝"宋太祖赵匡胤

④殿前都点检：五代时禁军中的最高指挥官。赵匡胤建立宋朝后不再设此官职。

△你问我答

1.赵匡胤的家庭情况是怎样的？

祖父赵敬，曾官为涿州刺史。父亲赵弘殷，曾为后汉护圣都指挥使，后周时的禁军军官；母亲赵氏，后封昭宪太后。妻子孝明皇后王氏、孝章皇后宋氏、孝惠皇后贺氏。弟弟赵匡义，后避讳称赵光义，继赵匡胤位，史称宋太宗。庶弟赵匡美，封魏王。他有4个儿子，分别是赵德秀、赵德昭、赵德林、赵德芳；6个女儿，分别是申国公主、成国公主、永国公主、魏国大长公主、鲁国大长公主和陈国大长公主。

2.赵匡胤有哪些名言名句值得品味、记诵？

①太阳初出光赫赫，千山万山如火发。
②卧榻之侧，岂容他人鼾睡。
③将相无种我自强，紫龙帝气应天命。
④南唐北汉归一统，朗月残星逐满天。
⑤未离海底千山墨，才到中天万国明。
⑥天下攘攘百岁间，英雄出世笑华山。
⑦席间杯酒销王气，汴水流年咽露盘。

3.史上为什么有北宋、南宋之分？

宋朝有两个历史阶段：自宋太祖赵匡胤于960年建立宋朝，定都开封，到1127年被金攻占开封，宋徽宗、宋钦宗被金俘虏，北宋灭亡，为第一阶段，历时157年；从宋高宗赵构于1127年在应天府（今河南商丘）称帝，重新建立"宋"政权，至1276年元军攻占临安（一说南宋灭亡于1279年）为第二阶段。两个阶段国号都为"宋"，后人为了区别，便以国都位置的不同，相应地称为北宋、南宋。

4."烛影斧声"是怎么回事?

烛影斧声是一个历史典故。宋开宝九年（976）十月壬午（十九日）夜，太祖病重，召其弟晋王赵光义进宫议事（一说召太祖第四子赵德芳，赵光义听闻后瞒下此事，自己私自进宫）。在赵光义进宫后，有人远远地看见他在宋太祖身前时而起身，时而坐下，像在躲避什么；还听见宋太祖用斧戳地的声音，以及高声说了一句"好为之"，旋即便得到宋太祖崩天的消息。有人疑是赵光义谋逆篡位，但无确凿证据，故后人将此历史疑案概称为"烛影斧声"。

5.赵匡胤立的3条誓词是真的吗？

应当是真的。宋翰林学士、户部尚书、词人叶梦得的《避暑录话》中说，宋太祖在太庙寝殿的夹室内刻了一块誓约石碑，每当新皇继位，都须默诵誓词。公元1127年金兵攻占汴梁，确实见过此碑和碑上的3行誓词。碑高约七八尺，阔四尺余。宋太祖宽容柴家，善待士大夫，为后人所敬重。

6.赵匡胤施政，最受中国古代文人称颂的是什么？

一是施政"重文轻武"，剥夺或削弱了一些功臣和地方节度使的兵权，改派文官到地方执掌钱、粮实权。同级别文武官员都以文为尊，武官要向文官行礼，受文官监督。二是施政"不欲以言罪人"，誓言"不杀士大夫"。文人不会因诗文遭杀身之祸。整个宋朝，没杀过大臣和言官。更重视科举，进士能更快授官入职。

△笔者闲言

赵匡胤取代后周，黄袍加身后，没有对周室赶尽杀绝、斩草除根，而是善待柴家。这在他给后代的遗誓中已说得很清楚。对于7岁的周恭帝，他也是先留在宫中，封他为郑王，让他享受相应的待遇。3年后，让周恭帝移居房州（今湖北房县），并派自己的启蒙老师教导他，在他成人后让其娶妻生子。周恭帝去世后，赵匡胤穿素服，罢朝10日去致哀，又把他安葬在其父母周世宗的陵旁，赐谥号恭帝。所有这些，都证明赵匡胤还是很有人情味的。人们常说，"做事留一线，日后好相见"，赵匡胤在这点上算是做到了。所以，有人称他是"史上最不坏的皇帝"。

第四十一讲　无力回天的千古词帝李煜
——问君能有几多愁？恰似一江春水向东流

李煜的一辈子

李煜（937—978），初名从嘉，字重光，号钟山隐士、莲峰居士等，祖籍彭城（今江苏徐州铜山区）。五代时南唐最后一位国君，世称李后主，有"千古词帝"之称。

李煜是南唐元宗李璟第六子，4个哥哥早夭。显德六年（959），被立为太子的二哥李弘冀病逝，李煜被封吴王，以尚书令参与朝廷政事。北宋建隆二年（961），李璟惧强邻宋的侵犯，迁都洪州（今江西南昌），立李煜为太子，留在金陵（今江苏南京）监国。是

李煜画像

年六月，李璟殁于洪州。七月，李煜在金陵继位，改名为煜。同时，遣使入宋，向宋太祖赵匡胤表陈袭位之事。尊母钟氏为圣尊后，册封周氏为皇后。当时的南唐，由于多年战争，国家已严重积贫积弱。李煜虽不好政治，也不擅长政治，但为国家生存仍做了不少努力。对宋，依旧采用屈尊臣服之策，年年遣使向宋进贡，以求得南唐的苟安。在内政上，重视旧臣，凝聚人心，奖励军功，提振士气；减少税收，免徭役，与民生息；铸铁钱，改善货币流通环境，抑制物价飞涨；重视通过科举选拔人才，亲自参与命题考核，以确保人才遴选的公正。在军事方面，设置龙翔军，增添武备。客观地说，李煜虽沉溺于声色，但在国事上并非一无所为。不过，这一切都未能改变南唐灭

来自历史的人生报告
中国古代名人七十二讲

国的命运。开宝四年（971），宋灭南汉，扎军汉阳（今武汉市西南部），意图威慑南唐，让南唐不战自降。李煜大惧，急遣弟李从善入宋陈情，并自请去南唐国号，自己改称"江南国主"。宋太祖照准，但扣留了李从善。第二年，李煜进一步自贬原帝王礼仪，如改下"诏"为"教"、将中央机构改用地方机构名称等。开宝六年（973），李煜进一步表示愿被宋册封为爵，但宋太祖仍不许。开宝七年（974），宋太祖诏李煜入京，李煜胆怯称病不从，宋太祖即发兵10万南征，李煜以"唇亡齿寒"之理向吴越求助，遭拒。开宝八年（975），金陵被宋军围困，李煜一面固守城池，亲自巡城；一面求宋太祖缓兵，宋太祖以"卧榻之侧，岂容他人鼾睡"之语作答。开宝九年（976）正月，守了一年多的金陵城破，李煜被俘，南唐灭亡。旋即，李煜被送至宋京师汴京，宋太祖授其右千牛卫上将军、违命侯之称。是年，宋太祖崩，宋太宗继位，封李煜为陇西公。太平兴国三年（978）七月初七，李煜被宋太宗赐毒酒毒死，终年42岁。死后被追封吴王、追赠太师。

李煜喜诗词歌赋，不好政治。他在位15年，虽耽溺于声色，疏于政事，但也曾力图守业自保。比如，他忍辱向宋俯首称臣，岁岁进贡，为的就是让宋给南唐一条生路；他崇信佛教，是期天佑南唐。在宋兵临城下时，他也全力御敌。一些应对举措，如调洪州节度使兵马驰援、与吴越联络以图联合抗宋等，亦可圈可点。南唐灭亡的根本原因在于南唐与宋实力相差悬殊，且国家的统一是大势所趋。所以，李煜是无力回天的。

李煜为人敦厚、宽仁、懦弱，但文学造诣极高。他善诗文，工书画，精音律，尤长于填词。王国维说："词至李后主而眼界始大，感慨遂深，遂变伶工之词而为士大夫之词。""感动中国2020年度人物"叶嘉莹教授说："李后主的词是他对生活的敏锐而真切的体验，无论是享乐的欢愉，还是悲哀的痛苦，他都全身心地投入其间。"就词的内容与风格来说，李煜的词作可分为被俘前和被俘后两个时期。前期的作品，内容多写富贵奢靡、歌舞升平的宫廷生活和男女之间的风花雪月，题材狭窄，词风绮丽柔靡。后期作品多写沦为阶下囚后的屈辱生活和一个亡国之君的亡国之痛，以及对昔日帝王生活的追忆与对故国的留恋，情感凝重、凄切，词风悲凉如泣血，且极富艺术感染力。

毛泽东对李煜的评价是，南唐李后主虽多才多艺，但不抓政治，终于亡

第四十一讲　无力回天的千古词帝李煜

国。

李煜的归宿

李煜到底是怎么死的，正史无记载。现在的"毒死"之说来自宋王铚的《默记》，王铚是宋高宗建炎四年（1130）时的枢密院编修，此书内容多为正史不载的京师朝廷逸闻，且大多有据。《默记》中说，李煜被囚于宋时，宋太祖曾派李煜旧时的近臣徐铉去试探他。李煜见到徐铉时大哭，言语中透露出亡国之恨。徐铉据实回报，宋太祖不悦。太平兴国三年农历七月初七，正逢李煜生日，李煜让故妓吟唱新作《虞美人》，其中有"故国不堪回首月明中""小楼昨夜又东风"及"一江春水向东流"之句。宋太宗闻后大怒，即以李煜心存不满为借口，赐以牵机毒酒令其自尽。李煜死后葬于洛阳北邙山。而今，人们对李煜葬北邙山的说法普遍认可，虽有一些迁葬说，但无确凿依据。现在初步认定墓在今河南省孟津县朝阳镇后李村村北。这里地处北邙山腹地，村人都姓李，传是当年为李煜守墓之人的后裔。李煜墓是一座隆起的大土丘，当地人称"老坟台"，1949年10月前曾在此处找到一块刻有"吴王"的石碑。20世纪80年代，又找到石人、石羊各1对。2013年，经孟津县文物部门勘探，该墓主墓室约20平方米，墓穴内虽已无遗物，但墓穴年代确为唐末宋初，与李煜墓年代吻合。周边还挖出琉璃瓦和一段六棱雕花望柱以及一个头残的武士俑。专家断定这些全是李煜墓的地表建筑遗物。但亦有专家认为，据此还难以断定此墓就是李煜墓。

综合信息

△小知识

①龙翔军：君王特选的负责侍卫的军队。骑兵称龙翔军，步兵称虎步军。

②右千牛卫上将军：官名，从二品，掌侍卫宫禁及供御兵器仪仗等。但李煜的右千牛卫上将军只是虚衔，不是实职。

③违命侯：这是宋太祖特给李煜的封号，含讥讽侮辱之意。宋太祖曾召李煜入宋，但他托病违命不遵，故特意封其为"违命侯"。

△你问我答

1.李煜的家庭情况是怎样的?

祖父李昪(biàn),南唐前主,废南睿宗,自立为帝,定国号大唐,史称南唐,是为唐烈宗。父亲李璟,南唐中主;母亲兴穆皇后,李煜继位后尊为圣尊后。二哥李弘冀,太子;七弟李从善,封郑王,曾被宋扣留,后在宋任泰宁军节度使。皇后大周后、小周后。长子李仲富,在宋任右千牛卫大将军、郓州刺史;次子李仲宣,封宣城公。

2.李煜有哪些诗词名句值得品味、记诵?

①一片芳心千万绪,人间没个安排处。
②离恨恰如春草,更行更远还生。
③剪不断,理还乱,是离愁。别是一般滋味在心头。
④又见桐花发旧枝,一楼烟雨暮凄凄。
⑤问君能有几多愁,恰似一江春水向东流。
⑥胭脂泪,相留醉,几时重。自是人生长恨水长东。
⑦车如流水马如龙。花月正春风。
⑧无言独上西楼,月如钩。寂寞梧桐深院锁清秋。
⑨秋风多,雨相和,帘外芭蕉三两窠。夜长人奈何。
⑩风情渐老见春羞,到处芳魂感旧游。

3.李煜在书画方面有哪些突出成就?

李煜也是古代的书画名家,尤擅隶书、行书。他把王羲之、王献之父子的"撅、押、钩、格、抵"五个执笔动作的拨镫法(一说传自唐朝陆希声),增加"导、道"两个动作,发展成为七个执笔动作。独创了被后人称为"摄襟书"的书写方法和一种叫作"金错刀"的书体。还撰有《书述》《书评》两篇书法理论文章。在绘画方面,独创"铁钩锁"的画法,所作的山林、秀竹、飞鸟画尤为出色。宋宫廷曾收藏有李煜的行书名帖,画作九幅。

第四十一讲　无力回天的千古词帝李煜

4.李煜是被什么样的毒酒毒死的?

李煜是被一种名叫"牵机"的毒药毒死的。"牵机"是古代帝王赐死嫔妃、大臣时三种常用毒药之一。该药因死者死时头和脚蜷缩似牵机而得名，其原料为马钱子，服用者呼吸困难、抽搐而死，十分痛苦。

5.李煜入宋后被囚禁在哪里?

李煜入宋后到底被囚禁（准确地说是软禁）在哪里，史书上没有文字可查。现在有几种说法，但大抵也是猜测。有说太祖为他建了违侯府，用于软禁他；有说软禁在汴京城西，离城不远的地方；有说软禁在离宋朝皇宫不远的地方，以便监管；等等。

6.宋太祖与李煜的根本矛盾是什么?

宋太祖的根本目的是将南唐并入宋的版图，实现宋的一统天下。他扣留李煜之弟李从善，让其在宋任泰宁军节度使。他对李煜也想如此安排，即让李煜离开南唐，接受宋的官职，到宋做官。这是一种釜底抽薪的做法，可绝后患。而李煜的想法是可以为爵称臣，但不愿离开故国。所以宋太祖召他入宋，他违命不从（当然，他也是怕入宋遭害）。这是两人之间的根本矛盾，无法调和，以致李煜最终被害。

△笔者闲言

有人说李煜的死是自找的，他要是不写什么"故国不堪回首月明中"之类的词，不让宋太宗知道他还在怀念故国当年的帝王生活，就不会死了。笔者认为此说法有一定的道理，如后主刘禅降魏，封安乐县公，得善终。在司马昭问他是否想念蜀国时，他说这里生活很好，一点儿也不想。但后来又说自己想，因为祖先的坟墓在那里。司马昭觉得他说的是实话，合情合理，且刘禅的存在对他的政权不构成威胁，所以没有杀他。李煜则表现出一副心心念念故国的样子，这说明心有不甘，因而被赐死也就很自然了。聪明人知道死活，李煜在这一点上不够聪明。

第四十二讲 "宁鸣而死,不默而生"的范仲淹
——先天下之忧而忧,后天下之乐而乐

范仲淹的一辈子

范仲淹画像

范仲淹(989—1052),字希文,祖籍邠州(今陕西彬县),后移居吴县(今江苏苏州),北宋杰出的思想家、政治家、军事家、文学家。官至参知政事,谥号文正,世称范文正公。

范仲淹2岁时,父病亡,母子生活无依。无奈之下,母亲带着他改嫁在苏州为官的朱文翰,范仲淹亦改名为朱说(yuè)。自此至22岁,他在继父为官的江苏、湖南、安徽等地读书、生活。23岁时范仲淹知晓了自己的身世,当年辞母上应天府(今河南商丘)应天书院求学。27岁中进士,任广德(今安徽广德)军司理参军。自己有了薪俸,他便把母亲接到身边侍奉。两年后升文林郎,调任集庄(今安徽亳州)军节度推官。在此期间,他上表朝廷,并经本家族许可,重改名为范仲淹,字希文。范仲淹33岁调任泰州西溪(今江苏东台)盐仓监。三年后娶妻李氏成家,次年提升兴化县令。天圣四年(1026)八月,母亲去世,范仲淹辞官回应天府为母亲守丧。次年,受应天府留守晏殊之邀执掌应天府书院教席。范仲淹博学多才,治学严谨又热心时政,在应天府声誉鹊起。服丧期满后,经晏殊举荐,范仲淹入朝为秘阁校理。从此,也就踏进了北宋朝廷政治争斗的旋涡。之后的二十几年里,他

第四十二讲 "宁鸣而死,不默而生"的范仲淹

三次被贬。第一次发生在任秘阁校理的第二年,他因上书请章献太后罢垂帘听政,以还政于宋仁宗,触怒章献太后,被贬为河中府(今山西永济市西)通判。直至4年后太后崩天,宋仁宗才召其回京任右司谏。此时的宋仁宗后宫已有新欢,他欲废原由章献太后册封的郭皇后。而范仲淹引经据典,竭力反对。结果惹恼宋仁宗,第二次被贬出朝离京,谪为睦州(今浙江淳安)知州。两年后,宋仁宗重新起用他为国子监。不久,又擢吏部员外郎,权知开封府。此时的朝中,宰相吕夷简独霸朝政,培植亲信,结党营私。范仲淹上书弹劾,却遭吕夷简反诬,说范仲淹"荐引朋党,离间君臣"。结果,范仲淹第三次被贬,远谪为饶州(今江西鄱阳)知州。49岁知润州(今江苏镇江),50岁知越州(今浙江绍兴),52岁任陕西都转运使,为防御西夏做出了贡献。庆历四年(1044),范仲淹56岁时回朝任枢密副使。是年八月,他官拜参知政事(副宰相)。不久,范仲淹联合富弼、韩琦两位朝廷重臣,开始推行以整改吏治、节约财政为主要内容的"庆历新政"。但新政很快遭到贵族官僚的非议和阻挠,仅实施了一年零四个月,即遭失败。范仲淹自请去职知邠州。庆历五年(1045)八月,范仲淹知邠州,后知邓州(今河南邓州)。他在知邓州期间,作融写景、叙事、议论于一体的千古名篇《岳阳楼记》。接着知杭州8年,然后知青州(今山东青州)。皇祐四年(1052),64岁的范仲淹从青州(今山东青州)抱病移任知颍州(今安徽阜阳)。在途经徐州时溘然长逝,终年64岁。宋仁宗追赠其为兵部尚书,谥号文正。

范仲淹耿介正直、无畏权势,三次被贬,全因秉公直言。梅尧臣曾作《灵乌赋》寄给他,告诫他应缄默不语、少管闲事,以保家人平安。他却说:"宁鸣而死,不默而生。"他这种为国家、道义宁折不弯、义无反顾的精神令人油然而生敬意。

范仲淹在地方为官,勤政爱民,甚受拥戴。后人把他在泰州任上筑的海堤誉称为"范公堤",在知润州期间建的桥称为"范公桥"。他知杭州时,用"荒政三策",助杭州百姓渡过了严重的饥荒。他还自己出资设立范氏义庄,周济范氏贫困子孙。

在文学方面,范仲淹是北宋诗文改革的倡导者和实践者,现有《范文正全集》传世。他的名言"先天下之忧而忧,后天下之乐而乐"传扬天下,一直被世人奉为为人处世的信条。朱熹称赞范仲淹是"有史以来天地间第一

流人物"。《宋史》中对范仲淹的评价是："自古一代帝王之兴，必有一代名世之臣，宋有仲淹诸贤，无愧于此。仲淹初在制中，遗宰相书，极论天下事，他日为政，尽行其言……然先忧后乐之志，海内固已信其有弘毅之器……岂让古人哉！"

范仲淹的归宿

范仲淹墓位于河南省伊川县彭婆镇许营村万安山南侧，距洛阳25千米，距伊川县城17千米。该处北依万安山，南傍曲水河，东临九龙山，西望龙门山，是河南难得的形胜之地。墓园面积60余亩，古柏葱茏，地势平坦，有山门、祠堂、牌楼、墓冢、碑、碑刻、石坊、石羊、石马、石狮、石翁仲等建筑。墓园分前域和后域。祠堂、飨堂、牌楼、范仲淹墓、范仲淹母亲墓和范仲淹长子墓在前域。前域享堂内匾额上的"以道自任"4个字为清光绪皇帝所题。祠堂两侧、范仲淹墓冢前碑牌楼中的神道碑高4米多，宽约1.5米。碑额正中是宋仁宗亲书的"褒贤之碑"4个字。碑文由北宋政治家、文学家欧阳修撰写，着重概述了范仲淹一生的事迹，由北宋翰林学士、范仲淹友人王洙用隶书书写于碑上。此碑是非常珍贵的历史文物。范仲淹墓为圆形土丘，高4.5米，周长30米。墓碑为清雍正五年（1727）河南知府所立，上书"宋参知政事范文正公墓"10个字。后域依次是次子范纯仁、三子范纯礼、四子范纯粹之墓。子后为孙辈。一般的家族墓葬通常小辈墓在前，长辈墓在后，而范仲淹的家族墓葬正好相反。范仲淹墓园没有一般墓园都有的石供桌之类的设施，给人的感觉是简单、简朴、平常，犹如范仲淹之为人。

现在的范仲淹墓园是全国重点文物保护单位。

综合信息

△小知识

①（广德）军司理参军：军，宋时设立的相当于州一级的地方机构。能够称为"军"的，往往是军事重镇。司理参军，军一级机构中执掌刑讼方面事务的职官。

②盐仓监、文林郎：盐仓，储盐的仓库。盐仓监是督察盐仓盐税、监处

第四十二讲 "宁鸣而死，不默而生"的范仲淹

盐仓政务的官员，从八品。文林郎不是职务，是散官，没有实职，是用来定级别的。宋时为从九品上。

③枢密副使：枢密院的副长官。枢密院在宋时是朝廷掌管军事的参谋机构。

④知州、知府：官名。知州与知府同级。一般重要的州称为"府"，如宋时的开封。"知"是主持、主管的意思。

⑤以道自任：以天下为己任的意思。这是清光绪帝对范仲淹"先天下之忧而忧，后天下之乐而乐"精神的概括和褒扬。

1.范仲淹的家庭情况是怎样的？

范仲淹的曾祖范梦龄和祖父范赞都曾在吴越为官。祖父曾为秘书监。生父范墉随吴越王钱俶归宋，曾任武宁军节度掌书记；继父朱文翰，曾任平江推官；母亲谢氏。长子范纯佑，曾为监主簿、司竹监；次子范纯仁，曾为北宋宰相；三子范纯礼，官至礼部尚书；四子范纯粹，官至户部侍郎。

2.范仲淹有哪些经典名言值得品味、记诵？

①家贫志不移，贪读如饥渴。
②不以物喜，不以己悲。
③居庙堂之高则忧其民，处江湖之远则忧其君。
④先天下之忧而忧，后天下之乐而乐。
⑤后人收得休欢喜，还有收人在后头。
⑥教易为善，善而人正，国之所以治。
⑦宁鸣而死，不默而生。
⑧圣人无常心，以百姓心为心。
⑨不以毁誉累其心，不以宠辱更其守。
⑩少壮由来须努力，篆铭锺鼎古何人。

3.范仲淹的墓怎么会建在河南？

范仲淹老家江苏吴县，为什么他的墓在河南？据说是因为范母改嫁朱文翰，不能与范仲淹生父范墉合葬。但若葬在朱家坟地，范仲淹已改回范

姓，母子二人就不能葬在一起。范仲淹到应天府讲学时路过伊川，去拜谒唐朝名相姚崇墓。范仲淹母子情形与姚崇母子类似。受此启发，他就把自己的墓与母亲的墓，像姚崇母子那样，建在河南伊川（姚崇墓与范仲淹墓相距仅300米）。

4.宋仁宗时，章献太后垂帘听政是怎么回事？

宋仁宗登基时才12岁，皇后刘娥升为皇太后（章献太后），因而皇太后垂帘听政。其实，刘娥并不是宋仁宗的生母，但宋仁宗年幼并不知情。刘娥有才干，也很强势。范仲淹上书提请皇太后还政于宋仁宗那一年，宋仁宗已19岁，但皇太后仍掌朝政，即垂帘听政。

5.范仲淹"划粥断齑"是怎么回事？

"划粥断齑"讲的是范仲淹青年时期刻苦读书的故事。齑，指细碎的腌菜之类的东西。故事讲范仲淹21岁时，在继父的友人安排下在山东淄州邹平青阳醴泉寺读书，生活极其艰苦，每天只煮一锅粥，等凉了以后划成4块。一天吃两餐，每餐取两块，再把腌菜分些出来当蔬菜食用。

△笔者闲言

古代像范仲淹这样为道义秉公直言遭祸的官吏还不少。如唐宰相武元衡遇刺身亡，白居易上书要求从速缉捕凶手，被贬为江州司马；欧阳修为范仲淹第三次被贬上书申辩，被贬为滁州太守……就自身得失而言，这样的举动，无半点好处。但反过来想，要是人人都明哲保身，那社会将变成什么样子？好在总有像范仲淹那样"宁鸣而死，不默而生"的人挺身而出。他们以自己的浩然正气对抗邪恶，为社会伸张正义。社会因他们，才有了不朽的公平正义。

第四十三讲　铁面无私的"包青天"包拯
——清心为治本，直道是身谋

包拯的一辈子

包拯（999—1062），字希仁，号文正，谥号孝肃，庙号兼济，庐州合肥（今安徽合肥肥东）人。北宋名臣，以清正廉洁、不畏权势、疾恶如仇、铁面无私、善断案狱著称于世。

包拯少时曾在安徽合肥南城外一个叫壕水中的地方读书。宋仁宗天圣五年（1027）中进士。初授大理评事，知建昌县（今江西永修县）。当时，父母都已年迈，为尽孝照顾父母，包拯要求

包拯画像

在家乡附近为官，朝廷改授其为和州（今安徽和县）监税。和县虽与家乡肥东相邻，父母还是不乐意，包拯便辞官回家照顾父母。景祐四年（1037），因父母业已相继去世，包拯才离开家乡，就任天长（今安徽天长）知县。康定元年（1040）十二月，包拯徙知端州（今广东肇庆）。当时，端州百姓用水不便，需至江中汲水，包拯便在城内修井7口，深受百姓称赞，后百姓将这些井称为"包公井"。端州产名砚，年年进贡。历任官员均借进贡谋私，或私送京中权贵，为仕途晋升铺路。而包拯严格按照贡数制作，从不私拿一砚。庆历二年（1042）冬，包拯端州任满，入朝任勾当京东排岸司官，离任时亦未带走一砚，其廉洁由此可见一斑。后面几年，包拯先后任过殿中丞、监察御史里行、监察御史、三司户部判官、京东路转运使、陕西转运使、工部员外郎、刑部员外郎、直集贤院等职官。51岁以后，包拯担任过天章阁待

制、龙图阁直学士、扬州知州、刑部郎中、江宁府知府、权知开封府、右谏议大夫、提点刑狱公事、枢密直学士、给事中、礼部郎中、枢密副使等职官。包拯在地方为官，清廉刚正；体恤百姓，以百姓利益为重，敢为百姓做主；守职勤政，颇得百姓爱戴。他上疏宋仁宗设天下义仓，为百姓济困；上疏减轻百姓赋税，为陈州（今河南周口市）和江、浙一带的灾民放粮。庆历二年（1042），朝廷对食盐实行官营专卖制度，一时带来很多弊端，百姓叫苦连天。包拯为民做主，如实上书宋仁宗，及时改进做法，使国家和百姓的利益得到兼顾。包拯这种唯实不唯上的品质为民众所称赞。包拯在朝中做官时，特别是在权知开封府期间，刚正不阿、铁面无私，执法严峻、不畏权贵，被百姓誉为铁面无私的包青天。宋仁宗亲信太监阎士良、宋仁宗宠妃张氏的伯父张尧佐、按察使张可久、数度担任转运使的王逵以及宰相宋庠等权贵、高官，都因贪赃枉法被包拯弹劾罢官。包拯亦因此被百姓戏称为"包弹"（即凡官吏有玷缺者，必遭包拯弹劾丢官的意思），亦有"关节不到，有阎罗老包"一说。与此同时，他也严格要求亲友遵纪守法。在他55岁时，曾明示"亲旧有扰官府者，绳之以法"。

宋嘉祐七年（1062）五月二十四日，包拯在北宋京城开封病逝，享年64岁。宋仁宗亲临吊唁，并追赠其为礼部尚书，谥号孝肃。

包拯传世的文字有《包孝肃奏议》10卷。

包拯为人忠实厚道，为官公正、不徇私情，几乎没有私交，其生活如普通百姓一样。据说包拯去世时，朝野震惊，全城哀悼。史书中说，"京师吏民，莫不感伤；叹息之声，闻于衢路"。

包拯的归宿

河南省巩义市芝四镇后泉沟村岭上有一座包拯墓。此墓位于北宋皇陵区域，离宋真宗永定陵约1千米，距宋真宗杨、刘后妃墓仅数百米，与宋宰相（同平章事）寇准墓遥遥相对。据说这座包拯墓是皇陵区的陪葬墓之一，墓高5米，周长20米，坐北朝南，墓前的墓碑上刻着"宋丞相孝肃包公墓"，墓碑高2.67米，为清康熙年间所立。墓前神道两侧立有望柱、石羊、石虎等石雕。修订于明嘉靖年间的《巩义县志》中也有包公墓"在巩县两宋陵中"的说法。此墓现为全国重点文物保护单位。

第四十三讲 铁面无私的"包青天"包拯

包拯老家安徽省合肥市肥东县解集乡包村也有一处包拯墓地。1973年，该处建钢厂时，曾对此墓进行过抢救性发掘，共发掘出包拯及其家属坟墓12座。其中砖室墓4座、土坑墓8座。出土墓志及瓷器、银器等陪葬品50余件，还有35块尸骨和十二时辰俑1个（宋制规定只有二级官员的墓葬才能使用十二时辰俑，这与包拯身份相符）。包拯的墓志有3000余字，不仅有对包拯生平事迹的记录，还有对包拯去世时间及灵柩运回合肥经过的记叙。出土的尸骨，经鉴定，认为确系包拯遗骨，据此，专家确认这座包拯墓是包拯真墓。现在，包拯的35块遗骨，15块保存在安徽省博物馆，20块安放在重建的包拯墓中。重建的包拯墓园位于合肥市内河东南畔，占地3公顷，墓园分主墓区、附墓区和管理区三部分，包拯墓在主墓区内，墓为覆斗形。新建的包拯墓园格调别致、庄严肃穆，现为安徽省重点文物保护单位、国家4A级旅游景区。

综合信息

△小知识

①权知开封府：暂时代替开封府（尹）。权，暂时代替。尹，宋代官名。开封府尹，开封府的行政长官。北宋时的开封府尹是太子历练之位，多由太子即储君担任。故大臣任此职，只能是"权"，即暂时代替。

②礼部尚书：正三品，或为从二品，掌朝廷礼仪、祭祀、科举、外事等。宋代的尚书并非实职。

③大理评事：大理寺寺丞的属官，掌断狱。大理寺是全国最高司法机构，掌监察百官、复审刑狱等事务。寺丞为正三品。评事在宋代为正八品。

④提点刑狱公事：简称提刑官，是提点刑狱司的长官。"提点"是负责、主管的意思。

⑤监察御史里行：唐始设最高监察机构御史台。御史台下分3院，即侍御台主台院、殿中侍御史主殿院、监察御史主察院。资历浅的官员任御史，后加"里行"2字。

⑥龙图阁直学士：宋朝官职名，从三品，是一种虚衔，荣誉称号，属于"加官"，即官员在本职之外加领的另一种官衔。无具体职责，皇帝出入备侍、备顾问，但享受高官阶的优待。龙图阁是宋真宗兴建用于纪念宋太宗的

宫殿，专门收藏太宗御书、文集、典籍、图画及宝瑞之物等。然后设置主管此阁的官，如直学士、直阁等，后朝多仿效。

△你问我答

1.包拯的家庭情况是怎样的？

祖父包士通，当过学馆的塾师，赠太子太傅；祖母宣氏，赠冯阳郡太夫人。父亲包令仪，24岁时进士及第，官至刑部侍郎，赠太保；母亲张氏。妻子原配李氏早年去世，继室董氏，妾孙氏。包拯有2子2女，长子早卒，次子名包绶。

2.包拯有哪些经典名言名句值得品味、记诵？

①秀干终成栋，精钢不作钩。
②常格不破，人才难得。
③廉者，民之表也；贪者，民之贼也。
④清心为治本，直道是身谋。
⑤贪污受贿，此弊不去，为患浸深。
⑥拱默取容，以徇一身之利者，亦当罢而去之。
⑦挺然尽心，敢任天下之责者，即当委而付之。

3.包拯因何被称为"包公"？

"公"是宋朝对权贵和有名望人士的尊称，故称包拯为"包公"。

4.包拯真的是黑脸且额头上有月牙吗？

不是真的，是艺术虚构。黑色，代表正直、刚强、铁面无私。额上月牙，寓意清正廉洁、明察秋毫。

5.包拯铡驸马陈世美和侄子包勉是真的吗？

不是真的，是虚拟的戏剧故事。

第四十三讲　铁面无私的"包青天"包拯

6.包拯手下真的有张龙、赵虎、王朝、马汉这些人吗？

没有，这些都是小说中虚构的人物。

7.为何包拯墓碑上把包拯称为"丞相"？

包拯当过枢密院副使，枢密院是最高国务机构之一，职权与丞相大致相当，故称之。

8.包拯在开封府当过几年府尹？

包拯是嘉祐元年（1056）六月卸任江宁（今江苏南京）知府，十二月进右司郎中，权知开封府的。嘉祐三年（1058）六月迁右谏议大夫，权御史中丞兼理检使。实际在开封府当官仅两年，他之后是欧阳修权知开封府。

△笔者闲言

戏剧舞台上有关包公的戏很多，如《铡包勉》《铡美案》《铡国舅》《铡郭槐》《二探阴山》等，其实全都是子虚乌有。因何如此？脸上贴金是也！旨在突出包拯的刚正不阿、铁面无私。本来，往脸上贴金被人视为是一种不好的行为，在此处则不然。所以，情感是个怪东西，它有时会让明明白白的是非模糊起来。就像给包公脸上贴金，大家都不觉得有什么不妥。这说明情感有好恶，而是非不是绝对的，是相对客观的，是非一旦被好恶左右，那就会出问题了。

第四十四讲 谥号"文忠"的醉翁欧阳修
——醉翁之意不在酒，在乎山水之间也

欧阳修的一辈子

欧阳修画像

欧阳修（1007—1072），字永叔，号醉翁，晚号六一居士，吉州永丰（今江西永丰）人，北宋政治家、文学家、史学家，"唐宋八大家"之一。

欧阳修3岁时，在泰州任军事判官的父亲不幸去世，母亲郑氏无依无靠，只好带着他和出生不久的妹妹投靠时任随州推官的叔父。欧阳修天资聪颖、勤奋好学。家贫，买不起纸、笔，母亲便用芦秆作笔在沙地上写字教他识字、写字。年纪稍大些，母亲又让他读前人的诗文，并学着作诗、写文。后来，叔父到阆州、江陵为官，欧阳修母子三人也跟着在叔父为官的地方生活。10岁时，欧阳修偶得《昌黎先生文集》6卷，如获至宝。此后，其诗文大有长进，写出来的文章犹如成人一样。17岁参加随州州试，他很快交卷，却因诗文个别韵脚不合规定意外落榜。几年后，他在开封府国子监广文馆试、国学解试和礼部省试中均为魁首，但最后因为锋芒太露，只中了进士，未能夺得状元。随后，授秘书省校书郎，充任洛阳留守推官。同年，娶恩师胥偃女为妻。三年后改授宣德郎，从洛阳返京都开封参与《崇文总目》一书的编写。景祐三年（1036），范仲淹因上书呼吁改革，被诬"越职言事"遭贬，欧阳修为此事写《与高司谏书》一文，斥责谏

第四十四讲　谥号"文忠"的醉翁欧阳修

官高若讷不守为官之道，贬范仲淹乃是非颠倒之举。结果，欧阳修自己亦被赶出京城谪为夷陵（今湖北宜昌）县令。4年后，欧阳修回京任馆阁校勘。3年后升任知制诰（替皇帝草拟文书的官）。庆历五年（1045），范仲淹推行"庆历新政"失败遭贬，欧阳修因参与改革，又为范仲淹上书皇帝申辩，加上受人诬陷的"甥女案"亦再次遭贬谪离京。先后在滁州、颍州（今安徽阜阳）等地当地方官。脍炙人口的《醉翁亭记》就写于他在滁州任太守时。到了皇祐元年（1049），在地方上待了4年之久的欧阳修重新被皇上召回京城开封，先做翰林学士，再当礼部郎中。在此期间，他与宋祈共同编写《新唐书》，自编《新五代史》。嘉祐二年（1057）二月，51岁的欧阳修主持了科举最高级别的进士考试。苏轼、苏辙、曾巩都在此次考试中中了进士。嘉祐五年（1060），欧阳修官拜枢密副使。第二年升任参知政事（宰相的别称）。后又相继任过刑部尚书、兵部尚书等职。在59岁前后的这些年，欧阳修愤于他人诽谤，几度向皇帝请辞却未获恩准。熙宁四年（1071），65岁的欧阳修终于获准致仕，移居颍州。次年在颍州家中去世，获赠太子太师，谥文忠，追封兖国公。

欧阳修身居高位，坚守大节，心胸豁达，奖掖后世，使一大批默默无闻但有真才实学的青年才俊脱颖而出，他是真正的伯乐。他不守旧而图新，倡导清新简朴的文风，是北宋诗文革新运动的领袖。他在诗、词、文方面都成就斐然。其独撰的《新五代史》在史书的编撰方法上有开创性的建树。

苏轼对欧阳修的评价是：论大道似韩愈，论事似陆贽，记事似司马迁，诗赋似李白。

朱熹说："欧阳公作字如其为人，外若优游，中实刚劲。"

欧阳修的归宿

欧阳修墓位于河南省新郑市辛店镇欧阳寺村北，是宋熙宁八年（1075）朝廷赐葬于此的（河南通许县也有一处欧阳修墓，"文革"时被毁。一般认为该墓是欧阳修的衣冠冢）。墓地中还葬有欧阳修的祖母、欧阳修的第三任妻子、4个儿子及2个孙子。清乾隆年间，欧阳修墓前还增建了欧阳修祠堂。但原陵园，包括欧阳修祠堂，在"文革"时遭到毁坏，现在已经基本修复，统称忠公陵园。2006年，忠公陵园被列为全国重点文物保护单位。陵园占地

1万多平方米，四周建有朱红色的高大围墙，大门门楣处写着"欧阳文忠公祠"6个字。进入大门，依次是前院、中殿、大殿（大殿两侧是东西配殿）和墓冢（实际上是欧阳修的家属墓葬群）。门内有两座仿宋亭子，一座叫丰乐亭，一座叫醉翁亭，都是纪念性质的建筑。前园两侧，一侧是一口古井，一侧是"欧母教子"的一组塑像。中殿内矗立的宋太师欧阳文忠公之墓神道碑，是明代的古物。苏轼、苏辙、曾巩、王安石这几个北宋文坛大家的祭文石刻也展示在中殿内。大殿也称拜殿，是祭奠的场所，正中安放着欧阳修的官服坐像。西配殿是欧阳修的生平简介壁画。东配殿中尤为珍贵的是苏轼草书的《醉翁亭记》真迹石刻。穿过大殿，就是欧阳修和夫人薛氏同茔异穴的合葬墓，墓高约15米，墓前的两块墓碑上分别写着"宋太师欧阳文忠公之墓"和"宋安康太夫人之墓"。苏轼曾给欧阳修写过两篇祭文。欧阳修的墓志铭则是北宋政治家、词人韩琦写的，原物在何处不详。

综合信息

△小知识

①留守推官：职权各朝不尽相同。宋的留守推官，指京都或陪都或军事重镇长官的高级秘书。

②宣德郎：文散官，宋朝为正七品。散官，隋朝始用的表示官员类别的称号，有官名，无实职实权。有实职实权的叫职事官。

③太子太师：古代官职名，多为虚衔，无实职，主要用于追赠死去的重臣。

④国子监：中国古代负责教育的国家最高管理机构和最高学府，西晋时设立，但名称和职能各朝并不一致。西晋叫国子学，隋朝改为国子监。有的朝代仅作国家的教育管理机构，有的朝代兼为国家最高学府。

△你问我答

1.欧阳修的家庭情况是怎样的？

祖父欧阳偃，因耻于科举，从未应试，曾任南京街院判官，赠太师、中

第四十四讲　谥号"文忠"的醉翁欧阳修

书令兼尚书令。父亲欧阳观，进士，官至泰州（今江苏泰州市）判官（府的副职），追封崇国公；母亲郑氏，追封魏国太夫人。第一任妻子胥氏；第二任妻子杨氏；第三任妻子薛氏。妹妹姓名不详。4个儿子分别是欧阳发、欧阳奕、欧阳棐、欧阳辩。

2.欧阳修有哪些经典名言名句值得品味、记诵？

①忧劳可以兴国，逸豫可以亡身，自然之理也。
②君子与君子以同道为朋，小人与小人以同利为朋。
③醉翁之意不在酒，在乎山水之间也。
④月上柳梢头，人约黄昏后。
⑤人生自是有情痴，此恨不关风与月。
⑥法施于人，虽小必慎。
⑦宁以义死，不苟幸生，而视死如归。
⑧离愁渐远渐无穷，迢迢不断如春水。
⑨总是当时携手处，游遍芳丛。聚散苦匆匆。
⑩花似伊，柳似伊。花柳青春人别离。低头双泪垂。

3.欧阳修晚年自号六一居士，有何含义？

欧阳修自言："吾集古录一千卷，藏书一万卷，有琴一张，有棋一局，而常置酒一壶，吾老于其间，是为六一。"故自号六一居士。

4.欧阳修的桃色事件是怎么回事？

一是欧阳修的外甥女（与欧阳修并无血缘关系）犯案被抓，据说为脱罪，在欧阳修政敌唆使下，诬与欧阳修有染，后查无实据。二是晚年时政敌以两首词作依据诬欧阳修与儿媳妇不轨，后查实为诬陷，政敌被惩处。

5.欧阳修的谥号"文忠"有什么含义？

谥号是古人死后对其生前品行事迹所做评价的称号。欧阳修身为北宋大臣，他的谥号"文忠"是朝廷给予的。但这个称号，并不只属于欧阳修一个人，有相同品行事迹的人，理论上来说都可以获此谥号。"文"的含义广泛，如经纬天地曰文，道德博闻曰文，慈惠爱民曰文，勤学好问曰文，德美才秀曰文等。"忠"的含义也十分广泛，如危身奉上曰忠，虑国忘家曰忠，让贤尽诚曰忠，危身利国曰忠，安居不念曰忠等。

△笔者闲言

　　欧阳修学识渊博、人格高尚，尤为可贵的是心胸宽大、唯才提举、慧眼识珠，热忱提携有真才实学的后生。"唐宋八大家"中的苏洵、苏轼、苏辙、王安石、曾巩均出自他的门下，包拯、韩琦、文彦博、司马光亦得到过他的推荐。此外，大儒程颢、张载等也受到过他的垂青。他是真正的旷世伯乐，桃李满天下。荣谥"文忠"，实至名归。事实上，识才是一回事，荐才是另一回事。识才靠眼光，荐才靠心胸、使命感、责任感。私心重、妒嫉心强的，不但不会荐才，甚至还会害才、谋才。欧阳修既识才，又热心荐才，可谓高山仰止、景行行止。

第四十五讲　竖《资治通鉴》丰碑的司马光
——天地之功不可仓卒，艰难之业当累日月

司马光的一辈子

司马光（1019—1086），字君实，号迂叟，陕州夏县涑水乡（今属山西夏县）人，北宋名臣，政治家、史学家、文学家。死后追封"温国公"。

司马光出生于其父时任县令的光州光山县（今河南光山），故以"光"为名。6岁起，父兄教他读书写字。7岁随父到河南府（今河南洛阳）入府学读书。他那时已"凛然如成人，闻讲《左氏春秋》，爱之，退为家人讲，即了其大旨"。这一年，小小年纪的他"砸缸救人"，传为美谈。8~11岁，司马

司马光画像

光就学于国子监。12~19岁，其父先后到耀州（今陕西铜川耀州区）、利州（今四川广元利州）等地为官，司马光跟随在侧。宝元元年（1038），19岁的司马光中进士甲科第六名。是年，他出任华州（今陕西渭南华州）判官。三年后父亲去世，司马光回家丁忧三年。25岁返朝任宣德郎。不久，权知丰城（今属江西南昌）县事。三年后奉诏回京，先任大理评事，后任国子直讲。35岁改任殿中丞；接着改任史馆检讨，掌修纂国史。次年调出京城，到郓州（今山东郓城县境内）任典学（管理州国学庶务的职官），接着任郓州

通判。嘉祐二年（1057），因在抗击西夏一事上行事与朝廷不合，被贬为太常博士（八品）。但无论调到何处，任什么官，司马光总是勤勤恳恳，努力把分内事情做好。嘉祐三年（1058），司马光被调回京城任直秘阁、判吏部南曹，旋又升任开封府推官，掌狱讼之事。嘉祐五年（1060），获掌全国财政，因业绩卓著，两年后迁起居舍人兼谏官，受到了宋仁宗的高度信任与重用。嘉祐八年（1063），宋仁宗崩，宋英宗继位，把司马光升职为龙图阁直学士（正三品）。治平三年（1066），司马光向宋英宗呈初成的《通志》，受嘉许，令续修。治平四年（1067），宋英宗驾崩，赵顼即位，是为宋神宗。宋神宗授司马光翰林学士兼御史中丞（丞相之下，主管监察、弹劾之官），并亲自为《通志》作序，赐书名《资治通鉴》。熙宁二年（1069），王安石任参知政事，实施变法。司马光坚持"祖宗之法不可改"，竭力反对变法。为此，王安石撰了著名的《答司马谏议书》一文予以驳斥。熙宁四年（1071），宋神宗为安抚司马光，欲提升他为枢密副使（正二品，掌中枢机密，传达皇帝诏旨），司马光坚拒不受，并要求到永兴（今西安）当地方官。司马光在当了一年的西京（今洛阳）留守之后，旋卸职退居洛阳专心编纂《资治通鉴》。元丰七年（1084），司马光66岁，修成《资治通鉴》全书，并将之进呈宋神宗，得升资政殿学士。元丰八年（1085）三月，宋神宗崩。10岁的宋哲宗即位，太皇太后垂帘听政，召见司马光。司马光提议废止新法，"母改子政"。同年，宋哲宗加授司马光为通议大夫、录门下侍郎。元祐元年（1086），68岁的司马光升尚书左仆射（首相）兼门下侍郎。他倾注全部精力，从人事、政策等方面，彻底清除王安石的新法及其影响。是年八月，因年迈且过度劳累，司马光病倒，于九月去世，追赠太师、温国公，谥号文正。

司马光一辈子勤奋好学，处事持重，为人诚实、正直，对国事勤勤恳恳。他的著作极多。他编纂的《资治通鉴》是我国第一部编年体通史，共294卷，记载了从战国到五代时期长达1362年的中国历史，且史料翔实、文笔简洁，被誉为一部与司马迁《史记》并列的史学不朽巨著。他与王安石原是友人，后因政见不同绝交。但他们掌政的目标一致，都是为实现宋朝的强盛，只是两人为达成这一目标所主张的国策、手段不同。相对来说，王安石激进一些，司马光保守一些。

第四十五讲　竖《资治通鉴》丰碑的司马光

司马光的归宿

司马光的墓在他的故乡，即今山西省运城市夏县水头镇小晁村北侧。墓园占地百余亩，分墓地、温公祠和余庆禅院三部分。温公祠居中，该祠建于宋代，祠前殿称"杏花碑亭"。原碑由宋哲宗御写题额，苏轼撰文并书。现碑为明代照宋碑刻制，碑首为宋代原物，题有宋哲宗亲书的"精忠粹德之碑"6个大字。碑高7.33米，有"三晋第一碑"之称。祠堂正殿是司马光大殿，殿中正面是司马光石刻人像，四周墙壁上挂着反映司马光一生功绩的彩画。后殿供奉着司马光四代先祖的塑像。司马光墓地位于祠堂左侧，此处是司马光的家属墓地，除司马光墓外，还有其父兄等多位家人的墓茔。大的墓有5座，由东而西，司马光墓居中间显著的位置。所有坟茔都是圆形土堆，封土上长满草木，其中司马诸、司马浩等3人的碑文都是由司马光亲自撰写的。墓地神道两侧侍立的石人、石兽是宋代原物。位于温公祠右侧的余庆禅院始建于宋治平二年（1065），初名余庆寺，元丰八年（1085）宋神宗赐名余庆禅院。院内的大雄宝殿面阔5间，十分气派。现在的司马光墓园是全国重点文物保护单位、国家4A级旅游景区。

综合信息

△小知识

①进士甲科：进士，指在科举考试的殿试中考上的人。甲科，原指科举考试的科目，后指科举考试。"进士甲科"的意思是科举考试中了进士。

②宣德郎：文散官，宋时为正七品。

③太常博士：官名，太常寺是古代掌祭祀之事的官署。太常博士，正七品，掌朝廷祭祀之类的事务。

④禅院：佛教寺院的一种，是供禅宗佛教徒参禅悟道修行的地方。由于禅宗有5个宗派，因而即使同是禅院，修行方式亦不完全相同。所以，院内的建筑、布局亦有差异。

△你问我答

1.司马光的家庭情况是怎样的?

司马光的远祖是西晋皇族平献王司马孚。四世祖、曾祖父都是布衣。祖父司马炫进士出身,当过县令;祖母是皇甫氏。父亲司马池,官至兵部郎中、天章阁待制。妻子是张氏。司马光没有子女。

2.司马光有哪些名言名句值得品味、记诵?

①与其得小人,不如交愚人。
②家贫则思良妻,国乱则思良相。
③正心以为本,修身以为基。
④相见争如不见,有情何似无情。
⑤更无柳絮因风起,惟有葵花向日倾。
⑥家庭和睦之道:忍忍忍。
⑦小事不糊涂之谓能,大事不糊涂之谓才。
⑧君子多欲则贪慕富贵,枉道速祸;小人多欲则多求妄用,败家丧身。
⑨怎不教人易老,多少离愁,散在天涯。
⑩知足随缘处处安,一身温饱不为难。

3.《资治通鉴》这个书名是什么意思?

司马光最初写好的是战国至秦的这段历史,共8卷,取名《通志》。呈英宗阅后,下旨专设机构,拨专款,让其续写。全书编成后呈神宗,神宗认为此书"有鉴于往事,以资于治道",故赐书名《资治通鉴》并作序。"资",用于、用以、提供的意思。"治",治理。"通鉴"意为通用的,可广泛使用、借鉴的。

4.司马光为什么被追封为温国公?

据说司马光祖上原为河内(郡)(今河南沁阳)司马氏,河内郡在周代属诸侯国温国。故以郡望封爵,追封其为温国公。

第四十五讲　竖《资治通鉴》丰碑的司马光

5.司马光为什么没有子女？

司马光的妻子张氏一直没有生育，便主张司马光纳妾，并亲自为司马光选了美女，但司马光拒绝纳妾，因而他没有子女。

△笔者闲言

司马光一辈子端端正正：端端正正做人，端端正正做事，端端正正做官。不妄语，不淫邪，不花天酒地，不贪赃枉法，一辈子循规蹈矩。有人说，司马光"堪称儒学教化下的典范"。遗憾的是，有时候他所认为的"端正"，如"祖宗之法不可变"并非就是端正。更要命的是，他还用这种"端正"讨伐别人，反对社会变革。人们常说："金无足赤，人无完人。"看来，孩童时就"砸缸救人"的司马光，亦同样如此。

第四十六讲 北宋政治家、改革家王安石
——自古驱民在信诚,一言为重百金轻

王安石的一辈子

王安石画像

王安石(1021—1086),字介甫,号半山,抚州临川(今江西抚州临川)人,北宋政治家、思想家、改革家、文学家,"唐宋八大家"之一。封荆国公,世称"荆公"。

王安石出身仕宦家庭,从小聪明,酷爱读书。10岁后随做官的父亲在福州(今广东韶关)、汴梁(今河南开封)和江宁(今江苏南京)等地生活、读书,对北宋社会有一定认识,逐渐有了"矫世变俗"的想法,并立志做一个对社会有贡献的人。19岁时,父亲去世,王安石读书更加用功,22岁中进士第四。随即任淮南(今江苏扬州)节度判官。26岁知鄞县(今浙江宁波鄞州)。在任期间,整治河湖,兴修水利,建鄞县县学;青黄不接时,贷谷于民,为百姓济困,深受百姓爱戴。31岁调任舒州(今安徽潜山)通判。由于政绩突出,欧阳修等人举荐他入朝为官,但他推辞不就,坚持在地方上做官。37岁知常州,38岁调为江州(路)提点刑狱(衙门在饶州,即今江西上饶)。同年十月被朝廷召回,进京任度支判官。任职后,他上书宋仁宗,主张变更天下之弊法,以改变北宋长期积贫积弱的局面,未获朝廷回应。3年后迁工部郎中、知制诰。1067年,宋英宗崩,宋神宗即位。王安石先知江宁府,同年九月,回京任翰林学士兼侍

第四十六讲　北宋政治家、改革家王安石

讲。他对北宋社会的见解和改革主张被宋神宗所认可。熙宁二年（1069），王安石拜参知政事。此后即设立变法机构，推行变革，颁布并实施农田水利法、青苗法、均输法等。年末，王安石升同中书门下平章事。接着，又陆续颁行保甲法、宪役法等。与此同时，他还着手改革科举及学校教学。由于变法损害了地主、官僚的利益，遭到守旧派激烈反对。王安石寸步不让，据理反驳，说"天变不足畏，祖宗不足法，人言不足恤"，依旧坚持新法的实施。但因太皇太后也明确反对新法，宋神宗对变法的态度发生动摇。熙宁七年（1074），变法改革最终失败。王安石被罢相，离开朝廷出任江宁知府。一年后，王安石应召回京，复拜相。但支持新法的大臣依旧不多，新法仍难以推行。第二年，56岁的王安石二度被罢相，出任镇南军节度使，判江宁府。次年辞判江宁府，闲居江宁的私宅半山园。但进尚书左仆射，加封舒国公，后又改封荆国公。元丰八年（1085）三月，宋神宗崩，年仅10岁的宋哲宗（赵煦）即位。祖母皇太后当政，起用一贯反对新法的司马光为门下侍郎，召原因反对新法被贬的苏轼、苏辙等回朝任职，新法被完全废除。司马光按照自己的政治主张执掌北宋朝政，史称"元祐更化"。宋哲宗元祐元年（1086），在政治理想彻底破灭的忧愤中，66岁的王安石在江宁黯然去世，获赠太傅。8年后，获赐谥号"文"，配享神宗庙庭。宋徽宗时又被追封为舒王，配享文宣王庙。而到宋钦宗时，不但追夺了王安石舒王的封号、爵位，还不让他再配享文宣王庙，仅从祀于庙庭。

后人对王安石褒贬不一，但他的德行如水般干净，他不纳妾、不挑吃、不嗜酒，衣着随意，也不结党营私。他的变法，不是出于私利，而是图国富民强。苏轼虽与王安石政见不同，但也认为王安石的变法只是过于激进。旧党领军人物司马光对王安石的评价是："人言安石奸邪，则毁之太过；但不晓事，又执拗耳。"《宋史》中则说："昔神宗欲命相，问韩琦曰'安石何如？'对曰'安石为翰林学士则有余，处辅弼之地则不可。'遂相安石。呜夫！此虽宋氏之不幸，亦安石之不幸也。"而梁启超又把王安石誉为中国六大政治家之一（另五位是管仲、商鞅、诸葛亮、李德裕、张居正）。

王安石文学成就卓著，其论说文、游记散文俱佳；诗歌长于说理与修辞，世称"王荆公体"；词作清新典雅、境界高远、豪放大气。王安石存世作品有《临川集》《临川集拾遗》《临川先生文集》等。

王安石的归宿

王安石去世后，初葬于江宁半山园。他虽出生于江西临川，但与江宁有不解之缘。青少年时跟随父亲在江宁读书、生活，父母死后都葬在江宁蒋山（今南京紫金山）。他21岁从江陵出发去开封考进士，两次罢相后都选择到江宁当知府，致仕后人生的最后10年也在江宁度过。半山园是他为自己营造的一处私宅。晚年病后，他舍宅为寺，得宋神宗赐名"报宁禅寺"。王安石死后葬在该寺寺后。不过，亦有人说明代时，王安石墓改迁江宁麒麟门外。此外，还有一种说法，说在建明孝陵时，王安石墓冢连同家属墓一并迁回江西临川老家。所有这些说法，其实都无确凿史证。而南京的半山园则现已修葺一新，遗存的文物也尚有许多。

综合信息

△小知识

①节度判官：官名。节度使的属官。宋时由朝廷选授，掌文书等事宜。从八品。

②知鄞县：去鄞县当知县。知，执掌、管理的意思。宋代派中央官员知某县事，即管理一县的政务，简称"知县"。

③提点刑狱：宋代官名。全称"提点刑狱公事"，简称"提刑官"。是"路"一级司法官署的长官，掌刑狱之事。

④判江宁府："判"是古代官职调动用语。江宁府，即江宁知府。"判江宁府"意即官职调动为江宁知府。

⑤配享神宗庙庭："庙庭"是供奉死去皇帝的宗庙。"配享神宗庙庭"的意思是享受供奉在神宗宗庙里的礼遇。

△你问我答

1.王安石的家庭情况是怎样的？

祖父王用之，宋祥符年间进士，曾任卫尉寺丞；祖母谢氏。父亲王益做过州县的地方官。第一任妻子徐氏,第二任妻子吴氏。他有两个儿子,名为王雱、王旁,两个女儿名不详。

2.王安石有哪些经典名言名句值得品味、记诵?

①天变不足畏,祖宗不足法,人言不足恤。
②千家万户曈曈日,总把新桃换旧符。
③春风又绿江南岸,明月何时照我还。
④礼贵从宜,事难泥古。
⑤浓绿万枝红一点,动人春色不须多。
⑥君不见咫尺长门闭阿娇,人生失意无南北。
⑦自古驱民在信诚,一言为重百金轻。
⑧贫者因书而富,富者因书而贵。
⑨因天下之力,以生天下之财;取天下之财,以供天下之费。

3.王安石在宁波鄞县是任知县还是县令?

王安石在鄞县的官职是知县,不是县令。知县与县令不一样。县令这一官名使用时间早。秦汉时,万民以上的称"令",即县令;万民以下的称"长",即县长。宋代改称知县,王安石是宋代的官员,因而称知县。县令属于地方官员,而宋代的知县往往是由朝廷直接委派。

4.王安石为什么会被追夺封号?

在中国古代历史上,各朝封异姓王的不多,宋代相对较多,但一般是死后追封的。王安石生前仅封荆国公,没有封王。到了宋徽宗时,蔡京为相,推行新法,才追封王安石为舒王。1126年,宋徽宗驾崩,宋钦宗即位,蔡京被贬谪,王安石的封王爵位也被宋钦宗追夺了。

5.王安石为什么没能成为状元?

王安石原本是可以得第一名的,即状元。但因他写文章喜欢针砭时弊,当主考官将他的试卷呈送给皇帝时,皇帝一眼就看到了他试卷上"孺子其朋"这4个字。"孺子其朋"典出《尚书·周书·洛诰》，意思是"你这个小孩子啊，今后要与群臣融洽相处"，有告诫皇帝之意。宋仁宗瞬间就不开心了，便大手一挥把王安石改为第四名，将原来的第四名杨寘改为状元。

△ 笔者闲言

王安石变法遭地主、官僚阶级反对，可以理解，因为改革侵犯了他们的经济利益。但司马光、韩琦、苏轼这些朝廷贤臣也反对变法，令人费解。一是改革与他们没有多少利益冲突；二是他们也并非一味守旧、抱残守缺之人。据说他们之所以强烈反对，是因为王安石刚愎自用，仅靠权力、法令强硬推行新法，听不得或不愿听取不同意见，也不愿耐心解释新法之益处。这一说法并不完全正确，但仔细琢磨，似乎有几分道理。有人说细节决定成败，不知道用在这里是否合适？当然，他与司马光在变法上，即试图改革的内容和方法上分歧也是明显的。司马光认为变法应着重整顿社会的纲常秩序，并通过纲常伦理的整顿，把人们的言行制约在封建纲常伦理允许的圈子里。王安石则竭力主张把国家的军事、财政作为变法的重点，并认为变法应大刀阔斧。不过，按理说，越是有这样的分歧，就越应该注意细节。遗憾的是王安石忽视了，因此，历史上认为王安石政治上不够成熟。

第四十七讲　著《梦溪笔谈》的科学家沈括
——别把机会当诱惑，别把诱惑当机会

沈括的一辈子

沈括（1031—1095），字存中，号梦溪丈人，浙江钱塘（今杭州）人，北宋官员、科学家。他在数学、物理、化学、天文、历法、地理、医药、农学等诸多领域都有卓有成效的研究和突出的贡献，被后人誉为"中国整部科学史中最卓越的人物"。他所著的《梦溪笔谈》被英国科学史家李约瑟称为"中国科学史上的坐标"。

沈括画像

沈括从小喜欢读书，兴趣广泛。沈括的父亲沈周是宋大中祥符八年（1015）进士，做过泉州、开封、江宁、明州（今浙江宁波）等地的地方官。少年时期的沈括一直和父亲一起生活，增长了不少见识。在父亲去世3年后的至和元年（1054），24岁的沈括以父荫任海州（今江苏连云港海州）沭阳县主簿。由于政绩出色，第二年调任东海县（今属江苏）代县令。嘉庆六年（1801），31岁的沈括升任安徽宁国县令。33岁进士及第，第二年任扬州司理参军，掌刑讼审讯。35岁入京在昭文馆编校书籍，做集贤院校理。38岁升任馆阁校勘，业余时间学习、研究天文和历法，之后又任史馆检讨。沈括因会动脑筋又务实，追求创新，得到宋仁宗与宰相王安石的器重，先后被授为太子中允、检正刑房公事兼提举司天监，负责司天监的事务。又因研制成功浑

仪、浮漏、圭表等天文仪器和编制出《奉元历》，升迁为右正言、司天秋官正。沈括赞成、支持并参与了王安石的变法，他曾主持汴河整治工程，察访江浙一带的农田水利建设，推行王安石的青苗法和农田水利法等。宋神宗熙宁七年（1074），沈括以河北西路察访使的身份视察和整治边防，查访各地推行新法的情况。在军事上，他还亲自研究阵法与城防，宋军中的《军阵法》《修城法式条约》就是沈括修订、编辑的。熙宁八年（1075），沈括因参与北宋与辽的边境谈判有功，升任翰林学士、权三司使，执掌了北宋朝廷的财政。但两年后因遭人弹劾和受王安石变法失败牵连等原因，被罢三司使，出知宣州。两年后又迁为一方军事统帅，同时凭战功升任龙图阁直学士。此后，沈括的仕途又急转直下。元丰五年（1082）十月，朝廷追究其永乐城（今陕西梅林境内）被西夏攻陷所负的失守之罪，降其为均州团练副使。3年后徙秀州（今浙江嘉兴）团练副使，且被限制居住。此后，沈括通过给朝廷献上自己费时12年精心编制的《天下州县图》，才得以解除限制居住令，重新获得自由（一说是遇宋哲宗即位大赦才恢复自由的）。元祐五年（1090），沈括移居润州，隐居梦溪园，从此在梦溪园潜心著述《梦溪笔谈》30卷。5年后沈括病逝，享年65岁。

沈括为人最大的特点是务实，他喜欢观察，爱思考，善思考，不墨守成规；乐于创新、勇于创新，永远追求更好。例如，他初入仕途时科学治理沭水，42岁时改革皇帝祭祀天地的礼仪规制，让朝廷改变填盐井，没收民间车辆的错误做法等，无一不与他的这些好习惯有关。他对社会的最大贡献，毫无疑问是他对古代科学事业的贡献。他简直是科学上的全才，其研究所涉及的领域之广、成果之多，在我国古代历史上绝无仅有。比如，在数学上，他发展了《九章算术》，创立了"隙积术"和"会圆术"两种计算复杂体积的公式；在光学上，他最早开展平面、凹凸面等镜面成像和镜面凹凸成像关系大小的研究；在天文学上，他提出日月食的原理和关于黄赤道的论述；在声学方面，他发现并记录了声音的共鸣和共振现象；在医学方面，他对医学著作《苏沈良方》进行了有益的阐发。他编写了以介绍自然科学知识为主的笔记体学术著作《梦溪笔谈》等。他在科研、学术方面可谓硕果累累。

第四十七讲　著《梦溪笔谈》的科学家沈括

沈括的归宿

沈括墓位于浙江省杭州市余杭区安溪村下溪湾太平山南麓，现在是浙江省杭州市文物保护单位。《宋史》载，北宋绍圣二年（1095），沈括在润州去世后归葬钱塘。明万历年间《钱塘县志》载，沈括墓位于安溪太平山南麓，墓已湮。这是说沈括墓早在明万历年间业已倒塌，找不到了。的确，现在的沈括墓是政府拨款，于2008年在原墓遗址上按原貌重建的。而原墓遗址是1983年当地文物部门根据史料、学者提供的线索和当地百姓口传的信息发现、确定的。当时，在遗址地面上发现了一对文官俑，在地下找到了墓碑的碑头、墓道及砖砌的墓穴，还有北宋青花瓷花碗残片和北宋熙宁、元丰、元祐后的钱币。这些遗物和墓冢制式与沈括所处年代与身份完全相符，据此才做出了以上的认定。现在的沈括墓占地935平方米，墓区总面积7610平方米。墓为圆丘形，墓冢四周用青砖包砌，墓顶覆盖泥土。墓前立一墓碑，上书"宋龙图阁直学士沈括之墓"；墓前有石条砌成的墓道，墓道两边分立一对石羊、一对石马、一对文官俑，所栽树木已成荫。墓园虽地面建筑不多，但其东临金龙山，西傍凤凰山，倒也远离尘世喧嚣，十分清幽。

综合信息

△小知识

①父荫：不通过科举，因父辈的官爵而获得官职。荫，庇荫。

②权三司使：临时代理行使三司使的职权。权，临时代理。三司使，北宋的最高财政长官，是三司（即盐铁、户部、度支三司）的长官，称"计相"，地位略低于参知政事。

③徙秀州团练副使：调动官职为秀州的团练副使。徙，调动，调职。秀州，今浙江嘉兴。宋时的团练副使为虚衔，没有实权。

△你问我答

1.沈括的家庭情况是怎样的？

祖父沈曾庆，曾任大理寺丞。父亲沈周，进士，在四川、福建、河南、江苏做过地方官，如泉州知府、开封知府、湖州知县等；伯父沈同，进士，在邛州等地做过地方官；母亲许氏，是苏州的大家闺秀，知书达理。原配妻子不详，早亡；续室张氏；长子沈博毅，原配妻子所生，生平事迹不详。

2.沈括有哪些诗歌、名言值得品味、记诵？

开元乐
沈 括

楼上正临宫外，人间不见仙家。
寒食轻烟薄雾，满城明月梨花。

苏小小墓
沈 括

古木寒鸦噪夕阳，六朝遗恨草茫茫。
水如香篆船如叶，咫尺西陵不见郎。

3.现在杭州市余杭区的沈括墓是真的吗？

暂不能确定。《宋史》中只说归葬钱塘，没有写明具体地点。明万历年间《钱塘县志》中有沈括墓的具体地址，却无史料和墓碑、墓志等实物依据，且明万历年前的《钱塘县志》亦无相关记载，仅靠沈括去世几百年后的明万历年间《钱塘县志》贸然之说，很难让人信服。因而把现在余杭区发现的古墓穴断定为沈括埋骨处，有学者认为，还有待进一步考证。

4.沈括真的是陷害苏轼的乌台诗案的始作俑者吗？

这的确是一段历史疑案。沈括比苏轼年长6岁，但比苏轼晚6年中进士。两人在集贤院共过事，沈括属于以王安石为首的改革派，苏轼属于反对变法

第四十七讲 著《梦溪笔谈》的科学家沈括

的旧党。在这样的背景下,有人认为是沈括故意从苏轼处抄来诗作,再加上批注后呈送给宋神宗以诬陷苏轼的,并将沈括看作是该案的始作俑者。但也有学者对此持否定观点,认为苏、沈虽政见不同,但一个主文,一个主政、主理,并无直接冲突。苏轼在杭州当通判期间,沈括也没有会见过苏轼。所以,抄诗、批诗,借诗诬陷苏轼,当非沈括所为。不过,亦有学者不认同此说,说苏轼在杭州任通判期间,沈括确以"中央督察"的身份到过杭州,督查江浙的农田水利建设。临行前,宋仁宗告诉沈括:"苏轼通判杭州,卿其善遇之。"所以,沈括在杭会苏轼,也称是依旨而行。也就在这一次,沈括抄录了苏轼的新诗,然后加上自己的注解和理解,回京后呈宋仁宗。尽管该学者也认为苏轼入狱的主谋是王安石手下李定、舒亶等人,但引发苏轼乌台诗案的就是沈括。而沈括如此做的动机是出于妒忌,因为宋仁宗在沈括面前称赞过苏轼,但这也仅是一家之言,"乌台诗案"究竟因何而起,是否与沈括有关,至今尚未定论。

△笔者闲言

沈括在中国古代科学方面的成就无人能及,但对他的人品却有颇多非议。除涉嫌引发乌台诗案外,还有人诘责他投机,开始竭力支持王安石变法;变法失败后,马上换了副嘴脸,反过来历数变法的种种不是。如此反复无常,连宋神宗都斥责他为小人,说"永不重用"。如此看来,为人光有能力还不行,只有德艺双馨,才能赢得大家的敬重。但话又说回来,沈括的种种瑕疵,毕竟总还是一家之言或几家之言,所以,还是不可贸然给其贴上标签,更不可轻率地指责他的人品。

第四十八讲 一生磕磕绊绊的大文豪苏轼
——退笔如山未足珍,读书万卷始通神

苏轼的一辈子

苏轼画像

苏轼(1037—1101),字子瞻,号东坡居士,世人称为"苏东坡",眉州眉山(今属四川眉山市)人,北宋著名文学家、书画家、诗人、词人,"唐宋八大家"之一。卒后赠太师,谥文忠公。

苏轼8岁入学,10岁作《黠鼠赋》,喜欢读《后汉书》,立志长大做东汉范滂那样正直的人。19岁娶妻王弗。21岁时与父亲苏洵、弟弟苏辙一同考中开封举人。第二年与苏辙一起进士及第。是年,母亲程氏去世,苏轼回家丁忧。嘉祐四年(1059),举家迁居京城汴梁。26岁授大理评事签书凤翔府签判。30岁回京,在史馆任职。是年五月,26岁的妻子王弗去世,留下年仅6岁的儿子苏迈。次年,父亲苏洵在汴梁病逝,苏轼送父亲、妻子灵柩回家乡眉山。3年守制期满后,娶王弗堂妹王闰之。第二年的三月返回京都汴梁,仍任职史馆。翌年任监官告院,掌文武官员、将校告身及其封赠。当时,王安石任参知政事,正全力推行新法。苏轼与其政见不合,请求外放。熙宁四年(1071)十一月,苏轼到杭州任通判(宋代官名,位仅次于州、府长官,实为监察之官)。在杭3年,于熙宁七年(1074)十一月,提任密州(今山东诸城)知州。3年后调任徐州知州,后又调任湖州(今浙江湖州)知州。上任才4个月,因上疏《湖州谢上表》被弹劾拘捕,又被革新派从诗词中找出茬子,以"谤讪朝政"罪下狱130天,史称"乌台诗案"。出狱后被贬谪为黄州(今湖北黄冈市黄冈区)团练

第四十八讲 一生磕磕绊绊的大文豪苏轼

副使。苏轼在黄州4年有余,有职无权、无事,生活艰辛,自盖草房,自己开荒种地过日子。在这4年中,他娶侍女王朝云为妾,自己取号"东坡"。元丰七年(1084)四月,苏轼改任汝州(今河南汝州)团练副使,但未就任。元丰八年(1085)三月,宋神宗崩,10岁的宋哲宗赵煦继位,高太皇太后垂帘听政、反对新法,起用50岁的苏轼出任登州(今山东蓬莱)知州。上任才5天又被召回京,升任礼部郎中。是年末,升起居舍人(六品)。第二年三月除中书舍人(四品),九月迁翰林学士、知制诰(三品)。这一年,王安石在建康(今江苏南康)卒。朝中司马光当政,尽废新法。而苏轼认为对新法应"校量利害,参用所长",不应一概否定,故又遭到旧党的攻击。元祐二年(1087)到元祐三年(1088),苏轼虽又兼侍读,迁户部侍郎(二品),知贡举,但他还是自请外放。元祐四年(1089)七月,苏轼以龙图阁学士知杭州,时年53岁。在任期间,他疏浚西湖,在湖中筑堤,人称"苏堤";还赈济灾民,捐出黄金50两,用于建诊疗的安乐坊,免费为疫民治病,政绩颇著。两年后被召回京,任翰林学士承旨兼侍读。不料回京后又遭小人攻讦。元祐七年(1092)八月,即遭外放,知颍州(今安徽阜阳)。半年后复回京,任过侍读、端明殿学士及礼部尚书等职。元祐八年(1093)九月,支持旧党的太皇太后崩,宋哲宗亲政。其时,朝内党争依旧激烈。苏轼自请外放知定州(今河北定县)。不久,宋哲宗起用新党,恢复新法。绍圣元年(1094)六月,58岁的苏轼被贬至惠州(今广东惠州),降职为无职掌的宁远军节度副使(从五品)。4年后再贬海南儋州(今海南儋县),责授琼州别驾昌化军安置。元符三年(1100),宋哲宗崩,宋徽宗即位,苏轼移永州(今湖南零陵)。是年大赦,宋徽宗即诏65岁的苏轼回京任朝奉郎(无职事的散官名,正六品)。北归途中,苏轼卒于江苏常州,终年65岁。宋高宗时追赠苏轼为太师,谥文忠。

苏轼才华横溢,为人豁达、乐观、大度,生性诙谐,不好政治,不善权谋,但始终被新旧党争裹持其中,左也不是,右也不是,一辈子被折腾,磕磕绊绊。对于他的个性与为人,林语堂在他的《苏东坡传》中这样评述:"苏东坡是一个无可救药的乐天派,一个伟大的人道主义者,一个百姓的朋友,一个大文豪、大书法家、创新的画家……一个皇帝的秘书、酒仙、厚道的法官,一位在政治上专唱反调的人。"苏轼的诗,清新豪迈,善用夸张、比喻,风格多样;他的词,题材广泛,热情奔放,开中国词坛豪放派之先河;他的散文,如行云流水,笔墨简洁,有特殊的情韵;他的书法,笔画恣意,率性天真,他与黄庭坚、米芾、蔡襄并称"宋四家"。他的画作画风大胆,强调神韵,不拘形似。苏轼为官,认理不认人,因而左右都不逢源,但他做地方官时,却处处留下好名声。

苏轼的归宿

　　苏轼墓位于河南省平顶山市郏县茨芭镇苏坟寺村东南。此处除苏轼墓外,还有其父苏洵、其弟苏辙之墓,合称"三苏坟"。苏轼生前到过郏县,见此地钟灵毓秀,有心埋骨于此。1101年,苏轼卒于江苏常州。第二年六月,移于郏县。10年后苏辙去世,为与兄长苏轼做伴,嘱埋骨在苏轼墓旁。元代郏城县尹杨允慕三苏才名,在二苏墓中间加建了他们的父亲苏洵的衣冠冢,这样就成了三苏坟。三苏坟占地14 800平方米。从南进入甬道,两边是古树和有序排列的石像生。接着便是墓园,墓园四周砌有围墙,正中是宋代风格的大门。大门两边楹联上写的是"一代文章三父子,千秋俎豆两峨眉"。进大门后迎面是高大的石牌坊,牌坊正上方镌刻着"青山玉瘗"4个字,背面有浙江右布政使王尚䌹撰写的《祭三苏先生坟》。穿过牌坊是古色古香的飨堂,飨堂内墙壁下方都嵌有各代石碑,自宋至清各个朝代的都有,三苏坟在飨堂后。苏洵墓居中,苏轼墓在东,苏辙墓在西,都是一样大小隆起的土包,形制也相同。坟前置一相同规格的石供桌,石供桌中间是石香炉,两边是石蜡台。墓园虽不如皇陵奢华、气派,但树木森森、清幽宁静,是适宜文人长眠的好地方。三苏坟西南约300米处是广庆寺和三苏祠。广庆寺建于宋仁宗年间,由宋高宗赐名,从南天门进入,依次是天王殿和大雄宝殿。毗邻的三苏祠建于元至正年间,内有三苏的彩色塑像。正殿外有300多块镌有苏轼诗词为主要内容的石碑。现在,三苏坟、广庆寺、三苏祠统称"三苏园",是国家4A级旅游景区,其中的三苏坟是全国重点文物保护单位。

综合信息

△小知识

　　①签书凤翔府签判:签书,表示有公文署名权。凤翔府,官府名,比县大一级。签判,"签书判官厅公事"的简称,掌府中文案类事务。
　　②团练副使:宋代散官官名,仅表示级别。团练是中国古代的地方民兵

第四十八讲　一生磕磕绊绊的大文豪苏轼

组织。团练副使，相当于民间自卫队的副队长，无职掌。

③知贡举：主持礼部进士考试的职官。贡举，代指科举。

④琼州别驾昌化军：琼州，地名，今海南海口。别驾，相当于秘书。昌化军，北宋后改儋州为昌化军。军，行政区划名。

⑤青山玉瘗：古代祭山礼仪完成后要在山上挖坑埋玉，称为"瘗玉"。这里是比喻的说法，即把三苏埋骨于此，比喻成青山埋玉。

△你问我答

1.苏轼的家庭情况是怎样的？

祖父苏序，追封蓬莱县太君。父亲苏洵，任过秘书省校书郎，"唐宋八大家"之一；母亲程氏；姐姐苏八娘，亦称苏小妹；弟弟苏辙，官至尚书右丞（宰相），"唐宋八大家"之一；妻子王弗、王闰之；妾王朝云；四个儿子：苏迈、苏迨、苏过、苏遁。

2.苏轼有哪些诗文名句值得品味、记诵？

①人生如逆旅，我亦是行人。
②欲把西湖比西子，淡妆浓抹总相宜。
③春宵一刻值千金，花有清香月有阴。
④枝上柳绵吹又少，天涯何处无芳草。
⑤退笔如山未足珍，读书万卷始通神。
⑥故书不厌百回读，熟读深思子自知。
⑦竹外桃花三两枝，春江水暖鸭先知。
⑧博观而约取，厚积而薄发。
⑨不识庐山真面目，只缘身在此山中。
⑩但愿人长久，千里共婵娟。
⑪人有悲欢离合，月有阴晴圆缺。
⑫大江东去，浪淘尽，千古风流人物。
⑬莫听穿林打叶声，何妨吟啸且徐行。
⑭惆怅东栏一株雪，人生看得几清明。
⑮成书在理不在势，服人以诚不以言。

3.苏轼为什么又叫"苏东坡"?

元丰二年(1079),苏轼因诗得罪朝廷,降职为湖北黄州团练副使,俸禄减了一半,生活陷入困境。经友人相助,黄州太守将一些荒芜的营地让给苏轼耕种以贴补家用。这些地在黄州东面的山坡上,苏轼觉得与白居易当年在忠州耕种的那块叫"东坡"的地相似,便将这块地也命名为"东坡",并以此地为号,自称"东坡居士"。

4.苏轼为什么没成为状元?

传说苏轼殿试中的文章,受到详定官(负责复查并评定试卷等第的官)梅尧臣的高度赞赏,他将此文呈荐主考官欧阳修,欧阳修也觉得此文应列为榜首。但欧阳修以为此等好文章定是自己的门生曾巩所写,如判为第一,恐引人生疑。于是他为了避嫌,只将苏轼的文章判了个第二。就这样,苏轼与状元的荣誉失之交臂。

5.苏轼的"乌台诗案"是怎么回事?

北宋神宗年间,以王安石为首的改革派开始大力推行新法。苏轼反对新法,并在诗文中表露了对新法的不满,被人告发,在宋神宗的默许下,被抓入御史台的狱中,由御史衙门审了4个月,史称"乌台诗案"。由于宋朝有不杀士大夫的惯例,苏轼才免于一死,由湖州太守贬为黄州团练副使。

△笔者闲言

很为苏轼抱屈,明明状元是他的,却因主考官欧阳修的一念之差,莫名其妙丢了状元。自己随意写了几首诗,又没拿出去"发表",却被人硬生生鼓捣成"乌台诗案",在牢房里待了几个月,差点丢了性命。对于变法与守旧,新党与旧党,仅仅只是坚守自己的想法,没有站队,却偏偏招惹了两边,两边都不让他安生,以致人生磕磕绊绊。65岁好不容易遇上大赦,可以回朝安享晚年了,途中却猝死常州。

第四十九讲　大宋第一才女词人李清照
——生怕离怀别苦，多少事、欲说还休

李清照的一辈子

李清照（1084—约1155），号易安居士，齐州章丘（今山东济南章丘西北）人。宋代著名词人，才女，婉约词派的主要代表。

李清照画像

李清照出身于官宦人家、书香门第。父亲李格非官至礼部侍郎；母亲是宰相王珪之女，知书达礼。宋文学家王灼说李清照"自少年便有诗名，才力华赡，逼近前辈"。李清照16岁离开家乡，随母亲到汴京与父亲同住。到京后第二年，父亲除礼部侍郎。翌年，李清照嫁太学生赵明诚。赵父赵挺之官居吏部侍郎。崇宁元年（1102），其父李格非因被列入"元祐党人"遭罢官，公公赵挺之则升尚书右丞。李清照向公公求情救父未果。崇宁二年（1103），赵挺之又升中书侍郎，赵明诚亦出仕做官。李清照则因当时朝廷禁"元祐党人子弟居京，宗室不得与元祐奸党子孙及有服亲者为婚姻"，被迫离开汴京投靠已回老家章丘的父母。崇宁四年（1105），已高升为尚书右仆射的赵挺之担心遭太师蔡京嫉恨称病退官，赵明诚则授鸿胪少卿。两家境遇如此天差地别，李清照十分感慨。她用"炙手可热心可寒，何况人间父子情"两句诗表达对得不到赵家对其父救助的无奈和遗憾。两年后，朝廷大赦天下，起用李格非为监庙差遣。赵挺之特进尚书右仆射兼中书侍郎，但旋即又遭罢官。罢官后的第五

日,赵挺之卒。卒后3日,家属亲戚入狱,直到第二年才被放出,此后李清照夫妇与婆婆归居青州赵明诚老家。13年后,大概在李清照36岁时,赵明诚被重新起用,离家到莱州(今山东莱州)当太守。这期间,赵明诚或纳妾,李清照遭冷落。她用"寂寞深闺,柔肠一寸愁千缕……倚遍阑干,只是无情绪"和"寻寻觅觅,冷冷清清,凄凄惨惨戚戚。乍暖还寒时候,最难将息"这样的诗句,吐露被丈夫冷落、疏远的怨苦。2年后,李清照赴莱州与丈夫团聚。宣和七年(1125),赵明诚移守淄州(今山东淄博市淄川区),李清照随夫移居淄州。建炎元年(1127),金兵南侵,攻占汴京,宋徽宗、宋钦宗被俘,北宋灭亡。赵构逃到应天府登基继位,是为宋高宗,史称南宋,改元建炎。赵明诚被授为江宁知府,遂离开淄州到江宁赴任,让李清照回青州老家整理金石古器,以便日后夫妇可南下避难。年末,青州兵变,李清照夫妇故宅毁于兵火。李清照运金石古器抵江宁。建炎三年(1129)二月,江宁兵乱,赵明诚弃城出逃被革职。五月,又获起用知湖州,赴任前回江宁见已至江宁的宋高宗赵构。不久,病卒于江宁,李清照因而只得孤身一人南下逃难。为了追赶宋高宗,投靠朝廷,有个依靠,此后李清照苦苦奔走于台州、温州、明州等地,其所携金石古器大半散失。绍兴二年(1132)春,李清照到了临安。第二年,49岁的李清照被骗婚,嫁给了时任右承务郎、监诸军审计司官吏张汝舟,是年秋,两人离异。李清照此后的生活踪迹,史上少有记载。据若干资料推测,晚年的李清照独居临安,其间,也曾到金华等地短暂避难。在临安的这几年,她写有《打马赋》《打马图经》并序及《钓台》《题八咏》《摊破浣溪沙》等词。这一时期,她还拜访过大书法家米芾的儿子米友仁,完成赵明诚遗作《金石录》献予朝廷。至于李清照具体死于何年何月,因何去世,均不见记载。

李清照是一位才情绝代的女子,家庭不幸扯进党争,又适逢国破乱世,坎坷一生。她既温婉、贤淑、柔情如水,又有男子的坚强与豪气。"莫道不销魂,帘卷西风"的是李清照;"生当作人杰,死亦为鬼雄"的也是李清照。她的词总体上以婉约著称,被称为"易安体"。其前期词作多写闺阁情感,清丽优美,情调悠闲高雅;后期词作多抒发亡国之痛、身世之感,基调苍凉凄楚、沉郁忧伤。她流传于世的词作有《漱玉词》和《李清照集》等。

第四十九讲　大宋第一才女词人李清照

李清照的归宿

李清照去世时间有多种说法。现在一般认为她卒于1155年左右，具体年月难有定论。有关她的情形，在朱彧的《萍州可谈》中是这样说的："（李清照）不终晚节，流落以死，天独厚其才而啬其遇，惜哉。"晁公武的《郡斋读书志》中说："（李清照）然无检操，晚节流落江湖间以卒。"若按此两说，李清照当是在外漂泊途中去世的。一代才女竟至于此，令人心酸。现在全国有三处李清照的纪念堂。一是山东济南的李清照纪念堂，设在市区趵突泉公园内，总面积360平方米。二是山东青州的李清照纪念堂，为清代建筑，占地近630平方米。三是浙江金华的李清照纪念堂，位于金华市八咏路八咏楼上。此楼是南朝齐隆昌元年东阳太守沈约修建的。20世纪90年代，此楼的正厅被改为李清照纪念堂。此外，杭州柳浪闻莺公园内建有纪念李清照的清照亭，因为李清照曾在西湖清波门这一带居住过。

综合信息

△小知识

①太学生：就读于太学的学生。宋代的太学是最高军事学府，相当于现在的国防大学，隶属于国子监。

②元祐党人：即元祐党的成员。"元祐"是宋哲宗赵煦用的第一个年号，共用了9年。这9年是反对王安石变法的人当政，因此把反对王安石新法的官员称为"元祐党人"。

③鸿胪少卿：亦称鸿胪寺少卿，是鸿胪寺的副长官。北宋时为从四品，掌朝会、宾客接待等礼仪。

④监庙差遣：北宋时，由中央委派到地方上执行地方长官职务的叫"差遣"。监庙，官名，掌庙宇葺治修饰之事。

⑤尚书右仆射：尚书台（后称省）长官尚书令的副职，与尚书左仆同为宰相。但右仆射比左仆射权职小，左仆射拥有弹劾百官之权。

来自历史的人生报告
中国古代名人七十二讲

△你问我答

1.李清照的家庭情况是怎样的?

父亲李格非,苏轼的学生,进士、文学家,官至礼部侍郎;母亲王氏;外祖父王珪,北宋宰相;公公赵挺之,官至宰相;丈夫赵明诚,官为莱州、淄州、江宁等知州。

2.李清照有哪些诗词名句值得品味、记诵?

①暖雨晴风初破冻,柳眼梅腮,已觉春心动。
②玉瘦香浓,檀深雪散,今年恨探梅又晚。
③生怕离怀别苦,多少事、欲说还休。
④莫道不销魂,帘卷西风,人比黄花瘦。
⑤此情无计可消除,才下眉头,却上心头。
⑥知否,知否,应是绿肥红瘦。
⑦生当作人杰,死亦为鬼雄。
⑧寻寻觅觅,冷冷清清,凄凄惨惨戚戚。
⑨物是人非事事休,欲语泪先流。
⑩花自飘零水自流。一种相思,两处闲愁。

3.李清照为何取号为"易安居士"?

李清照的号"易安居士"是她晚年历经多年颠沛流离,欲定居在临安时取定的,意思是期盼动乱的时局稳定下来,生活安定。她给临安的住处小室起名为"易安室",自己由此取号"易安居士"。

4.李清照的墓在哪里?

有人说李清照墓在扬州,也有人说在杭州,这都是误传。李清照墓迄今尚未发现。到底是她死后无人收埋还是原来有坟墓,后来被毁坏了或因无坟碑无从识别了,无人知晓。

第四十九讲 大宋第一才女词人李清照

5.李格非被革职,赵挺之因何不出手相救?

李格非和赵挺之,一个是礼部侍郎,一个是吏部侍郎,同朝为官,又是儿女亲家,在李格非落难遭革职时,李清照曾求公公赵挺之相救,赵挺之却没有出面救助。原因有二:一是二人政见本不相同,李格非反对王安石变法,属于旧党,也就是"元祐党人";赵挺之支持王安石变法,属于新党,也称为"元丰党人"。据说打击"元祐党人"本就是赵挺之提议的,因而他不可能再去救助李格非。二是当时权相蔡京主政,蔡京与"元祐党人"水火不容。赵挺之就是想救也救不了,弄不好还会连累自己,故他索性不去尝试。李、赵两家之所以结亲,是因为当时宋徽宗主张新旧两党和解,两家分属不同党派,且门当户对,结亲有利于缓和矛盾。

△ **笔者闲言**

李清照的一生,再次清楚诠释了国与家的关系:国存、家存,国亡、家破。覆巢之下无完卵,国就是罩着我们每个人的巢。北宋亡国之前,李清照的日子虽也有些磕磕碰碰,但总体是安逸的。金兵南侵,国亡了,她的幸福小日子也到头了。接下来就是颠沛流离、亡命天涯,最后连死在哪里都不知道。国家国家,有国才有家,这是人人都应明白的人生大道理。只要为人,此事就断不能糊涂。

第五十讲 屈死于"莫须有"的抗金名将岳飞
——壮志饥餐胡虏肉,笑谈渴饮匈奴血

岳飞的一辈子

岳飞画像

岳飞(1103—1142),字鹏举,相州汤阴(今属河南)人,南宋抗金名将、军事家、战略家、书法家、诗人,位列南宋"中兴四将"之首。死后先追谥武穆,后又封鄂王,追谥忠武。

岳飞出身农家,7岁入私塾读书,11岁跟汤阴县名枪手陈广学习武艺。16岁娶妻成家,第二年长子岳云出生。宣和四年(1122)从军,立功授承信郎。靖康元年(1126)冬,次子岳雷出生。岳飞受兵马大元帅赵构赏识,迁秉义郎。翌年转入河北义兵都总管宗泽部。是年,宋徽宗、宋钦宗被金人俘获,北宋亡。赵构在应天府(今河南商丘)即位,是为宋高宗,改元建炎,史称南宋。有朝臣主张南逃,岳飞上奏章反对,力主北上抗金,被以"小臣越职,非宜言"之罪革去军职,改投河北招抚使张所。不久,复投奔已为东京留守的宗泽,并被提拔为统制官。建炎三年(1129),金人大举南侵。岳飞在广德(今安徽广德)六战六捷,升御史下都统制。次年,移师宜兴(今江苏宜兴),平定太湖流寇,在牛头山伏击金军,大胜。同年,又收复建康(今江苏南京)、泰州(今江苏泰兴、如皋等县)等地。因军功升武功大夫、忠州防御史。绍兴元年(1131),岳飞在江州击败马进,升任为神武右

第五十讲　屈死于"莫须有"的抗金名将岳飞

军都统制，金军北逃。绍兴二年（1132），宋高宗迁都临安，南宋政权逐渐稳定。秦桧被宋高宗任为尚书右仆射（相当于宰相）、同中书门下平章事兼知枢密院事，掌控朝政。是年，岳飞奉旨征剿湖南游寇曹成军。第二年赴江西剿灭盗寇彭友。岳飞英勇善战，治军严明，军队迅速壮大，其军百姓称为"岳家军"。宋高宗特赐手书有"精忠岳军"的旌旗以示嘉奖，同时升任岳飞为镇南军承宣使、江州建置制置使司。这一年，岳飞作意气豪迈的《满江红》，表达了誓为国收复锦绣山河的雄心壮志。绍兴四年（1134）至绍兴六年（1136），岳飞受命二度北伐。第一次北伐，岳飞收复了郢州（今湖北钟祥县）、随州（今湖北随县）、汝州（今河南汝州）、虢州（今河南灵宝）及襄阳六州郡，挫败了金人南侵的势头，逐渐成为南宋抗金的中流砥柱，肩负起全面抗金收复失地的重任。第二次北伐，岳飞已任河东宣抚使，由襄阳直取中原，迅即收复了商州（今属陕西）全境及伊阳、长水等大片失地。但就在战场形势十分有利的情况下，岳飞因得不到朝廷的后援，被迫撤军。绍兴七年（1137）正月，宋高宗召见岳飞，委以中兴之事。岳飞即拟出北伐方略，内言要"迎回太上皇（即宋徽宗、宋钦宗），以归故里"。此后不久，金朝发生内讧，欲与宋议和。朝廷内投降势力抬头，宋高宗改了主意，主战的张浚辞相，主降的秦桧被重新起用。绍兴八年（1138），宋对金称臣，割让大片土地。每年还向金缴纳巨额财物。岳飞竭力反对媾和，认为"金人不可信，和好不可恃"。而宋高宗却以为天下从此太平，于此年大赦天下以示庆贺。绍兴十年（1140）夏，金人撕毁和约，分兵四路南下攻宋，南宋军民纷起抵抗。抗金名将刘锜、韩世忠分别在顺昌（今安徽阜阳）、淮阳（今江苏邳县）大败金军。岳飞则率军直入中原，在郾城（今属河南漯河市）、朱仙镇取得大捷，连金军统帅兀术之婿亦被斩杀。就在岳飞与将士誓言"直捣黄龙府"之际，连接宋高宗令撤兵的12道金牌。岳飞对天长叹，曰："臣十年之力，废于一旦！非臣不称职，权臣秦桧实误陛下也。"无奈班师回朝。第二年，岳飞被撤军权，改任枢密副使，但他仍坚决反对朝廷与金议和。接着，秦桧指使监察御史万俟卨诬陷岳飞谋反，将其关入临安大理寺狱（在今杭州市内小车桥附近）。绍兴十一年（1141）除夕夜，岳飞被以"莫须有"的罪名杀害于大理寺狱内的风波亭，其子岳云、部将张宪同时被害。这一年，南宋与金正式签订和约，史称"绍兴和议"。条约规定宋向金世代称臣，每年向金献银25万两、绢25万匹。21年后的绍兴三十二年（1162）七月，宋孝宗为岳飞平反。追复岳飞原职，赦还被流放的岳飞亲属，并以礼改葬岳飞，同时赐谥号"武穆"。宋宁宗时又追封为"鄂王"。

孙中山评价岳飞说，岳飞魂，是中华民族的精神代表，也就是民族魂。

岳飞虽为武将，然好读书，诗词颇佳，尤其是《满江红》一词，更为世人赞颂。后人辑有《岳忠武王文集》，传世诗词有18首。

岳飞的归宿

岳飞被害后，敬慕岳飞的狱卒隗顺在夜里将尸体偷偷背出城外，埋在杭州九曲丛祠旁。岳飞平反后，隗顺的儿子将父亲葬埋岳飞之事禀告朝廷。隆兴元年（1163），宋孝宗将岳飞遗骨迁葬于杭州西湖边的栖霞岭南麓，即今杭州市西湖区北山路80号，此处的整个建筑有墓有祠，墓、祠合一，因岳飞被封鄂王，故称之为岳王庙。岳王庙始建于南宋嘉定十四年（1221），历史上多次整修。现在的墓、祠是1979年按南宋的建筑风格整修的，分忠烈祠、启忠祠和墓园三部分。忠烈祠坐北朝南，庄严辉煌。正殿重檐正中悬一块由叶剑英手书的"心昭日月"四字横匾。大殿正中靠墙的岳飞彩色塑像，高4.5米，身披紫色蟒袍，神色端庄，高大英武，上方横匾上是岳飞手书的"还我河山"4个字，正殿两侧壁上的"尽忠报国"4个字则为明代浙江参政洪珠题写。启忠祠位于忠烈祠西侧，原是祭祀岳飞父母、子女等家人的处所，现为岳飞生平事迹展览室。岳飞墓园在岳王庙门楼西面，岳飞墓在墓园正中。墓为土冢，呈圆形。底部用块石围砌，封土上长满绿茵茵的芳草。墓高1.45米，直径7米。墓碑高2.7米，宽0.7米，上刻"宋岳鄂王墓"5个字。岳飞墓左侧是其子岳云墓，当年岳云是被腰斩的，由此可见奸佞的凶残程度。岳飞墓下方，秦桧、王氏（秦桧妻）、张俊、万俟卨4个陷害岳飞之人的铁铸人像，反剪双手，面墓而跪。墓阙上的楹联写的是"青山有幸埋忠骨，白铁无辜铸佞臣"。历史上的功过、世人的爱恨一目了然。岳飞墓道两侧的石虎、石羊、石马、石翁仲全是明代的遗物。作为全国重点文物保护单位的岳王庙，前来祭拜的游人常年络绎不绝。

第五十讲　屈死于"莫须有"的抗金名将岳飞

综合信息

△小知识

①承信郎：宋代武官名，从九品，武官中最低级别的阶官。
②秉义郎：宋代武官名，从八品。
③枢密副使：古代官名，南宋时为正二品。
④12道金牌：宋朝时，朝廷的赦书（免除刑罚的文书）和军事上的特急命令，用朱漆金字写在木头上，故叫作"金牌"。金牌由内侍省派人专送，12道金牌表示命令万分紧急和重要。
⑤大理寺：古代官署名，掌刑狱案件审理，各朝均设置，相当于现在的最高人民法院。

△你问我答

1.岳飞的家庭情况是怎样的？

岳飞的祖父岳立、父亲岳和都是普通农民，其父后被追赠为太师、隋国公，母亲是姚氏。岳飞第一任妻子是刘氏，刘氏去世后娶了李娃。岳飞有5个儿子，依次是岳云、岳雷、岳霖、岳震、岳霆；有一个女儿叫岳安妮（民间传说还有一女叫"银瓶"）。

2.岳飞的《满江红》全词是怎样的？

满江红
岳　飞

怒发冲冠，凭栏处、潇潇雨歇。抬望眼、仰天长啸，壮怀激烈。三十功名尘与土，八千里路云和月。莫等闲，白了少年头，空悲切。

靖康耻，犹未雪。臣子恨，何时灭？驾长车，踏破贺兰山缺。壮志饥餐胡虏肉，笑谈渴饮匈奴血。待从头，收拾旧山河，朝天阙。

3.岳飞谥号"武穆""忠武"是什么意思?

"武穆""鄂王"是岳飞死后被追加的谥号。宋孝宗时,追谥岳飞为"武穆","折冲御侮曰武,布德执义曰穆"。宋理宗时,又改岳飞谥号为"忠武"。"忠武"被视为最高的荣誉。

4.岳飞背上真的刺有"精忠报国"4个字吗?

民间传说和一些小说、戏剧、书籍中有岳母在岳飞的背上刺"精忠报国"或"尽忠报国"4个字的说法,其实并没有此事。"岳母刺字"的故事最早见于清抄本《如是观传奇》和《精忠说岳》两书。岳母虽深明大义,但她是个农妇,是否识字尚未可知,即使识字,她也不一定能在背上刺字。"岳母刺字"只是个美好的传说。

5.害死岳飞的真正凶手是谁?

有一种观点认为,害死岳飞的真正凶手是宋高宗赵构,秦桧只是帮凶。第一,岳飞北上抗金欲迎回宋徽宗和宋钦宗,若真如此,宋高宗的皇位有可能不保;第二,岳飞拥重兵,功高震主,让宋高宗惊惧;第三,宋高宗主张与金媾和,以图太平,而岳飞坚决反对议和,不杀之,就难以议和。秦桧死后,朝臣、百姓力呼为岳飞平反,赵构一直不准,亦说明杀害岳飞是赵构的意思。

△笔者闲言

在中国古代封建社会,国与君有时候是一回事,有时候不是一回事。如南宋与赵构,南宋的国家利益,当然是灭金国,收复失地,国家安宁;但对于赵构来说,他的最高利益是保住皇位,安安稳稳地当皇帝。国家穷与富,疆土完整不完整与他的皇位相比也要退居其次。岳飞的悲剧就在于看不清国与君之间的差异,以为替国家出力就是忠君、为君,因而出力不讨好,反而被莫名其妙地安上一个"莫顺有"的罪名,惨遭杀害。

第五十一讲　亘古男儿一放翁之爱国诗人陆游
——位卑未敢忘忧国，事定犹须待阖棺

陆游的一辈子

陆游（1125—1210），字务观，号放翁，越州山阴（今浙江绍兴）人，南宋著名爱国诗人、文学家、史学家，与尤袤、杨万里、范成大合称"南宋四大家"。

陆游出身世宦，山阴望族。他出生那一年正值金兵南侵，5岁时，在父亲陆宰带领下离山阴避难至东阳（今浙江东阳）。陆游6岁入学读书，9岁重回山阴，12岁能读诗文。后因祖上有功，授登仕郎。陆游家藏书甚丰，他自幼饱读诗书，少怀报国之志。20岁娶妻唐

陆游画像

琬，第二年在母亲逼迫下与之分手，23岁另娶王氏为妻。宋高宗绍兴二十三年（1153），29岁的陆游在京城临安锁厅考试中居第一，使得宰相秦桧之孙秦埙居第二，因而惹恼秦桧。翌年，因秦桧阻挠，陆游在礼部进士考试中未被录取。绍兴二十五年（1155）春，陆游与唐琬在山阴沈园相遇，两人先后在沈园墙上各题《钗头凤》一阕。一年后的秋天，唐琬郁郁而终。绍兴二十八年（1158），即秦桧死后第三年，陆游被朝廷起用，任福州宁德县主簿，从此踏上仕途。绍兴三十二年（1162），赵昚即位，是为宋孝宗。陆游被赐同进士出身，任枢密院编修官。不久，陆游因故惹恼宋孝宗，被贬为镇江府通判。3年后改任隆兴府（今江西南昌）通判。乾道三年（1167），有大

来自历史的人生报告
中国古代名人七十二讲

臣向宋孝宗进谗言,诬当年因陆游力主张浚北伐,才致使朝廷战败,被迫与金签订"隆兴和议"。宋孝宗信以为真,怒而罢陆游隆兴府通判之职,回家赋闲。4年后,45岁的陆游重获起用,任夔州(今重庆奉节)通判。乾道八年(1172),陆游通判任满,因无川资回山阴老家,遂上南郑(今陕西省汉中市南郑区)入四川宣抚使王炎幕府任干办公事(宋军事机关中的重要官职,协助主管处理军务)。南郑地处西北边防,是南宋北上抗金的战略据点。王炎让陆游拟订伐金、收复失地的计划,陆游作《平戎策》。但朝廷无意与金开战,陆游的《平戎策》遭否决,王炎亦被调回京任枢密使。乾道九年(1173),陆游调任蜀州(今四川崇州)通判,后又调任嘉州(今四川乐山地区)通判。淳熙二年(1175),范成大任四川制置使,荐陆游为其参议官。两人是多年的诗友,相处时不拘礼节,常一起喝酒谈诗,因而陆游被人讥为"不拘礼法,恃酒颓放"。陆游于是自号"放翁"以对。两年后,陆游遭免职回山阴闲居。淳熙五年(1178)后,陆游先后任过福建、江西的地方官。这期间,他也因主张北伐、收复中原几度遭免职,回山阴老家闲居。淳熙十三年(1186),62岁的陆游又被起用任严州(今浙江建德)知州。两年后入朝廷任军器少监。宋光宗即位后,陆游升礼部郎中兼实录院检讨官。嘉泰二年(1202),韩侂胄拜太师,欲北伐,在朝中广选人才。78岁的陆游回朝主持编修宋孝宗、宋广宗《两朝实录》和《三朝史》,不久后兼任秘书监。一年后国史编成,陆游升宝章阁待制,同年致仕,时年79岁。嘉泰四年(1204),韩侂胄用兵失利,遭主和派诛杀,南宋北伐抗金彻底失败。如此结局,令陆游忧愤万分。嘉定三年(1210),86岁的陆游忧愤成疾,在山阴家中去世。临终留下绝笔:"死去元知万事空,但悲不见九州同。王师北定中原日,家祭无忘告乃翁。"梁启超称赞陆游道:"诗界千年靡靡风,兵魂消尽国魂空。集中什九从军乐,亘古男儿一放翁。"周恩来说:"宋诗陆游第一,不是苏东坡第一。陆游的爱国性很突出,陆游不是为个人而忧伤,他忧的是国家、民族。他是个有骨气的爱国诗人。"陆游现存诗9000多首,其诗充满了炽热的爱国主义情感。他的诗既有慷慨激昂、雄浑奔放的特色,又有细腻缠绵、清丽温婉的一面。他的词、散文亦多佳作。他在史学方面同样颇有成就,他编撰的《南唐书》,史评观点鲜明,体制别具一格。他的主要著作有《渭南

第五十一讲　亘古男儿—放翁之爱国诗人陆游

文集》《剑南诗稿》《放翁词》《南唐书》《老学庵笔记》等。

陆游的归宿

陆游是在家里去世的，他的故里是越州山阴县。《山阴县志》载："宋宝谟阁待制陆游所居，在三山，地名西村。""三山"指位于今绍兴市区胜利西路、鉴湖之滨的石堰山、韩家山和行宫山。陆游在《怀鉴湖故庐》一诗中是这样描述故里的："临水依山偶占家，数间茆屋半欹斜。云边腰斧入秦望，雨外舞蓑归若耶……"西村村庄现已不存。1985年，在陆游诞辰860周年时，在陆游故居遗址处立了一方石碑，碑上镌有朱东润先生书写的"陆游故居遗址"6个字。陆游埋骨何处，未见文字记载，其墓亦尚未发现。陆游与唐琬相遇的沈园尚在，该园位于绍兴市越城区鲁迅中路318号，现在是浙江省重点文物保护单位、国家5A级旅游景区。

综合信息

△小知识

①登仕郎：文散官名。宋为正九品下，无职掌。

②锁厅考试：宋代，在任官员参加科举考试称锁厅试，参试资格和试后待遇不同时期不尽相同。南宋时宗室亦可应锁厅试，在任官员参加锁厅试合格可赐予科举出身，落第者不再停其现职。

③通判：职官名。宋时州一级除知州、知府外，均设通判，地位次于知州、知府。实为州的监察之官，故亦有"监州"之称。

④隆兴和议：指南宋隆兴二年（1164），南宋北伐被金军击溃后，在金朝逼迫下与金朝签订的一个屈辱和约，主要内容包括金宋两国皇帝以叔侄相称，宋割大批土地、赔付大量黄金及每年进贡大量财物等。

⑤赐进士出身：进士出身是古代科举中按照等第赐予的一种资历称号。宋代进士分五甲，一甲二甲称进士及第，三甲四甲称进士出身，五甲称同进士出身。陆游是不经科举考试，由皇帝亲授的赐同进士出身，意思是皇帝赐给他同有这个出身的人一样的资历。

⑥宝章阁待制：随侍皇帝身边的顾问，无职事。宝章阁，皇帝死后，收

藏其生前用过的御笔、御制等物品的楼阁。

△你问我答

1.陆游的家庭情况是怎样的？

祖父陆佃，官至尚书右丞（正二品）。父亲陆宰，任过江西提举常平、淮南东路转运判官等；母亲唐氏，熙宁初年参知政事唐介之孙女。第一任妻子唐琬；第二任妻子王氏。陆游有6个儿子、2个女儿，其中4个儿子做过官。

2.陆游有哪些诗词名句值得品味、记诵？

①纸上得来终觉浅，绝知此事要躬行。
②小楼一夜听春雨，深巷明朝卖杏花。
③楚虽三户能亡秦，岂有堂堂中国空无人！
④山重水复疑无路，柳暗花明又一村。
⑤出师一表真名世，千载谁堪伯仲间。
⑥文章本天成，妙手偶得之。
⑦驿外断桥边，寂寞开无主。已是黄昏独自愁，更著风和雨。
⑧死去元知万事空，但悲不见九州同。
⑨胡未灭，鬓先秋。泪空流。此生谁料，心在天山，身老沧洲。
⑩位卑未敢忘忧国，事定犹须待阖棺。

3.陆游，为什么取字"务观"？

从周代始，古人在名以外另取字，以供他人称呼。据《四朝闻见录》卷一上说，陆游取字"务观"是因为其母梦见宋词人秦观后生下陆游，故他以秦观的名为字。秦观又字少游，由此可知，陆游的名、字都与秦观有关，这里的"观"读"guān"。还有一种说法是，陆游取字为"观"，是取《列子·仲尼》中"名外游不如务内观"之意，"务观"的"务"是"从事""致力"的意思。后一种说法当属可信。

第五十一讲　亘古男儿一放翁之爱国诗人陆游

4.陆游与唐琬因何离异？

陆游与唐琬情投意合，但最终离异，致使唐琬为情郁郁而终，陆游一生念念不忘，去世前一年还去沈园怀旧。那么，两人因何离异的呢？有人说是因为唐琬不能生育，但两人离异时仅成婚一年有余，此说法明显不能成立。真实的原因极可能是两人感情太好，过于缠绵，陆母担心儿女情长误了儿子功名，故容不下唐琬，使二人不得不分手。陆母乃宰相之孙女，有这种心理当在情理之中。

5.陆游与唐琬的爱情故事是真的吗？

此事依次见载于南宋陈鹄记录见闻的史料笔记《耆旧续闻》、刘克庄的《后村史话》和宋末元初周密撰写的私人史书《齐东野语》三书。陈鹄还说陆、王的两首《钗头凤》是他客居会稽游园时亲眼所见。但唐琬之名和她与陆游之母的姑侄关系在《齐东野语》中才提及，而唐琬被休的原因语焉不详。联系陆游本人的诗词，陆游与唐琬的爱情故事当是真的。

△笔者闲言

在陆游的所有诗词中，笔者觉得最震撼人心、最让人感动的是"位卑未敢忘忧国"这句。陆游一生，绝大部分时间都在地方上任通判一职，通判在古代是个很小的官，是真正的"位卑"。但就是这样一个官场中的小角色，却一辈子都想着尽忠报国，直至临死还嘱咐儿子"王师北定中原日，家祭无忘告乃翁"。笔者为此深深感动。一个人无论家境、职位、能力如何，只要有这种"位卑不敢忘忧国"的精神，在笔者眼中，就是一个高尚的人，一个值得敬重的人。

第五十二讲　亦誉亦被谤的南宋理学大师朱熹
——立身以立学为先，立学以读书为本

朱熹的一辈子

朱熹画像

朱熹（1130—1200），字元晦，一字仲晦，号晦庵，又称紫阳先生、考亭先生等，祖籍徽州婺源（今属江西），南宋理学家、教育家、思想家、诗人。赠太师，谥文，封徽国公。

宋高宗建炎四年（1130）九月，朱熹出生于南剑州尤溪（今属福建），乳名沈郎。5岁入学，8岁知晓《诗经》大意，10岁攻读《大学》《中庸》《论语》《孟子》。14岁时父亲去世，曾师事胡宪、刘白水等先生。但因生活不安定，自幼学无常师，主要靠自学自悟。18岁中建州（即今福建）乡贡，19岁进士及第，专学曾巩理学。22岁授同安（今福建同安县）主簿，业余研学当时盛行的"释老之学"。24岁始向程颐的二传弟子李侗求教二程的"洛学"，前后交往六七年，为自己理学的开创奠定了扎实的基础。30岁除秘书省正字。宋高宗绍兴三十二年（1162），朱熹向宋高宗上封事，进言"帝王之学，必先格物致知……"，认为君王的"正心诚意"是治道的"大根本"。是年六月，宋孝宗即位，朱熹又几度上言封事，提出秦桧死，正是"大有为之大机会"。但他的政见不合上意，还被宰相视为"狂生"。他在宋孝宗时，任过枢密院编修、知南康军、提点江西刑狱公事和秘阁修撰等

第五十二讲　亦誉亦被谤的南宋理学大师朱熹

职，还两度执掌台州崇道观（今浙江天台县桐柏宫）。朱熹在宋光宗时，任过湖南路转运副使及知漳州、知潭州等职。绍熙五年（1194）七月，宋宁宗继位，授朱熹为焕章阁待制兼侍讲。朱熹进言"匡正君德，限制君权"，惹宁宗不满，上任40天即被免去待制及侍讲的御职，改任秘阁修撰。次年，朱熹上疏斥宰相韩侂胄奸邪专权，与韩侂胄结怨。韩侂胄策动党羽相弘、沈继初等弹劾朱熹，开列朱熹10宗大罪，并称朱熹的学说为"伪学"，力主诛杀朱熹以绝"伪学"。朱熹因此被罢秘阁修撰，他的门人或下狱或被流放，惨遭残酷处罚，史称"庆元党禁"。庆元四年（1198），朱熹致仕，受封婺源开国男，食邑300户。庆元六年（1200）三月初九，朱熹在建阳考亭（今福建省南平市建阳区考亭村）去世，享年71岁。朝廷竟严令各地"守臣约束"，以防不测，也就是防止朱熹伪党借机闹事。嘉定元年（1208），宋宁宗赵扩追赐朱熹谥文，赠中大夫宝谟阁直学士，并为理学解禁、平反。宋理宗宝庆三年（1227），朱熹获赠太师，追封信国公，旋改封徽国公。

　　朱熹一辈子做地方官的实际时间为9年，在朝中做官仅40天。除做官事政以外，朱熹主要从教讲学以及著书做学问。他在福建创办过建阳寒泉精舍、云谷晦庵草堂、考亭竹林精舍及武夷精舍4所书院。他曾到湖南长沙岳麓书院讲学，轰动一时。他修复古代四大书院之一的江西庐山白鹿洞书院，亲自制定校规、亲自执教。在教育思想方面，朱熹认为教育的目的与作用是让人"明明德""变化气质"，以"灭人欲"，最终让受教育者成为"圣人"。在教学原则与教学方法方面，他强调因材施教、循序渐进、熟读精思。在学术思想领域，朱熹是南宋儒家学派的主要代表，是儒家在孔、孟之后的第三位重要人物。他对儒学的主要贡献是把儒学的"仁"上升到了"理"，而他认为"理""气"是宇宙的本体。所以，他用"理""气"阐释自然现象和社会现象。他的理学，实际上是以儒家思想为基础，综合吸收佛、道思想构建的古代哲学，对后世影响极大。在文学创作方面，朱熹一生创作诗词1400多首。他的诗词，语言平正、风格俊朗、结构细密，常借景喻理，内涵丰富。其存世的著作有《小学》《四书章句集注》《通书解说》《近思录》《太极图说解》《楚辞集注》等，其中《四书章句集注》后被钦定为科举教材和科举考试的标准。

　　世人对朱熹的评价，褒贬不一。挚友陆游在祭悼朱熹之文中说："某有捐百身起九原之心，有倾长河注东海之泪。路修齿耄，神往形留。"辛弃疾则说："所不朽者，垂万世名。孰谓公死，凛凛犹生！"清康熙帝对他的评价是："集大成而绪千百年绝传之学，开愚蒙而立亿万世一定之规。"贬损朱熹的，主要诟病朱熹的私德，但所据之事是否真实，至今尚存争议。

朱熹的归宿

朱熹的墓地是他生前自选的，位于福建省南平市建阳区黄坑镇后唐村大林谷。南宋淳熙三年（1176），朱熹的妻子刘氏去世，先行葬入墓地。庆元六年，朱熹病逝后与刘氏合葬。整个墓园约1.5万平方米，自山脚拾级而上，两边树木郁郁葱葱，被称为"朱夫子林"。上山不远即是墓道，墓道一端即是朱熹墓地，面积约200平方米，由低到高分为三层，地面全用卵石铺砌，朱熹墓冢在高处的第三层。墓冢呈圆形，不高。边坡、墓顶也全用鹅卵石包砌，非常有特色。此种形制在古代名人墓葬中独一无二，墓的四周也全用卵石围成整齐的护墙。一块清康熙五十六年（1717）的墓碑立于墓后，碑高约2米，宽0.8米，碑正中阴刻"宋先贤朱子夫人刘氏墓"。墓前置有石香炉、石供应，还有一对石烛，墓道边建有墓碑亭。据说原来山下还建有享殿和朱子祠等建筑，但现都已不存。

综合信息

△小知识

①释老之学：即佛道之学。释老，释迦牟尼与老子的合称，也指佛教和道教。

②洛学：指以北宋儒家学者程颢、程颐两兄弟为首创立的哲学学派。因两人都是洛阳人，所以把他们的学说简称为"洛学"。

③格物致知：意思是推究事物的原理，从而获得知识。格，接触、探究；物，事物；致，求得、获得；知，知识、认识、智慧、道理。

④焕章阁待制兼侍讲：焕章阁待制，官名，随侍皇帝身边的顾问。焕章阁，阁名，宋孝宗淳熙初建，是用于收藏宋高宗作品的楼阁。侍讲，宋时为从五品，掌陪侍皇帝讲读史书、释解经义等。

第五十二讲　亦誉亦被谤的南宋理学大师朱熹

⑤庆元党禁：指南宋庆元年间韩侂胄打击政敌的政治事件。韩侂胄先打击右相赵汝愚，遭朱熹等奏议，遂报复朱熹。他把朱熹的理学斥为"伪学"，同时禁毁与朱熹理学相关的书籍。在韩侂胄的唆使下，宋宁宗立伪学逆党名单，并一一予以惩处。因事发于庆元年间，故称为"庆元党禁"。

△你问我答

1.朱熹的家庭情况是怎样的？

祖父朱森，字良才，赠承事郎；祖母是程氏。父亲朱松，官至吏部员外郎，赠封议大夫，追封粤国献靖公；母亲是祝氏。妻子是刘氏。朱熹有3子5女。

2.朱熹有哪些名言名句值得品味、记诵？

①志大量小，无勋业可为。
②治国之道，在乎猛宽得中。
③少年易老学难成，一寸光阴不可轻。
④问渠那得清如许，为有源头活水来。
⑤自敬，则人敬之；自慢，则人慢之。
⑥心大则百物皆通，心小则百物皆病。
⑦等闲识得东风面，万紫千红总是春。
⑧为学，正如撑上水船，一篙不可放缓。
⑨人之作孽，莫甚于口；言语尖刻，必为人忌。
⑩读书无疑者，须教有疑，有疑者却要无疑，到这里方是长进。
⑪读书有三到，谓心到、眼到、口到。
⑫博学而笃志，切问而近思。
⑬不以小恶掩大善，不以众短弃一长。
⑭心不定，故见理不得。今且要读书，须先定其心，使之如止水，如明镜。

3.什么是理学?

理学是流行于宋元明清时期的一种哲学思潮,由北宋的程颢、程颐等始创,朱熹是理学的集大成者。理学探讨的问题很多,如人性的来源和心、性、情的关系问题等。在理学中,理不仅是事物的规律,亦被看作社会道德、伦理的准则与规范。而三纲五常,仁、义、礼、智、信这些封建道德,又被视为"理"的体现。因而程、朱都主张"灭人欲,存天理"。

4.朱熹为什么遭后人唾骂?

因为有人说朱熹私德不检。当年韩侂胄党羽弹劾朱熹的10条罪状中有这样两条:一是娶尼姑为妻;二是与儿媳有染。因而朱熹被有些人认为是伪君子、假道学。虽然此事尚有争议,但他给宋宁宗的表上都未明确否认,还说"深省昨非,细寻今是",因而有人认为朱熹的这两个污点恐怕很难洗清,但究竟是否属实,也无更多证据,所以,现在还只能说存疑。

△笔者闲言

朱熹似乎不是一个内敛、谨言慎微、善于明哲保身的人。他坦荡、不藏锋芒,心里有什么说什么。他给宋高宗、宋孝宗、宋宁宗封事中说的话,还真有点狂妄、放肆、不知天高地厚的味道。但笔者以为这种傲,恰恰是学者身上闪光的东西。一个真正的学者,其显著的特点是思想卓绝、说话直率;只认理,不认权势。明朝的方孝孺,清朝的康有为、谭嗣同,近现代的李大钊、鲁迅,似乎都是这样。这种精神通俗点说,就是文人的硬气。

第五十三讲 "人中之杰，词中之龙"辛弃疾
——想当年，金戈铁马，气吞万里如虎

辛弃疾的一辈子

辛弃疾（1140—1207），字幼安，号稼轩居士，山东历城（今山东济南）人，南宋官员、将领、文学家，豪放派词人，有"词中之龙"之称。与苏轼并称为"苏辛"，与李清照并称"济南二安"。官至龙图阁待制。宋恭帝时赠封少师，谥号忠敏。

辛弃疾画像

辛弃疾出生于山东历城四风闸。他出生时，历城已在金的治下。父亲早亡，他由祖父辛赞抚养长大。为谋生，祖父在金政权当小官，但心有不甘。辛弃疾10岁拜学者刘瞻为师。14岁乡试领举。15岁、18岁时两度随祖父赴金都燕京（今北京）应试，未中。爷孙俩在京都"谛观形势"，盼望有机会能"投衅而起"，"以纾君父所不共戴天之愤"，辛弃疾21岁时祖父去世。宋绍兴三十一年（1161），金主完颜亮率大军南下灭宋，为抗击金军，辛弃疾很快集聚了2000人的义兵，投靠山东抗金义军首领耿京，并被任为义军掌书记。同年，完颜亮遭部下杀害，金军被迫罢兵。第二年正月，辛弃疾奉耿京之命前往与在建康劳军的宋高宗赵构落实义军归宋之事，宋高宗授辛弃疾为承务郎。北归途中，获报叛徒张安国杀了耿京投金，辛弃疾怒率50余骑夜闯金军大营，活擒张安国，解送至建康交由南宋朝廷斩杀，此举令宋高宗赵构大为赞叹，升辛弃

来自历史的人生报告
中国古代名人七十二讲

疾为江阴（今江苏江阳）签判。绍兴三十二年（1162），23岁的辛弃疾定居京口（今江苏镇江），娶太学士范邦彦之女结婚成家。签判3年任满后，调任广德（今安徽宣城）军通判。在此任上，辛弃疾向宋孝宗赵昚上疏《美芹十论》，详陈抗金复国的主张与方略。由于当时朝廷主和，辛弃疾的主张未被采纳。3年后转任司农寺主簿。此后，也就是乾道八年（1172）至淳熙七年（1180）的8年里，辛弃疾相继任过滁州知州，湖北、江西、福建、浙东安抚使及湖南、湖北转运副使和江西提点刑狱与仓部郎官等官职。他在地方为官，兢兢业业，恪尽职守；整顿治安，重视民生，政绩突出。与此同时，他亦念念不忘抗金复国，收复北方失地。为此，他屡屡奏议国事，呼吁出师北伐。然而他的报国热忱，不仅没有得到朝廷的肯定和奖掖，反而遭致投降派忌恨。淳熙八年（1181），辛弃疾在江西提点刑狱任上，被台臣诬为"用钱如泥沙，杀人如草芥"，遭弹劾罢官。是年冬，辛弃疾落职隐居江西信州（今江西上饶）带湖。他在乡野垂钓种禾，写诗作词，给自己取号"稼轩居士"（意为人生在勤，当以力田为先）。他在带湖闲居长达7年，直到绍熙三年（1192）才复出赴福建任提点刑狱，后兼福建安抚使。可两年后又遭人攻讦，被再次罢官闲居上饶。庆元二年（1196）夏，带湖房舍失火，辛弃疾举家迁居上饶铅山瓢泉庄园。这一年，他被朝廷削去了所有官职头衔。嘉泰三年（1203），主战的太傅韩侂胄掌权，决意起兵北伐收复失地。为此，起用主战的文臣武将，64岁的辛弃疾亦被任绍兴知府兼浙东安抚使。此后不久，调任镇江知府。他在镇江任上，尽力招募兵勇、筹措物资，以备抗金所用。不料两年后的宋宁宗开禧元年（1205），辛弃疾被诬贪敛又遭弹劾，再次罢官回铅山闲居。次年，朝廷又起用他任浙东安抚使，还升他为龙图阁待制，并拟加任兵部侍郎。看透了南宋朝廷权奸当朝的极端腐败，辛弃疾不愿再出山做官。开禧三年（1207），朝廷再次召辛弃疾赴临安任枢密院承旨，但这时的辛弃疾已卧床不起。是年九月，他在铅山瓢泉庄园去世，临死时口中还大喊"杀贼，杀贼……"

辛弃疾被誉为"人中之杰，词中之龙"，文可与苏轼比肩，武能带兵打仗。其词题材广泛、豪放大气、激情澎湃；田园山水诗则清丽可人，富有生活气息。他为人正直坦荡，骁勇威猛，豪爽仗义，一生忧国忧民，却仕途坎坷，壮志难酬。白寿彝先生在《中国通史》中说："辛弃疾一生以恢复为

第五十三讲 "人中之杰，词中之龙"辛弃疾

志，以功业自许，可是命运多舛，备受排挤，壮志难酬。然而，他恢复中原的爱国信念始终没有动摇……"清乾隆皇帝在《御批通鉴纲目》中说："君子观弃疾之事，不可谓宋无人矣，特患高宗不能驾驭之耳。"

辛弃疾的归宿

辛弃疾墓位于江西省铅山县永平镇瓜山（此山当地人称为稼轩山）虎头门山腰处，距县城24千米，距上饶市区51千米。瓜山不高，从山脚顺石板小路向上100米即到墓前。墓极简单，就是普通的乡村坟冢，其墓坐北朝南，高2.5米，直径2.5米，下面部分是用条石砌成的4层墓围，上面部分是泥土，长满杂草。墓前立有一块辛弃疾第25代孙在清乾隆年间立的墓碑，碑中间写的是"显故考率公稼轩府君之墓"，由于年代久远，字迹已经模糊。墓前还有一副郭沫若题写的26字挽联，上联是"铁板铜琶继东坡高唱大江东去"，下联是"美芹悲黍冀南宋莫随鸿雁南飞"，可谓言简意赅，字简而义尽。此墓在清乾隆年间整修后，又于1971年和1981年整修过两次，现在是江西省重点文物保护单位。人们敬仰辛弃疾的高风亮节和不平常的一生，所以，特地到此拜谒的人一年四季络绎不绝。

综合信息

△小知识

①少师：古代东宫太师的副职，从一品，是天子的辅弼之官。宋时为大官加衔。

②龙图阁待制：宋代官名。虚衔，无实职。备帝王顾问，但能享受超官阶的待遇。

③承务郎：官名。部门的三把手，宋代为低级文散官，从八品。

④安抚司：职官名。宋时由中央派至沿边地区执掌兵权的官员，有的由知州兼任。

来自历史的人生报告
中国古代名人七十二讲

△你问我答

1.辛弃疾的家庭情况是怎样的？

辛弃疾的祖父辛赞是北宋进士，北宋亡后被金任为县令，后做到开封知府。父亲辛文郁早亡，事不详。辛弃疾在诗文中也从未提及父亲的事。母亲是赵氏。辛弃疾有3任妻子：赵氏、范氏、林氏。他有3子3女（一说有9子2女），家庭人丁兴旺。

2.辛弃疾有哪些诗词名句值得品味、记诵？

①青山遮不住，毕竟东流去。
②众里寻他千百度。蓦然回首，那人却在，灯火阑珊处。
③千古兴亡多少事？悠悠。不尽长江滚滚流。
④想当年，金戈铁马，气吞万里如虎。
⑤若教眼底无离恨，不信人间有白头。
⑥明月别枝惊鹊，清风半夜鸣蝉。稻花香里说丰年，听取蛙声一片。
⑦君不见、玉环飞燕皆尘土！闲愁最苦！
⑧了却君王天下事，赢得生前身后名。
⑨天下英雄谁敌手？曹刘。生子当如孙仲谋。
⑩凭谁问：廉颇老矣，尚能饭否？

3.辛弃疾因何一生未当大官，未被重用？

辛弃疾未当大官的主要原因有三：其一，他经历的宋高宗、宋孝宗、宋光宗、宋宁宗都主和，只想苟且偷生，维持现状。宋孝宗虽北伐过一次，但失败了，并因此被迫与金签订了屈辱的隆兴和议。君主和，主战的臣子自然不得重用。其二，辛弃疾是性情中人，直来直去、据理不让，连皇帝都敢与之争辩。这在官场上自然混不开，他在给宋孝宗的奏折中也说自己"生平刚拙自信，年来不为众人所容，顾恐言未脱口而祸不旋踵"。其三，辛弃疾是从北方沦陷区投奔南宋的人。当时南方官吏私下称他们为"归正人"。他的祖父辛赞又在金国做官，这样的身份自然亦影响了他的仕途。

第五十三讲　"人中之杰，词中之龙"辛弃疾

4.辛弃疾的诗词中因何没提到过岳飞?

辛弃疾的诗词中，一句没提到过同为抗金名将的岳飞，这是为什么呢？主要是因为辛弃疾生于1140年，岳飞死于1142年，岳飞死时辛弃疾还只有2岁，他长大成人时，岳飞还背着一个"谋反"的罪名，尚未平反。辛弃疾身为南宋官员，即使心里同情、赞赏岳飞，也不能形之于笔墨。等岳飞被平反，被追封为鄂王时，辛弃疾已是65岁的垂暮之年，且疾病缠身，拿不动笔了。

△笔者闲言

辛弃疾比朱熹小10岁，他们是朋友。

庆元六年（1200）三月初九，朱熹去世。当时的朱熹已被南宋朝廷打成伪党头目，将其所有著作烧毁，还令他的学生不得参加科举，在朱熹死后也不得祭悼。因此，许多人唯恐避之不及，不敢送葬。但61岁的辛弃疾却不顾禁令，不怕连累，跋涉千里，赶到福建武夷山朱熹坟前哭祭朱熹，还亲致祭文。祭文中有这样几句："所不朽者，垂万世名。孰谓公死，凛凛犹生！"可见他对朱熹全是赞誉与褒奖，丝毫不在乎朝廷的封杀与禁令。这种不趋炎附势、敢于秉公直言的精神极其难能可贵，折射出来的是人品、气节，令人钦佩。

第五十四讲　纵横天下的一代天骄成吉思汗
——尔要战，便战！

成吉思汗的一辈子

成吉思汗画像

成吉思汗（1162—1227），姓孛儿只斤（也是氏族名），名铁木真。蒙古国的开国可汗，称"成吉思汗"。"成吉思"在蒙古语中是坚强和大海的意思。"汗"读"hán"，可汗的简称。在古代蒙古、突厥、鲜卑、柔然等民族中，"汗"是对最高统治者的称呼。成吉思汗庙号太祖，谥号法天启运圣武皇帝，史称元太祖。

铁木真出生于漠北斡难河（今鄂嫩河）上游地区乞颜。铁木真9岁时，时为乞颜部首领的父亲被塔塔儿部人毒死，乞颜部从此衰落，部属离散。原部落联盟之一的泰赤乌部落首领塔尔忽台借机夺回了部落联盟领导权，还把铁木真母子逐出了部落。铁木真13岁时，又遭塔尔忽台追杀，几度死里逃生。铁木真18岁迎娶孛儿帖，但成婚时新娘孛儿帖却被蔑儿乞惕人抢走。后虽夺回，但孛儿帖已怀有身孕。如此的奇耻大辱，使得铁木真时时想着壮大实力复仇。为此，铁木真投靠父亲生前义兄克烈部脱斡里勒汗，并认他做了义父。铁木真助义父征讨其他敌对部族，义父则帮他重新聚集乞颜部族众。后来，铁木真因义父汗的继位一事与义父一家闹翻离开，回到了自己原来的乞颜部。1183年，22岁的铁木真被拥戴为乞颜部可汗。1190年，札答兰部首领札木合不甘铁木真乞颜部落的壮大，找了个借口，联合泰赤乌等

第五十四讲 纵横天下的一代天骄成吉思汗

13个部落攻击铁木真部,铁木真将自己的人马分作十三翼(营),分别与其作战。由于兵力分散,此战失败。但因札木合灭绝人性,煮食俘虏,他所率领的不少部落憎恶其所为,纷纷离开他归附了铁木真,铁木真的势力不减反增。1196年,铁木真与义父一起帮助金朝大败塔塔儿部,铁木真被金朝封为察下忽鲁(官名,含义解释不一,有部族官、百夫长、节度使等多种说法)。此后4年,铁木真又与义父的部落一起,击败乃蛮部、塔塔儿部,灭了泰赤乌部落。1203年,42岁的铁木真与义父克烈部决裂,并击垮了该部落。1206年,45岁的铁木真统一全蒙古,建立了大蒙古国,他被尊称为"成吉思汗"。立国后,他把蒙古百姓分为95千户,分赏给将领、贵族,让他们当千户长统辖、管理。百姓平时为民,战时为兵,国家成了最大的军事组织。铁木真亲掌万名精兵,确保自身安全。同时,制定和颁布《成吉思汗法典》作为维护统治秩序的工具,限令用畏兀儿字母书写蒙古语,从而使北方长期各自为政的部落,逐步形成了一个统一的蒙古民族。在对外关系上,铁木真凭借强大的军事实力,从成为成吉思汗的第二年起,连年发动战争,进行扩张和掠夺。1207年、1209年两攻西夏,使西夏重臣脱脱、屈曲律逃亡西辽,畏兀儿人归顺。1211年南下攻打曾让自己臣服的金国。1214年,金与铁木真议和,铁木真在金国献上美女和大量财物后退兵。但他当年便悔约了,次年一度攻占金国中都(今北京)。1219~1225年的7年间,铁木真亲率大军西征,征服花剌子模(今乌兹别克斯坦、土库曼斯坦两国部分领土上的政权);攻占当时的伊斯兰教文化中心布哈拉城(今属乌兹别克斯坦)和花剌子模国都撒麻尔干,以及锡尔河两岸的城市;击败俄罗斯联军,征服西亚诸国,将士们在这些侵占的领土上烧杀抢掠。随后,成吉思汗将这些从战争中得来的土地分成4份,封赏给4个儿子。1225年,成吉思汗结束西征回到蒙古土拉河行宫。第二年春又率军亲征西夏,1227年死于甘肃六盘山下的清水县,死因不明,终年66岁。1265年,元世祖忽必烈追赠其庙号为太祖,第二年尊谥号为圣武皇帝(后改谥号为法天启运圣武皇帝)。

成吉思汗是一位叱咤风云、极具争议的历史人物。他是杰出的军事家,拥有高超的战争技术。他建立的蒙古汗国,疆域是中国历史上最大的。他在客观上促成了蒙古民族的形成,创建了统一的蒙古文字。他实施自由、开放的宗教政策和商贸政策,有利于宗教文化和商业的繁荣、发展。他崇尚武力，一生中有40余年在四处征战。毛泽东所说的"一代天骄，成吉思汗，只识弯弓射大雕"鲜明地揭示出他在文治上的不足。成吉思汗为人意志坚强，个性强悍，有仇必报，崇尚穷兵黩武，放纵杀戮和掠夺。他是一位有英雄气质、英雄业绩但又残暴、血性、放肆的历史人物。

成吉思汗的归宿

蒙古族殡葬习俗与汉族不同，他们实行"秘葬"，即将尸体埋入地下，覆土如初。几年后杂草丛生，不露痕迹，与大自然和谐相融。他们认为祭奠先人是祭奠尸骨，而先人的灵魂则随人死时吐出的最后一口气附着在驼毛上。成吉思汗下葬后，据说先用众多的马匹踩实葬尸处的土地，然后牵来一头母骆驼和它生的一头小骆驼，再当着母骆驼的面杀死小骆驼，把血洒在下葬处，留下人员看守。待下葬处长出青草，与四周地面无异时遣散看守人员。第二年来祭奠时，把母骆驼牵来，它会在当初杀死小骆驼处哀鸣，这样就能找到埋葬成吉思汗的地方。但若母骆驼死了，就再也找不到成吉思汗的埋骨之处了，这也是至今未能发现成吉思汗墓葬的原因。不过有人认为这种用骆驼寻找先人的说法，是汉人对蒙人的歧视和排斥，并非真有其事。南宋文人笔记中的另一种说法是，当年成吉思汗在清水县病逝以后，其遗体被运往漠北肯特山下某处。先在地表挖深坑埋葬，然后万马踏平，周围用帐篷围起来，等埋尸骨处长出青草，并与四周杂草没有异样时移去帐篷。因为成吉思汗的陵寝至今未能找到，为了纪念成吉思汗，人们在今内蒙古自治区鄂尔多斯伊金霍洛旗草原上修建了一座成吉思汗的衣冠冢。该陵距鄂尔多斯市区约40千米，陵园占地5.5公顷。现在其是全国重点文物保护单位、国家5A级旅游景区。

综合信息

△小知识

①漠北：漠北的"漠"指的是蒙古高原的戈壁沙漠。历史上北方蒙古族曾以大漠为中心，分成漠北、漠南、漠西三部分。漠北今指中国北方沙漠戈壁以北广大地区。漠南即指戈壁沙漠以南、阴山以北地区，今分布在中国与

第五十四讲 纵横天下的一代天骄成吉思汗

蒙古国之间。漠西指今青海省。

②部落：原始社会由同一血缘或相近血缘的人集聚在一起的集体，有统一的头领和办事的章程、习俗。成吉思汗所属的乞颜部落是一个古老的部落。成吉思汗时的草原牧民部落，虽已不是原始社会，但部落的基本形态还是相似的，即由相近血缘的人聚居在一起的集体。

③畏兀儿字母：畏兀儿就是维吾尔。畏兀儿是蒙古语，畏兀儿字母就是维吾尔字母，共有32个，用以表达元音和辅音。早期的蒙文是用畏兀儿字母书写蒙古文。所以，今天的蒙古文有用畏兀儿字母和西里尔字母两种拼写形式。

△你问我答

1.成吉思汗的家庭情况是怎样的？

成吉思汗的父亲孛儿只斤·也速该，与成吉思汗的祖父孛儿只斤·把儿坛一样，也拥有"把阿香儿"的称号，意即"勇士"。母亲诃额仑·斡勒忽讷氏。皇后孛儿帖等。他有术赤、察合台、窝阔台、拖雷等6个儿子。

2.成吉思汗有哪些名言值得品味、记诵？

①没有铁的纪律，战车就开得不远。
②你的心胸有多宽广，你的战马就能驰骋多远。
③跋山涉水远途行军，要爱惜战马于未瘦之时，要节省粮草于未尽之时。
④雏鹰只有自己去飞，翅膀才会变硬；孩子只有离开爹娘，才能学会生活。
⑤平时应像牛犊般驯顺，战时应像扑向野禽的饿鹰一样凶狠。
⑥谁要是种下仇怨的苗，谁就将摘取悔恨的果实。
⑦尔要战，便战！

3.成吉思汗的死因到底是什么？

有多种说法。《元史》中说他因疾病而死亡。《西夏秘史》中说他65岁亲征西夏，途中掉落马下受伤，后在阵前又受西夏将领辱骂，重伤加上愤怒，不治身亡。民间也有多种传说，如被雷劈死、掉落马下被马踩死、被西夏王妃在侍寝时害死等。比较起来，《元史》中说的病死最有可能。毕竟他当时已年迈，征战一世、长期劳乏，以致一病不起也很正常。

4.成吉思汗的战争动机到底是什么？

成吉思汗几乎一辈子都在打仗。那么他的战争动机是什么呢？简单点说是为了复仇或掠夺。为复仇尚情有可原，为掠夺则绝对不义。而历史的真相恰恰就是这样。编著于14世纪初的《史集》中说，有一次，成吉思汗问他的手下名将："对男子汉来说，什么是最大的快乐？"成吉思汗自己的回答是："镇压叛乱者，战胜敌人，夺取他们所有的一切，骑乘他们的后背平滑的骏马，将他们的美貌后妃纳为妻妾"，应当说这些话就很明确地道出了成吉思汗的战争动机。

△笔者闲言

历史上对成吉思汗的评价极为两端化，有人称其为军事天才，战无不胜，连毛泽东都称他为"一代天骄"，1995年12月，他甚至还被美国的《华盛顿邮报》评选为"千年风云第一人"。但亦有人斥责他嗜杀、残暴。而《史集》中他说的那段话，则给人一种人品低俗的感觉。不过，话又说回来，对诸如成吉思汗、秦始皇、汉武帝这类叱咤风云的历史人物而言，这些似乎从来不算事。其实，对成吉思汗的评价，还是毛泽东说的"成吉思汗，只识弯弓射大雕"这一句最简洁、最客观、最深刻。

第五十五讲　缔造大元帝国的元始祖忽必烈
——国以民为本，民以衣食为本，衣食以农桑为本

忽必烈的一辈子

忽必烈（1215—1294），姓孛儿只斤，名忽必律，蒙古族，政治家、军事家。成吉思汗之孙，其父托雷是成吉思汗第四子。他是元宪宗蒙哥的弟弟，大蒙古国第五任可汗，元朝开国皇帝。庙号始祖，史称元始祖。

忽必烈是托雷第四子。忽必烈18岁时，托雷病逝，由伯父窝阔台继汗位。太宗十三年（1241），窝阔台病逝，由忽必烈的堂兄贵由继汗位。1248年，贵由汗病逝，由忽必烈的长兄孛儿只斤·蒙哥继汗位。忽必烈在

忽必烈画像

兄弟4人中以贤、能著称，青年时代就想"大有为于天下"。被后世称为"大元帝国设计师"的刘秉忠及后成为元朝著名政治家的赵壁等汉人中的饱学之士，当时已成为忽必烈信任和倚仗的谋士。蒙哥继汗位后，令忽必烈主管漠南汉族地区军政要务。1252年，忽必烈被封为藩王。忽必烈很喜欢汉族文化，成藩王后又招募了许多汉族中的杰出人才，如元好问、杨惟中、郝经、张德辉、窦默等。在这些汉人儒士的提议下，忽必烈在藩国实施汉法，把藩国治理得井井有序，社会安定，生产发展，百姓安居乐业。由于忽必烈治政有功，蒙哥把京兆（京师所在地区）赏给忽必烈作封地。是年八月，忽必烈奉蒙哥之令远征云南，攻灭大理国。1254年正月，忽必烈一举攻下大理城，大理国亡。自此，南方只剩下南宋与蒙哥的蒙古政权对峙。

1258年七月，蒙哥亲自领兵南下灭宋，不久即攻占了南宋川北的大部分

地区。但攻打合州（今重庆市合川区南部）时却久攻不下，因此蒙哥授忽必烈为东路军主师，令其渡淮河南下攻打南宋的鄂州（今湖北武汉），以策应他在合州的战事。1259年九月，蒙哥在作战中负伤，死在军中，而忽必烈在鄂州也与宋军相持不下。此时，忽必烈的异母弟弟末哥派使者赶到鄂州，向忽必烈告知蒙哥去世的消息，同时催促其速北返继承汗位。是年末，忽必烈撤兵北返。翌年三月，他在开平（大蒙古国旧都，位于今内蒙古自治区锡郭勒盟正蓝旗境内）继大汗位，建年号中统。同年四月，忽必烈的弟弟阿里不哥在和林（今蒙古国境内）也自称继大汗位，于是兄弟兵戎相见、同室操戈。三年后阿里不哥战败请降。至元八年（1271），忽必烈采纳谋士刘秉忠的提议，取《易经》中"大哉乾元"之义，定国号为大元，定都大都（今北京），忽必烈由汗改称皇帝。忽必烈改三省制为中书一省制，同时在中央设御史台作为监察机构，设枢密院掌管军队。他说："中书省是我的左手，枢密院是我的右手，御史台是我用来医治左右手的。"元的地方政权则设行省、路、府、州、县五级。地方上的省称中书省，简称"行省"。这是中国省制的开端，意义重大。在国家治理上，忽必烈则把人分为蒙古人、色目人、汉人、南人4等。

立国第三年，忽必烈派兵南下攻宋。至元十年（1273），元军攻下襄阳，随即沿长江东下攻占建康。至元十三年（1276）兵临临安，宋恭帝出城请降。至元十六年（1279），南宋丞相陆秀夫抱幼帝在广东崖山投海自尽，南宋亡。此后，元曾征战日本、缅甸、越南，均未达目的。进入晚年以后，忽必烈比年轻时更嗜酒、更暴饮暴食，身体极度肥胖。后来，因发妻与太子接连先他去世，他心情抑郁、身体状况迅速变差。至元三十一年（1294），忽必烈在大都皇宫驾崩，享年79岁，追谥圣德神功文武皇帝，庙号世祖。

对于忽必烈在位时的政绩，明学者叶子奇在《草木子》中的评价是："元朝自世祖混一之后，天下治平者六七十年，轻刑薄赋，兵革罕用，生者有养，死者有葬，行旅万里，宿泊如家，诚所谓盛也矣。"忽必烈确是蒙古民族辉煌历史的开创者，对于中国统一多民族国家的巩固和国家幅员的开拓也有贡献。但他穷兵黩武，不能平等对待国内各民族，也为后人所不齿。

第五十五讲　缔造大元帝国的元始祖忽必烈

忽必烈的归宿

　　按蒙古人旧俗，忽必烈驾崩之后，灵柩运回漠北安葬。但究竟埋于何处，至今不清楚。忽必烈临终时曾留遗诏嘱"举行秘葬，不许起坟"。叶子奇在《草木子》中说，元朝皇帝驾崩，"用梡木两片，凿空其中，类人形大小合为棺，置遗体其中……加髹漆毕，则以黄金为圈（箍两头、中间），三圈定"，然后掘深沟一道埋葬，"以万马蹂之使平……"由此推测，忽必烈的葬式当与成吉思汗的葬式相同，所以至今同样未能找到其墓茔。现在国内唯一纪念忽必烈的地方，是位于内蒙古自治区锡林郭勒盟正蓝旗上都镇的忽必烈广场。该广场的中央，现矗立有一尊高7米、重120吨的忽必烈铜像。此处是大蒙古国的旧都，也是忽必烈当年登基继承汗位的圣地。

综合信息

△小知识

　　①御史台：古代官署名，东汉至元一直设置，是中央的监察机构，负责各级官员的监察事务。最高长官称御史，御史所居官署称御史府或称兰台、宪台。明、清两代将御史台改称都察院。

　　②枢密院：古代官署名，唐、五代、宋、辽、元设置，明、清废止。朝廷的最高军事机构，也管宫廷禁卫。最高主管称枢密使。明朝把枢密院改为大都督府。

　　③《草木子》：作者叶子奇，元末明初浙江龙泉人，是和刘基、宋濂一样著名的学者。但未受明重用，还曾因事下狱。叶子奇在狱中写成的笔记小说集，其中有的内容是元明的史料笔记，内容十分广泛。

　　④色目人、南人：忽必烈将人分成4等，这里的色目人是对除蒙古以外西北各族，包括西域等各族人的统称；南人，指南方的汉人和南方其他各族人。

△你问我答

1.忽必烈的家庭情况是怎样的?

忽必烈的祖父是孛儿只斤·铁木真,即元太祖成吉思汗。父亲孛儿只斤·托雷,曾为蒙古国汗,是成吉思汗第四个儿子;母亲克烈·唆鲁禾帖尼,大蒙古国皇太后,是托雷的正妻。忽必烈同父同母的哥哥叫蒙哥;他有两个弟弟,一个叫旭烈兀,一个叫阿里不哥。忽必烈有10个儿子、6个女儿。

2.忽必烈在治国方面有哪些名言,值得品味、记诵?

①国以民为本,民以衣食为本,衣食以农桑为本。
②辽以释废,金以儒亡。
③朕治天下,重惜人命,凡有罪者,必命对再三,果实而后罪之。
④人命至重,悔将何及,朕实哀矜。
⑤予一人底宁于万邦,尤切体仁之要,事从因革,道协天人。

3.汗位承袭是怎样的?

汗位承袭一般是按大汗遗诏确定人选,召开忽里大会(指蒙古的诸王大会,最初是部落和各部落联盟的议事会)选举,选不上的便不能成为汗位承袭者。同时,蒙古人还有"幼子守灶"的传统,即由幼子继承父亲遗产。这一传统,自然对汗位的继承也有影响。总的来说,汗位的承袭取决于遗诏、能力、战功、兄弟排位和实力等诸多因素,比较复杂。

4.元朝将人分为十等与忽必烈有关系吗?

将人分成"一官二吏三僧四道五医六工七猎八娼九儒十丐"之说,最早见于谢枋得的《叠山集》,但三、四、五、六等指哪些人则是郑思肖著的《铁函心史》中说的。此两人都是宋末遗老,此说当是他们对元朝社会现象的概括,与忽必烈无关。但人与人之间的不平等、汉人遭歧视等社会现象,在整个元朝都是普遍存在的。

第五十五讲　缔造大元帝国的元始祖忽必烈

5.忽必烈是如何对待文天祥的？

忽必烈佩服文天祥的气节与才华，将文天祥从崖山押回广州时，忽必烈以"谁家无忠臣"为由下诏善待文天祥。文天祥被关押大都之初，忽必烈也以上宾之礼相待。忽必烈不但多次遣人劝降，自己亦曾4次出面劝降，并许以宰相之职。但最后鉴于文天祥尽忠意决，遂不再强行要求，让其赴死明志。

△笔者闲言

忽必烈与其祖父成吉思汗都穷兵黩武、崇尚武力，区别在于成吉思汗残暴、做事狠绝，会杀光战败一方的所有男人，只留下女人。而忽必烈在攻下大理后让手下写着"止杀"二字的小旗，插遍全城，以保护百姓免遭杀戮。1276年，忽必烈的丞相伯颜统兵侵占南宋都城临安时，也未杀一人。后来，元仁宗还特为此事在杭州建祠纪念。当然，忽必烈也曾大肆屠戮，但就以上两事看，与成吉思汗相比，他还是相对仁慈一些。因此，有些历史学家称忽必烈不仅是一个征服者，还是一个成功的新秩序的建立者。

第五十六讲　中国戏剧之鼻祖关汉卿

——天若是知我情由，怕不待和天瘦

关汉卿的一辈子

关汉卿画像

关汉卿（约1220—1300），字汉卿，号已斋叟，又号一斋（一说一斋是名），大都（今北京）人，亦说解州（今山西运城市解州镇）人、祁州（今河北安国市）人，元代著名戏剧家。与白朴、马致远、郑光祖合称"元曲四大家"，并居四大家之首，亦被誉为"曲家圣人"。1958年，被世界和平理事会列为世界十大文化名人之一。

关汉卿出生在金末，曹楝亭藏本《录鬼簿》中说他是"太医院尹"，宁波天一阁收藏的《录鬼簿》中说他是"太医院户"。"尹"在古代是官名，但史书上没有"太医院尹"这一官称。据推测，"太医院户"可能是指户籍的性质，也就是说，关汉卿出身于行医世家，或本人以医为业，或其家庭或本人户籍属太医院，是为太医院做事的，而戏剧创作并非关汉卿的本职。但不管怎样，他的家庭条件必优于一般的百姓，因而关汉卿小时候当受过良好的教育，有不俗的文化素养。而他居住生活的大都是元朝的国都，文化繁荣、戏曲兴盛，这些都为青少年时代的关汉卿喜欢戏剧、热衷戏剧提供了诱因，也可以说是创造了条件。

关汉卿生性不屑仕进，喜欢出入勾栏瓦舍、酒肆歌楼，与戏曲伶人交往。如，当时的名演员珠帘秀就与他交往甚密，他有时甚至还会自己上台客串角色。关汉卿知识渊博，多才多艺，围棋、歌舞、吟诗、吹拉弹唱样样都会，个性狷介，耿直豪爽。《析津志·名宦传》中说他"生而倜傥，博学

第五十六讲 中国戏剧之鼻祖关汉卿

能文，滑稽多智，蕴藉风流，为一时之冠"。关汉卿中年时创作的套曲《南吕·一枝花（不伏老）》所塑造的"我是蒸不烂、煮不熟、捶不扁、炒不爆、响当当一粒铜豌豆"的艺术形象，他也拿来自比（虽然铜豌豆并不是一个正面形象）。他说自己是"普天下的郎君领袖，盖世界浪子班头"。但他之所以选择编戏剧杂曲谋生，实际上还有其深刻的社会原因。那就是元初的社会，统治阶级歧视汉人，废科举，并把知识分子排入"八娼九儒十丐"。

对于关汉卿人生的具体行踪，史书未见记载。因为戏娱之人在古代社会地位低下，难入正史。但据其相关作品推测，他60岁前后曾到过杭州、扬州。

关汉卿一生创作杂剧62种，今存18种。今还存小令58首，散文19套。《窦娥冤》《救风尘》《拜月亭》《望江亭》《单刀会》《调风月》等，是其杂剧的代表作品。他的杂剧题材广泛、内容不俗，多来自现实生活；主题深刻，富有现实意义，无情地揭露了当时社会的黑暗。他杂剧中的人物形象个性鲜明、血肉饱满。他创作的杂剧剧情紧凑，矛盾冲突典型、集中；语言丰富，富有表现性。无论公案剧、历史剧、爱情讥讽剧，还是喜剧、悲剧、正剧，几乎每一部都构思奇巧、爱憎分明。他的戏剧艺术对后世的戏剧创作，具有不同程度的楷模示范作用。更难能可贵的是，他还熟悉实际的舞台艺术。因此，他创作的剧本，也就更适合于舞台演出。

关汉卿把一生献给了戏剧，他是元杂剧的鼻祖，有人把他比作中国的莎士比亚。他的不少剧作现在被译为英文、法文、德文、日文等，在世界各地广泛传播，影响广泛。

关汉卿去世的确切时间、地点不明，但应该是寿终正寝，享年约80岁。

关汉卿的归宿

关汉卿的籍贯有山西、北京、河北等多种说法，但到目前为止，发现的关汉卿墓仅有河北省安国市伍仁桥镇伍仁村一处。该墓距县城约15千米，位于伍仁村偏北500米的一片庄稼地里。该墓原本是一个大土堆，高1.5米，占地面积约12平方米。墓穴坐东南朝西北，墓前一块石碑，上面只有简简单单的"关汉卿之墓"5个字，后来，古墓塌陷，石碑也遗失了。此墓距今约200年，与关汉卿去世的时间大致吻合。据说该墓西北角原是关汉卿古宅，当地人把该处统称为"关家园"。此墓所在的一带，现还存有关家渡、关家桥、普救寺等遗址，此外，还有一块石匾至今仍在（保存在安国市文物保护管理所），石匾上的"蒲水咸观"4个字据说是关汉卿的手迹。据说当年这里有一处200余亩的湖泊"蒲水"，一村民想请关汉卿的叔叔关灿题写一块匾额。恰巧那天关灿不在，关汉卿就代笔写了这块匾额。1958年，时任全国戏剧家协会主席田汉到关汉卿的故乡伍仁村视察，发现关汉卿墓已塌陷，后来国家拨款，让当地政府将关汉卿的土墓修筑为砖砌的坟墓。不过，现在的关汉卿墓是1986年当地政府拨款在原址上重建的，墓地占地扩大到700平方米，墓高3米，直径10米。墓底层用土黄色的砖块围砌，再分3圈逐渐向上收缩成土丘包，虽简单却别具特色。墓前树碑，碑正中竖写的"伟大的戏剧家关汉卿之墓"11个字，由国内著名书法家黄琦先生题写。碑墙上的对联写的是"绝词妙曲恒歌九天之外，傲骨冰心咏颂四海之中"。水泥墓道宽5米左右，两边植有灌木。

综合信息

△小知识

①元曲：元朝戏曲的简称。曲是一种文学样式，出现于南宋和金代，盛行于元代。句法灵活，多用口语。一支曲可以单唱，几支曲可合成一套，几套曲可以凑成戏曲。元曲分杂剧和散曲两种。有时也用来专指杂剧。

②杂剧：把歌曲、旁白、舞蹈结合在一起的艺术样式叫杂剧。杂剧通常分为四折，也叫四段。也可以根据剧情再加"楔子"，楔子通常不超过两个。像关汉卿的《窦娥冤》《救风尘》都是著名的杂剧。

③正剧：戏剧根据剧情分作悲剧、喜剧、正剧三类。正剧所表现的内容和主题一般都比较严肃，剧中矛盾、冲突复杂。它是戏剧的主要类型之一，也兼有喜剧和悲剧的成分。

④散曲：指在宋词基础上发展起来的一种文学体裁，比词更自由，句子长短、字数没有词那样严格。它是为配合当时北方流行音乐曲调用的一种合乐歌词，也被称为"今乐府"，其主要体制有小令、套数等。

第五十六讲　中国戏剧之鼻祖关汉卿

△你问我答

1.关汉卿的家庭情况是怎样的？

关汉卿的祖上是医生，其叔叔的医术很高明。但他的家庭成员，包括祖父、祖母、父亲、母亲、妻子、子女的情况，史上均无记载。民间传说关汉卿娶妻万氏，但万氏早亡。

2.关汉卿有哪些名言名句值得品味、记诵？

①浮云世态纷纷变，秋草人情日日疏。
②愿朱颜不改常依旧，花中消遣，酒内忘忧。
③儿孙自有儿孙福，莫为儿孙作远忧。
④满腹闲愁，数年禁受，天知否？天若是知我情由，怕不待和天瘦。
⑤衙门自古向南开，就中无个不冤哉。
⑥为善的受贫穷更命短，造恶的享富贵又寿延。
⑦不须长富贵，安乐是神仙。
⑧相思一点，离愁几许，撮上心头。
⑨雨里孤村雪里山，看时容易画时难。
⑩得放手时须放手，得饶人处且饶人。

3.关汉卿的生平，现还有哪些大的争议？

有关关汉卿的史料相当少，见诸文字的几处又语焉不详。因此，除他的生卒年月大致可以推测以外，其他的要么根本无从知晓（如祖上的情况、子女的情况和关汉卿何因去世、何地去世等），要么难有定论（包括他的籍贯、职业等）。

4.关汉卿的职业到底是什么？

关于关汉卿的职业主要有两种观点，一种依据元钟嗣的《录鬼簿》中关汉卿系"太医院户"一语，认为关汉卿出身于行医世家，本人也是社会中下层的行医之人。他以行医为业、谋生，戏剧创作仅是他业余所为，并不是他的谋生职业。另一种以关汉卿是"玉京书会"成员为依据,认为他是一个专业从事戏剧创作的作家,戏剧创作是关汉卿的主业,他是以戏剧创作安身立命的。但这两种说法都不完全在理。首先,"太医院户"到底是何意尚难判断,说关汉卿以医为业的这种推测就很难令人信服。其次,"玉京书会"并不是朝廷设的行政机构,也不是商业性店铺或单位,它只不过是当时几个文人随意聚合起来的俱乐部或行业协会性质的民间团体。因此,把这个团体的成员称为专业作家,或断定这些人一定是以写作为职业的,其理由显而易见不充分。但除这两种说法之外,目前要断定关汉卿的职业到底是什么,似乎也还说不出一个名堂来。

△笔者闲言

唐朝的诗,宋朝的词,元朝的曲,相对来说,了解诗、词的人多些,了解曲的人少一些。曲是散曲和杂剧的合称,散曲与词相近,它其实就是用作清唱的歌词;杂剧是供演出的,有宾白、唱词和科介(表情、动作的说明、要求)。中国现在的戏剧,就是在元杂剧的基础上发展起来的。从这个意义上来说,关汉卿被誉为中国戏剧的鼻祖,的确实至名归。在世界戏剧文化史上,中国的戏剧能与古希腊的戏剧、印度的梵剧并列为三大古老戏剧,笔者认为,关汉卿无疑居功至伟。

第五十七讲　忠义节烈的抗元名将文天祥
——人生自古谁无死，留取丹心照汗青

文天祥的一辈子

文天祥（1236—1283），字宋瑞，一字履善，号文山，吉州庐陵（今江西吉安）人，南宋大臣、文学家。

文天祥祖籍四川成都，五世祖这一代迁居吉州庐陵。他的父亲是个读书人，一生没做过官。文天祥6岁启蒙读书，少年时家境困难。18岁在庐陵乡校考试中名列第一，升邑学（庐陵县学）学习。20岁进吉州白鹭洲书院读书；同年成为吉州贡士，取得考进士资格。21岁在临安中状元。4天后陪他到临安应考的父亲去

文天祥画像

世，文天祥运灵柩回家安葬，守孝3年。24岁授宁海军节度判官，这一年，元军过长江南侵，宦官董宋臣主张迁都至四明（今浙江宁波）以避敌。文天祥上书反对，并请求诛杀董宋臣"以安社稷"。随后又向宋理宗提出抗元的具体建议。此后4年，文天祥任镇南军（今江西南昌）节度判官、校书郎、著作佐郎、刑部郎官，他的才华受到宋理宗的赏识。29~39岁，文天祥任过提刑、知州等地方官，在中央任过吏部尚书佐郎、礼部郎官、国史馆编修、秘书少监、军事器监和崇政殿说书等官职。其间因得罪权奸贾似道，被弹劾罢官两次。在他39岁时，即咸淳十年（1274），元丞相伯颜统兵20万南下攻宋，一路上攻城略地，直逼临安。南宋官员逃的逃，降的降，形势十分危急。太皇

来自历史的人生报告
中国古代名人七十二讲

太后谢氏下《哀痛诏》，陈说新君年幼，自己年迈，社稷艰危，召天下臣民起兵勤王。当时，文天祥正在赣州任上，奉诏后散尽家财作军资，组织起近万人的义军急赴临安勤王。第二年三月，建康失守，临安危急，文天祥被任兵部侍郎。八月，文天祥率义兵到达临安，但带兵进京勤王的只有他和知高邮军张世杰2人。而此时的朝廷不但不积极备战，反而提升朝中主和派官员的官职，准备与元议和。是年十月，常州失守，文天祥受命弃守平江（今江苏苏州），驰援余杭独松关。但未等文天祥率军赶到，独松关已沦陷，文天祥只能直接回到临安。景炎元年（1276）初，文天祥知临安府。他提议迁走皇帝后宫，自己死守临安，以图社稷再兴。但朝廷决意议和，此策未被采纳，而朝中又无人敢去元营谈判。于是文天祥被授右丞相兼枢密使，奉诏赴元军营中谈判。文天祥不惧安危，毅然前往，结果被元军扣留，后被押送大都，在途经京口（今江苏镇江）时逃脱，而此时恭帝与谢太后已降元，临安被元军占领。是年五月，宋端宗赵昰在福州登基，改元景炎，文天祥被诏令至福州，任右丞相兼枢密院使、同都督。两个月后，文天祥在南剑州（今福建南平）招募义军，次年进军江西，收复了14个州县。元调重兵围剿，文天祥寡不敌众，妻妾子女被俘，自己率残兵退入广东。景炎三年（1278），宋端宗赵昰崩，赵昺即位，改元祥兴。文天祥仍任原职，加封少保信国公，他决心继续抗元，力图恢复宋室。这一年的十二月，文天祥在广东海丰的五坡岭突遇元军袭击，不幸被俘。他被元军囚禁在过零丁洋的船中，元军要他去崖山劝降南宋抗元三大名将之一的张世杰。文天祥说："我不能救父母，乃教人背父母，可乎？"于是写了《过零丁洋》一诗以明志。祥兴二年（1279）三月，张世杰战败，坠海溺亡，左丞相陆秀夫怀抱8岁的幼帝赵昺投海自尽。此后，元又多次劝降，都被文天祥严词拒绝。至元二十年（1283），文天祥在大都柴市口向南拜别他的故国，从容就义，年仅47岁。

　　文天祥说："人生自古谁无死，留取丹心照汗青。"他用自己的言行践行了他的人生信念。他的忠义节烈、威武不屈、不惜以身殉国的精神品质气壮山河，光照日月。清乾隆皇帝评价文天祥说："若文天祥，忠诚之心不徒出于一时之激，久而弥励，浩然之气，与日月争光。盖志士仁人欲伸大义于天下者，不以成败利钝动其心也。"

　　文天祥的诗、词、散文作品甚多，均收集在《文山先生文集》中。文天

第五十七讲　忠义节烈的抗元名将文天祥

祥的骨气、精神不死，永远与日月长存。

文天祥的归宿

文天祥的墓位于江西省吉安市青原区富田镇大坑村东北的虎形山麓。墓园正面是一幢高大的三门牌坊，穿过牌坊，就是通往文天祥墓的神道，长47米，寓意文天祥47年短暂的人生，神道两侧栽着松柏，内侧排列有古朴的石俑、石马、石虎、石羊。墓前有三层石阶，分别为12级、8级、3级，寓意文天祥就义于1283年。墓呈半圆状，高2.6米，墓碑嵌入墓面里，正中刻着"宋丞相文信公天祥之墓"，右边刻的是逝世的年月。墓前有祭祀台，两边的青石碑上刻有三副墓联，内容分别是"志可凌云文能载道，生当报国死不低头""南宋状元宰相，西江孝子忠臣""天赋忠烈千秋志，祥赐英名万古存"。墓地坐东向西，左右是山，山下有泉，庄严古朴、宁静肃穆。该陵墓始建于元至元二十一年（1284），明、清两代都有修葺，最近一次整修是在1983年。现在的文天祥墓园是江西省重点文物保护单位。

综合信息

△小知识

①贡士：原来指诸侯推荐给天子的士。南宋时指州、县两级科举考试的中试者，俗称乡贡士。乡贡士具备入京参加进士考试的资格。

②宁海军节度判官：节度判官，节度使的僚属。宁海军，今属山东烟台。

③权兵部侍郎：代替兵部侍郎。权，权且、暂代的意思。兵部侍郎，兵部的副长官，从三品。兵部，古代中央职能机构之一。

④右丞相：丞相之一。"丞"是副的意思，"相"也是副的意思。"丞相"即副手的意思，是皇帝的副手。右丞相职权一般比左丞相大。

来自历史的人生报告
中国古代名人七十二讲

△你问我答

1.文天祥的家庭情况是怎样的?

祖父文时习,字仲济,赠封太傅;祖母梁氏。父亲文仪,读书人,终生未仕;母亲曾氏。文天祥有3个弟弟、4个妹妹,他是家中的长子;妻子欧阳夫人。文天祥有两个儿子名为文道生、文佛生,6个女儿名为柳娘、环娘、定娘、寿娘、监娘、奉娘。

2.文天祥有哪些名言名句值得品味、记诵?

①臣心一片磁针石,不指南方不肯休。
②山河破碎风飘絮,身世浮沉雨打萍。
③青春岂不惜,行乐非所欲。
④天地有正气,杂然赋流形。下则为河岳,上则为日星。
⑤修复尽还今宇宙,感伤犹记旧江山。
⑥孔曰成仁,孟曰取义,惟其义尽,所以仁至。
⑦人生自古谁无死,留取丹心照汗青。
⑧夜来早得东风信,潇湘一川新绿,柳色含晴,梅心沁暖,春浅千花如束。
⑨肌玉暗消衣带缓,泪珠斜透花钿侧。

3.文天祥死后是怎样被运回江西安葬的?

明代思想家、文学家李贽在《张千载》一文中说:张千载,字毅勇,别号一鹗,是文天祥江西庐陵同乡好友。文天祥做大官时,多次请他出来做官,都被他谢绝。文天祥被元军俘获,在押解大都途经吉州时,张千载偷偷与文天祥见面,说"丞相去大都,我也跟你去"。他在大都关押文天祥的监狱旁找了一个地方住下,天天给文天祥送饭,连送了3年。他还暗中做好了一个木盒子,在文天祥被杀害后,把他的头藏在盒子里,又找到文天祥妻子的遗体,火化后放在包裹里,一起带回庐陵家乡,交给他的家人安葬。

第五十七讲　忠义节烈的抗元名将文天祥

4.文天祥后人的情况怎样？

文天祥是否有后人，史书上没有确切记载。他的两个儿子，一说是都战死沙场；一说一个早死，一个在战场上失散。但据海南东方文氏（昌化文氏）家谱载，文天祥还有第三子文环生，当年因怕元朝统治者追杀，故而隐姓埋名，隐匿在乡间。此子有后代传了下来，此说法是否确切，笔者未曾考证。文天祥被押解至大都时，只剩下两个女儿柳娘、环娘在宫中为奴。柳娘曾致信父亲诉说苦楚，文天祥也明白只要自己投降，家人即可团聚。但他不愿为救妻女丧失民族气节，投降元朝。他在给自己妹妹的信里说："收柳女信，痛割肠胃。人谁无妻儿骨肉之情？但今日事到这里，于义当死，乃是命也。奈何？奈何！……可令柳女、环女做好人，爹爹管不得。泪下哽咽哽咽。"

△笔者闲言

人生在世什么最重要？报国最重要。

笔者敬佩文天祥，敬佩他为国毫不犹豫地散尽家财；敬佩他为国可置妻女生死于不顾；敬佩他为国不屑高官厚禄的诱惑，坦然赴死。2021年6月23日，中国科学院院士、神舟飞船首任总设计师、88岁高龄的戚发轫先生在香港理工大学的演讲中说，"最高尚、最伟大的爱是爱国家"。笔者以为此说千真万确，诚哉斯言！真愿天下所有的中国人都以国家为念，壮我中华，荣我中华，为我中华繁荣昌盛、国泰民安尽心尽力。

第五十八讲　助一统江山的大明军师刘伯温
——智而能愚，则天下之智莫加焉

刘基的一辈子

刘基画像

刘基（1311—1375），字伯温，浙江青田（今浙江文成县南田镇武阳村）人，明朝开国功臣，政治家、军事家、文学家。与宋濂、高启并称"明初诗文三大家"。封诚意伯，死后追赠太师，谥号文正。

刘基小时候家境尚可，父亲曾任教谕。刘基自幼聪颖，过目成诵。7岁入村私塾，12岁中秀才。刘基不但熟读四书五经，亦读诸子百家的其他书籍，包括天文、兵法、数学、地理等。他年纪不大，知识却已十分渊博。22岁中举人，翌年中进士，26岁任江西高安县丞，以廉能著名。三年后任江西行省职官椽史，因与同僚处事不合，次年离职回乡。至正八年（1348），时已38岁的刘基获起用，调至临安任江浙儒学副提举。到职第二年，他因检举监察御史失职，反遭御史台弹劾，卸职寓居临安。此后几年，任过浙东元帅府都事、行省都事。在这期间，浙江台州黄岩人方国珍在黄岩斩杀浙东道都元帅泰不华，元朝廷主张招安。刘基认为方国珍多次受元招降又屡屡反叛，因而力主捕杀方国珍。刘基因这一主张违逆朝廷，遭朝廷拘捕，但不久即被释放。46岁复为行省都事。接着升任枢密院经历、行省郎中。后又因自己功绩被上司隐而不报，怒而去职。至正二十年（1360），刘基50岁时，受朱元

第五十八讲 助一统江山的大明军师刘伯温

璋之邀,与后称"明开国文臣之首"的浙江义乌人宋濂一起赴金陵,向朱元璋陈《时务十八策》。朱元璋欣赏其才,留其于军中,宠信有加。自此起,刘基忠心耿耿辅佐朱元璋开创帝业。至正二十三年(1363),自立为大汉皇帝的陈友谅从江州(今江西九江)发兵,欲联合在平江自称吴王的张士诚,南北夹击居金陵(今江苏南京)的朱元璋。刘基向朱元璋献先击陈友谅,再图张士诚,然后入中原,定南方,统一全国的总体方略。同年,陈友谅在江西鄱阳湖与朱元璋大战中中矢身亡。第二年,即至正二十四年(1364),朱元璋自立为吴王,授刘基为太史令(但仍参与军机)。至正二十七年(1367),朱元璋攻占平江,张士诚自缢身亡。接着,刘基助朱元璋收降浙江台州的方国珍,南方安定。刘基升御史中丞(仍兼太史令),并与右相国李善长一起拟订即将诞生的新朝的各项法令法规。至正二十八年(1368),即明洪武元年正月初四,朱元璋在金陵称帝,建立明朝。当时刘基58岁,加任太子赞善大夫。八月,明军克元大都,元朝亡。刘基在上朱元璋《时务十八策》中提出的"略定东南,而后挥师北上,王业可成"的蓝图基本实现。随后,刘基奏请设立军卫法,严肃纲纪,并于当年斩杀了犯纪的中书省都事李彬,但因此与和李彬交好的右相国李善长结下了仇怨,李善长从此常在朱元璋面前诽谤刘基。朱元璋登基的第三年,欲罢李善长相,改由刘基任相。刘基坚拒,还说"善长勋旧,能调和诸将,宜相"。他说自己"疾恶太甚,又不耐繁剧,为之且孤上恩"。此后,李善长辞官请退,朱元璋欲任与刘基交好的杨宪(时任检校)为丞相。刘基认为杨宪有此能力,但无为相气度,并不合适。朱元璋又提让参知政事胡惟庸为相,刘基认为更不合适,从而得罪了胡惟庸。洪武三年(1370),刘基为弘文馆学士。十一月,朱元璋授刘基为资善大夫,封诚意伯。其上3代进封永嘉郡公、郡夫人。第二年,刘基告老还乡,回到浙江青田老家。居家期间,刘基让儿子出面,奏请在温州一地设立巡检司,但遭当地民众反对。胡惟庸则诬称此地有王气,刘基意在留作墓地,试图谋反。朱元璋信以为真,降罪刘基,刘基被夺俸。为释嫌,刘基赶到京陵入朝谢罪,并特意留居京城。不久,郁愤成疾,朱元璋让胡惟庸带御医探视,刘基服药后病情加重。洪武八年(1375)三月,朱元璋遣使护送其返家。到家后不到一月,刘基去世,终年65岁。正德九年(1514),明武宗朱厚照追赠刘基为太师,谥号文正。

中国民间有"三分天下诸葛亮,一统江山刘伯温"和"前朝军师诸葛亮,后朝军师刘伯温"的说法,可见刘基在民间的威望之高。刘基不但博学多才,通经史、知天文,精象纬之学,且人格高尚,清廉正直,不计名位,大度宽宏。他的诗文亦属上品,现有《诚意伯文集》存世。

刘基的归宿

刘基的墓位于浙江省文成县南田镇西陵村支夏山麓,是一座他与两位夫人的合葬墓。由于刘基去世时仍被夺俸,是有罪之身,亦所谓的"罪臣",其墓葬极其简单,甚至不及平民的墓葬。他的墓冢不是普通老百姓那种隆起式土丘,而是顺山势而建的斜坡式。墓室用的也是一般的砖块,墓室下方是一块小小的坟坦,墓前没有常见的石供桌和专设的墓道,整个墓地设施十分简单。直到清道光年间才在墓冢三面用鹅卵石加筑了一道扶墙式的墓圈,墓地占地300平方米。民国十九年(1930)在墓前立了一块墓碑,上刻"明敕开国太师刘文成公墓"等字。20世纪80年代加建了石砌围墙,墓地扩大至800余米。1989年被列为浙江省重点文物保护单位,1994年重修了墓道。现在的墓冢周围植有翠柏,但树木不高,尚未成荫,但墓墙内小草青青,一片葱绿。2001年,国务院将此墓地列为全国重点文物保护单位。

综合信息

△小知识

①教谕:明清时县设叫"县儒学"的县级教育机构。内设教谕一人,相当于现在的县教育局局长。

②行省职官橡史:官名、在省级机构中执掌文书等事务。

③儒学副提举:提举是宋代以后专设的主管专一事务的职官。儒学副提举即管理教育考试的副职官员。

④时务十八策:这是刘基为朱元璋夺取天下,审时度势、精心规设建国称帝的路线图。有人把此比作诸葛亮的"隆中对"。策,对策、谋略。十八策,即十八种对策。

⑤御史中丞:官名。在御史台中掌管朝廷重要文书图籍,处理公卿奏章

第五十八讲　助一统江山的大明军师刘伯温

等事务。

△ 你问我答

1.刘基的家庭情况是怎样的？

祖父刘庭槐，曾为元朝太学上舍。其父亲刘炝，当过浙江遂昌县教谕；其母亲为富氏。其妻子富氏，封永嘉郡夫人；他有两位继室，即陈氏和章氏（为朱元璋所赐）。其长子名刘琏，次子为刘璟。

2.刘基有哪些经典名言值得品味、记诵？

①善疑人者，必不足于信；善防人者，必不足于智。
②江海不与坎井争其清，雷霆不与蛙蚓斗其声。
③虎用力，人用智；虎自用其爪牙，而人用物。故力之用一，而智之用百。
④多能者鲜精，多虑者鲜决。
⑤民犹沙也，有天下者惟能抟而聚之耳。
⑥人生无百岁，百岁复如何？古来英雄士，各已归山河。
⑦凡敌始有谋，我从而攻之，使彼计衰而屈服。
⑧鱼无定止，渊深则归；鸟无定栖，林茂则赴。
⑨以杀止杀，圣人之不得已。以暴易暴，悍夫之无所成。
⑩智而能愚，则天下之智莫加焉。

3.刘基在明朝担任过哪些军职？

在明朝，刘基在军事方面主要为朱元璋出谋划策，也就是军师的角色。他担任的最高军职是明朝建国以后朱元璋封的"护军"，为正二品，但不是实职，只是一种荣誉。

4.刘基到底是怎么死的？

刘基的死因有多种说法，如老死的、病死的、被胡惟庸借御医之手毒死的，以及被朱元璋借胡惟庸之手害死的等。现在比较被认可的说法是病死，自然死亡。

5.为什么关于刘伯温的民间故事特别多？

因为民间传说刘基会看天象，能掐会算，能预知未来，所以衍生出了许许多多神奇的民间故事。如说刘伯温原是玉帝身边的一位天神，因元末天下大乱，元朝皇帝残暴无道，故玉帝让他下界，助朱元璋打天下。这些民间故事虽不真实，但体现了老百姓对他的崇拜和敬仰，反映了人们希望有人能帮助他们主持公道正义、除暴安良、安居乐业的美好愿望。

△笔者闲言

刘基墓的兴建，有一篇文章是这么说的："据载，刘伯温临死前，子刘琏、刘璟呈上有石马、石狮、石将军把门、条块石铺成的三进三圈坟墓图，被刘伯温撕得粉碎，并劝诫儿子说：'墓字上草下土，若用石铺，怎么生草？'"古人造字，大有讲究，人不能靠造坟墓立牌坊流芳百世。试想，张良墓、武侯墓又在哪里？因此，按遗训，刘基之墓不砌条块石。笔者也认为，刘基豁达、智慧，看淡生前身后事，他的确不会在意墓茔是什么样子。如果把墓地弄得雄伟气派、富丽堂皇，反倒不是刘基了。

第五十九讲　从"乞丐"做成皇帝的朱元璋

——杀尽江南百万兵，腰间宝剑血犹腥

朱元璋的一辈子

朱元璋（1328—1398），幼名重八，又名兴宗，后改名元璋，字国瑞，濠州钟离（今安徽凤阳东北）人，明朝开国皇帝，庙号太祖，史称明太祖。

朱元璋出身于贫困的农家，弟兄中排行第八，故名朱重八。元至正四年（1344），朱元璋17岁时，家乡接连发生旱灾、蝗灾和瘟疫。父母、大哥先后去世，家中只剩下他和二哥、大嫂、侄儿4人。因无钱买棺材，无地安葬，

朱元璋画像

他们只好将父母、大哥埋在邻居给的坟地里，而后分开外出逃命。朱元璋无处可去，在凤阳县城西北的皇觉寺剃度为僧。不久，寺里也无法度日，让朱元璋外出云游化缘。三年后，朱元璋回到皇觉寺。几年的闯荡，锻炼了他的胆识，开阔了他的眼界。至正十二年（1352），郭子兴起兵造反，攻占濠州。25岁的朱元璋前去投奔，由于骁勇机灵，很快得到了赏识，郭子兴还把养女马氏嫁给他（马氏后来成了朱元璋的皇后）。他把自己的名字改为朱元璋，军中称他朱公子。接着，朱元璋当上了镇抚，随后又提拔为总兵官，慢慢有了自己的势力。当时，有个定远（今安徽滁州）名人李善长劝他效法刘邦，谋取大业。朱元璋动了心思，着手整顿军纪、收买人心。至正十五年（1355），郭子兴病亡，红巾军领袖小明王韩林儿封朱元璋为左副元帅。朱

来自历史的人生报告
中国古代名人七十二讲

元璋表面听命于小明王,暗地里按谋士朱升提出的"高筑墙,广积粮,缓称王"的策略,迅速积聚力量。至正十五年六月,朱元璋攻占太平(今安徽当涂)后,自行设立元帅府,自称为元帅。次年八月,红巾军的两支巢湖水军归附朱元璋,使他的水上军力大增。随后,朱元璋率军攻占集庆(今江苏南京),改集庆为应天府。小明王升他为右丞相,封吴国公。其时,朱元璋虽拥兵10万,但形势仍然严峻。他北面有元朝的军队,长江上游有实力强大的群雄之一陈友谅,下游有自称吴王的张士诚,南方还有方国珍、陈友定等一些图谋割据的地方势力。至正十八年(1358),朱元璋建立民兵制度,实施藏兵于民的策略。至正二十年(1360),浙江青田人刘基成了朱元璋的谋臣。刘基提议朱元璋逐渐脱离小明王,自立势力。另同时以"大明"为国号集聚人心,对敌则采取各个击破之策。此后的几年,朱元璋按刘基"先南后北,先西后东"的战略,先率兵南下,在江西鄱阳湖决战中消灭了陈友谅,随后朱元璋自称吴王,接着用计害死了小明王。至正二十七年(1367)九月,攻占平江,生擒张士诚(张被俘后自缢而亡),同年十月,浙东方国珍降。随后,朱元璋迅即以"驱逐胡虏,恢复中华"为号召,让徐达、常遇春统兵北伐攻元。

1368年正月初四,朱元璋41岁,在应天府(今江苏南京)称帝,国号大明,年号洪武。是年七月,明军攻占元大都,元朝被推翻。

朱元璋从登基称帝到洪武三十一年(1398)闰五月初十在应天皇宫(今南京故宫)驾崩,在位31年。其主要功绩有三:一是推翻元朝统治,复兴中国,使汉人重新得到了应有的民族尊严。二是严厉惩治贪腐,抑制豪强,重视民生,鼓励农桑,着力兴修水利,发展商业和手工业。三是改善民族关系,扩大了对外交往。此外,明朝制订的律规法度也是历朝中最多、最具体的。这些规制对后来的清朝亦有不小影响。他在位的31年,史称"洪武之治"。朱元璋被人诟病和诘责最多的有以下几点:一是冷血、无情、多疑。明初34位开国功臣,最后被他诛杀的有14位。二是嗜杀,残忍。动辄灭三族,甚至灭九族,仅丞相胡惟庸一案,他就杀了1500多人。他所使用的酷刑,如抽肠(把活人的肠子从肚子里抽出来)、剥皮揎草(把活人的皮整张剥下来,然后塞满草,做成真人皮的草人示众),可谓残忍至极、毫无人性。三是搞特务统治。他所设立的锦衣卫使无数官员、百姓无辜遭害。从总

第五十九讲　从"乞丐"做成皇帝的朱元璋

体上说,朱元璋还算是一位日勤不息、好善恶恶、近民有为的帝王。史书上称他"勤政之心,振古罕俪",很少贪图安逸和享受。他的节俭,在中国历代帝王中也是绝无仅有的。清康熙皇帝对他的评价是:"洪武乃英武伟烈之主,非寻常帝王可比。"毛泽东对他的评价是:"自古能军无出李世民之右者,其次则朱元璋耳。"

朱元璋的归宿

朱元璋的陵寝称为明孝陵,是一座他与马皇后的合葬墓,位于南京市紫金山南麓独龙阜玩珠峰下。该陵于洪武十四年(1381)开建,永乐三年(1405)竣工,用时25年。洪武十五年(1382),马皇后去世,当年先行葬入此陵。明孝陵规模宏大,是中国古代规模较大的帝王陵寝之一,总占地面积达170余万平方米。其形制既承"依山为陵"的旧制,又创用了改方坟为圜丘的新制,使整体建筑更和谐、大气、美观,格局严谨。原主体建筑四周围有2.25千米长的红色高墙。整个陵寝分前后两部分,前面部分依次为下马坊、神烈山碑、大金门、神功圣德碑及碑亭、神道石刻、棂星门和御河桥。神烈山碑是为明嘉靖十年(1531)将钟山改称神烈山而立的;大金门是明孝陵第一道正南大门,有3个券门洞。别的帝陵神道都是短而直的,明孝陵的神道长且随山蜿蜒;一段神道两边排列石狮、石獬豸、石骆驼、石麒麟、石马、石象,一段排列石翁仲、文臣武将。后面部分是孝陵的主体建筑。从孝陵门,即孝陵正门,也叫作文武方门开始,依次是享殿、内红门、升仙桥、方城(明楼)和宝顶。进门即可看到一块高3.85米、宽1.42米的大石碑,碑上书"治隆唐宋"4个鎏金大字,这几个字是1699年清康熙皇帝亲谒孝陵时御题的,意思是朱元璋的治国方略、功绩超过了唐太宗李世民、宋太祖赵匡胤。内红门俗称阴阳门,意思是说,跨过此门即是洪武帝魂之居所。方城明楼是一座城堡式的大建筑,明楼在方城的上面。方城明楼以北400米处即是宝顶,亦称崇丘、宝城,宝顶其实是一个圆形大土丘,周长约400米,高约7米,四周围有青砖。土丘顶部草木丰茂,宝顶下面就是地宫,也就是朱元璋与马皇后近千年安居的墓室。据现代仪器探测,墓室至今完好如初。

明孝陵现在是全国重点文物保护单位、国家5A级旅游景区,被列入《世界遗产名录》。

来自历史的人生报告
中国古代名人七十二讲

综合信息

△ 小知识

①镇抚：地方的统兵长官。镇抚是镇守和安抚的意思。

②总兵官：武职官名。总的来说，总兵无定品，职权视驻地的差别和统辖兵员的多少而定。巡抚提督一级的总兵官为正二品。

③吴国公：国公是中国古代封爵位，封爵第一等称公爵，第二等称郡王，第三等称国公。吴地（今江苏一带）是朱元璋的根据地，故封朱元璋为吴国公。

④吴王：王，封爵第二等。朱元璋的吴王说法不一。一说陈友谅死后的次年正月，小明王把朱元璋的吴国公晋爵为吴王。亦说朱元璋的吴王是自封的。

⑤棂星门：中国古代牌楼模式的建筑名。棂星，传说中天上的文曲星。以棂星命名，表示天下文人学士集学于此。

△ 你问我答

1.朱元璋的家庭情况是怎样的？

朱元璋的祖父朱初一和朱元璋的父亲朱世珍都是地道的农民，家境贫寒，因拖欠税款，生前曾多次迁居。朱元璋做皇帝后，封祖父谥号裕皇帝，封父亲为仁祖淳皇帝，封母亲为淳皇后陈氏。朱元璋的皇后是孝慈高皇后马氏。他有4个儿子分别是长子朱标、二子朱樉、三子朱棡、四子朱棣，3个女儿分别是长女朱镜静（临安公主）、二女朱氏（宁国公主）、三女朱氏（崇宁公主）。

2.朱元璋有哪些经典名言与诗歌值得品味、记诵？

①金玉非宝，节俭乃宝。
②顶天立地，是要用胯下之辱来换的。
③圣君眼里，武将文臣都是马。不同之处，一为悍马，一为轻骑，而君王是驭者，驾策随心，统驭天下。

第五十九讲　从"乞丐"做成皇帝的朱元璋

④贤才不备，不足以为治。

无　题

天为帐幕地为毡，日月星辰伴我眠。
夜间不敢长伸脚，恐踏山河社稷穿。

咏燕子矶

燕子矶兮一秤砣，长虹作竿又如何。
天边弯月是钓钩，称我江山有几多。

不惹庵示僧

杀尽江南百万兵，腰间宝剑血犹腥！
山僧不识英雄汉，只管唠唠问姓名。

3.朱元璋真的能被称为"乞丐皇帝"吗？

不能。因为他是僧人，僧人向别人求食叫化缘，不是乞讨。人们将金钱、食物给僧人叫作布施而不是施舍。布施不是给别人的恩赐，对布施人来说，恰恰是修行人给他们的一种行善、积德、修行的机会。

4.朱元璋名字的真正含义是什么？

朱元璋在改用此名前，除朱重八外，还有一个名字叫朱兴宗，意思是光宗耀祖，但此名较俗。他被人称为朱公子后，觉得自己的名字得雅一些、格局大一些，故改名朱元璋。元，始也；璋，古代的一种玉制礼器。元璋和国瑞连起来，也就是从此开始礼化民众，希望祥瑞国运的意思。

5.为什么朱元璋的陵寝取名为"孝陵"？

这是因为先行葬入的马皇后谥孝慈，朱元璋又倡导以孝治天下，故名"孝陵"。

6.为什么明孝陵没被盗掘？

主要原因有二：一是明朝的200多年里，始终有朝廷军队守护；二是清朝时，得到了清朝君王的礼遇与保护。清康熙帝6次派人谒陵，本人亦5次亲自到孝陵谒陵，并行三跪九叩之礼祭拜。此外，陵墓纵横凿入山体再封藏，既坚固又不易被发现和盗掘，这一别出心裁之举，让盗墓者即或想盗也无从下手、望而却步。

7.朱元璋的分封制带来了哪些隐患？

朱元璋称帝后，定都南京，为加强皇室力量和抗击北方蒙古贵族和元朝残余势力的袭扰，把儿孙分封到各地做藩王。这一政策举措给明王朝埋下了严重的隐患。

（1）加重了国家的经济负担。当时，一个藩王食粮高达万石，后来，藩王子孙一代代增加，国家补贴的财务数量也越来越大，从而导致国家财政极度困难，入不敷出。

（2）藩王拥有军事指挥权，有自己的军事组织和军队。据史料记载，当年的燕王朱棣夺得帝位就是例证。

△笔者闲言

在中国古代皇帝中，大约没有谁比朱元璋更痛恨贪官污吏了。他的手段也特别严厉残酷，凡贪污60两以上银子的官员，一律处死剥皮示众。在他手上因贪污腐败被处死的官员数以万计。但即便如此，明朝也未能从根本上消除贪污腐败。在中国历史上，腐败一直像一个巨大的黑色幽灵，挥之不去。即使是今天，也依然有人心存侥幸，屡屡以身试法，直到被抓才追悔莫及。反腐，是我们一直要做的事情。

第六十讲　被误说的风流才子唐伯虎
——满腹尽是沧凉事，颓笔难填婉约词

唐伯虎的一辈子

唐寅（1470—1523），字伯虎，一字子畏，号六如居士、桃花庵主等，明南直隶苏州府吴县（今江苏苏州）人，明代著名书画家、文学家、诗人。诗文上，与祝允明、文徵明、徐祯卿并称"吴中四才子"。绘画方面，与沈周、文徵明、仇英并称"吴门四家"，简称"明四家"。

唐伯虎画像

唐寅生于成化六年（1470），这一年是庚寅年，故取名为"寅"。十二生肖中寅属虎，他是唐家长子，所以取字"伯虎"。他的父亲唐广德以开小酒馆谋生。唐寅16岁在童髫科考苏州府试中名列第一，成为苏州府学的附生。19岁娶徐氏为妻。在25~26岁时，唐寅的父母、妻子、儿子、妹妹相继去世，家中只剩下他和小他6岁的弟弟唐申。唐寅一时茫然无措、行为放纵，在参加乡试前的预录考试期间，宿妓呷酒，丢了参加乡试的资格。后靠朋友文徵明的父亲帮忙说情，才得以参加第二年的乡试。弘治十一年（1498），唐寅在南京应天府乡试中一举夺魁，成了万人瞩目的解元。这时的唐寅春风得意、踌躇满志，续娶了第二位妻子。大概也就在这个时期，他刻了个印章，印章上自诩为"江南第一风流才子"。从此，"风流才子"这个浪名就跟了他一辈子（其实，他说的"风流"是有才学、潇洒文雅、行为不拘礼法的意思）。中解元后的第二年，即弘治十二年（1499），唐寅与好友徐经结伴上京参加会试。敦不料祸从天降，被牵扯进徐经的科考

舞弊案中，不但功名全无，还被关进大牢，除去仕籍。后虽出狱，但朝廷明令把他发落到浙江的一个县衙当小吏，唐寅深以为耻，拒绝就职，径自返回江苏吴县老家。到家后却遭到妻子的嫌弃，唐寅一怒之下休妻。一连串的打击使唐寅难以释怀、心态大变，从此沉溺诗酒温柔乡，淡漠世事。弘治十四年（1501），唐寅离家远游，浪迹天涯，先后到过浙江、江西、福建、湖南、湖北等地。两年后回家与弟弟分家，自己则以卖字画度日。自此，他愤世嫉俗、放浪形骸、纵情声色，更加消沉。唐寅原与苏州名妓沈九娘相识，两人互有好感，弘治十七年（1504），两人成婚，同年生下女儿，取名桃笙。夫妻俩用全部积蓄买下苏州城北桃花坞的一处旧宅，唐寅将其称为桃花庵别业，自称桃花庵主。婚后，唐寅安心画画，家内外杂务均由沈九娘操持。好友祝允明、文徵明等亦常来家中喝酒吟诗，这段时间是唐寅一生中最快乐的时光。晚年他还写诗"镜里形骸春共老，灯前夫妇月同圆。万场快乐千场醉，世上闲人地上仙"，怀念与沈九娘在一起的日子。正德三年（1508），女儿5岁时，沈九娘因劳累成疾去世。唐寅伤心欲绝，此后余生再未娶妻。唐寅45岁皈依佛门，取号六如居士。正德九年（1514）秋，南昌藩王宁王朱辰濠重金聘请唐寅去当幕僚。唐寅不明就里，到了才发觉宁王欲图谋造反，幸靠装病卖傻才得以脱身，他回苏州后仍卖画艰难度日。嘉靖二年（1523）十二月初二，一代才子唐寅在贫病交加中病逝，年仅54岁。好友王宠、祝允明、文徵明等人凑钱为他办了后事，葬在桃花坞。

唐寅一生坎坷，年轻时虽曾孟浪，但并不轻浮，更无三妻四妾。他为人正直，从不趋炎附势、巴结权贵，虽然贫困，但清白做人，活得有骨气、有尊严。他自己也说"闲来写幅丹青卖，不使人间造孽钱"。

唐寅的诗、书、画，号称"三绝"，其书法丰润优雅；其画工整秀丽，又潇洒飘逸。他现有诗词400余首存世。

唐寅的归宿

唐寅原草葬于桃花坞北面，去世24年后迁葬至现址，即今苏州市虎丘区横塘镇王家村唐寅园（解放西路146号）内。墓冢和墓地在明崇祯十六年（1643）、清嘉庆六年（1801）及1957年、1985年，共修整过4次。现今的墓园是1986年重修、增建过的，占地9300平方米，内有桃花仙馆、闲来草堂、

第六十讲 被误说的风流才子唐伯虎

梦墨堂、墓冢、石亭、石坊等。闲来草堂、梦墨堂用的是唐寅桃花庵当年两处建筑的名字,前者是唐寅闲时绘画的处所,后者还有一个故事,据说唐寅在福建仙游时梦见九鲤仙子赠其宝墨万锭,此后写诗作画似有神助,因而建此堂以资纪念。唐寅墓是一般的圆形土冢,封土不高,周围砌有条石护壁。墓前面有墓碑,墓碑上刻有"明唐解元之墓"6个字。墓碑立在碑亭中,碑亭是清吴县知县唐仲冕在清嘉庆六年(1801)重修唐寅墓时增建的,在"文革"时被毁。现在的碑亭是1985年重建的。墓地建筑物不多,但错落有致、规整有序,透着几分苏州园林的典雅。唐寅墓现在是江苏省重点文物保护单位。

综合信息

△小知识

①南直隶:简称"南直",是明朝南方直接隶属于中央六部的府和直隶州的区域总称,是一个与北直隶相对的称呼。直隶即直属、直辖的意思。

②附生:明代县学在定额之外招收的生员(即学生),叫作"邑附生",简称作附生。邑,古代为县。

③童髫试:即童子试,是古代参加科考的资格考试。童子试在各县举行,由知县主持。通过童子试才能参加府试,通过县试、府试的称作"童生"。童生再通过各省学政或学道主持的院试,称作"生员",俗称"秀才"。

④仕籍:古代指记载官吏名籍的簿册。唐寅是解元,解元是乡试的第一名,有资格当官。虽还不是官吏,但已入官吏名籍。唐寅被除去仕籍,意思是在官吏名籍中被除名。

△你问我答

1.唐伯虎的家庭情况是怎样的?

父亲唐广德,开酒馆为业;母亲丘氏。弟弟唐申。唐寅第一任妻子徐氏死于难产;第二任妻子何氏,因嫌弃落第后的唐寅,被休;第三任妻子沈九娘，青楼女子，赎身后嫁唐寅，夫妻恩爱，38岁病亡。女儿：唐笙，嫁好友王宠之子王阳。

2.唐伯虎有哪些诗词名句值得品味、记诵？

①是非入耳君须忍，半作痴呆半作聋。
②晓看天色暮看云，行也思君，坐也思君。
③但愿老死花酒间，不愿鞠躬车马前。
④海阔天空千怨解，知足常乐百愁休。
⑤好花难种不长开，少年易过不重来。
⑥满腹尽是沧凉事，颓笔难填婉约词。
⑦冤家宜解不宜结，各自回头看后头。
⑧饱三餐饭常知足，得一帆风便可收。
⑨闲来写就青山卖，不使人间造孽钱。
⑩阳间地府俱相似，只当漂流在异乡。

3.唐寅受牵连的科场舞弊案到底是怎么回事？

弘治十二年（1499），唐寅与好友徐经一起乘船离开苏州去京城参加礼部会试，徐经是江阴富商之子，比唐寅早三年中举。会试由礼部尚书、大学士李东阳，礼部右侍郎、翰林院学士程敏政为主考官。徐经、唐寅到京后即去拜访程敏政，徐经出重金，唐寅亦出一金印向程乞文（文与考试无关，是程原来写的文章）。徐经、唐寅在京城原来名气就大，加上两人个性张扬，因而更为众人瞩目。会试尚未结束，京中已盛传"江阴富人徐经赂金得试题"的传言。户科给事中华昶未等发榜，即上奏举报。弘治帝下令彻查，但查无实据，且徐经、唐寅两人都不在正榜之中（即并未考上），说明无泄题之事。但最后的处理结果是举报者华昶举报不实被降职；程敏政处事不慎被要求致仕。徐经、唐寅以"行动不端"为由，除去仕籍，发落为吏。此案幕后的始作俑者是礼部左侍郎傅瀚，傅瀚想取代右侍郎程敏政之位。这一年会试的榜眼，即第二名是余姚人王阳明。后来的游圣徐霞客是徐经的后代。

第六十讲　被误说的风流才子唐伯虎

4.唐伯虎点秋香的事是真的吗？

不是。虽明代《蕉窗杂记》等书已有此说，但并无实事。唐寅早年虽疏狂不羁，但对感情还是忠诚的，也并不像一些影视剧中那样风流、潇洒。所以，唐寅风流、潇洒的浪名其实是误传。

△笔者闲言

唐寅一生的教训是做人不能太轻狂、张扬。他28岁乡试前轻狂，宿妓呷酒，结果丢了当年的考试资格。两年后上京参加那么重要的会试，还是轻狂，竟然用金印向主考官乞文，结果招来"赂金谋试题"的滔天大祸，丢了一生的锦绣前程。人说性格决定命运，唐寅就是活生生的例证。所以，做人不能由着性子，轻狂、张扬，无论在何时何处，都没好处。

第六十一讲　文武双全的心学大师王守仁
——心狭为祸之根，心旷为福之门

王守仁的一辈子

王守仁画像

王守仁（1472—1529），原名王云，5岁改名守仁，字伯安，号阳明，世称"阳明先生"，浙江余姚人。明代思想家、文学家、教育家、军事家。任过南赣巡抚、两广总督、南京兵部尚书、左都御史等职。追赠新建侯，谥号文成。

王守仁出生于浙江绍兴府余姚县，5岁才开口说话。10岁时父亲王华高中状元。12岁入私塾，13岁丧母。他少有壮志，好文志武。17岁在江西父亲为官处娶妻成婚。18岁开始学习朱熹理学及军事兵法。20岁随父亲由余姚迁居绍兴。21岁在浙江乡试中中举。此后，22岁、25岁两次赴京会试不第，28岁才得中进士。先观政工部，后授刑部云南清吏司主事。31岁因病告假回绍兴，隐居阳明洞养病修学，自号"阳明子"。两年后回朝被起用，先掌山东乡试主考，后改授兵部武选清吏司主事。正德元年（1506），太监刘瑾横暴专权，自称九千岁，祸乱朝政。时任户部给事中的戴铣上疏弹劾，并请皇上勤修德政，亲儒臣离群小，被明武宗逮捕入狱。王守仁为其上疏相援，惹怒明武宗，被廷杖40大板，贬谪为龙场（今贵州修文县龙场街道）驿丞。其父王华亦被调离京都，改任南京留都吏部尚书。王守仁在路上逃过刘瑾的追杀，终于到达边远蛮荒之地贵州龙场驿。他在龙场自建草棚栖

第六十一讲　文武双全的心学大师王守仁

身,同时埋头苦学,在苦学中悟知"格物致知,当自求诸心,不当求诸事物",史称"龙场悟道"。在龙场任上,他还创办龙岗书院,教导民众,宣讲"知行合一"的心学,受到百姓的拥戴。正德五年(1510),宦官刘瑾被诛,王守仁获任庐陵知县。年底,升任南京刑部四川清吏司主事。40~44岁的这几年,他先后任过吏部验封主事、吏部考功郎中、南京太仆寺少卿、鸿胪寺卿等职。在心学研究方面,他进一步倡导"存天理,去人欲"。44岁以后,王守仁先擢为都察院左佥都御史,巡抚南安、赣州、汀州、漳州等地,捕剿这些地方猖獗的盗贼,使明朝的西南得以安宁;接着率军平定宁王朱宸濠的叛乱,并将其擒获。但他军事上的成功并没有被明武宗认可,反受到朝中一些人的猜忌和陷害,最后在太监张永的斡旋下才得以避祸消灾。正德十六年(1521),明武宗崩,嘉靖帝朱厚熜即位,王守仁称病辞官,嘉靖帝不允,但念其平定宁王之功,特进光禄大夫柱国,兼两京兵部尚书,敕封为新建伯。是年,王守仁父亲去世,他趁父死回乡守制的机会在绍兴稷山书院讲学授课,宣讲"致良知"心学,同时创办阳明书院,去余姚中天阁讲学,这样的日子长达6年。嘉靖六年(1527)九月,江西、广东、广西叛乱,朝廷改授其为两广总督兼巡抚,令其南下平乱。一年后叛军被剿,而王守仁因为征战辛劳,加上南方气候潮热,肺病加重难支,上疏请求告老还乡。但尚未等到朝廷批复,他就在江西病亡,享年58岁。

王守仁文武全才,其书法以行草著名,有《传习录》《大学问》《王阳明全集》传世。他是明代的大儒,他的心学强调"格物致知",提倡"致良知",在国内外都有不小的影响。王阳明领兵打仗也很厉害,不但精通兵法,也会武艺,射箭尤精,一生三战三捷。后在隆庆时被追赠为新建侯,万历十二年(1584)从祀于孔庙。

中国近现代历史学家、思想家、教育家钱穆对王阳明的评价是"阳明思想的价值在于他以一种全新的方式解决了宋儒留下的'万物一体'和'变化气质'的问题……良知即是人心又是天理,能把心与物、知与行统一起来,泯合朱子偏于外、陆子偏于内的片面性,解决宋儒遗留下来的问题"。

王守仁的归宿

王守仁的墓位于今浙江省绍兴市柯桥区兰亭街道花街村鲜虾山(又名仙

暇山）南麓，离书法圣地兰亭约2千米。墓址是他生前亲择的，嘉靖八年二月，他的灵柩从江西迎到绍兴老宅暂厝，十一月才于此落葬。因此，原墓是明嘉靖八年建成的。今墓是1987年由当地人民政府拨款在原址按原样重建的。其墓在山麓，坐北朝南，背靠山冈，四周有几十棵高大的古松，氛围清静肃穆。从山脚到墓前铺有百余石阶，墓道长70余米，墓地占地2000多平方米。整个墓地的规制还是浙江本地明代墓葬的样式。墓前立一块墓碑，横书"明王阳明先生之墓"8个大字。墓冢为圆形，直径10米，墓身外面用条石错缝叠砌。墓前的石砌平台上置有青石供桌，墓四周围有石栏。与如今其他地方古代名人陵墓相比，王守仁墓稍显简单，但这正是明代墓葬的真实样式。

综合信息

△小知识

①驿丞：明清制度，各州县有驿站的地方均设驿丞。驿站是中国古代朝廷建设的专供官方传送文书者或官吏途中住宿、换马等的处所。驿丞是负责掌管驿站中官员迎送和车马等事务的人员，不属于朝廷官员，无品级。

②吏部验丰清吏司主事：验丰清吏司，官署名，简称验丰司，掌文职官员的封爵、褒赠、袭荫等事务。验丰司设郎中、员外郎、主事各1人。

③新建伯、新建侯：按《礼·王制》规定，封建社会的禄爵分公、侯、伯、子、男五等。新建伯、新建侯中的伯、侯都是爵位，王守仁的爵位是因军功获得的。爵位可世袭，新建是地名，即明代的南安府新建县（今江西南昌市新建区）。按明制，新建伯每年可向该县收取赋税作为爵禄。侯比伯收取的赋税还多。也就是说，这些封赏爵位的俸禄是由相关地方支付的，朝廷不承担。

④致良知：王守仁心学中的核心理念，这里的"良知"指人的道德意识，也就是人内心的本来面目。良知是存留于人内心的那份善良、真诚、光明。这些美好的意识是与生俱来、人人都有的。"致"是求取、获得、推广、扩充的意思。致良知，就是要让人这种潜意识中美好的因子去推及、扩展到人的行为，让这种思想、精神、灵魂的力量去驱使行为，影响行为，以实现知行合一，而不要被私欲、情绪、执念及外界的诱惑、邪恶

第六十一讲　文武双全的心学大师王守仁

蒙蔽了良知。

△你问我答

1.王守仁的家庭情况是怎样的？

王阳明家世显赫，其曾祖父王世杰十分博学，一生在太学任教。祖父王伦是余姚的大儒、名士，但一生不仕，品行高洁。父亲王华，明宪宗成化十七年（1481）辛丑科状元，官至南京礼部尚书；其母亲为郑氏。他有2任妻子，诸氏（原配）和张氏（继室）。有两个儿子，王正宪（嗣子、侄子）和王正亿（长子），两人都受封为嘉议大夫。

2.王守仁有哪些名言名句值得品味、记诵？

①此心不动，随机而动。
②无善无恶心之体，有善有恶意之动。知善知恶是良知，为善去恶是格物。
③心狭为祸之根，心旷为福之门。
④心即理也。心外无理，心外无物，心外无事。
⑤志不立，天下无可成之事。
⑥随物而格，是致知之功。
⑦破山中贼易，破心中贼难。
⑧学须反己，若徒责人，只见得人不是，不见自己非。
⑨此心光明，亦复何言。
⑩种树者必培其根，种德者必养其心。

3.什么是阳明心学？

阳明心学是明代的一种儒学哲学，与宋代陆九渊的心学合称陆王心学。它与宋程朱理学虽都基于儒家的纲常伦理，但观点多有不同，前者被称为主观唯心主义，后者被称为客观唯心主义。阳明心学的三大理论支柱是心即理、致良知、知行合一。阳明心学认为，人人心中都有良知，良知无须外求，只要听从良知，人人都能成为圣人。而致良知，就要求强大内心，将良

• 299 •

知扩展到人全部的精神活动，要经常体察自省，认识自我、改造自我，随时随地摒弃不善之念。阳明心学还认为明白了的道理只有与现实联系起来才有意义，知、行不能分离，亦不能先知后行。有学者认为，如果把哲学比作一棵大树，那么，西方哲学关注的只是树上的枝枝叶叶，而阳明哲学所关注的却是对于树根的培养。阳明心学是一种培根之学，一种实实在在可学以致用的修身之学和经世、治世之学。

4.王阳明的一生是幸还是不幸？

既幸，又不幸。常人难以做到的立功、立德、立言人生三大事他都做到了：平江西盗贼，平宁王叛乱，平两广卢苏、王受的造反，可谓立功；保社稷太平、百姓安居，开化教导平民，创办书院，授课讲学，可谓立德；创阳明心学，著《大学问》可谓立言。但他年少丧母，幼年失怙，身体多病；遭小人谗言，难遇明君；明明是仗义执言，却被杖责，谪贬边地；明明战功赫赫，却在死后才被认可，才受封赏；明明心学是益世之学，在他死后却一度被禁。凡此种种，又可谓阳明先生之不幸也。

△笔者闲言

也许有读者不解，阳明先生一个读书人，进士出身，何以领兵打仗那么厉害？原因当然是有的。他青年时就酷爱军事，广读兵书。如中国古代著名的军事教科书《武经七法》，他不仅读了，还做了详细的批注，该书是《孙子兵法》《吴子兵法》《六韬》《司马法》《三略》《尉缭子》《李卫公问对》等7部著名兵书的汇编。他精研此书，其收获自然颇丰，而且王阳明聪慧，悟性好、有天赋，又注意在领兵打仗中结合实战总结提高，同时恰当运用心学，故常常能打胜仗。世界上的事有果必有因，而所谓的因果，其实就是事物的内在逻辑。

第六十二讲　被誉为药圣、医圣的李时珍
——饮食者，人之命脉也

李时珍的一辈子

李时珍（1518—1593），字东璧，号濒湖山人，湖北蕲州（今湖北蕲春）人，明代著名医学家、药物学家。在皇家太医院当过太医院判，去世后敕封"文林郎"，被后人誉为"药圣"。他的《本草纲目》被世界医药界誉为"东方医学医典""中国植物志"，被达尔文誉为"中国古代的百科全书"。

李时珍画像

李时珍家世代以医为业，其祖父是走街串巷、摇铃招人治病的走方郎中，父亲是当地名医。当时的民间医生社会地位低下，生活也艰苦，因而，父亲希望他读书做官，不要学医、行医。明嘉靖十年（1531），李时珍14岁考中秀才，但此后9年3次参加乡试都未能中举。他本来就不热衷入仕，如此一来，更加坚定地要求跟父亲学医。他对父亲说："身如逆流船，心比铁石坚。望父全儿志，至死不怕难。"其父见此，只好答应了李时珍的请求。李时珍聪明、勤奋，学得认真，肯钻研，加上父亲悉心教育，没过几年，李时珍在家乡就很有名气了，附近州县的病人也纷纷赶来请他治病。李时珍38岁那年，明宗室富顺王朱厚焜的儿子得了一种病，无人能治，到他这儿却药到病除。因而李时珍名声大振，被誉为神医。不久，李时珍即被武昌的楚王朱英㰄聘为王府的"奉祠正"，兼管王府良医所的日常事务。

来自历史的人生报告
中国古代名人七十二讲

嘉靖三十五年（1556），嘉靖帝朱厚熜下旨让各地推荐名医，李时珍被朱厚焜推荐上京城进了太医院，并任太医院判。但太医院风气不好，嘉靖帝又信奉道教，迷信装神弄鬼，炼丹服丹，坚信以此能治病强身，使得真正的医生得不到重用。因此，李时珍在那里不到3年即辞职回了蕲州老家。不过，在太医院的这段经历让李时珍开阔了眼界，增长了见识，读到了皇家收藏的许多医书，收获颇多。回家后的第二年，即嘉靖三十七年（1558），李时珍在家乡开办了一家名为"东璧堂"的医馆，自己亲自坐堂行医。

李时珍是一个做事非常认真细心的人。他从学医的那天起，就非常注重医书上关于各种药物的描述。他逐渐发现医书上很多有关药物的描述，包括名称、形状、色泽、性能、功效等并不准确，有的甚至搞混、搞错，于是，他便决心新编一部本草药书。这一件事，他从1552年就着手准备了，在王府当奉祠正、在京城当御医期间也没间断过，为此，他遍觅医书，阅书多达800余部。同时，四处访问名医药农，上深山旷野采集各种药材。从嘉靖四十四年（1565）起，他更是多次离家去各地名山大川采集珍稀药材，其间到过湖南、江西、安徽、河北、河南等地。他对每一种药材都仔仔细细甄别，详细记录，他说自己是"一一采视，颇得其真""罗列诸品，反复谛视"，其态度之认真、严谨由此可见一斑。《本草纲目》全书于明万历六年（1578）完成初稿，之后10年间又三易其稿，反复修改，前后耗时达27年。遗憾的是，该书在李时珍生前未及刊行。万历二十一年（1593），李时珍在家乡去世，享年75岁。此后，其子李建元将《本草纲目》献给朝廷，但朝廷在批了"书留览，礼部知道"7字后，就再无下文。该书直到李时珍死后第三年，才由私人刻书家胡承龙在金陵（今江苏南京）刊行。

《本草纲目》全书52卷，约190万字，记载药物1892种，比宋代刊行的《证类本草》增药374种；总收药方11096个，其中8460个是新增的。在体例编排上，该书采用按药物自然属性逐级分类的纲目分类法，这比传统的品目分类法更科学，条理更清晰。此书一经刊行，即受医家青睐，并很快传之世界。李时珍除著《本草纲目》外，还著有《濒湖脉学》和《奇经八脉考》等医药学书籍。

第六十二讲 被誉为药圣、医圣的李时珍

李时珍的归宿

李时珍墓位于湖北省蕲春县蕲州镇竹林湖村的李时珍陵园内。陵园占地75亩,包括李时珍墓地、李时珍纪念馆、李时珍医史文献馆和药物园等四部分。从正门进入李时珍墓地,依次是牌坊、莲池、拱桥、花坛、花圃、李时珍塑像,最后是李时珍墓冢。李时珍墓地的牌坊为四柱三门,高大、古朴,上方青石梁上刻有"医中之圣"4个大字,下方两侧各有一尊石狮子。过莲池、拱桥、花坛、花圃,是一座大理石纪念碑。碑顶是李时珍的半身塑像,碑身正面刻有郭沫若1956年的题词,碑后面就是李时珍与其妻吴氏的合葬墓。墓为椭圆形,纵径6米,横径4.5米,封土高2米,封土周围砌有4层条石。墓前的墓碑为其子李建元于明万历年间所立,碑高1米余,宽0.6米,碑上的文字已不十分清晰。李时珍夫妇墓旁是李时珍父母的合葬墓。整个李时珍陵园依山临水,环境秀丽,错落有致,其中李时珍纪念馆是由邓小平同志题写的馆名,馆内还有邓颖超、方毅等同志的题词。李时珍医史文献馆中还保存有10余种不同版本的《本草纲目》。李时珍陵园现在是全国重点文物保护单位、全国爱国主义教育示范基地、国家4A级旅游景区。

综合信息

△小知识

①太医院判:元、明、清三代所设的官名,正五品,高于太医、御医,低于院使。协助院使处理太医院事务。

②敕封:皇帝给以官爵、称号的封赏。明、清两代,皇帝给五品及以上者的封赏叫诰封,其命令叫诰命;给六品及以下的封赏叫敕封,其命令叫敕命。

③奉祠正:明代各王府设奉祠,掌王府内的祭祀、乐舞等。奉祠正是负责奉祠相应事务的职官。

④《证类本草》:全称《经史证类备急本草》,是北宋药物学家唐慎微把《嘉祐本草》和《本草图经》两书合在一起,再经调整、扩充编成的医药学著作。成书时间大约在1097—1108年,全书31卷,共载药物1748种。李时

珍的《本草纲目》是以此书为蓝本编写的。

△你问我答

1.李时珍的家庭情况是怎样的？

李时珍的祖父是一位走街串巷、摇铃招呼人家治病的"铃医"，其名不见记载。父亲叫李言闻，当地名医，且博学经史，是李时珍的启蒙老师，嘉靖年间补岁贡生，充太医院吏目（医官名，从九品）；李时珍的母亲姓名不详。他的妻子叫吴慕榕。他只有一个儿子，名叫李建元，也是行医的。明末时，李家迁居四川隆昌县。

2.李时珍在医学方面有哪些名言值得品味、记诵？

①痛饮则伤神耗血，少饮则和气行血。
②缓则治其本，急则治其标。
③百病必先治其本，后治其标。
④欲为医者，上知天文，下知地理，中知人事，三者俱明，然后可以语人之疾病。
⑤饮食者，人之命脉也。
⑥饮食不节，杀人顷刻。
⑦人身不过表里，气血不过虚实。
⑧营气之粹，化而为精，聚于命门。

3.《本草纲目》的书名是什么意思？

《本草纲目》的书名是李时珍本人定的。中国古代的药物以草居多，所以研究、记述这些药物的书籍往往冠以"本草"之名。《本草纲目》之前的药物书，都采用上、中、下三品分类法，但条理不清，查找不易。李时珍则将所有药物分成动物药6部、植物药5部、矿物药2部、其他药3部，共16部。部下再分60类，然后以部为纲，以类为目，分别陈述。这样，条理清晰，查找容易。《本草纲目》中的"本草"是指书的内容，"纲目"是指书的编排方式。

第六十二讲　被誉为药圣、医圣的李时珍

4.《本草纲目》为什么不在李时珍生前刊集于世？

李时珍生前也很想把自己呕心沥血之作印刷、刊行。他在蕲州和武昌都找过印书商，但那些书商都不愿承印，最后跑到南京也是如此。其中最主要的原因是他在《本草纲目》中说水银有毒，不能服用，并列举了历史上服用丹药（主要成分是水银）以致终身残疾的具体事例。还说"方士固不足道，本草岂可妄言哉？"意思是说，水银有毒这种说法不是《本草纲目》乱说的。但明朝皇帝恰恰迷信道教，常服丹药以求长生不老。若承印《本草纲目》，极大可能会遭祸，因而无人敢印。

△笔者闲言

最近在网络上看到一个消息，说1953年，在莫斯科大学内，李时珍的画像是与牛顿、达尔文、居里夫人这些世界大科学家的画像并排挂在一起的。这说明在外国人眼中，李时珍是世界级的科学家。笔者由此想到国内的一种社会现象，好像什么东西只有在国外得到认可，国内才会有大名气。这应当说是国人不自信的表现。不自信可要不得，一个人不自信，难以在社会上立足；一个国家不自信，在国际上很难得到尊重。好在国人已开始关注此事，想必一定会逐步改变这种情况。

第六十三讲　晚年凄凉的抗倭民族英雄戚继光
——封侯非我意，但愿海波平

戚继光的一辈子

戚继光画像

戚继光（1528—1588），字元敬，号南塘、孟诸，山东登州（今山东蓬莱）人，祖籍定远（今安徽定远）昌义乡。明朝抗倭名将、民族英雄、军事家、诗人。

戚继光祖辈多为将官，始祖戚祥是跟朱元璋打天下的开国功臣。戚继光出生时正值拂晓，光耀天地，时任江南漕运把总的父亲戚景通于是给儿子起名继光，其意是期望儿子日后能光耀门庭。戚继光7岁入私塾，10岁时母亲去世。11岁时，父亲因放心不下在家的老母亲，便辞官回乡侍奉母亲，后因此举孝廉。戚继光17岁那年，父亲因病去世。同年十月，他承祖上职位任登州卫指挥佥事。18岁娶王氏成家。两年后具体负责登州卫所的屯田事务。当时，山东沿海倭寇猖獗，常常入乡烧杀抢掠、无恶不作，百姓担惊受怕。戚继光写《韬钤深处》一诗明志，其中两句是"封侯非我意，但愿海波平"。嘉靖二十八年（1549），戚继光在武举乡试中中举。第二年上北京参加武举会试，考试期间突发"庚戌之变"，蒙古土默特部首领俺答汗率军兵临城下，武举会试被迫取消，应举武生皆上京城城头守城。戚继光在守城抗击俺答汗的同时写出如何抗击俺答汗的《答俺答策》一文。该文在兵部传阅，从此他在京城小有名气。嘉靖三十二年

第六十三讲　晚年凄凉的抗倭民族英雄戚继光

（1553），经会试同考官张居正举荐，戚继光被擢升署都指挥佥事、山东总督备倭。三年后升任参将，负责宁波、绍兴、台州三府的抗倭安民。在此期间，他与另一位抗倭名将俞大猷一起，取得了岑港（今属浙江舟山定海）之战的胜利。随后改负责台州、金华、严州（今杭州西部）三郡的守卫。嘉靖三十八年（1559），根据抗倭斗争的需要，戚继光组建了一支被称为"戚家军"的军队，士兵都是农民或矿工。戚家军军纪严明，戚继光为军队亲自改进武器装备，添了不少新武器，如新的火器和能防能攻的狼筅等。此外，在他的努力下，军队还造了不少新的战车和庞大的战舰，用于追击倭寇。与此同时，戚继光根据倭寇所使用的武器特点和江南沿海的地形特点，发明了著名的战阵——鸳鸯阵。这种阵法可以灵活搭配不同兵种、不同兵器，能攻能守，攻防兼备，在此后的抗倭作战中发挥了显著的作用。嘉靖三十八年（1559）到嘉靖四十五年（1566）的8年间，戚继光率军与倭寇交战13次，全都取得了胜利。1561年的台州之战中，不仅全歼进犯台州的倭寇，戚继光还手刃倭寇首领；1562年的福建之战中，在福建横屿杀倭寇2000余人，在福清、牛田、兴化等地也杀敌无数；1563年的仙游之战中，戚继光与俞大猷合力剿灭了海盗吴平。至此，明朝江、浙、闽沿海的倭寇、海盗基本被剿灭，从而保障了这一时期中国东南沿海百姓生命财产的安全。戚继光凭累累军功先后升任都指挥使、副总兵官、都督佥事。隆庆元年（1567），明朝政府为了抵御北方鞑靼的侵犯，增强京都北京西北蓟门一带的防御，调戚继光回京。回京后，戚继光先后担任神机营副将和总兵官，负责训练特意从蓟州、昌平等地招募来的士兵。后又镇守蓟州、永平等地。戚继光不辱使命，针对鞑靼（蒙古族）骑兵的特点，相应创建了以使用火绳枪炮为主的车营、步兵营、骑兵营等新的军事建制。他一面让军队加固长城，一面沿长城修筑可攻可守的空心敌台。经过几年的努力，明朝京城北部的防御得到大大增强。戚继光在47岁时擢升为左都督，52岁时加封为少保。戚继光55岁时，赏识、支持他16年之久的内阁首辅张居正病逝，与张居正不和的给事中张鼎恩趁机使坏，于是，张居正死后第二年，戚继光被调往偏远的广东任总兵官。万历十二年（1584），戚继光被视作张居正的党羽遭到弹劾。是年年底，罢总兵官之职。翌年回到家乡山东蓬莱。戚继光一生清廉为官，到家乡时已身无分文。他说自己当时的境况是"野无成田，囊无宿镪，惟集书数千卷而已"。

晚年的戚继光身患多种疾病,但就是这样一位战功赫赫的名将竟无钱治病。明万历十五年(1587)十二月初八(1588年1月5日),戚继光在家乡蓬莱病死,终年61岁。

明万历年末,朝廷追谥戚继光为"武庄",后改谥"武毅"。

戚继光能文能武,他的诗在《四库全书总目》中被赞许为"格律颇壮""近燕赵之音"。他有《纪效新书》和《练兵实纪》等兵书存世。

戚继光的归宿

因为戚继光是被朝廷罢职后病死的,当时既穷困又怕朝廷追杀,只是草草安葬,所以其遗骨究竟埋在何处至今无定论。现在的戚继光墓主要有以下几处。

一是位于山东烟台市蓬莱区芝山林场的戚继光墓。此墓是戚继光的家属墓地,清康熙、道光年间的《蓬莱县志》均载:"自戚继光曾祖戚祥即袭登州卫指挥,至戚继光凡七世,皆葬于蓬莱芝山南麓。"墓茔始建于明万历十七年(1589),用砖石砌成。墓隆起2米余,曾遭盗掘。现在的墓冢是1987年修复的。墓前两侧的石人、石马则是原墓遗存之物。此墓现为全国重点文物保护单位。

二是位于河北省沧州市献县商林乡北宗村西的戚继光墓。该墓地处在庄稼地中,地面上已无坟冢的建筑,作为标志物的只有一块断成几截的墓碑。据说当年戚继光死后,为纪念这位民族英雄,人们在从北京至他家乡蓬莱的路上,每百里修一座墓。若此说属实,此墓当是其中的一座。即便如此,亦不过是一座纪念性质的墓穴而已。

三是位于安徽定远县永康镇南戚家祖坟墓地内的戚继光墓。据传戚继光罢官后回到定远老家,修建了祖坟和祖先的祠堂。清道光《定远县志》载,该县还由民间投资出工,修建了一座园林,取名"南塘园"(乡人称为"南塘村"),供戚继光居住。戚继光死后即葬在此处的祖坟内。

除以上几处外,现存的还有福建永安和江苏徐州云龙区翠屏山的戚继光墓等。

第六十三讲　晚年凄凉的抗倭民族英雄戚继光

综合信息

△小知识

①登州卫指挥佥事：登州，今山东蓬莱。卫，卫所，明朝设立的地方军事单位。登州卫是一座海防城堡。指挥佥事，即指挥助理。

②庚戌之变：嘉靖二十九年（1550），蒙古土默特部首领俺答汗因不满与明朝之间的贸易而发动了战争，攻入明都北京京郊的怀柔、顺义等地，威胁直逼京师。当时京师兵力空虚，明世宗朱厚熜在调兵勤王的同时，取消武举乡试，召当时应举的武生守城。俺答汗在明满足其提出的贸易条件后撤兵。按干支纪年，该年为庚戌年，故称"庚戌之变"。

③会试同考官：明、清时的官名，主要负责会试的阅卷工作，职位在正、副主考官之下。

④参将、总兵官：参将，明代镇守边区的将官名。职位在总兵官、副总兵官之下，属于中高级军官。总兵官，即总兵。明代指统率军队出征的将官，无品级，是临时性质的将官名，战事结束即交出将印。

△你问我答

1.戚继光的家庭情况是怎样的？

祖父戚祥，曾跟随朱元璋多年，是朱元璋的亲兵，随蓝玉、傅友德远征云南时战死。父亲戚景通，做过都指挥。妻子是王氏；妾有3个，即陈氏、沈氏、杨氏。他有5个儿子，依次是戚祚国、戚安国、戚昌国、戚报国和戚兴国。

2.戚继光有哪些名言名句值得品味、记诵？

①封侯非我意，但愿海波平。
②男儿铁石志，总是报国心。
③养心莫若寡欲，至乐无如读书。
④一年三百六十日，多是横戈马上行。

⑤未有不立志之人，便能做得事业。
⑥遥知百国微茫外，未敢忘危负岁华。
⑦居官不难，听言为难；听言不难，明察为难。
⑧万众一心兮，群山可撼。惟忠与义兮，气冲斗牛。

3.戚继光是以什么罪名被罢官的？

戚继光是明朝著名政治家，受首辅张居正举荐入仕，并一直得到张居正的支持。张居正去世后，其生前的反对派群起攻击，明神宗把戚继光当作张居正的党羽，以谋反的重罪罢其官、夺其俸。

4.戚继光的祖籍到底是哪里？

有多种说法，如山东蓬莱、山东济宁、山东东平、安徽定远、河南濮阳、江西赣州等。各地都能说出几条依据，如说山东省东平县银山镇是戚继光祖籍地的依据是戚继光始祖戚祥至戚继光七世之人在该地都有家谱可查。此外，银山镇昆山村有戚氏家族墓园，内有戚谏墓、戚泉墓，也有戚继光墓。在邻村戚垓村一戚姓人家家中还有5套《戚氏族谱》和戚继光遗像及戚谏墓碑拓片等遗物。

△笔者闲言

戚继光晚年十分凄惨、辛酸。自己被明神宗以谋反罪罢官，弟弟戚继美遭连累也被罢贵州总兵之职。戚继光回山东蓬莱老家后，发妻王氏因经不起打击，愤而离家出走。几个儿子生死不明，戚继光又穷又病，孤身一人，不久即去世。一代抗倭名将，为明王朝屡立战功的功臣，竟落得如此下场，其遭遇令人深为不平。白居易曾感叹"最是无情帝王家"，由此看来，真的一点没错。

第六十四讲 寄情于山水的东方游圣徐霞客
——大丈夫当朝游碧海而暮苍梧

徐霞客的一辈子

徐霞客（1587—1641），名弘祖，字振之，号霞客。南直隶江阴县（今江苏江阴）人。明代旅行家、地理学家、文学家。一生寄情山水，与西方的马可·波罗并誉为"东、西方游圣"。

徐霞客高祖是明弘治年间与唐伯虎一起因所谓的科场舞弊案落第的江阴举人徐经。徐家虽富，但徐霞客的父亲徐有勉却厌弃做官，亦不与官府豪强结交。徐霞客在一次童试未举后也无意于仕途。他自幼好学，尤其喜欢阅读地经图志类

徐霞客画像

的书籍，立志"大丈夫当朝游碧海而暮苍梧"。他的父母也开明，尊重并支持儿子的选择。

万历三十二年（1604），徐父病逝。徐霞客守丧期满后，即出门游历。自此至55岁去世，他一生游历时间长达30余年，足迹遍及大半个中国，到过现在的江苏、浙江、河南、河北、山东、山西、安徽、陕西、湖南、湖北、广东、广西、江西、福建、云南、贵州及北京、天津、上海等21个省、市、自治区；攀登过泰山、华山、峨眉山、恒山、黄山、庐山、天台山、崆峒山、罗浮山、武功山等140多座高山；探察过桃源洞、碧云洞、观音洞等376个岩洞；考察过大小河流551条，湖、沼、潭、池、池沼198处，真正做到了"达人所之未达，探人所之未知"。那时的旅行主要靠步行，荒郊野外、山

高水险、长年风餐露宿、长途跋涉，其经历的艰难困苦可想而知。他在旅行途中曾3次遭遇强盗，4次遭遇断粮。这样的游历，真非常人所能承受、坚持的。徐霞客的游历并非一般的旅游探奇，而是有目的、有计划地对各地山川名胜、地形地貌、水道、矿产、风土人情、民间习俗、社会生活乃至植物、动物资源做多方面的考察与研究。通过实地考察，他弄清了金沙江才是长江的真正源头。他称得上是世界上最早对石灰岩地貌开展研究的权威学者。他的《徐霞客游记》，不但是一部伟大的、价值非凡的地理学著作，也是一部文字优美的散文游记。该书共60余万字，主要记述的是他1613—1639年旅行考察之所得，内容十分丰富，具有极高的科学价值和文学价值。清代学者钱谦益认为："霞客先生游览诸记，此世界真文字、大文字、奇文字。"毛泽东曾盛赞徐霞客及《徐霞客游记》。1958年1月，他在最高国务会议上说："那个人（徐霞客）没有官气，他跑了那么多路，找出了金沙江是长江的发源。'岷山导江'，这是经书上说的，他说这是错误的，他说是金沙江导江。他不到处跑怎么能写得那么好？这不仅是科学作品，也是文学作品。"因为《徐霞客游记》首篇写于1613年5月19日，所以中国现在把每年的5月19日定为国家旅游日，这也是国家对徐霞客这位古代游圣的一种纪念。

据考证，徐霞客一生中首次出游的时间是1607年3月29日。这一年，他21岁。游历的地方是江苏无锡惠山。他还在太湖上泛过舟。徐霞客一生最后一次出游的时间是明崇祯九年（1636）。这一年，他50岁，游历西南地区，直到中缅边境腾越（今云南腾冲）。明崇祯十三年（1640），徐霞客心力交瘁，"两足俱废"，云南的地方官用官方的车船把他送回老家江阴。崇祯十四年（1641）正月，55岁的徐霞客在家中去世。临死前，来探望的官员问他："何苦来哉？"他回答道："张骞凿空，未睹昆仑；唐玄奘、元耶律楚材，衔人主之命，乃得西游。吾以老布衣，孤筇双屦，穷河沙，上昆仑，历西域，题名绝国，与三人而为四，死不恨矣。"

徐霞客的归宿

当年徐霞客去世后，葬在其家乡马湾祖茔墓地里。20世纪30年代有一文谈及此墓："出南旸岐，北行过前马桥，复向东北行，里许至沈村……村后数百步，黄土隆起者，霞客之坟墓也。冢高五尺，墓前有碑，倾斜如醉

第六十四讲　寄情于山水的东方游圣徐霞客

翁，题曰'十七世高士霞客徐公之墓'。"1958年，此墓被迁入当地的北渚革命烈士陵园，不久又迁回原址。"文革"时原墓遭到破坏，现在的墓是1986年建的仿明式迁葬墓，位于江阴市徐霞客镇南旸岐自然村21号仰圣园晴山堂后。仰圣园是为表达对徐霞客的敬仰和纪念而建的，建于2001年。晴山堂是徐霞客在明泰昌年间为庆祝母亲重病初愈而建的一幢房子。"晴山"二字取自诗句"四月清和雨乍晴，南山当户转分明"。现在的晴山堂是1986年新建的，但堂内的76块石刻则是原物，刻写在这些石碑上的是明代84位名人名家，如宋濂、李东阳、周廷儒、钱福等为徐家撰写的墓志铭、传、序、记等，无比珍贵。现在此处是全国重点文物保护单位。徐霞客墓位于晴山堂后院。墓高1.5米，墓围7.93米，墓圈是用青色条石砌成的。墓碑是最初的原墓碑，高1.5米，宽0.4米，中间直书阳文"明高士徐公之墓"7个字。墓碑前还有祭台，墓四周植有松柏花卉，环境清幽。

综合信息

△小知识

①张骞凿空：凿，开；空，孔。凿空，即凿孔，形象化的说法。意为张骞开辟通道，沟通了中外之间的联系。

②耶律楚材（1190—1244）：蒙古帝国时期的政治家，协助成吉思汗父子，为蒙古帝国的发展与元朝的建立都做出了贡献。

③孤筇双屦：孤，独，单独；筇，竹子的一种，可用来做手杖。孤筇，意即独自步行。屦，鞋。双屦，一双鞋。

④题名绝国：在很远的国家留名。绝，独一无二。

⑤与三人而为四：吾与前面三人（即张骞、唐玄奘、耶律楚材）一起成为四人。

△你问我答

1.徐霞客的家庭情况是怎样的？

祖父徐衍芳，字原润，又字汝声，号柴石，一生未仕，有《柴石小草》

一书传世。父亲徐有勉，持家守业，安居乡间；母亲王氏，江阴城大户人家之女，时称"奇女子"。妻子系许氏；继室系罗氏；妾系金氏。徐霞客有4子1女，长子徐屺、次子徐阳、三子李寄、四子徐峋，一女早亡。三子李寄为妻子陪嫁侍女所生，后跟随其母嫁李姓，故姓李，李寄名为徐霞客所取，意为寄养在李家的意思。此人曾获常州府乡试第一名，后不再参加科举，但《徐霞客游记》一书得以成书，他居功至伟。

2.徐霞客有哪些经典名言值得品味、记诵？

①大丈夫当朝游碧海而暮苍梧。
②登黄山，天下无山，观止矣！
③（黄果树瀑布）捣珠崩玉，飞沫反涌，如烟雾腾空，势甚雄伟；所谓"珠帘钩不卷，匹练挂遥峰"，俱不足以拟其壮也，高峻数倍者有之，而从无此阔而大者。
④五岳归来不看山，黄山归来不看岳。
⑤生平只负云小梦，一步能登天下山。

3.《徐霞客游记》是怎样成书的？

《徐霞客游记》是一本按日记述的散文体游记，原有260余万字，由于遇盗等原因，只剩下60余万字。崇祯十三年（1640），徐霞客从云南回老家后，将其托付给家庭教师季梦良整理。另外一种说法是先由徐霞客的友人王忠纫整理排序，再由季梦良补充、整理、校勘成书。还有一说是由徐霞客三子李寄收集、补充、整理成书。此书有多种版本，现在通行的《徐霞客游记》是1928年丁文江据清咸丰印本整理的。

4.徐霞客外出游历的旅资是哪来的？

徐霞客家只有100多亩田产，并不算十分富裕。他出行，通常只带一个仆人，行装简单，吃住也不讲究。他30岁前都是春、夏、秋出门，走得也不远，所以花费并不很大。之后的4次远行，时间最长的一次在外有4年，途中有时要雇挑夫、请向导，开销还是不菲的。他的旅资除自带外，还有3个来源：一是借；二是地方官府资助；三是友人资助和当地百姓免费接待。

第六十四讲 寄情于山水的东方游圣徐霞客

△笔者闲言

旅游、旅行、游历有所不同。旅游侧重"游",注重观光与娱乐;旅行侧重"行",注重在行中的观赏与游览;游历则更侧重过程和在这一过程中的观察与体验。徐霞客一生的行为,从实质上说,应该算一种考察、勘察、探察。他的成就让世人明白了在生活中做一个有心人的意义。世界上的任何事情,只要你认真去做,用心去做,就有可能做出不一样的成绩。李时珍尝百草,写出《本草纲目》;蒲松龄听人讲故事,编出《聊斋志异》,类似这样的事例不胜枚举。不过,做生活中的有心人,说起来容易做起来难啊。

第六十五讲　挺直脊梁的大思想家王夫之
——清风有意难留我，明月无心自照人

王夫之的一辈子

王夫之画像

王夫之（1619—1692），字而农，号姜斋，别号夕堂、一壶道人等；湖南衡阳人，晚年隐居衡阳西北的船山（亦称石船山），学者称为"船山先生"，明末清初唯物主义思想家、哲学家。他与顾炎武、黄宗羲、唐甄并称为"明末清初四大启蒙思想家"。

王夫之出身于没落地主阶级知识分子家庭。父亲王朝聘毕业于最高学府国子监，因拒官员索贿，终身未仕。两位叔父专诗词，都有所成就。王夫之4岁由长兄启蒙读书，聪明好学，才气过人，但又调皮淘气。10岁跟其父学习经义，14岁中秀才。后入衡阳县学。16岁习学作诗。19岁娶陶氏成家。20岁入长沙岳麓书院读书。这时的明王朝，虽然李自成在军事上暂时失利，张献忠表面上接受招安，但他们心犹不甘，时刻准备反扑。当时，社会动荡，人心不稳。王夫之心系家国安危，与同窗好友结社议政（先结行社，后结匡社，取匡扶社稷之意）。崇祯十五年（1642），王夫之武昌乡试中举。是年秋，他与百余位志同道合的朋友在武汉黄鹤楼结盟，史称"须盟大集"。翌年春，王夫之欲上北京参加礼部会试，遇张献忠攻陷湖南多地，王夫之北上受阻，无法成行。张献忠欲聘其在大西政权任职，王夫之自伤身体并以伤为由得以推托。崇祯十七

第六十五讲 挺直脊梁的大思想家王夫之

年（1644）五月，李自成攻陷北京，崇祯帝自缢，明亡。王夫之闻后数日不食，作《悲愤诗》一百韵，倾吐满腔的亡国之恨。十月，吴三桂引清军入关，李自成败出北京。此后2年，王夫之为协调各地的抗清斗争四处奔波。顺治四年（1647）五月，清军攻陷衡州（今湖南衡阳），王夫之全家在逃难中走散，父亲及叔父、叔母、兄弟一家四口均在逃难中遇难，而其夫人陶氏亦在1646年去世。这样的国亡家破，令王夫之的反清意志愈加坚定。顺治五年（1648）十月，王夫之与好友夏汝弼等在衡山举兵抗清，但不久即战败，投奔在广东肇庆的南明永历皇帝，任行人司行人。然此时的南明政权，虽面临清军随时南下的征讨危险，却依旧争权夺利，朝政极端腐败。王夫之愤而弹劾兵部左侍郎王化澄，反遭王化澄追杀，幸得一将相助，才得以逃离。

顺治八年（1651），王夫之避隐衡州双髻峰续梦庵，蓄发明志，立誓忠于明朝，永不仕清。顺治十年（1653），转而避居湖南耶姜山，化名瑶人。此后5年，他流亡在湖南、湘西一带，常寄居荒山破庙著书，有时也应邀讲学。康熙六年（1667），南明永历帝在云南昆明被吴三桂用弓弦勒死，王夫之悲愤难禁，续作《悲愤诗》一百韵。在此后的13年中，他自命明朝遗老，坚决不按清法令剃发留辫，坚守汉人的民族气节。这时期，他创作的诗歌达300余首，还著有《尚书引义》6卷、《春秋家说》3卷、《春秋世论》5卷、《续春秋左氏传博议》2卷等。康熙十四年（1675）九月，王夫之定居衡阳船山脚的茅草屋，即俗称的"湘西草堂"，他的生活极其艰困，有时连笔墨纸砚都要靠友人相助。但人穷不丧志，吴三桂请他出山做官，被他拒绝。吴三桂称帝后出重金求他写《劝进表》，他同样拒绝。清湖南巡抚、衡州知州等高官携礼求见，他也一概不见。正如他一副对联中说的"清风有意难留我，明月无心自照人"。康熙三十一年（1692）正月，王夫之在湘西草堂去世，终年74岁。

王夫之隐乡间治学近40年。他是中国古代最博学的学者之一，对天文、地理、历法、数学均有研究，尤精哲学、经学、史学、文学。在理与气、理与欲、道与器、知与衡、动与静以及矛盾的性质与变化等方面，都有自己独特的观点与主张。王夫之的思想是朴素的辩证唯物主义思想。其哲学具有鲜明的批判精神，受到曾国藩、谭嗣同、章太炎的推崇。谭嗣同在他的《论艺绝句》中称："万物招苏天地曙，要凭南岳一声雷。"章太炎称道："当清之际,卓然能兴起顽懦,以成光复之责者,独赖而家一家而已。"王夫之的著作极多,涉及的领域非常广泛,总计有100多种,400多卷,800余万字。

王夫之的归宿

王夫之的墓位于湖南省衡阳县曲兰镇船山村大罗山中,距他生前隐居的湘西草堂约4千米。现在的墓及墓地已经清光绪三十四年(1908)、1954年、1962年、1981年、2002年5次修葺,包括增建、扩建。现在的墓园自山脚往上,依次分成3级:第一级是石砌的墓地护坡;第二级是青石铺成的半圆形墓台,约800平方米;过墓台中间的9级石阶,是墓地的第三层,即墓坪。墓坪里面是并列的3冢,中为王夫之墓,左为继室郑氏墓,右为二儿媳刘氏墓。墓冢封土不高,形似屋脊,墓前置有一张宽大的石供桌。墓坪三面建有石砌墓围,墓围正中嵌有3块汉白玉的石碑,中间石碑上镌"伟大思想家王而农先生之墓"12个字,左边石碑上镌的是王夫之自撰的墓志铭,右边石碑上镌的是他的生平简介。墓后树木苍翠,远山点点。早在1956年,王夫之墓园已被列为湖南省重点文物保护单位。

综合信息

△小知识

①须盟大集:1692年,王夫之在武昌乡试后,应邀与参加这次乡试的100多位朋友,在武汉黄鹤楼以"须盟大集"之名举行酒会、诗会。实际上,这是一次政治性集会。须盟,即男性朋友聚会。须,代称男子。

②大西政权:崇祯三年(1630),张献忠在陕西米脂发动农民起义。1643年,张献忠自称"大西王"。1644年,他在成都称帝,国号"大西"。大西政权即指张献忠在成都建立的大西农民政权。

③南明政权:明崇祯帝自缢后,明宗室及文武大臣逃往南方,先由福王朱由崧在南京称帝。南京陷落,朱由崧被俘后,唐王朱聿键在福建称帝。福州陷落,朱聿键自尽后,桂王朱由榔在肇庆称帝。历史上把这三个短暂的明朝政权合称为"南明政权"。

④《劝进表》:上书劝人登帝位的章表称"劝进表"。1978年2月,吴三

第六十五讲　挺直脊梁的大思想家王夫之

桂想在湖南衡阳登基称帝。为了糊弄世人，他特地找有名望的王夫之，希望他写一份《劝进表》，以表示自己本不想当皇帝，是天下人求他当皇帝，所以只好登基称帝。

△你问我答

1.王夫之的家庭情况是怎样的？

祖父王惟敬，生平事迹不详；祖母范氏。父亲王朝聘国子监读完4年毕业，因拒绝官员索贿，愤而回乡，尔后终身未仕；母亲谭氏。长兄王介之举人，王夫之4岁时跟他识字读书；二哥王参之贡士，未入仕。原配妻陶氏26岁卒；继室郑氏29岁卒；50岁娶张氏。有4子，其中2子早夭，子王颁著有《诗经释略》（已失传），子王敔著有《笈云草》等书。

2.王夫之有哪些经典名言值得品味、记诵？

①以天下论者，必循天下之公。
②学易而好难，行易而力难，耻易而知难。
③学愈博则思愈远。
④清风有意难留我，明月无心自照人。
⑤人之所以异于禽者，唯志而已矣！
⑥私欲之中，天理所寓。
⑦方祭乃思敬，则必不能敬；方丧乃思哀，则必不能哀。
⑧大张之余，必仍之以弛；大弛之余，必仍之以张。

3.王夫之的墓志铭特别有名，是怎么回事？

古代很重视墓志铭，有的生前自写，有的请名人代写。王夫之的墓志铭是自写的。他告诫两个儿子：墓石可以不立；如立，碑石上镌刻自己写的墓志铭"不可增换一字"，否则便是"自昧其心"。由此可见，他对自写墓志铭的重视程度。墓志铭的内容是：有明遗臣行人王夫之，字而农，葬于此。其左则继配襄阳郑氏之所祔也。自为铭曰：抱刘越石之孤愤，而命无从致，希张横渠之正学，而力不能企。幸全归于兹丘，固衔恤以永世。铭的大致意

· 319 ·

思是：我与刘越石（晋将领刘琨，字越石）一样，抱有复国未竟的悲愤，无奈未能实现复国之志，我想能有张横渠（北宋大儒张载，字横渠）那样丰富的学识来做学问，但能力不够。庆幸的是，我全尸葬于此，永世心怀忧伤。此铭特别之处在于字里行间，处处流露出王夫之复国无望的悲愤。

△笔者闲言

王夫之是明朝遗老，宁愿几十年隐居山野，在艰困落寞中度日也决不叛明、决不仕清。对于他的这种行为，后人有誉有贬，亦有人不以为然。撇开行为的缘由和意义，单就精神与品质而言，它所表现出来的是一个人的节气和骨气。而人之所以为人，就是因为能不为势利左右行为。节气和骨气是一个人的精神脊梁，这根脊梁挺直了，才不枉为人一辈子。

第六十六讲　有大胆识、大智慧的康熙帝
——万里晴云任舒卷，凭高但见碧天长

康熙的一辈子

康熙（1654—1722），满族，姓爱新觉罗，名玄烨，清朝第四位皇帝，年号康熙，庙号圣祖，谥号仁皇帝。顺治皇帝第三子，在位61年（1661—1722），是中国史上在位时间最长的皇帝。

康熙5岁开始读书识字，睿智聪颖，勤奋酷学。顺治十八年（1661）正月，顺治帝崩，时年8岁的康熙在祖母孝庄太皇太后和文皇后扶持下即位。两年后母亲去世，成了孤儿。14岁，即康熙六年（1667）七月亲政。16岁智

康熙画像

除擅权骄横的辅政大臣鳌拜，清除其党羽，全面夺回主政权，开始真正的亲政。随后，广开言路，审察重臣、要吏功过。诏令永停圈地，恢复被鳌拜裁撤的内阁制和翰林院。颁《圣谕十六条》，提出"兴行教化，作育人才"的施政纲领与民众行为要求，并晓谕全国。同时，奖励垦荒，准许壮丁"出旗为民"，从而保证了政局和社会的稳定，以及经济的持续发展。康熙十二年（1673）春，朝廷为是否保留藩王特权引发争论，康熙意识到"藩镇手握重兵，势成尾大，非国家利"，于是决定撤藩，但遭到激烈抵制。是年末，云南平西王吴三桂反；康熙十三年（1674），福建靖南王耿精忠反；康熙十五年（1676）二月，广东平南王尚可喜之子尚之信反。康熙处变不惊，临危不

来自历史的人生报告
中国古代名人七十二讲

乱,至康熙二十年(1681)冬,长达8年的三藩之乱被彻底平息。也在这年冬,与清政府分庭抗礼的郑成功之子郑经突然去世,为保障国家统一,制止分裂,康熙二十二年(1683),康熙力排众议,重新起用原郑成功的爱将、年已花甲的施琅为福建水师提督,率水师2万,战船200余艘攻台。收复台湾后,康熙在台湾设立"一府三县"的政府体制,并将台湾直接隶属于福建省,从而加强了清政府对台湾的有效管辖。在此后的6年中,清军多次成功抗击了沙俄在黑龙江流域的入侵。康熙二十八年(1689),康熙派领侍卫内大臣索额图、都统一等公佟国维等,在尼布楚与俄罗斯使团御前大臣戈洛文、伊拉托木斯克学督符拉索夫等(今俄罗斯涅尔琴斯克)签订了《中俄尼布楚条约》,从法律上确立了中国在这一地区疆域的归属,保障了边境的安宁。而在这一时期,卫拉特蒙古准噶尔部头领噶尔丹割据西北,勾结沙俄,屡屡兴兵侵犯清朝北部边陲。为维护边境安定,康熙于康熙二十九年(1690)、三十五年(1696)、三十六年(1697),3次亲征在漠北(今指中国北方沙漠、戈壁以北的广大地区,清代指乌里雅苏台将军辖区)的噶尔丹。最终,噶尔丹被彻底击溃,服毒自杀。康熙40岁后,5次出巡山西五台山,因为五台山是藏传佛教的圣地,康熙被藏传佛教认为是文殊菩萨的化身,五台山又是文殊菩萨的道场。康熙6次南巡江南,他从北京出发,经扬州、南京、苏州、杭州,最远到过绍兴。他在绍兴大禹陵祭祀大禹,到山东曲阜祭拜过孔子。晚年的康熙倦于政事,24个活到成年的儿子中有9个参与皇位继承权的争夺。他们明争暗斗,闹得朝野不得安宁,让康熙极为寒心。康熙六十一年十一月十三日(1722年10月22日),69岁的康熙驾崩于北京畅春园清溪书屋。

康熙是一位具有雄才大略的政治家。他一生波澜壮阔,擒鳌拜,平三藩,征噶尔丹,事事都是丰功伟绩。14岁开创"御门听政",55年寒暑不辍,他首设上书房,首开清代博学鸿词科取士。他一生酷爱读书。人说他是少年好学、中年苦学、盛年博学、老年通学。组织编写的《康熙字典》《全唐诗》《大清一统志》《朱子全书》等众多图书典籍至今还被人们常用。他在位61年,为百姓蠲免上交钱粮545次,折计银1.5亿两。他的治世与后面的乾隆治世被人合称为"康乾盛世"。由英国历史学家乔治·威尔斯和美国历史学家卡尔顿·海斯联合撰写的《全球通史》对康熙的评价是:"康熙有理由这样自信。他统治的大清帝国是世界上最强大、最富庶的国家,连那些自命

第六十六讲　有大胆识、大智慧的康熙帝

不凡的欧洲来访者都不得不承认这一点。"他在"康熙"这一年号下，统治中国60多年，并成为17世纪的伟大人物。同时康熙又是一位卓越的军事家，一位精细的管理者，一位渊博的学者。

康熙年间有多起文字狱，在平定三藩时大肆杀戮平民是康熙的历史污点。此外，在处理台湾与沙俄问题上，也有学者认为康熙有不当之处。

康熙的归宿

康熙的陵墓叫景陵，位于河北唐山遵化市马兰峪镇清东陵附近，亦即清孝陵东侧约1千米处。康熙十五年二月动工，康熙二十年竣工，用时6年。地面建筑自南至北依次是圣德神功碑亭、五孔拱桥、望柱、石像生、下马碑、神厨库、牌楼门、神道碑亭、二柱门、台石五供、方城、明楼、宝城、宝顶。康熙帝的陵寝，即地宫在宝顶下面。这些建筑由一条自北至南，宽9.7米的神路贯穿，整个景陵植有仪树29 500棵。地宫内除葬有康熙帝，还有孝诚皇后、孝昭皇后、孝懿皇后、孝恭仁皇后和敬敏皇贵妃祔葬（敬敏皇贵妃是否葬此尚未有定论）。4位皇后先于康熙入葬，这一帝后合葬，先葬后再葬帝的葬制属帝陵葬制先例，而将皇贵妃祔葬则是雍正帝所为。历史上，景陵地面建筑曾于光绪三十一年（1905）和1952年两次发生火灾。不过，毁坏的建筑已于20世纪90年代修复，现已基本恢复历史原貌。景陵的地宫曾于1928年和1945年两次遭遇盗掘。现在的地宫是封闭的，不对外开放。

清景陵现在是全国重点文物保护单位、国家5A级旅游景区。

综合信息

△小知识

①藩王：又叫蕃王，王室宗亲或军功功臣受天子册封在某地称王的统治者。这一地区称藩国或藩王国。藩王实际上是地方的割据势力，只是名义上不宣称独立而已。

②提督：提督军务总兵官的简称。省一级的地方官事长官，从一品。

③领侍卫内大臣：正一品，执掌皇帝贴身侍卫的统领。

④御门听政：又称早朝。御门即宫门，它是帝王处理政务的一种形式，

时间安排在每天拂晓。届时，帝王在宫门接受文武官员的朝拜，当场处理政事，有极规范的礼仪和极严格的朝规。但只有勤政、有作为的帝王才会这样做，而不是所有帝王都会这样做。

⑤博学鸿词科：科举考试制科的一种，始设于唐开元年间，开考与否由帝王定，并无规制。清代仅康熙与乾隆各举行过一次，不限秀才、举人资格，未为官的和已为官的经督抚举荐，均可参与，考中者即可授官。

△你问我答

1.康熙的家庭情况是怎样的？

祖父爱新觉罗·皇太极，即清太宗；祖母孝庄文皇后（昭圣太皇太后）。父亲爱新觉罗·福临，即顺治皇帝；生母孝康章皇后（慈和皇太后）。皇后有孝诚仁皇后，赫舍里氏；孝昭仁皇后，钮祜禄氏；孝懿仁皇后，佟佳氏；孝恭仁皇后，乌雅氏。皇贵妃3位，儿子35人，女儿11人。

2.康熙有哪些名言名句值得品味、记诵？

①为上能自爱，群属必畏钳。
②一事不谨，即贻四海之忧；一念不懂，即贻百年之患。
③万里晴云任舒卷，凭高但见碧天长。
④国家用人，当以德为本，才艺为末。
⑤遇有疑难事，但据理直行，得失俱可无愧。
⑥天下未有过不去之事，忍耐一时便觉无事。
⑦古人所谓防微杜渐者，以事虽小而不防之，则必渐大。
⑧人生于世，无论老少，虽一时一刻不可不存敬畏之心。
⑨由一理之微，可以包六合之大；由一日之近，可以尽千古之远。
⑩为学之功有三等焉：汲汲然者，上也；悠悠然者，次也；憒憒然者，又其次也。

3.康熙微服私访是真的吗？

康熙亲民，四处巡察较多，但到民间微服私访是没有的，只是民间传说

第六十六讲　有大胆识、大智慧的康熙帝

和戏剧、影视、小说中编的故事。

4.康熙六下江南的目的是什么？

康熙六巡江南的主要目的是治理水患。当时江南常闹水灾，他决心治理黄河、淮河等易发大水的江河，先后到过清江、淮安、江宁、扬州、苏州、镇江、杭州，带大臣巡察过各地的水利工程。特别是第三次南巡，还查过水利工程的经费使用情况，影响很大。

5.康熙传位于四阿哥胤禛是真的吗？

康熙遗诏的确传位于四阿哥胤禛，即后来的雍正皇帝。而民间传说是胤禛将遗诏中的"传位十四子"的"十"改成了"于"，变成了"传位于四子"，这纯属杜撰。因为遗诏不只用汉文书写，还用满、蒙两种文字，即便汉字能改，那满、蒙文字也是根本无法改写的。

△笔者闲言

50集的电视剧《康熙王朝》，笔者断断续续看过一些，编得不错，拍得不错，演得也不错。故事波澜壮阔、惊心动魄。人物个性鲜明、印象深刻。特别是陈道明出演的康熙，更是把康熙作为一代非凡帝王的精气神表现得淋漓尽致。但也有人为容妃被马桶压死一事，痛骂康熙毫无人性、冷酷。殊不知，这些都是虚构的，实在是冤枉了康熙老爷子。所以，看这些历史影视剧不要太认真。如果真要较真，那就请先查查真实的历史，否则，容易用错感情不说，还会让人窃笑：史盲！

第六十七讲　清朝第一词人纳兰性德
——我是人间惆怅客,知君何事泪纵横

纳兰性德的一辈子

纳兰性德画像

纳兰性德(1655—1685),原名纳兰成德(避讳太子保成而改称纳兰性德),纳兰是姓,字容若,号楞伽山人,满洲正黄旗人,清朝初年词人。文武全才,纳兰性德与朱彝尊、陈维崧合称为"清词三大家",他居"三大家"之首。康熙御前一等侍卫,甚受康熙的赏识与隆遇。

纳兰性德出身显赫,其父亲是当朝太傅大学士纳兰明珠,为康熙年间最重要的大臣之一;母亲是英亲王阿济格第五女爱新觉罗氏,诰封一品夫人。曾祖父的妹妹是努尔哈赤的妃子、皇太极的生母。

纳兰性德秉性聪慧,自幼好学刻苦,文武兼备。17岁经过严格的选拔考试,凭借出类拔萃的才学进入国家最高学府国子监(位于今北京市东城区)读书。在读书期间,他的成绩总是超然卓异,因而被国子监祭酒徐文元礼荐给内阁学士、儒学大家徐乾学当弟子进学。康熙十一年(1672),纳兰性德18岁,在顺天府(今北京地区)乡试中举成为举人,本应第二年参加殿试,却因病未能考试。这一年,纳兰性德着手编辑《渌水亭杂识》,刊刻《通志堂经解》。20岁娶两广总督卢兴祖之女,卢氏花容月貌、知书达礼,夫妻举案齐眉,十分恩爱。他曾用"紫玉钗斜灯影背,红绵粉冷枕函偏"描述妻子

第六十七讲　清朝第一词人纳兰性德

的美好；用"记绣榻闲时，并吹红雨，雕阑曲处，同倚斜阳"这样的词句描述两人相处时的甜蜜情景。康熙十五年（1676）三月，22岁的纳兰性德在殿试补试中得二甲第七名，赐进士出身。婚后第三年，即纳兰性德23岁时，卢氏产后受寒不治去世，他为妻在双林寺守灵一年。这一年，他常读《楞伽经》以排解失去爱妻的孤独与痛苦，并自号"楞伽山人"。在文学方面，在从中进士到任三等侍卫的3年间，他与顾贞观合编《今词初集》，辑编成《合订大易集义粹言》，初编成《饮水词》。在他的众多悼亡词中最为哀婉痛彻的《沁园春·丁巳重阳前三日》亦作于这一时期。

纳兰性德当康熙的御前侍卫一共8年，其中三等侍卫5年，28岁升二等侍卫，31岁擢一等侍卫（正三品）。由于纳兰性德一表人才、文武双全，其父又是当朝重臣，因而深受康熙赏识。8年中6次侍驾出巡，到过遵化、科尔沁、吉林、奉天、山西五台山及江南的扬州、苏州、金陵等地，康熙往北口避暑亦让纳兰性德随行。此外，康熙二十一年（1682）春，28岁的纳兰性德还秉康熙旨意，觇梭龙，圆满完成了一次意义甚大的北上巡边。康熙二十四年（1685）农历五月三十日，纳兰性德病逝，时年虚岁31岁。

纳兰性德出身豪门，本人又极具才华，入仕做官本是人生应有之义。但他内心却偏偏对做官不以为然，犹如清朝第十四位状元韩菼为他写的《进士一等侍卫纳兰君神道碑》中所说的"虽履盛处丰，抑然不自多。于世无所芬华，若戚戚于富贵而以贫贱为可安者。身在高门广厦，常有山泽鱼鸟之思"。他所钦羡的是自由自在，吟诗抿酒，然后爱一个人，地老天荒。

纳兰性德是八旗子弟，却无纨绔之气，还喜结交落拓文人，并以交友为乐，待人真诚，仗义疏财。所以，他的住所渌水亭（今北京宋庆龄故居内的恩波亭）当时就因文人墨客集聚而闻名。

纳兰性德多情而不滥情，他与发妻虽仅厮守3年，但这份感情一世都在他的心上。他向往真情，追求真情，珍惜真情，虽然日后续娶官氏，但他却怀念了卢氏一辈子，据说当时社会上曾有"嫁人当嫁纳兰君"一说。

纳兰性德著有《通志堂集》20卷，词集《饮水词》《侧帽集》《纳兰成德诗集·诗论笺注》等。他的词虽内容不甚开阔，却风格清新流畅、情意真切、细腻深沉、凄清哀婉，颇有南唐后主之遗风。清末民初的国学大师王国维称他的词作是"宋代以来，一人也"。

纳兰性德的归宿

纳兰性德的墓位于今北京市海淀区上庄乡（清代称榆河乡或玉河乡）。纳兰性德祖父尼迓韩立有军功，该地是他的赐地，尼迓韩死后便葬在这里。康熙十六年（1677）纳兰性德妻卢氏去世，纳兰性德任御前三等侍卫（正五品），其父纳兰明珠升内阁大学士（即宰相），同时还追赠给尼迓韩夫妻墓地，并作为纳兰家属的墓地。此后，纳兰氏5代21人死后均埋在这里。同时，这一乡域也是纳兰性德生前生活、居住的地方，清代时叫皂甲屯或皂角屯。纳兰家属的整个墓地占地340亩，具体位置就是今上庄村委所在地。原来的墓地坐东朝南，当时的地面建筑有享殿、石五供、神道碑等，非常气派，人称"小十三陵"，分南寿地、北寿地两处。南寿地有宝邸5座，分别是尼迓韩夫妇墓、郑库墓、明珠墓、纳兰性德墓、揆叙墓。北寿地有宝邸4座，葬的是明珠的第三子等人。纳兰性德墓位于南寿地祖坟南侧第二位。按《清会典事例》的规制："三品官茔地七十米，坟高一丈二尺，石兽并六。"原墓茔地70步，墓茔高约4米。不过，由于明珠次子，即纳兰性德之弟揆叙在康熙立储一事上惹怒康熙、结怨雍正，所以雍正把揆叙墓碑上原来的文字改为"不忠不孝柔奸阴险揆叙之墓"。纳兰家族墓园因此日渐冷落荒凉，地面建筑大多无存。1972年，人们在皂甲屯大队部门口，发现了被用作垫脚石的纳兰性德及其夫人的墓志，才引起了历史学家和社会的重视。据说清末民初，此地尚有碑亭和石人石马等石像生数座，后被军阀拉走，现已下落不明。

综合信息

△小知识

①太傅、大学士：二者都是封建王朝的核心官员，同是一品。太傅是辅弼国君治国的重臣，参与国策的拟订与实施。大学士与宰相相当，拥有掌管全国军政的大权。

②诰封：中国古代封建王朝对官员及其先代和妻室授予爵位或称号叫"诰封"。诰，帝王对臣子的命令，是以上告下的意思，也叫"诰命"。所谓诰命夫人，也就是朝廷（帝王）封赠的夫人（五品以上，含五品称"诰命

第六十七讲　清朝第一词人纳兰性德

夫人",五品以下称"敕命")。

③祭酒:汉魏以后用的官名,具体含义各朝不尽相同,清代仅国子监设祭酒,称为国子监祭酒。国子监是国家最高学府和教育管理机构,国子监祭酒就是国子监的主管官。

④楞伽经:全名《楞伽阿跋多罗宝经》,大乘佛法的重要佛典之一。经名的意思是佛祖释迦牟尼降临楞伽岛,在楞伽岛所传授之经。

⑤神道碑:立在墓道前面用来叙载墓主生平事迹的石碑。神道即墓道。

△你问我答

1.纳兰性德的家庭情况是怎样的?

父亲纳兰明珠,累官至武英殿大学士、太子太傅,后以朋党之罪被罢黜。之后虽又官复原职,但不再被重用;母亲罗氏,诰封"一品夫人",英亲王阿济格第五女,其父是努尔哈赤第十二子。发妻卢氏是两广总督卢兴祖之女;继室官氏是一等公颇尔喷、朝廷侍卫长官之一,纳兰性德任御前侍卫时的上司之女;妾颜氏、沈氏。弟弟纳兰揆叙,二等侍卫,当过礼部侍郎、都察院左都御史等,掌翰林院事,因立储事被贬,乾隆时得以恢复。纳兰性德有3子1女,其中长女嫁年羹尧。

2.纳兰性德有哪些诗词名句值得品味、记诵?

①我是人间惆怅客,知君何事泪纵横,断肠声里忆平生。
②人生若只如初见,何事秋风悲画扇。
③明月多情应笑我,笑我如今。辜负春心,独自闲行独自吟。
④被酒莫惊春睡重,赌书消得泼茶香,当时只道是寻常。
⑤风一更,雪一更,聒碎乡心梦不成,故园无此声。
⑥辛苦最怜天上月,一昔如环,昔昔都成玦。
⑦爱他明月好,憔悴也相关。
⑧幽窗冷雨一灯孤。料应情尽,还道有情无?
⑨回首凉云暮叶,黄昏无限思量。
⑩一往情深深几许?深山夕照深秋雨。

3.《渌书亭杂识》《通志堂经解》《清会典事例》各是怎样的书籍？

《渌水亭杂识》是纳兰性德于康熙十二年辑结的一本内容庞杂的笔记，涉及历史、地理、天文、文学、佛学、书画、刻石、古迹、音乐等。渌水亭是纳兰性德吟诗著述的故居，也是他与友人欢聚会文的地方。《通志堂经解》是一部大型的、具有汇编性质的儒学丛书，共有16册，自先秦至清各朝的文章都有，内容全都是诠释儒学经义，其中也有纳兰性德本人撰写的文章，该丛书受到朝野的普遍赞赏。乾隆认为是书"荟萃诸家，典瞻赅博，实足以表彰六经"。《清会典事例》是清政府修订，供各级衙门、官吏参照执行的一部行政法典，是朝廷各种典章的汇总，其中还包括皇帝的训诰敕旨等。这些规章、条例非常具体、严格，如官员死后，其坟墓的大小、高度，按官员品级不同，其标准亦不同，不可逾越。否则，即会被查办。

4.什么是赐"进士出身"？

中国古代科举制度最后一级，也是最高一级的考试叫作殿试，也叫作廷试，为唐武则天所创制。录取时分为三甲，一甲规定3名，二甲、三甲若干名，即人数没有硬性规定，可以几十名，也可以更多些。一甲的3名分别称状元、榜眼、探花，赐"进士及第"称号；录取二甲的，赐"进士出身"称号。三甲录取的，赐"同进士出身"称号。纳兰性德是二甲第七名，所以赐进士出身。但在民间则往往把一、二、三甲统称为进士。

△笔者闲言

纳兰性德的爱情诗词特别深情、缠绵、感人，清代曾风靡一时。有人曰："有井水处，即有纳兰词。"前些年，纳兰性德诗词的研究也曾非常热闹。

第六十八讲 睿智、自信的高寿皇帝乾隆
——兵可千日而不用,不可一日而不备

乾隆的一辈子

乾隆(1711—1799),满族,姓爱新觉罗,名弘历。清朝第六位皇帝,年号"乾隆"(寓意天道昌隆),庙号"高宗",谥号"纯皇帝"。清世宗雍正第四子,是中国历史上实际执政时间(长达63年)最长,同时也是最高寿的皇帝。

乾隆5岁启蒙读书,聪明机灵,过目成诵。12岁见到祖父康熙,甚受康熙喜爱,准其进宫生活、读书,陪伴康熙左右。这年十一月,康熙驾崩,其父胤禛即位,史称雍正皇帝。登基第二年,雍正密立弘历为储君。弘历

乾隆画像

17岁娶妻成婚。19岁入军机处参与处理朝廷军务。23岁受封硕宝亲王,全面参与处理朝政、军务。两年后,即雍正十三年(1735)八月二十三日,雍正暴亡。按其生前密旨,弘历继位,史称乾隆皇帝。即位当年,大赦天下,免百姓历年所欠官府税赋,下诏赈济湖北、安徽等地灾民。此外,乾隆还着手确立以仁为治国思想,实施宽严相济的国策;处理前朝积案,纠正施政上的失误,如释放被雍正囚禁多年的雍正胞弟胤䄉,缓和皇室宗亲之间的矛盾;调整当年摊丁入亩、火耗归公方面的一些错误做法;调遣军队平定湖北、安徽等地的苗民叛乱;鼓励垦荒,抑制物价,发展农业、商业、手工业;恢复木兰秋狝;整顿军队,改善武备。至乾隆十年(1745),清朝经济得到进一步发展,耕地、朝

来自历史的人生报告
中国古代名人七十二讲

廷收入大幅度增加人口激增、社会稳定,奠定了盛世繁荣的基础。

乾隆在位60年,比祖父康熙少一年,因为他说过自己在位不能比祖父康熙长,故在位60年时退位。而退位后乾隆仍上朝多年,名义上辅政,实际上儿子嘉庆皇帝最初几年无实权。总的来说,他在位中期,仍旧励精图治,意气风发,干出了一番大事业。先后平定西北准噶尔部叛乱,新疆大和卓、小和卓叛乱,云南、四川、贵州等地苗民叛乱,西藏大小金川土司叛乱。由于恩威并济,在平叛的同时,改进当地吏治,减轻百姓负担,这些长期动荡的少数民族地区因而得以安定。对外,乾隆运筹帷幄,派兵成功抗击郭尔喀(今尼泊尔)入侵,加强西北边境巡防,减轻沙俄骚扰威胁,征剿入境滋事的缅军,维护了国家主权和领土完整;对内,乾隆深谙治国之道,继续集大权于一身,处理政务井井有条,显示出杰出的政治才能。他深知得民心者得天下,所以十分关心民生,频频减免百姓赋税。他在位的数十年中,所减税银总计多达20000两之巨。他还重视兴修水利,专拨银两修建横跨江、浙两省长达500余里的海塘,保证了江、浙两省粮仓的丰收。在文化领域,乾隆亲自主持编纂中国历史上最大的丛书《四库全书》,该书有近230万页,共收书36304册,79339卷。乾隆朝编著的重要国书还有《明史》《皇朝文献统考》《续三通》等。到乾隆朝中期,全国的耕地比顺治末年增加了三分之一。但晚年的乾隆,不图进取,而是自诩"十全老人",好大喜功、骄奢昏庸、懒理政事、闭关锁国,重用贪官和珅。尽管当时还被称为盛世,疆域稳定,全国人口增至3亿多人,实际上清朝已走向衰败,多地爆发饥民起义。嘉庆四年(1799)正月初三,乾隆在北京皇宫养心殿驾崩,终年89岁。上尊谥"法天隆运至诚先觉体元立极敷文奋武钦明孝慈神圣纯皇帝"。

中国的帝王中,乾隆是个有作为的皇帝,也是一个常被民间念叨的皇帝。其实,他的一生并不是完全光鲜的。他一生中6次出巡江南,6次出巡五台山,数十次驾临热河行宫,兴师动众、劳民伤财。光6次巡江南就花掉白银2000万两。他搞的文字狱多达130余起,比他前面的顺治、康熙、雍正三朝合起来的文字狱总数还多。而且他所制造的文字狱冤案案由的荒唐、惩处的残酷,历史上少见。一方面,他自己喜欢读书、写诗,一生写诗41863首;另一方面,却大肆焚书、禁书,据说光在编纂《四库全书》时被他销毁的书籍就达13600卷。他所禁的书籍当中,就有曹雪芹"披阅十载,增删五次"苦心著成的《红楼梦》。

第六十八讲　睿智、自信的高寿皇帝乾隆

乾隆的归宿

乾隆的陵墓叫作裕陵，是清东陵包括裕陵在内的5座帝陵中的一座（另4座是顺治孝陵、康熙景陵、咸丰定陵、同治惠陵）。清东陵面积80平方千米，位于河北唐山遵化市马兰峪。以孝陵为中心，裕陵在孝陵以西的胜水峪，始建于乾隆八年（1743），乾隆十七年（1752）建成，历时9年。陵中除乾隆外，还葬有2位皇后3位皇贵妃。裕陵地面建筑保存完好，金碧辉煌，气势非凡。从南到北依次建有圣德神功碑亭、五孔桥、石像生、神厨库、左右班房、隆恩殿、方城、明楼、宝城等。裕陵与众不同的地方是裕陵大殿的东南阁改成了用来供奉佛像和展示珍宝的地方。3座拱桥造型特别优美，雕刻更加精细。与所有帝陵一样，地宫在宝城下面。裕陵的地宫平面呈"主"字形，进深54米，总面积3万平方米，整个地宫空间没有一根柱子，顶部全采用拱券式。乾隆的棺椁还在，乾隆残存的尸骨亦留在棺椁内。裕陵地宫最大的特色是地宫顶上，两边石壁上全都雕刻着各种佛教题材的壁画，没有一块空白石头。雕刻出来的虫鸟走兽人物和佛像生动逼真，整个地宫犹似一个精美、神圣的佛堂。但该地宫曾在1928年遭军阀孙殿英盗掘，无数珍宝被盗，乾隆的尸骨也被散抛一地。如今，地宫自然早已清理、整修，向游人开放也近20年了。现在的清裕陵是全国重点文物保护单位、国家5A级旅游景区。

综合信息

△小知识

①储君：已被确定继承王位或皇位的人，但储君和太子不是同一个概念。因为有的国家，女性也可以继承王位或皇位，因而不能说储君就一定是太子。

②军机处：清朝官署名。设在清北京皇宫隆宗门内，始设于雍正七年（1729）。当时清政府正在征讨西北的噶尔丹，为方便雍正随时了解军情处理军务，以及出于保密、安全方面的考虑，后成常设机构，并由单纯的指挥军事扩展到处理政务，最后逐步演变成了清政府处理国家军政大事的核心机构。

③木兰秋狝：这里的"木兰"是满语，汉语的意思是捕鹿。"狝"是打猎。打猎通常在七、八月，故称为"秋狝"。清朝皇帝每年都安排木兰秋狝，既是君主一次难得的野外活动，君主亦借此练习骑射。

④"十全老人"：乾隆自称有"十大武功"，即两次平定准噶尔，平定大、小和卓之乱各一次，平定大、小金川各一次，平定台湾林爽文叛乱和两次抗击廓尔喀，以及征剿缅军入侵等军事行动。由此，乾隆自诩为"十全老人"，并建碑勒文以记。

△你问我答

1.乾隆的家庭情况是怎样的？

祖父是康熙帝。父亲是雍正帝；生母是孝圣宪皇后，钮祜禄氏。3位皇后分别是：孝贤纯皇后，富察氏；纯帝继皇后，那拉氏；孝仪纯皇后，魏佳氏。妃嫔5位，皇子17位，其中第十五子永琰于1796年登基即位，年号嘉庆。公主10位。

2.乾隆有哪些名言名句值得品味、记诵？

①臣下之功，即朕之功；臣下之过，即朕之过。
②兵可千日而不用，不可一日而不备。
③国家图治，以得人为先。
④欢喜善念吉，动怒恶念凶。
⑤以公心事主，则其心止知有国事，不知有己身。
⑥事繁则难于办理，事简则易于遵循。
⑦凡人于事务之来，无论大小，必审之又审，方无遗虑。
⑧敬以直内，谨终如始。
⑨而今更笃凌云志，莫教冰鉴负初心。
⑩治心之要，先在克己。

3.乾隆六巡江南和康熙六巡江南有何不同？

史上对康熙6次南巡多正面评价，对乾隆6次南巡则负面评价居多。关键原因是康熙南巡主要目的是治理国家，了解民情，巡察河工，缓和满汉矛盾，且轻车简从，尽量不扰民，尽量节俭，6次中5次由江南织造曹寅家私人接待。乾隆南巡，虽也有国事考虑，如巡视海塘、河务等，但多为游赏，却兴师劳民，光侍卫就逾千人，沿途还要官员接驾，严重影响了当地民众的生产、生活,增加了国家财政负担。据统计,康熙6次南巡的花销只有乾隆的十分之一。

4.乾隆主持编纂的《四库全书》是一套怎样的丛书?

《四库全书》是乾隆的主要政绩之一,也是"康乾盛世"在文化领域的具体体现,全书分经、史、子、集四部,故名"四库"。乾隆亲自策划全书框架,由纪昀为总纂官,陆费墀为总校官,下设纂修官、分校官、监造官400余人,抄写人员近4000人。从乾隆三十八年(1773)开始编写,费时10余年编成,光抄写就花银140余万两。此书是中国历史上最大的一部文献丛书,共有3600多册,几乎收录了从先秦到清乾隆前所有的重要古籍,涉及中国古代所有的学术领域。丛书是我国古代思想文化的总汇和宝贵遗产,对后人研究和传承中国古代文化具有重大意义。

5.乾隆的生母到底是谁?

乾隆的生母,正史记载是"原任四品典仪官,加封一等承恩公凌柱女",即孝圣宪皇后,钮祜禄氏,满洲镶黄旗人,葬裕陵。但野史与民间却有多种说法,一按《清代外史》说是浙江海宁大学士陈士倌的夫人。二说是一位南方的傻大姐。三说是热河汉人宫女李佳氏等。但这些说法都经不起推敲。不过清正史《玉牒》《实录》与清宫有关档案的记载也不尽相同,故乾隆生母是谁尚有待考证。

△笔者闲言

说乾隆平庸也许有点过,但也不是一点道理没有的。就文化方面来说,乾隆一生写了4万多首诗,但让人能记住的甚少。他很喜欢到处题字,但他的字写得真的不怎么样,内容也一般。据说他给苏州狮子林的青石题的是"真有趣"。幸亏身边文人设法拿掉了中间的"有"字,才一下子提升了所题词的品位。政治上,大贪官和珅在他身边26年,乾隆直到死似乎都还没发现和珅的劣迹(当然,还另有说法)。人非圣贤,所以,即使乾隆贵为大清皇帝,也不是处处出众的,世人没必要为所谓的尊者讳。人们只有学会平视,呈现在你眼前的,才会是客观的事实。

第六十九讲　现实主义文学家曹雪芹
——势败休云贵，家亡莫论亲

曹雪芹的一辈子

曹雪芹画像

曹雪芹（约1715—约1763），名霑，字梦阮，号雪芹，又号芹溪、芹圃，祖籍辽阳（今辽宁辽阳市），出生于江宁（今江苏南京）。中国古典名著《红楼梦》的作者，伟大的现实主义文学家。

曹雪芹一家原为汉人，明朝末年，曹雪芹的世祖曹锡远在沈阳做官，全家定居沈阳。后来，努尔哈赤攻占沈阳，曹锡远和儿子曹振彦都成了后金的俘虏，曹家人因而沦为包衣（家奴）。由于主人是蒙古族正白旗人，作为包衣的曹锡远一家也就由汉人成了蒙古族正白旗人。曹锡远的儿子曹振彦跟努尔哈赤的儿子多尔衮到处征战，屡立战功。但多尔衮死后，顺治皇帝却将其掘墓毁尸，并将原在多尔衮手下的正白旗改由自己掌管。这样，原来只是多尔衮王府包衣的曹家，提升成了皇家的包衣。顺治第三子爱新觉罗·玄烨（即后来的康熙帝）出生后，顺治让曹振彦儿子曹玺（曹雪芹曾祖父）妻子孙氏给玄烨当奶妈。玄烨与奶妈孙氏感情甚好，曹玺儿子曹寅（曹雪芹祖父）与玄烨年龄相仿，曹寅就成了玄烨的伴读和御前侍卫。玄烨登基成康熙帝后，曹家受到特别的恩宠，曹寅两个女儿被选为王妃，曹寅任江宁织造。曹寅去世，儿子曹颙（曹雪芹父亲）继任，曹颙去世，又让曹寅胞弟儿子曹頫（曹寅、曹颙去世后过继给了曹寅）继续当江宁织造。康熙6次下江南，4次住曹家，当时的曹家风光无限，是名副其实的江

第六十九讲 现实主义文学家曹雪芹

南名门望族。而曹雪芹就是在曹家的鼎盛时期出生的,他的少年时代像《红楼梦》中的贾宝玉一样,过的是锦衣玉食、富贵风流的日子。但世事难料,康熙六十一年(1722),康熙驾崩。雍正即位的第四年,曹頫因采办的织物质量低劣被追责、赔偿,罚俸一年。接着查出曹頫亏空巨额官银55万两,雍正清楚大部分亏空是由曹家多次接驾康熙所致,故仅限曹家三年还清。可三年后仍有几十万两债务无力还清,还有人举报曹家在转移资产、藏匿银两,山东巡抚又奏曹家借运送宫中物资勒索驿站。于是,雍正于雍正六年(1728),以曹頫"骚扰驿站,亏空官银,暗移家财"的罪名将曹頫革职下狱(其实,其中的政治原因是雍正继位时曹家未明确站队),同时抄没曹家全部财产(包括家奴),将其赏给新接任的江宁织造隋赫德。隋赫德见曹家无地方可住,心有怜悯,便把曹家在北京崇文门外蒜市口的十几间老宅和三对仆人留给曹家。曹雪芹便也随家人一起从南京回居北京,曹家从此败落。

由于曹家回京后的相关史料甚少,现只能从曹雪芹与好友的一些来往诗词中推测。

回京后,曹雪芹上过几年官学。后在内务府做过文字抄录之类的差事。也在右翼宗学当过助教、教师,甚至还有夫役等。三十来岁移居北京西郊,在西郊住过的地方有西山的刑部街、香山的四王府、桐峪村以及一个被称为"黄叶村"(今北京西郊北京植物园内的某处)的地方等。这一时期曹雪芹居无定所,三天两头搬家,生活极其艰辛,主要依靠卖字画和朋友的接济度日。估计也就在这一时期,即乾隆二十年(1755)左右,曹雪芹"披阅十载,增删五次"的呕心沥血之作,被誉为中国古代百科全书式的文学巨著《红楼梦》(初名《京陵十三钗》)脱稿问世。

也有学者认为,《红楼梦》于1744年开始创作,1751年完成初稿,三年后的1754年脂砚斋将其定名为《石头记》。

当时,鉴于清朝严酷的文字狱,《红楼梦》没有记载作者真实姓名,书稿当初也只在曹雪芹的几个好友间传看。后来慢慢地以手抄本的形式在社会上传阅,而作者曹雪芹无论是著述《红楼梦》期间,还是《红楼梦》问世以后,生活一直艰难,常常过的是"举家食粥酒常赊"的日子。乾隆二十八年(1763)秋,曹雪芹唯一的幼子得天花夭亡,曹雪芹遭此打击,悲伤欲绝、心痛难支。这年除夕,历尽人间冷暖,尝尽万般辛酸的一代文学大师曹雪芹,终于在贫病交加中溘然去世。

曹雪芹经历了曹家由盛转衰的剧变。他的《红楼梦》通过贾宝玉和林黛玉的爱情悲剧,以及贾、王、史、薛四大家族的兴衰,深刻揭示了封建制度的腐朽和必然灭亡的发展趋势。红学研究泰斗周汝昌先生称赞曹雪芹的《红楼梦》是我们中华民族的一部过往今来、绝无仅有的文化小说。从所有中国明清两代重要小说来看，没有哪一部能像《红楼梦》具有如此广博而深厚的文化内涵。

曹雪芹的归宿

曹雪芹最后死在哪里、何人葬埋、墓在何处，至今没有定论。周汝昌先生在他的《曹雪芹传》中的说法是："二三友朋，赙赠相资，草草殡葬。西山某处，荒坟一角，衰草寒烟。"这些话的意思是说，曹雪芹死后是由几个朋友凑钱草草安葬的，葬在北京西山某个荒凉、偏僻的地方。而曹雪芹生前好友敦诚在他的《挽曹雪芹》一诗中有"牛鬼遗文悲李贺，鹿车荷锸葬刘伶"这样两句，其意思是曹雪芹是"随死随葬"的，换句话说就是一死就就地埋葬了。此外，眼下还有另两种说法，一说曹雪芹葬在北京西山当年满族正白旗人的墓地里，因为他是满族正白旗人。另一说就埋在离今北京通州城区5千米的张家湾。据说1968年冬，当地在平整土地时挖出一块长100厘米、宽40厘米、厚15厘米的青色石碑。碑上刻有"曹公讳霑墓"5个字，而曹霑正是曹雪芹，碑上还刻有"壬午"二字，亦与曹雪芹去世时的年份相符。至于为何会埋到张家湾，据推测说是临近年关，曹雪芹躲债躲到张家湾一个曹家过去的奴仆家里，不料竟死在了张家湾，于是也就草草埋在这里了。不过，这两种说法，前者无史料或实物依据，后者亦有很多疑点，经不起推敲，因而难有定论。

综合信息

△小知识

①正白旗：旗是蒙古族集军事功能和政治功能于一体的单位，如当时内地实行的郡县制。正白旗是清代八旗之一，以旗色纯白而得名。由努尔哈赤初定，死后由其子多尔衮掌管。多尔衮死后，顺治皇帝将其收归为皇帝亲自统率的八旗中的上三旗之一。兵为皇帝亲兵，皇帝的侍卫成员也从上三旗中挑选。

②江宁织造：明、清两代设在南京的官方机构。康熙主政时，官名初为"驻扎江南织造郎中"，后改为"江宁织造郎中"（或江宁织造员外郎），主要负责为宫中采办或制造宫中所需的织物等，是一个肥差。曹雪芹祖上3代

第六十九讲 现实主义文学家曹雪芹

4人连续任江宁织造共58年,而曹家的织造在康熙年间,还是康熙政治上的耳目,为康熙了解江南民情与官情提供信息。

③文字狱:指文人因文字作品被人为曲解而致获罪入狱的冤事。在中国古代历史上,清朝的文字狱,特别是乾隆年间的文字狱是最严酷的,多达130余起。

△你问我答

1.曹雪芹的家庭情况是怎样的?

曾祖父曹玺,任过江宁织造郎中;曾祖母孙氏,康熙皇帝的奶妈。祖父曹寅,曾任江宁织造郎中,兼两淮巡盐御史;祖母顾氏、李氏。父亲曹颙,江宁织造郎中兼两淮巡盐御史。伯父(曹寅嗣子)曹頫,江宁织造郎中兼两淮巡盐御史,后被革职,回京后史事不详。第一任妻子梅氏,梅妻死后娶柳慧兰(存疑,一说系富商之女,姓名不详),柳氏死后娶许芳卿。有一子,许氏所生,早夭。

2.曹雪芹有哪些经典名言名句值得品味、记诵?

①势败休云贵,家亡莫论亲。
②世事洞察皆学问,人情练达即文章。
③一个是阆苑仙葩,一个是美玉无瑕。若说没奇缘,今生偏又遇着他;若说有奇缘,如何心事终虚化?
④好风凭借力,送我上青云。
⑤心病终须心药治,解铃还是系铃人。
⑥满纸荒唐言,一把辛酸泪。都云作者痴,谁解其中味?
⑦谁承望流落在烟花巷!因嫌纱帽小,致使锁枷扛。昨怜破袄寒,今嫌紫蟒长。乱哄哄你方唱罢我登场,反认他乡是故乡。甚荒唐,到头来都是为他人作嫁衣裳!
⑧假作真时真亦假,无为有处有还无。
⑨机关算尽太聪明,反误了卿卿性命!
⑩世人都晓神仙好,惟有功名忘不了!古今将相在何方?荒冢一堆草没了!世人都晓神仙好,只有金银忘不了!终朝只恨聚无多,及到多时眼闭了!世人都晓神仙好,只有娇妻忘不了!君生日日说恩情,君死又随人去了!世人都晓神仙好,只有儿孙忘不了!痴心父母古来多,孝顺儿孙谁见了?

3. 曹雪芹的名、字、号有何含义？

曹雪芹，名霑，字梦阮，号雪芹，又号芹溪、芹圃。"霑"出自《诗经·小雅·信南山》"溢之以露，既优既渥，既霑既足"之语，亦说曹雪芹出生那年天久旱，而雪芹出生时，天即大雨。其时，雍正帝又刚允许曹家分三年还清亏空皇银，名为"霑"含既沾天恩又沾皇恩之意。字、号是后来曹雪芹自己取的，雪芹与芹圃关联，来自东坡诗"泥芹有宿根，一寸嗟独在。雪芽何时动，春鸠行可脍"，亦说曹雪芹独喜食"雪底芹芽"，故取其中两字为字号。

4.《红楼梦》是不是曹雪芹的自传？

对于这个问题，笔者认为不是的。曹雪芹出生时父亲曹颙已去世，因而不可能把父辈的事和为人像《红楼梦》书中那样写得如此真切、翔实。他的父亲和叔父曹頫饱读诗书，为人处世平和周到，且父亲早死，死者为大，更不会去刻意丑化、讥讽。曹家遭抄家时，曹雪芹才十三四岁，亦不可能对曹家的兴衰有书中这样全面、细致的了解。《红楼梦》中贾家的兴衰也不是曹家兴衰的真实翻版。应当说《红楼梦》一书中有曹家的影子，贾宝玉身上有曹雪芹的影子，但并不完全等同。两者既有区别，又有联系，混为一谈不妥。

△笔者闲言

《红楼梦》自诞生之日起就很热闹，据说当时的手抄本值数十两黄金，还说"开谈不说《红楼梦》，纵读诗书也枉然"。而对《红楼梦》的评说，也可以称研究，自《红楼梦》问世就开始了，脂砚斋是评说《红楼梦》的第一人。现在，研究《红楼梦》早已成为一门学问，即"红学"。说实话，在中国文学史上，像《红楼梦》这样，受一代又一代读者追捧，被如此广泛、深入、持久地探讨、研究的文学作品，真的很少。九泉之下的曹先生，您这一辈子，活得值呀！

第七十讲　虎门销烟的民族英雄林则徐

——苟利国家生死以，岂因祸福避趋之

林则徐的一辈子

林则徐（1785—1850），字元抚，又字少穆，晚号俟村老人，福建侯官（今福州）人，清代名臣，思想家、政治家、文学家，民族英雄。

林则徐小时家境贫寒，父亲以在私塾教书为业。4岁时，跟随父亲读书识字，7岁学写文章，13岁得府试第一，14岁中秀才，20岁中举人，娶郑氏成家。21岁会试落第后，为生计在家乡当塾师。22岁受聘到厦门任同知书记，掌海关洋船来往的登记及税收等事宜。

林则徐画像

在此期间，对鸦片的毒害有了初步的认识和了解。23岁得到福建巡抚张思诚的赏识，被招入幕府。24岁赴京再度参加会试，又落第，复回张思诚幕府。3年后的嘉庆十六年（1811），林则徐第三次参加会试，得中进士，授翰林院庶吉士。两年后散馆考试合格，升为翰林院编修。此后5年，先后任过江西乡试副考官、会试同考官和云南乡试正考官。36岁任江南道监察御史，后改任浙江杭嘉湖道，转做地方官。由于清廉、勤奋、官声好，道光二年（1822）四月，获道光帝召见，受到嘉许。同年，他在杭州组织重修于谦墓，以弘扬爱国精神。他还大力整顿盐务，在社会上济贫安民。因而在39岁时，两度受道光帝召见。40~50岁的10年间，他由道台升任巡抚，先后在江苏、陕西、

来自历史的人生报告
　　中国古代名人七十二讲

江西、湖北、河南等地任职，主政过军政、漕运、水利、盐政、河工及赈灾、改革科举等要务。同时，他还特地针对鸦片的毒害，上疏道光帝，主张严禁鸦片，提议国家自铸银币、改革财政，林则徐52岁升任两江总督兼两淮盐政。53岁改任湖广总督。道光十八年（1838），国内鸦片的祸害越来越严重，仅这一年，英国销往中国的鸦片就达3万多箱。是年六月，林则徐再次上书道光皇帝，痛陈鸦片危害，指出数十年后国家将"几无御敌之兵，且无充饷之银"，因而强烈提议国家禁烟，并提出禁烟的具体措施。八月，林则徐在湖北汉阳、江夏收缴并销毁烟土、烟具。十月，在武昌收缴并销毁烟土、烟具，人们拍手称快。这一年，道光皇帝为禁烟接连8次召见林则徐。年底，道光皇帝任林则徐为钦差大臣，特赴广东禁烟。道光十九年（1839）二月，林则徐与两广总督邓廷桢共同查处了禁烟受贿的督标副将（从二品）韩肇庆，官民为之折服，提振了官民禁烟的信心。五月，清廷颁布了《钦定严禁鸦片烟条例》，开始全国禁烟。林则徐在广东晓谕洋商，收缴洋商烟土，并须保证今后不再贩卖烟土。洋商抗拒不遵，林则徐严词警告，丝毫不退让，最终英美商贩被迫交出烟土，总计2万余箱。1839年6月25日开始，林则徐在虎门销烟22天，一共销毁烟土23万余斤。这一斗争的重大胜利，大长了中国人民的志气，维护了民族的尊严和利益。此后，英国侵略者不甘心贩卖鸦片的失败，于1840年发动了无耻的鸦片战争。战争之初，林则徐被任命为两广总督，中国人民虽英勇抗击，但终因清廷的腐败而失败，在投降派的攻讦和英国侵略者的胁迫下，清政府与英国议和。而林则徐销烟有功，反遭诬陷，被罢官革职。道光二十一年（1841）七月，57岁的林则徐离开镇海（今浙江宁波市镇海区）军营，遣戍新疆伊犁"效力赎罪"。他在伊犁4年，虽年老体衰、水土不服，但仍奉命垦地服役，辅助当地兴修水利，推广内地的农耕技艺，以报效国家。道光二十五年（1845），林则徐被重新起用，先后任陕甘总督、陕西巡抚、云贵总督。道光二十九年（1849），林则徐因病卸任，回乡调治。次年，又被任命为钦差大臣，赴广西督理军务，镇压反清的天地会起义。道光三十年（1850）十一月十二日，林则徐病逝于广东潮州普宁县，终年66岁。死后加获赠太子太傅衔。

　　林则徐精通英语和葡萄牙语两门外语，思想观念开放。他虽然查禁鸦片，抗击列强入侵，但不反对学习西方国家先进的科学技术。他是一位具有

第七十讲　虎门销烟的民族英雄林则徐

世界眼光的思想家和伟大的民族英雄。林则徐留存于世的主要著作有《林文忠公政书》《信及录》和《林则徐日记》等。

林则徐的归宿

林则徐的墓位于福建省福州市郊的马鞍村金狮山麓，为全国重点文物保护单位，但只在清明节可以扫墓、凭吊，其他时间不对外开放。

该墓本是1826年林则徐为其父母营造的，后林则徐夫妇与其弟林霖霖夫妇也在此附葬，一共有6个墓穴。墓地坐北朝南偏东南，墓地分5层，前三层中间是石阶，第四层墓埕左右两边各置一只蹲着的石狮。紧挨右边的石狮旁立着的是一块刻有《御赐碑文》的石碑，左边立的是刻有《御赐祭文》的石碑，两块御碑是咸丰元年（1851）清廷派官员来祭奠时置立的。第五层墓埕正中是一堵三合土筑成的横屏，上刻"五凤来翔"4个字，横屏后就是墓冢。墓冢由三合土夯筑，封土隆起，封土前置一块墓碑，高1.08米，宽2.55米，阴刻"林则徐墓"4个字。整座墓形似覆釜，墓地面宽14.6米，纵深37米，墓后是苍翠的松竹。

综合信息

△小知识

①海防同知书记：清代官名。海防长官的属官。

②庶吉士：明、清官名，进士及第后在翰林院等部门练习办事者（相当于现在的实习），称庶吉士。三年后进行考试，成绩优秀的授编修、检讨等职；除此之外的或为州县官，或在朝中任御史等职，称散馆。

③道台：明清职官名，省以下、府州以上的行政长官，正四品。

④巡抚：明清职官名，临时职官。明洪熙元年（1425）后朝廷在一些地方改为固定专职，和总督同为地方最高长官，但品级略低于总督。

⑤钦差大臣：明清临时职官名。钦，即皇帝；差，差遣，是皇帝亲自派遣去地方处理某件事情的官员，代表皇帝本人，因而权力很大，不受任何官吏节制。

来自历史的人生报告
中国古代名人七十二讲

△你问我答

1.林则徐的家庭情况是怎样的?

祖父林孝友,以农为业,乐善好施。父亲林宾日,以教书为业,终身未仕;母亲陈氏。妻子郑淑卿。他有3子6女,长子林汝舟,进士,任职翰林院编修;次子林聪彝,曾为浙江衢州知府;三子林拱枢,先后官为河南道、山西道、三级监察御史等。

2.林则徐有哪些名言名句值得品味、记诵?

①为官首要心身正,盖世功勋有口碑。
②时事难从无过立,达官非自有生来。
③出门一笑莫心哀,浩荡襟怀到处开。
④深觉时光可惜,暮景可伤。
⑤苟利国家生死以,岂因祸福避趋之。
⑥海纳百川,有容乃大;壁立千仞,无欲则刚。
⑦存心不善,风水无益;父母不孝,奉神无益;兄弟不和,交友无益;行止不端,读书无益;作事乖张,聪明无益;心高气傲,博学无益;时运不济,妄求无益;妄取人财,布施无益;不惜元气,医药无益;淫恶肆欲,阴鸷无益。
⑧白头到此同休戚,青史凭谁定是非?
⑨海到无边天作岸,山登绝顶我为峰。
⑩子孙若如我,留钱做什么?贤而多财,则损其志;子孙不如我,留钱做什么?愚而多财,益增其过。

3.鸦片到底是什么东西?

鸦片来自植物罂粟未成熟的果实,将这种果实割开,会流出乳状的液体,干燥后形成淡黄色、棕色或褐色(产地不同的缘故)的固体,叫作生鸦片。生鸦片经发酵、烧制,变成可供吸食的熟鸦片,俗称烟土、大烟。鸦片吸食后容易成瘾,是一种严重危害人们身心健康的毒品。鸦片用于医药时叫

第七十讲　虎门销烟的民族英雄林则徐

"阿片",有止泻和止痛的功效。

4."虎门销烟"用的是什么方法?

林则徐开始采用的是烟土拌上桐油烧毁的方法,但烧后有余膏渗入泥土里,吸毒者可挖取泥土,再设法吸食。后改用盐水浸泡法,即在虎门的海边挖了几口大池,池底铺石板,四壁钉木板,以防渗漏,在池中注满高浓度的盐水,投入切碎的烟土,不停地搅拌,使之溶解;再投入生石灰,使池水沸腾,彻底焚化烟土,然后将池水排进大海。

5.林则徐虎门销烟有功,为何反被革职、流放?

林则徐虎门销烟曾得到道光帝的认可和支持。后来英国以此为借口发动鸦片战争,在攻占广州后继续北上,抵达天津大沽口,威胁到京都北京的安全。道光帝虑及政权的安危,在投降派的怂恿下,便以准许通商和惩办林则徐为条件,以换取英国的退让。这样,林则徐就成了道光帝的替罪羊。后来,道光帝又把军事上的失利归咎于林则徐为官时"废弛营务",将其流放伊犁。

△笔者闲言

林则徐的一辈子是有功于中华民族的,无愧于民族英雄的称号。早在明代,崇祯帝就颁发过两个禁烟令,清代康熙、雍正、乾隆亦深知鸦片的危害,颁发过禁烟令;但买卖鸦片、吸食鸦片的现象越来越严重。到清道光后期,由于鸦片的大量输入,中国每年外流白银达600万两。鸦片不仅使清廷财政枯竭,而且严重摧残了中国人的身心健康,使中国人沦为了耻辱的"东亚病夫"。林则徐虎门销烟,极大地打击了外国侵略者的嚣张气焰,捍卫了国家利益和整个中华民族健康生存繁衍的权利。笔者认为,人生在世,荣莫过于精忠报国,林则徐的一生活得有价值。

第七十一讲　晚清第一名臣曾国藩
——有福不可享尽，有势不可使尽

曾国藩的一辈子

曾国藩画像

曾国藩（1811—1872），原名子诚，字伯涵，号涤生，湖南湘乡白杨坪（今湖南娄底市双峰县荷叶乡天平村）人，晚清政治家、战略家、理学家、文学家、书法家。晚清重臣，官至两江总督、直隶总督、武英殿大学士。

曾国藩出身于地主家庭，6岁入家塾读书，16岁应童子府试，23岁考取秀才，28岁成贡士，改名国藩。同年中进士，授翰林院庶吉士。此后的12年中，曾国藩先后任翰林院检讨、翰林院侍讲、翰林院侍讲学士、内阁学士、礼部右侍郎、左侍郎、兵部右侍郎等职。他29岁开始记日记，直至去世，33年坚持不辍。32岁开始规定自己每天必做主敬、静坐、读书、谨言、养气、保身、作字等12件事，努力管束自己，提高学识修养，锻炼自身的意志毅力。咸丰元年（1851），广西洪秀全起义。第二年，太平军进入湖南，清军节节败退。曾国藩奉旨在湖南招募士兵，创建湘军。咸丰三年（1853），太平军攻陷江宁，建立太平天国，定都天京（即江宁）。翌年二月，曾国藩率湘军讨伐，在靖港（今湖南长沙靖港区靖港镇）惨败，投水自尽被救。三个月后再战太平军，连克岳州（今湖南岳阳）、武昌，咸丰帝升其为兵部侍郎。翌年二月，太平天国翼王石达开在江西湖口大败湘军，曾国藩的座船亦被其占获。曾国藩

第七十一讲 晚清第一名臣曾国藩

羞愤至极,欲自尽,因手下力劝,乃止。曾国藩47岁时其父亲去世,他返家守制。咸丰八年(1858)七月,整训后的湘军攻占九江。两个月后,曾国藩奉旨出办浙江军务。50岁升任两江总督,后受命督办江南军务,购办外洋船炮,同时创办地方军械所,改善湘军的武器装备。同治元年(1862)始,浙江巡抚左宗棠率清军进军浙江,在浙江全境击垮太平军。原为曾国藩幕僚的李鸿章则率淮军在江苏击败太平军,占据常熟、太仓、昆山、江阴等地。而曾国藩与其兄弟曾国荃则率湘军进攻太平天国的国都天京,三路大军遥相呼应,形势一片大好。同治三年(1864)七月,湘军攻占天京,洪秀全自尽,太平天国亡。清廷赏曾国藩太子太保、一等侯爵(可世袭罔替)。次年,曾国藩以钦差大臣身份北上督师,清剿长江以北被称为捻军的农民起义军。一年后因围剿不力,被免钦差大臣之职。57岁以后,曾国藩相继当过体仁阁大学士、武英殿大学士和直隶总督等高官。他参与过洋务运动,着手兴办过军事工业,还派学子出国留学,赴天津查处过教会案。同治十一年(1872)三月,曾国藩在北京病逝,终年62岁。清廷追赠其为太傅,谥文正。

曾国藩一生信奉并推崇程朱理学,勤奋、节俭,行事谨慎;重视孝悌、家庭和睦以及个人的私德修养。他的《曾氏家训》影响深远,被认为中华优秀传统文化之一。他被称为"晚清四大名臣"之一,还被说成是中国近代化建设的开拓者。因为在他的提议或参与下,中国建造了第一艘轮船,建立了第一所兵工学堂,翻译、印刷了第一批西方书籍,派出了第一批赴美的留学生。但也有人谴责曾国藩镇压太平天国和捻军的农民起义,斥责他的媚外卖国。已故著名哲学家冯友兰在他的《中国哲学史新编》中则说:"曾国藩打败太平天国,成功阻止了中国的后退。他在这一方面抵抗了帝国主义的文化侵略,这是他的一大贡献。"曾国藩存世著作甚多,如《家书》《冰鉴》《经史百家杂钞》等。

曾国藩的归宿

曾国藩去世后,灵柩当月运回长沙。先葬在长沙南郊的金盆岭,第二年移葬至现在的长沙市岳麓区伏龙山南麓,与其早年去世的欧阳夫人合葬。墓地在20世纪曾三次遭毁坏,神道两边的石马、石虎、石狮等物件也大多散失,但墓穴中的棺木基本完好。墓地的主体部分,即墓冢、拜台、墓坪等已于2002年修复完工。其墓地在2013年被列为全国重点文物保护单位。现在的墓地约300平方米，墓冢呈覆斗状，封土表面用石板覆盖。冢高2米，径围5米。墓冢三面砌有2米多高的半圆形墓墙，墓墙中间处立3道墓碑，主碑高3米，碑面上阴刻"皇清太傅大学士曾文正公／一品侯夫人欧阳夫人之墓"两行文字，左右两块附碑上刻的是龙纹浮雕，没有文字。墓碑用的是汉白玉，边上用石条围包。墓冢正面是拜台，约50平方米，拜台上置石供桌一张，拜台下方是约200平方米的墓坪，墓地四周是苍翠的树木。原有的神道、神道两边的石像生，以及牌坊、御碑亭等建筑亦已复建。

综合信息

△小知识

①两江总督：清代官名。总管江苏（今上海）、安徽、江西三省（市）的军地政务，官署在江宁，正二品。

②直隶总督：清代官名。直隶，中国旧省名，地域包括今天津、河北大部及河南、山东两省的一部分。官署在河北保定。直隶总督是总管这些地方军民政务的总管，正二品。

③武英殿大学士：官名，明代始置，正一品。清朝规定大学士前要加"殿"字。武英殿是清皇宫中的一处宫殿。

④太傅：官名，辅导太子的官员。

⑤翰林院检讨、侍讲、侍讲学士：翰林院检讨，官名，从七品，掌修国史。侍讲、侍讲学士都是讲论文史，以备君王顾问的职官。

⑥湘军：清末重要武装政治集团。洪秀全金田起义后，清廷无力抵挡，下诏让地方办团练（即地方武装）。湘军由曾国藩在举办团练的基础上扩编而成，因将领士兵多系湖南人，故名。

△你问我答

1.曾国藩的家庭情况是怎样的？

祖父曾玉屏，农民，乐善好施，在家乡很有威望。父亲曾毓济（亦叫曾

第七十一讲 晚清第一名臣曾国藩

麟书），秀才，乡村塾师。曾国藩有曾国华、曾国荃、曾国葆3个兄弟，4个妹妹。妻子为欧阳氏。他有曾纪第、曾纪泽、曾纪鸿3个儿子，5个女儿。

2.曾国藩有哪些经典名言值得品味、记诵？

①观人四法：讲信用、无官气、有条理、少大话。
②家俭则兴，人勤则健；能勤能俭，永不贫贱！
③一生之成败，皆关乎朋友之贤否，不可不慎也。
④凡办大事，半由人力，半由天事。
⑤一个忍字，消了无穷祸患；一个足字，省了无限营求。
⑥盛时常作衰时想，上场当念下场时。
⑦恶莫大于毁人之善，德莫大于白人之冤。
⑧受非分之情，恐办非分之事。
⑨有福不可享尽，有势不可使尽。
⑩男儿自立，必须有倔强之气。
⑪为善最乐，是不求人知。为恶最苦，是惟恐人知。
⑫凡人做一事，便须全副精神注在此一事，首尾不懈，不可见异思迁。

3.曾国藩一生有没有被贬谪过？

有的。第一次是他刚入仕时，任七品翰林检讨，因不屑于巴结上司，被上司以"办事糊涂、敷衍"为由，让朝廷把他贬为了没有品级、俸禄的翰林检讨候补。第二次，他检举了上司借工程敛财，反被上司诬为"藐视上司，行为不端"，道光帝将他由翰林院侍讲贬为翰林院检讨。第三次，他视察大兴县县学，处罚了一些人，反被人诬告责罚不当，结果由二品礼部侍郎谪为四品掌印给事中。其实，曾国藩的一生也不是一帆风顺的，他考秀才也考了多次才考上。

4.曾国藩为何打了败仗，朝廷都不治罪？

曾国藩在与太平军作战及剿灭捻军的战争中屡屡战败，但清廷从未治罪。相关学者认为原因有二：一是战争紧张，清廷实无军可用，因此不加治罪，而是让其屡败屡战；二是湘军是曾国藩创建的地方武装，由他本人招兵买马,且朝廷不出军饷,故也不便追究。

5.《曾国藩家书》和《曾国藩家训》是两本怎样的书?

《曾国藩家书》是曾国藩一生中写给家人的书信合集,一共近1500封,内容十分丰富、广泛,涉及曾国藩一生的主要活动,反映了他的人生理念和对为人处世的种种认识。信件是用文言文写成的,书中附有译文。《曾国藩家训》是后人从他的家书和别的文章中摘录出来的一些经典话语,主要是曾国藩给其弟弟与子女的一些训诫,包括所阐述的一些为人处世的道理。曾国藩甚至被有些人称为修身治家平天下的楷模。

△笔者闲言

在笔者看来,曾国藩最值得敬佩和学习的是做事的恒心。他29岁开始记日记,自此33年坚持不懈,直至去世。他32岁开始规定自己每天必做主敬、静坐、读书等12件事。俗话说水滴石穿,水之所以能穿石,就是因为有恒心。道理都懂,可做起来太难了。比如笔者,年轻时也写过日记,也很想坚持下来,但后来没能坚持。做事的恒心,其实考验的是人的意志。吾辈平庸,现在想来很重要的原因就是意志不够坚韧。

第七十二讲　善玩权谋、工于心计的慈禧
——殚竭心力终为子，可怜天下父母心

慈禧的一辈子

慈禧（1835—1908），即孝钦显皇后，姓叶赫那拉，名无从查考（一说乳名兰儿），又称西太后、那拉太后、老佛爷。慈禧之称来自她的徽号"慈禧端佑康颐昭豫庄诚寿恭钦献崇熙"，满洲镶黄旗人。出生地有多种说法，其中最可信的当数北京西四劈柴胡同（今辟才胡同）。其家族长期在北京居住，她是官宦之女，父亲曾为道台。

慈禧画像

咸丰二年（1852），18岁的慈禧被选秀入宫，赐号兰贵人，两年后被封为懿嫔。咸丰六年（1856），慈禧22岁，生咸丰皇帝的长子爱新觉罗·载淳（即后来的同治皇帝），晋封为懿妃。第二年晋封懿贵妃。咸丰皇帝体弱多病，这一年常让慈禧代批奏章。从此，慈禧开始参与朝政。

咸丰十年（1860），英法联军侵占天津。北京危急，咸丰皇帝偕慈禧逃到河北承德避暑山庄（也叫热河行宫）避难。第二年，咸丰皇帝病重，立载淳为太子。临终前，托付载垣等8位大臣辅佐太子。这一年的七月，咸丰皇帝在承德避暑山庄殡天，年仅31岁。此后，6岁的太子载淳尊称咸丰皇帝正宫皇后、无子的慈安为母后皇太后，尊称生母慈禧为圣母皇太后。在此之际，8位大臣见帝幼母寡，试图专权，引发了慈禧的不满与警觉。十月，慈禧与慈安

及恭亲王奕訢联合，除掉了8位大臣，史称"辛酉政变"。接着载淳正式登基，改年号"祺祥"为"同治"（寓为西太后及大臣共同治政之意）。同年十一月初一，西太后开始垂帘听政。同治十二年（1873），年已18岁的同治帝亲政，西太后挂帘归政。1875年1月，同治帝驾崩。慈禧立妹妹的儿子，4岁的载湉为嗣皇帝，西太后复行垂帘听政。光绪七年（1881），慈安太后暴亡。光绪十二年（1886），慈禧宣布于第二年让光绪帝亲政，但随后又接受了大臣的训政请求。光绪十五年（1889），55岁的慈禧二度让光绪亲政，此时的清朝内忧外患，已处于风雨飘摇之中。光绪二十四年（1898），光绪帝在维新派人士鼓动下，实施戊戌变法，内容包括开放言路、改革军事、鼓励开办私人企业、鼓励学子出国留学等，史称"百日维新"。由于改革触及以慈禧为首的旧势力的利益。同年秋，慈禧发动戊戌政变。光绪帝被囚，谭嗣同等"戊戌六君子"被杀，戊戌变法失败。光绪三十四年（1908）十月廿一日（11月14日），光绪帝驾崩。次日，慈禧殡天，享年74岁。

慈禧是晚清实际的决策者、统治者，是个饱受争议的历史人物。她重用汉臣，兴办学堂，支持洋务运动，提出过君主立宪的想法，下旨禁止女性缠足，支持朝廷收复新疆。但她对内镇压义和团运动等中国人民的反抗，对外屈服于列强，签订《马关条约》《辛丑条约》《中英烟台条约》《中法新约》等丧权辱国的国耻条约。她专断蛮横、睚眦必报，贪图享受、穷奢极欲，挪用军费为自己兴建颐和园等耗费巨大的奢靡建筑。她自己在遗言中也说："此后，女人不可与闻国政。此与本朝家法相违，必须严加限制。尤须严防，不得令太监擅权。明末之事，可为殷鉴！"但为时已晚，她训政昏庸、专横，顽固守旧，已对中国的主权和中国近代社会的发展与进步造成了广泛而严重的影响。

慈禧的归宿

慈禧殡天后的第二年，即宣统元年（1909），葬于今河北省遵化市菩佗峪定东陵。因其陵寝位于咸丰皇帝定陵之东，故称定东陵。慈禧陵于清同治十一年（1872）动工，光绪五年（1879）完工，历时7年，耗银500多万两。光绪二十一年（1895），慈禧又以年久失修为借口，将原陵寝几乎全都推倒重建，直到光绪三十三年（1907）才全部完工。这次重建，历时长达13年，

第七十二讲　善玩权谋、工于心计的慈禧

耗银多到成谜。慈禧陵是清代规格最高、设施最全、花费最巨的帝后陵寝。现在地面上的主要建筑尚有下马碑亭、神道碑亭、方城、茶膳房、隆恩殿、东西配殿、琉璃花门、明楼、玉带桥、东西朝房、梵帛炉、石五供、宝城、宝顶等，其中许多建筑明显是超规制的，特别是隆恩殿的奢华程度，甚至超过北京紫禁城内的太和殿。隆恩殿所有梁架、木制构件、门窗隔扇，用的全是名贵、稀缺的黄花梨木，殿内所有明柱都盘有镀金蛟龙，殿内外所有图案都涂有金粉，满屋子金光闪闪，仅贴金就用去黄金4572两。殿外月台上的铜鼎、铜鹤、铜鹿栩栩如生，工艺特别精美。这里丹陛石上的雕刻不但是石雕中的极品，更为反常的是将凤刻在它的上面，其寓意不言自明。

慈禧陵地宫在皇后地宫中也是最气派、最豪华的。一般皇后地宫都只有一道石门，但慈禧陵地宫却有5道卷门、2道石门。墓穴高大宽敞，陪葬品价值5000多万两白银，其中最大的一颗珍珠价值1000万两白银。地宫在1928年被孙殿英部挖掘，大部分金银珠宝至今下落不明。

慈禧陵现在是全国重点文物保护单位、国家5A级旅游景区。

综合信息

△小知识

①秀女、贵人、嫔、妃、贵妃：这些都是清代皇室后宫中帝王对妃嫔等的封号。秀女，无品；贵人，从六品；嫔，从五品；妃，从二品；贵妃，从一品。品级不同，待遇不同，穿着、装饰也不同。

②训政：慈禧垂帘听政的一种方式，但干预朝政的程度更深、更直接，是让幼君无条件听命的意思。

③垂帘听政：语出《旧唐书·高宗纪下》，"时帝风疹不能听朝，政事皆决于天后。……上每视朝，天后垂帘于御座后，政无大小皆预闻之……"其意为太后或皇后临朝听政，殿上用帘子遮隔，太后或皇后在帘后主持管理国家政事。垂帘，放下帘子。听，治理。

④戊戌六君子：指戊戌政变中被清政府捕杀的谭嗣同、康广仁、林旭、杨深秀、杨锐、刘光第六位维新党人。

来自历史的人生报告
中国古代名人七十二讲

△你问我答

1.慈禧的家庭情况是怎样的?

祖父叶赫那拉·景瑞,监生出身,当过太仆寺笔贴式小官(掌管御马单位文书之类的事宜)。父亲叶赫那拉·惠征,曾为四品道台。丈夫爱新觉罗·奕詝(咸丰皇帝)。儿子爱新觉罗·载淳,即同治皇帝。大弟叶赫那拉·照祥,二弟叶赫那拉·桂祥,三弟叶赫那拉·福祥。妹妹叶赫那拉·婉贞(光绪帝生母)。

2.慈禧的哪一首诗流传至今?

祝父母诗
慈　禧

世间爹妈情最真,泪血溶入儿女身。
殚竭心力终为子,可怜天下父母心!

3."秀女"是怎么选出来的?

慈禧入宫时的身份是秀女,秀女是通过选秀选出来的。清朝的选秀由户部负责,3年选1次。参与选秀的必须是八旗的女子,先由八旗各地的衙门挑选,呈报户部。选出来的秀女再送到京城集中学习宫中规制,然后在宫中选秀的那一天,由太监带进宫中让皇帝和皇后挑选。

4.慈禧的谥号是什么意思?

慈禧的谥号是"孝钦慈禧端佑康颐昭豫庄诚寿恭钦献崇熙配天兴圣显皇后",一共25个字。第一个字"孝",是所有皇后通用的,表明该谥号主要的身份是皇后;"钦"是对慈禧德行总的评价,意思是威严、神明、德行兼备;"孝钦"后面的"慈禧端佑康颐昭豫庄诚寿恭钦献崇熙"16个字是慈禧生前所得的徽号,都是赞美之词;后面的"天兴圣显皇后"是死后所加的谥号,其中的"显"是咸丰帝的谥号,亦表明她与咸丰帝是夫妻。徽号,也叫尊号,是对太后或太妃生前的尊称,同时含有褒美的意思。

第七十二讲　善玩权谋、工于心计的慈禧

5.慈禧为什么被称为"老佛爷"？

《清朝野史大观》中说，慈禧信佛，曾作观音状，照一极大相，悬于寝殿，此后宫中便称其为老佛爷。其实不然，满族的祖先女真族首领称"满柱"，"满柱"是佛号曼珠的转音，是"佛爷""吉祥"的意思。清朝建立后，就把皇帝称为"老佛爷"，历代如此。但皇后、太后都不能称老佛爷。晚清，慈禧大权独揽，"老佛爷"成了慈禧的专称，但在正史、奏折和朝堂正式场合还是称呼其为太后。而"慈禧"仅是她的一个徽号，并不是名和姓。

△笔者闲言

慈禧涉足朝政是从23岁开始的，那时，她的丈夫咸丰皇帝体弱多病，便常让慈禧代批奏章。慈禧从中尝到了权力的甜头，最后对权势的欲望越来越大，导致德不配位、祸国殃民。唐朝武则天的情况类似，也是丈夫身体不好让她代理政事，随后胃口越来越大，最后取而代之。历史的经验告诉我们，该扎的篱笆一定要扎紧，开个洞也许一时没事，但最终一定会有后果。世上许多事情都如此，殷鉴不远，当引以为戒。